博学之,审问之,慎思之,明辨之,笃行之!

一得集

张锡勤 ◆ 著

张锡勤文选

黑龙江大学出版社

图书在版编目(CIP)数据

一得集／张锡勤著． －－ 哈尔滨：黑龙江大学出版社，2010.8
　　ISBN 978 - 7 - 81129 - 312 - 8
　　Ⅰ．①一… Ⅱ．①张… Ⅲ．①哲学 - 文集 Ⅳ．①B - 53
　　中国版本图书馆 CIP 数据核字(2010)第 135756 号

书　　　名	一得集
著作责任者	张锡勤
出 版 人	李小娟
责 任 编 辑	李小娟　张爱华
责 任 校 对	孙凤兰
出 版 发 行	黑龙江大学出版社(哈尔滨市学府路 74 号　150080)
网　　　址	http://www.hljupress.com
电 子 信 箱	hljupress@163.com
电　　　话	(0451)86608666
经　　　销	新华书店
印　　　刷	哈尔滨市石桥印务有限公司
开　　　本	680×980　1/16
印　　　张	28.75
字　　　数	380 千
版　　　次	2010 年 8 月第 1 版　2010 年 8 月第 1 次印刷
书　　　号	ISBN 978 - 7 - 81129 - 312 - 8
定　　　价	49.80 元

本书如有印装错误请与本社联系更换。

版权所有　侵权必究

自　序

我发表第一篇论文是在1961年的夏天。那是我大学本科的毕业论文，发表在我的母校北京师范大学的学报上（文科版，1961年第二期）。从那时到今天，已过去了近五十年。去掉十年动乱这一非常时期，也有40年了。在这四五十年中，虽曾遵循"学不可以已"的古训，尽了努力，写过一些文章，但今天重新翻阅，自己感到满意的并不多。今年，我一直工作于斯的黑龙江大学哲学学院要给我出一本论文集，这使我在感激的同时又觉为难。但为了不辜负学院的美意，还是挑选了一些论文，凑成这本文集。

长期以来，我在从事中国哲学史教学的过程中，研究方向主要集中于中国近代哲学史、近代思想文化史，以及中国伦理思想史。因此，这本文集所选论文主要是这两个方面的内容。我以为，论文集所选文字，内容不宜分散庞杂，以相对集中为好。出于这一想法，这一文集所选文章内容大体相对集中。不过,这样一来就难免出现几篇文章的一些基本观点和基本资料有时重复的问题。这是需要向读者说明的。

　　文集所选论文,始于20世纪80年代初,距今已近30年。这30年,大体相当于改革开放的30年。我国的改革开放是步步深入、不断向纵深方向发展的,相应地,学术领域的研究也是如此,其发展变化之快,用日新月异来形容并不过分。因此,较早发表的一些文章不免显得陈旧。对此,读者应是能理解的。这30年,是我不断学习积累,不断求索,因而逐渐有所进步的30年。在这一过程中,对一些问题的认识自己也有变化、修正,所掌握的史料也因不断积累而渐趋丰富。因此,先前发表的一些文章所作的表述今天自己也不尽满意。但为保持论文的原貌,在编文集时对这些问题未作修补(个别提法和史料上的问题除外)。这也需要向读者作说明。

　　文集名曰《一得集》,是取《晏子春秋》"愚者千虑,必有一得"(《内篇·杂下》)之意。但愿文集中的某些一得之见和所搜集的一些资料能给读者提供一些有参考价值的东西。

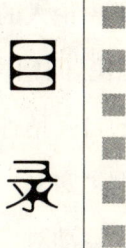

- 论陆王心学中可能诱发"异端"思想的因素／001
- 颜元思想简论／011
- 中国近代哲学变革论纲／021
- 中国近代哲学变革的背景和特色／033
- 严复对中国近代哲学变革的影响／046
- 对近代"心力"说的再评析／059
- 略论中国近代的进化史观／071
- 也论"俱分进化"论／081
- 严复历史观散论／090
- 中国近代"文化革命"论纲／102
- 论儒学在近代的命运／111
- 论戊戌时期的"孔教复原"／124
- 论康有为对儒学的改造／136
- 论戊戌时期的宗教热／147
- 论中国近代新学家对基督教的态度／158
- 中国近代资产阶级思想家对"奴隶性"的批判／170
- 论中国近代的"国民性"改造／183

- 梁启超《新民说》论纲／194
- 中国近代新学家论人的重塑／206
- 20世纪初"国民"问题讨论述评／219
- 论中国近代的自强精神／233
- 戊戌思潮论纲／243
- 论五四新文化运动对戊戌思潮的继承与超越／256
- 批判与创新：五四与戊戌的共同精神／268
- 《中国近代思想文化史稿》绪论／279
- 尚公·重礼·贵和：中国传统伦理道德的基本精神／309
- 中国传统的贵和精神与和谐社会构建／317
- 儒家义利观再评析／326
- 试论儒家的"教化"思想／338
- "三纲"漫议／350
- 论宋元明清时代的愚忠、愚孝、愚贞、愚节／364
- "天理"、"人欲"小议／373
- 论中国近代"道德革命"中的理性精神／380
- 论传统公私观在近代的变革／389
- 论传统义利观在近代的变革／400
- 梁启超的伦理思想／411
- 论"五四"新文化运动所提倡的新道德／426
- "天下兴亡，匹夫有责"小考／437
- 《中国伦理道德变迁史稿》导言／442

- 后记／451
- 篇目索引／452

论陆王心学中可能诱发"异端"思想的因素

朱熹曾严厉指责"陆氏之学""断然是异端,断然是曲学,断然非圣人之道"(《朱子语类》卷二十七)。在晚明,一些程朱派学者也曾指责王学为"异端"、"异学"。到清初,又流行一种王学亡明论。程朱派大儒陆陇其说:"明之中叶,自阳明倡为良知之说……其弊也至于荡轶礼法,蔑视伦常,天下之人恣睢横肆,不复自安于规矩绳墨之内而百病交作……愚以为明之天下不亡于寇盗,不亡于朋党,而亡于学术。"(《学术辨》上,《三鱼堂文集》卷二)何谓"异端"?在朱熹的《四书章句集注》中曾有过一个颇为简括的定义:"异端,非圣人之道,而别为一端,如杨墨是也,其率天下至于无父无君。"(《论语集注·为政注》)用这一定义来评判,视陆王为异端显然不当。大量事实证明,陆王对封建制度、秩序、道德准则以及孔孟之道的忠诚是不容怀疑的。众所周知,黄宗羲曾对朱陆异同作了如下断语:"二先生同植纲常,同扶名教,同宗孔孟。即使意见终于不合,亦不过仁者见仁,知者见知……原无有背于圣人。"(《宋元学案》卷五十八)他认为,就根本立场与宗旨而言,陆王与程朱之同是主要的。即使是曾对王学有过尖锐批评的东林党人顾宪成也认为,程朱陆王两派各指对方为异学、异端乃是"甚辞"(过头话)。应该说这些评语是准确的。

但是,在王门后学中又确曾产生过一些"异端"人物。被晚明士人视为"异端"的何心隐、李贽等人无不与王学有学缘关系。到了近代,一些著名的资产阶级启蒙思想家,从康、梁到陈天华等革命派,莫不推崇陆王,受其影响。用朱熹等古人的标准来衡量,这些人更是不折不扣的"异端"。所以,还得从陆王心学体系内部寻找原因。全面地看,陆王显然不属"异端",他们与程朱之争只是儒学内部的派别之争。不过,在陆王的心学体系中,又的确存在一些可能诱发"异端"思想的因素。本文拟对此作些分析。

一

"心即理"是陆王学派的理论基石,而这一可以互作解释说明,因而可以向两个方向引申的命题,本身就可能诱发异端思想。

诚然,陆王提倡"心即理"的意图绝非要赋予心以异质。他们从不否认理是宇宙间普遍的、绝对的原则。他们提出这一命题,出发点是欲赋予心以客观性、普遍性。在他们看来,理是普遍的、客观的,而心即是理,那么心的内容自然也是普遍的、客观的。对此,他们曾作反复强调。陆九渊说:"心只是一个心。某之心,吾友之心,上而千百载圣贤之心,下而千百载复有一圣贤,其心亦只是如此。"(《语录》下,《陆九渊全集》卷三十五)"千万世之前,有圣人出焉,同此心同此理也。千万世之后,有圣人出焉,同此心同此理也。东、南、西、北海有圣人出焉,同此心同此理也。"(《杂说》,《陆九渊全集》卷二十二)他的结论是:"理乃天下之公理,心乃天下之同心。"(《与唐司法》,《陆九渊全集》卷十五）对此,王守仁也有不少类似的论述。如:"心也者,吾所得于天之理,无间于天人,无分于古今。"(《答徐成之》二,《王阳明全集》卷二十一）"良知之在人心,无间于圣愚,天下古今之所同也。世之君子惟务致其良知,则自能公是非、同好恶。"(《传习录》中,《王阳明全集》卷二）王守仁的结论也是:"天下之人,同此心也。"(《重修山阴县学记》,《王阳明全集》卷七)

因为"理乃天下之公理",按"心即理"说,逻辑上必然是"心乃天下之同心"。显然,陆王的出发点和意图是欲把心规定为一种人人皆同、古今无异的公共心。这种"天下之同心",其实就是封建时代地主阶级共同的思想意志,共同的道德观念和社会准则。他们正是要以这种"同心"来统一天下人的思想意志,规范天下人的行为,"公天下之是非"。因此,对于一切违背所谓"公理"、"同心"的思想行为,他们是坚决反对的。陆九渊曾告诫说,离开此心此理"而别有商量,别有趋向,别有规模,别有形迹,别有行业,别有事功,则与道不相干,则是异端"(《语录》下,《陆九渊全集》卷三十五)。

但是,陆王提倡"心即理"说并非是欲与程朱认同,而是要立异。这一命题是欲将理置换为心,所强调的乃是心而不是理,陆王是以心为最高范畴的。然而,理一旦被置换为心,则其形式势必是主观的,必然具有个体性、差异性。陆王虽强调"心乃天下之同心",但在具体表述时又必然称之曰"吾心"、"我之心"、"我的灵明"、"吾心之良知"。显然,"心"和"我"是分不开的。既称之为心,其个体性是无法抹杀的。尽管陆王欲赋予心以普遍性、公共性,也只能是徒劳。陆王的一系列基本命题如"自作主宰"、"我的灵明便是天地鬼神万物的主宰"、"乾坤由我在"等等,均离不开个体的"我"。个体性、差异性正是心与理的最大不同处。既然心的形式是个体的、主观的、差异的,它必然要影响其内容的客观性、普同性。如前所说,"心即理"这一命题可作双向表述,即亦可反过来表述为"理即心"。而且,在其理论、逻辑推演展开的过程中势必要作这样的表述。当讲"心即理"时,是欲以理规定心,以理为心;可是,一旦将理置换为心,以心为最高范畴,将强调的重点变之为心,则势必以心释理,以心为理。陆王提出"心即理"的命题,意图是欲将普遍的道德准则、观念意识植根于人心,内化为人们自心的道德信念。然而,一旦以心释理、以心为理,则终将以个体的观念意识取代普遍的准则、理念。于是,客观的精神意识遂成为主观的精神意志,普遍准则遂成为"自家准则"。总之,既以心为理,那么它的客观性、普同性就无法保证了。与王守仁同时代的著名哲学家罗钦顺就曾指出,王既"以良知为理","则是道理全在人安排出,事物无复本然之则矣"(《答欧阳少司成》,《明儒学案》卷四十七)。这一批评可谓一语中的。显然,一旦"道理"全由个体的人"安排出",那么,客观的、普遍的"本然之则"必然要被丢到一边。这势必会诱发异端思想。

二

陆王与程朱更直接、更明显的分歧表现在如何求理、明道。针对朱熹的"即物穷理"说,陆王提出了"求理于吾心"的主张,断然反对向外求索。这一认识路线、修养方法也可能诱发"异端"思想。

基于"心即理"的命题,陆王始终强调心与理的同一性、一致性,坚持"此心此理实不容有二"。他们认为,我心即理,它自满自足,"本无欠缺",只要反省内求,"复其本心",即可把握天理,按天理行事,而无须外索。陆九渊曾反复说:"道理无奇特,乃人心所固有,天下所共由,岂难知哉!"(《与严泰伯》,《陆九渊全集》卷十四)"此理本天所以与我,非由外铄","只'存'一字,自可使人明得此理"(《与曾宅之》,《陆九渊全集》卷一)。在他看来,人们只要"存心",自能明理。所以,他对那种向外求索、"从外面入去"的"外入之学"是坚决反对的。他宣称,人若向外求理求道即是"主客倒置"、"精神在外",这种方法不仅劳而无功("至死也劳攘"),而且有害("必求外铄,则是自湮其源,自伐其根"),必须抛弃。王守仁则将这一认识路线、修养方法推向极端,他由"心外无理"的命题又推出"心外无学"说,认为"君子之学,惟求得其心"(《紫阳书院集序》,《王阳明全集》卷七),外心而求理乃是"入污"、"积垢",结果必将适得其反。他断然宣称:"良知之外更无知,致知之外更无学。外良知以求知者,邪妄之知矣;外致知以为学者,异端之学矣。"(《与马子莘》,《王阳明全集》卷六)

明末东林党的学者高攀龙曾将王守仁的"心外无学"说概括为"任心而废学"(《杂著》,《明儒学案》卷五十八)。这种"求理于吾心"因而"任心而废学"的认识路线、修养方法带来的直接后果便是轻视读书,以至轻视神圣的经训。在陆王看来,经书内容(即经训)无非天理,而天理即是吾心,即在吾心,两者是一致的。既然如此,那么人们只要切实做存心、养心、致良知的功夫即可,至于是否读经则无关紧要。陆九渊说:"圣贤垂教,亦是人固有。"(《语录》下,《陆九渊全集》卷三十五)所以,只要自存本心,即使"不识一字",照样"堂堂地做人",不失为圣人之徒。对此,王守仁解说得更为透彻。他说:"六经之实则具于吾心。"(《稽山书院尊经阁记》,《王阳明全集》卷七)并形象地比喻说:天理好比财宝,吾心乃是装满财宝的府库,而六经只是记载这些财宝的"记籍"。他认为,世间俗儒"不知求六经之实于吾心,而徒考索于影响之间,牵制于文义之末",只知死读六经,熟记经训,乃是南辕北辙的愚蠢行为。这种错误的态度和方法,就好比"富家之子孙,不务守视享用其产业库藏之宝积,日遗忘散失,至于窭人丐夫,而犹嚣嚣然指其记籍曰:斯吾产业库藏之积也"(同上)。总之,陆王的共同认识和主张是:读经并非是明道求理的唯一途径,欲明道求理并不一定死读经书。陆王强调人们的"本心"、良知与经训的同一性、一致性,其本意是欲将经训(即天理)植根于人心,转化为人人内心的自觉信念,教世人注重对封建道德的切实躬行,而不要成为虽能熟知经训却从不笃信躬行的假道学。可是,人们一旦将经训置换为个体的本心、良知,因而"任心而废学",则势必要把经书、经训置于无关紧要的地位,甚至搁置到一边,削弱其对社会、个人的规范、约束力。

更值得注意的是,王守仁又明确主张以自心良知为判别是非的唯一准则、检验真理的唯一标准,从而否定了传统的经训标准。在中国古代社会,圣贤的教诲即经训乃是判定是非、检验真理的主要标准。此外,流行的尚有众人标准(比如,墨子说的"众之所同见,众之所同闻",后来戴震说的"天下之同然"即是)。对于这两种标准,王守仁均坚决反对。他说:"众皆以为是,苟求之心而未会焉,未敢以为是也。众皆以为非,苟求之心而有契焉,未敢以为非也。"(《答徐成之》二,《王阳明全集》卷二十一)又说:"求之于心而非也,虽其言之出于孔子,不敢以为是也,而况其未及孔子者乎?求之于心而是也,虽其言之出于庸常,不敢以为非也,而况其出于孔子者乎……夫道,天下之公道也。学,天下之公学也。非朱子可得而私也,非孔子可得而私也,天下之公也。"(《答罗整庵少宰书》,《王阳明全集》卷二)王守仁以自心良知为检验是非、真理的唯一标准,从理论上说是为了贯彻他的主观唯心论,从直接的实际需要来说是为了打击程朱的权威,但并不想损害孔子和六经的地位。

可是,他既以明确的语言提出"求之于心而非也,虽其言出于孔子,不敢以为是也",客观上势必要损害孔子和六经的神圣地位。不仅如此,他以自心为唯一标准,客观上又会导致人们用主观标准去代替天理(经训)这一客观标准,引发更为严重的后果。在中国古代,人们的思想、观念、行为、举止、趋向是靠经训来规范的,其是非善恶是靠经训来判定的。一旦以自心良知取代经训,不仅会丧失客观标准,也势必使古代社会的最高权威受到损害。其实,陆王称本心良知即是天理,完全符合经训,这是一种主观设定。他们认为人人的本心"本无欠缺"、圆满自足也是一种主观设定。他们所做的这些结论,无非是靠人们"见父自然知孝,见兄自然知弟,见孺子入井自然知恻隐"等等来证明的。这里,他们实际上乃是以质朴的道德情感、心理为至善。而这种情感、心理,用董仲舒的话来说它只是"善质",尚不能称之为善。按董仲舒的分析,只有通过"王者"的教化以及自身的学习修养,从而"循三纲六纪,通八端之理",对封建道德准则有正确理解,树立正确认识,"善质"才能提高为善。(《春秋繁露·深察名号》)这一过程不是"无待乎其外",而是有待乎其外的,它需要"外入"、"外得"、"外铄"。所以,王守仁所说的那种"见父自然知孝"之类情感即使纯真无伪,也因其朴素性而不可能与天理、经训即客观准则完全同一。更何况大多数人的道德情感未必纯真、健全。以这样的心为准则,自然要越轨、出格,背离天理。

对此,晚明学者多有批评、分析。顾宪成指出,对大多数人来讲,其心"或偏或驳",根本不可能纯乎天理。即使是圣贤,其心也不可能生来纯乎天理,时时事事合乎天理。比如孔子,七十岁后方能"从心不逾矩",到这时"始可言心即理",而"七十以前尚不知如何也"。再如最受孔子赞许的颜回,只是"其心三月不违仁",在这期间,始可言心即理,而"三月以后,尚不知如何也"(《与李见罗》,《明儒学案》卷五十八)。至于广大的愚夫愚妇,就可想而知了。以这样一个不能纯乎天理、不能与天理一致的心为准绳,必然要丧失客观标准,"各是其是,各非其非",造成严重混乱。这就如同使用"无星之秤,无寸之尺,其轻重长短几何不颠倒而失措哉"!最终"势必至自专自用,凭恃聪明,轻侮先圣,注脚六经,无复忌惮矣"(同上)。高攀龙也说,即使是圣贤,有时也会"有违仁、逾矩之心"。王守仁主张以自心良知为准则,其实是让人"一切随知流转",任心而行,终将"恣情任欲"(《尊闻录序》,《明儒学案》卷五十八)。此外,张岳、霍韬、李经纶等人也曾先后指出,王守仁的良知说实则是教人"直任胸臆所裁","其弊将至离经叛道","徒使人猖狂妄诞,乱德迷心而已"(《明儒学案》卷五十二)。站在维护封建社会大经大法的立场,晚明学者的这些分析揭露无疑是准确的。王守仁既然教人"求理于吾心",以自心良知为准则,自然要损害天理、经训等客观标准,诱发"各是其是,各非其非"的异端思想,引出某些不利于封建统治的后果。这虽不是王守仁的主观意愿,但客观影响的确如此。这再次证明,一种理论的效果与影响,往往并不是它的创立者的主观意愿所能决定的。

三

在陆王心学中,主体即本体。这种哲学自然使人具有鲜明强烈的主体意识、自主精神,以至推尊自我。而其外在表现,便是所谓"狂者胸次"。试看陆王的诗句:"仰首攀南斗,翻身倚北辰,举头天外望,无我这般人。"(《语录》下,《陆九渊全集》卷三十五)"丈夫落落掀天地,岂顾束缚如穷囚。"(《啾啾吟》,《王阳明全集》卷二十)这是何等气派!《宋元学案》的编者之一、清代学者全祖望说,陆九渊一生始终"以舍我其谁"自居(《宋元学案》卷五十七)。后来的王守仁又何尝不是如此。在《明儒学案》中,黄宗羲就曾说泰州学派诸人"赤手以搏龙蛇"。

陆王心学的主体意识、自主精神,归结为一句话便是陆九渊的那句名言:"自作主宰。"它带来的首先是自尊、自立、自信、"自作主张"的精神品格,由此引发的则是对旧权威、旧教条的轻蔑。陆九渊主张:"凡事只看其理如何,不要看其人是谁。"(《语录》下,《陆九渊全集》卷三十五)他甚至发出过"激厉奋迅,决破罗网"(同上)的呐喊。王守仁曾有诗云:"君不见东家老翁防虎患,虎夜入室衔其头,西家儿童不识虎,执竿驱虎如驱牛。"(《啾啾吟》,《王阳明全集》卷二十)在同程朱等旧权威相抗衡、作斗争时,他们的确发扬了见虎而不以为虎,因而执竿驱虎的精神。陆王心学是在程朱理学的权威业已树立的历史环境下建立起来的。在程朱占统治地位的时代,欲独树一帜,与之抗衡,进而取而代之,必然要养成、具备这种轻蔑旧权威、旧教条的精神品格,否则心学学派是建立不起来的。而这种精神品格无疑有利于破除束缚、解放思想。

更值得重视的是,"自作主宰"又带来一种立足于独立思考、理性评判的怀疑精神。陆王之所以独树一帜,建立心学,是出于对程朱学说的怀疑、不满。陆王心学本身即是对程朱理学怀疑的产物,因怀疑而立异是心学的又一品格。据《年谱》记载,陆九渊幼时即怀疑"伊川之言与孔孟之言不类"。而且,"读《论语·学而》,即疑有子三章"

(《陆九渊全集》卷三十六)。因为自幼便尝到了"一见便有疑,一疑便有觉"(同上)的甜头,所以后来他在教学中曾一再向弟子们提倡这种怀疑精神。他说:"为学患无疑,疑则有进。"(《语录》下,《陆九渊全集》卷三十五)"小疑则小进,大疑则大进。"(《年谱》,《陆九渊全集》卷三十六)在他看来,有怀疑方有求索创新,怀疑乃是觉悟与进步的动力与起点,故学问贵在有疑、善疑。与之相联系,他又一再教导门人"不可随人脚跟,学人言语"(《语录》下,《陆九渊全集》卷三十五),不可盲从迷信,依附于人,而要独立思考,作出自己的理性选择。他曾说:"善学者如关津,不可胡乱放人过。"(同上)认为做学问的人应像一个看守关津、盘查过往行人的监守者,对书上的一切分析结论都要予以严格审查,经过独立思考,有选择地接受。这颇有点近代人倡导的自主理性的味道。从某种意义上说,近代的启蒙思想正源于对旧制度、旧思想体系的怀疑。就此而言,陆王怀疑精神的可贵是不言自明的。

这种怀疑精神带来的直接后果之一,便是主张对包括儒家经典在内的传统古籍予以审查,加以选择,择其信者从之。陆九渊坚决反对"惟书之信"。他说:"昔人之书不可以不信,亦不可以必信,顾于理如何耳。盖书可得而伪为也,理不可得而伪为也……苟不明于理而惟书之信,幸而取其真者也,如其伪而取之,则其弊将有不可胜言者矣……古者之书不能皆醇也,而疵者有之;不能皆然也,而否者有之。真伪之相错,是非之相仍,使不通乎理而概取之,则安在其为取于书也……使书不合于理,而徒以其经夫子之手而遂信之,则亦安在其取信于夫子也……使书而皆合于理,虽非圣人之经,尽取之可也……如不合于理,则虽二三策之寡,亦不可得而取之也。"(《取二三策而已矣》,《陆九渊全集》卷三十二)陆氏的这番议论,发挥了孟子"尽信书则不如无书"的观点。他认为,古人之书不可能"皆醇"、"皆然",并非句句是真理,因此断不可盲从迷信。即使是经过孔子删削整理过的书,也要加以鉴别,作理性选择,不能尽信无疑。在另一篇文章中他又说:"圣人之言,有若不待辩而明,自后世言之,则有不可不辩者。"(《好学近乎知》,《陆九渊全集》卷三十二)他说,孟子所读的乃是经过孔子删削整理的《尚书》,但孟子却对其中的《武成》篇有疑,并未概取,"所取者才二三策而已",这才是值得效法、提倡的正确态度。基于对"古人之书"的这一基本估计,他曾揭示儒经之疵,认为《周礼》"未可尽信",《周易》"系辞首篇二句可疑","编《论语》者亦有病"(《语录》下,《陆九渊全集》卷三十五)。这在当时无疑是十分大胆的言论。概言之,陆王对旧权威、旧教条的轻蔑,对学界奴性的批判,特别是立足于独立思考的怀疑精神,标新立异的品格,这些都会成为诱发异端思想的酵母。

最后尚需述及的是,陆王这种不盲从迷信,独立思考的怀疑精神,又时时透露出一种可贵的批判意识。陆九渊曾不无自豪地说:"老夫无所能,只是识病。"(同上)他确实对那个时代的诸种病症有所认识与揭露,并力图加以救治。他又曾说:"夫尧之法,舜尝变之;舜之法,禹尝变之。祖宗之法自有当变者。"(同上)这简直就是后来康梁的口吻。王守仁不仅对程朱作了更为深入的批评,而且对那时知识分子学风的通病以至社会的"病痛"作了更为尖锐的揭露、批判。他的一些思想主张与命题,正是针对那时社会(特别是士人)的"病痛"而发的。可以这样说,王学的精神宗旨之一,便是呼吁知识分子的学风改造与社会风气的改造。所以,晚明曾有人说:"王新建在事业有佐命之功,在学问有革命之功。"(祝世禄:《祝子小言》,《明儒学案》卷三十五)对当时广大知识分子的种种不良学风以至社会的某些不良风气而言,陆王的确是批判者、变革者。固然,他们的批判旨在为朝廷、为封建国家、社会除弊,并不具有近代意义,但它可以成为后来近代批判精神的酵母之一。从呼吁"决破罗网"到驳斥祖宗之法不可变,再到批判古代知识分子的不良学风,陆王的这些主张不能不使人联想到近代维新派的议论。这颇值得玩味。诚然,由于阶级、时代的差异,两者的矛头所向以及最终要达到的目标并不相同,但就能"识病"并欲除病的批判意识而言,彼此又有相通之处。

颜元思想简论

对于清初进步思想家颜元,当时和后代人都曾有过很高的评价。比如,他的大弟子李塨曾说:"先生(颜元)之力行,为今世第一人,而倡明圣学,则秦后第一人。"(《习斋年谱》)他的另一个弟子王源曾称赞他"说尽后儒之弊","开二千年不能开之口,下二千年不能下之笔"(《颜氏学记》卷八)。近代的梁启超更称赞他对旧的学术派别"一切摧陷廓清之","其见识之高,胆量之大,从古及今未有其比"(《中国近三百年学术史》)。这些评语有的虽不免稍有夸张,但却反映了颜元在当时中国思想界独树一帜的特点和那种勇于批判的精神。颜元的思想在中国思想史上很有特色,并在近代产生过积极影响,我们有必要对它进行更深入的研究。这篇短文仅就颜元思想的几个方面谈一点粗浅意见。

一

　　颜元在中国思想史上的突出贡献是他对宋明理学展开了猛烈的批判。

　　理学自宋代产生以来，一直是我国封建统治者的官方哲学，它对维护中国封建社会后半期的稳定曾起了不容忽视的作用。但主流理学具有轻薄事功的倾向，影响所及，不少士人只知死读经书，空谈性理，以言语录、熟《集注》为能，对兵农政务一窍不通，遇事则束手无策。延至明清，不仅更显空疏，且出现了不少假道学，于是，遂逐渐引起了地主阶级中一些有识之士的不满。经过明朝覆亡、清兵入关这一大事变，这种不满情绪更加滋长。明朝灭亡后，一些汉族学者在总结这段历史经验时，都把这一事变的原因归之于理学的罪过。于是，在清初出现了一股反理学的潮流。在这股反理学的潮流中，颜元是最坚决最勇猛的一员健将。

　　为了批倒理学，颜元首先剥掉了披在理学身上的神圣外衣。我们知道，宋明理学原本兼采释、道，然而，理学家们却总是以孔孟的嫡系自居，以排斥佛老异端相标榜。颜元一针见血地指出：理学"集汉、晋、释、老之大成"，并非"尧、舜、周、孔之正派"（《存学编·上太仓陆桴亭先生书》）。他又进一步指出："宋儒之学，平心论之，支离章句，染痼释老，而自居于直接孔孟，不近于伪乎？"（《习斋年谱》）颜元揭露理学并非儒家正宗，而是"佛老交杂"的伪学，有力地打击了理学的气焰。颜元认为，伪学之害更甚于异端，他说："天下宁有异学不可有假学。异学能乱正学而不能灭正学，正学有似是而非之学乃灭之矣。"（同上）又说："仙佛之害，下蔽庸人，程朱之害，偏迷贤知。"（同上）正是从这一估计出发，他在抨击佛老异端的同时，对程朱理学展开了更为猛烈的批判。

　　颜元对理学的危害作了全面的揭露。他认为：第一，理学引导人们空谈玄理，死读书本，结果弄得整个社会"人人禅子，家家虚文"，使士人不知道经世致用之学,不会解决现实生活中的实际问题。他指出,理学家们"居不习兵农礼乐之业,出不建富民教民之功"(《四书正误》卷四),他们的一套"分毫无益于社稷生民,分毫无功于疆场天地"(《朱子语类评》),于国于民都是毫无用处的。第二,理学的一套治学和修养方法严重摧残了人才。他沉痛地指出:"千余年来,率天下人故纸堆中,耗尽身心气力,作弱人、病人、无用人者,皆晦庵(朱熹)为之。"(同上)第三,由于理学重文轻武,又造成了国家的衰弱。他说,由于宋代推崇理学,"论人先取不喜兵能作文读书"者,结果"殃其一代君臣,毒流奕世"(《习斋年谱》)。按照理学家们的说法,两宋"前有数十圣贤","后有数十圣贤",简直是一个圣贤辈出的时代。颜元认为,这些所谓"圣贤","上不见一扶危济难之功,下不见一可相可将之材",乃是一群废物。正是在"多圣多贤"的宋代,先是妥协求和于辽,后来又先后降服于金、元,成为中国历史上最屈辱的朝代(《存学编·性理评》)。通过总结历史经验,颜元指出:"误人才、败天下事者,宋人之学也。"(《习斋年谱》)颜元反理学的态度是十分坚决的。

在颜元的时代,程朱理学正受到清廷的大力表彰,颜元公开批判理学,风险是很大的。对于这一点,他很清楚。他想到了唐代因"辟佛"而"几至杀身"的韩愈,想到了明代仅因"著书驳程朱之说"而被"发州决杖"的朱季友。他清醒地意识到,他公开点名批判"今之尧舜周孔"——程朱,其冒险程度是远远超过韩、朱的。他形容当时的形势是:"当此普地狂澜汛滥东奔之时",自己"不度势,不量力,驾一叶之舟而欲挽其流"(《存性篇·性理评》)。这种比喻并不夸张。在那"普地狂澜东奔之时",试图"驾一叶之舟挽其流"是需要巨大勇气的。他曾说:"立言但论是非,不论异同。是,则一二人之见不可易也,非,则虽千万人所同不随声也。岂惟千万人,虽百千年同迷之局,我辈亦当以先觉觉后觉,不必附和雷同也。"(《言行录·学问第二十》)他表示,为了辨明是非,决心冒生命危险去打破千万人、千百年"同迷之局"。为了追求真理,颜元敢于开人所不敢开之口、下人所不敢下之笔,这种精神和勇气实在是极其可贵的。

但是，颜元毕竟是地主阶级的思想家，他猛烈批判理学，其出发点还是为了维护封建统治。他曾谈过学术与政治的关系："无学术则无政事，无政事则无治功，无治功则无升平矣。"(《言行录·刁过之第十九》)他认为，一代之学术直接关系到一代之政事、治功和升平。然而程朱之学术乃是"伪学"，并不能"致君泽民"(《言行录·杜生第十五》)。他说："杨墨道行，无君无父；程朱道行，无臣无子。试观今日之臣子，其有以学术致君父之安、救君父之危者几人乎？"(《习斋年谱》)他认为，宋明以来的历史证明，程朱理学并不能有效地"致君父之安、救君父之危"，使人尽到臣子的应有之责。他之所以猛烈批评程朱理学，正是要用一套更有益于封建国家富强的学术来取而代之，以求得封建制度"升平"之局的到来。应该说，颜元的根本主张同理学并无不同，他所反对的，并不是理学的根本宗旨，而只是它的具体主张，以及由此而带来的严重弊病。这和近代资产阶级思想家为了批判封建伦常和封建制度而批判理学，性质是不同的。而且，即使和同时代的人相比(如稍前的王夫之和稍后的戴震)，颜元对理学的批判，虽然十分猛烈尖锐，但理论深度却显得不足。对于他的反理学斗争，我们应有恰如其分的估价。

二

在反理学的斗争中，颜元突出批判了理学的唯心主义先验论和那一套空谈玄理、死读书本、脱离实际的学风，提出了他的著名的"习行哲学"。颜元的哲学思想具有鲜明的唯物主义性质，他的习行哲学正是建立在唯物主义的基础之上的。

理气、心物的关系是宋明时期哲学领域唯物主义同唯心主义斗争的焦点。程朱派客观唯心主义认为，理先气后、理本气末，宇宙间万物都只是一理之显现。陆王派主观唯心主义则认为，"心外无理，心外无事，心外无物"，宇宙间万事万物都是吾心派生的。从上述唯心主义宇宙观出发,他们在认识论上都鼓吹唯心主义先验论。陆王学派认为,"物理不外于吾心",因而主张"求理于吾心"。程朱学派也认为"万理具于一心",同样主张通过"存心"来"穷理"。虽然程朱陆王都讲"格物致知",但其实质都是唯心主义的。程朱讲格物致知是教人体认天理在万事万物上的分别体现,而陆王则干脆把"格物"解释为去恶从善的"正心",认为"格物之功只在身心上做"。不论是程朱还是陆王,他们在认识论上都排斥实践,而把读书、内省当做认识的主要方法和途径。颜元的主张同程朱陆王是对立的。他认为,理乃事物"原有条理",而并非是凌驾于事物之上、游离于事物之外的幻物。他依据理乃事物之理,主张"见理于事"(《存学编·性理评》)。他说:"知无体,以物为体。"(《四书正误》卷一)认为客观事物是人类认识的根据,这是一种唯物主义反映论的观点。正是从上述唯物主义宇宙观和反映论出发,颜元提出了他的习行哲学。

颜元所讲的"习行",其含义通俗地说就是实地去做。他的习行哲学包括下面两方面的内容:

第一,颜元认为只有通过习行才能求得真知。他对宋明以来理学家们长期争论不休的"格物致知"作了唯物主义的新解。他说:"此'格'字乃手格猛兽之格。格物谓犯手实做其事。"(《言行录·刚峰第七》)所谓"犯手实做其事",他有时又叫做"亲下手一番"。他认为,只有亲自动手,"实做其事",才能获得真知,即所谓"手格其物而后知至"(《四书正误》卷一)。这里颜元所说的"亲下手一番"、"实做其事"、"手格其物",都是指的接触客观事物的直接经验。他强调知识来源于直接经验,来源于行,虽"圣人"也不例外,这是一种可贵的唯物主义观点,它有力地批判了程朱陆王的唯心主义先验论。

由此出发,颜元反对一味向书本求知。他指出,理学家们"以多读为学","将道全看在书上,将学全看在读上",把为学仅仅看做是读书,完全混淆了"学"和"读"的区别。他认为,"读书特致知之一端耳"(《言行录·法乾第六》),读并不能包括学的全部含义和内容,它仅是学的一种途径,而且是次要的途径。他反对"以多读为博学"(《存学篇·学辩二》)。他认为,由于理学家们,"以多读为博学","将学全看在读上",结果使天下士人只知死读书本,对实际知识一无所知,造成了一批无用的废材。他感慨地说:"以多读为学,圣人之学所以亡也。"(《四书正误》卷二)颜元的这番新颖见解冲击了多年来的偏见,在当时不仅具有理论意义,而且具有现实意义。

第二,颜元提倡习行,是为了让人们对所知之理躬行实用。他认为,知是为了指导行,是为了实用,因此对所知之理必须实地去行。他说:"读书无他道,只须在行字着力。如读'学而时习',便要勉力时习;读'其为人也孝弟',便要勉力孝弟,如此而已。"(《言行录·理欲第二》)又说:"诵圣人之经,须心会其理而力行之。"(《言行录·学须第十三》)他指出,知而不行、知而不用,这种知只不过是"纸上之学问"、"心头之觉悟"(《言行录·言卜第四》),是毫无用处的。

颜元对那种知而不行、以知代行、只讲不用的坏学风十分痛恨。他说:"有圣贤之言可以引路,今乃不走路,只效圣贤言便当走路。每代引路之言增而愈多,卒之荡荡周道上鲜见其人也!"(《存学篇·性理评》)他认为,读书明理是为了指导自己的行动,如果以读书作为最终目的,以读书代替行动,其荒谬就如同以"引路之言便当走路"一样。其结果势必读书讲道者越多,而躬行实践者却越少,造成社会风气的败坏。针对这种弊病,他主张"吾辈只向习行上做功夫,不可向言语文字上著力"(《言行录·王次亭第十二》)。

颜元主张学以致用、知以利行,因此他认为一切有益有用的东西都要知、都要学。基于这一认识,他把学和知的范围扩大了。在封建时代,中国知识分子知和学的范围十分狭窄,特别是到了宋明时代,一般士人为了应付科举考试,猎取功名富贵,他们除了《四书》、《五经》以及朱熹的《四书集注》之类外,别的几乎一无所知。颜元站在封建地主阶级立场,虽然也认为学主要是为了"明人伦",即"学为人子,学为人弟,学为人臣",但他强调为了事父兄而能"承命",事君而能"尽职",做一个能为君父、国家办实事的人,人们还必须学习,掌握各种有关的"艺能"(《言行录·理欲第二》)。在"复孔门之旧"的口号下,他主张施行孔子的六艺之教,让知识分子全面学习、掌握礼、乐、射、御、数、书。除此之外,他又主张"博学之,则兵农、钱谷、水火、工虞、天文、地理无不学也"(《四书正误》卷二)。就是说,不仅要学军政诸事,还要学习天文、地理、农业、手工业、林牧业等科学文化和生产知识。颜元的这一主张在封建时代是卓越的。

颜元提倡习行,是要让人们学到对治国平天下有用的学问,让人们对伦常切实躬行,培养能够处理实际事务,懂得军政、经济、生产的知识分子。他的最终目的还是为了维护封建统治。但是,在那"人人禅子,家家虚文"的时代,广大知识分子只知空口讲诵,静坐内省,脱离实际,不讲效用,颜元提倡实学、实用、实行、实习,主张知识分子应从故纸堆中解放出来,走向社会,面向实际,经世致用,这是具有进步意义的。

颜元强调直接经验在认识过程中的重要作用,这是正确的。但他在强调直接经验、强调习行的过程中,有时贬低理论和书本知识的重要性,走向了狭隘的经验主义。他反对"以多读为博学",在当时固然有其积极意义,但他认为博学与多读没有什么关系,这就错误了。他由于痛恨理学家们死读书、脱离实际的学风,有时甚至反对读书、著书,这就从一个错误的极端走向了另一个错误的极端。他认为,只要对伦常切实践履,虽不读书也是可以的。他举例说:"张氏不读书,兄弟五人孝友,各习其事,争为劳役……虽曰未学,吾必谓之学矣。"(《言行录·学人第五》)他又说:"尧舜诸圣人所据何书?"(《存学篇·学辩一》)"尧舜以前圣贤固不读书。"(《言行录·刁过之第十九》)可见不读书一样可以成为圣贤。颜元的思想缺乏理论深度,同他轻视理论、轻视书本知识的倾向有着直接关系。对颜元这种轻视书本知识的倾向,自然应予以否定。

三

颜元在反理学的斗争中，也曾批判了程朱的人性论。颜元认为，"性，形之性也"，"性者，据形求之"（《存人篇·唤迷途》）。就是说，性总是一定形体的属性，是由形体决定的，离开了形体就无所谓性。而形体即是气质，因此人之性是由人之气质决定的。在人性问题上，颜元反对程朱把人性区分为"天命之性"和"气质之性"，反对程朱气质之性有恶和变化气质的理论。关于这个问题，大家论述得比较充分，这里仅简单分析一下颜元对人欲的态度问题。

按照颜元的说法，人之气质就是人活生生的肉体。而我们知道，所谓欲乃是人之肉体的生理需求。颜元既否定气质之性有恶，反对变化气质，那么，按照正常的逻辑，他理应能充分肯定欲的正当。然而恰恰相反，颜元却否定人欲的正当性。他说："夫目之于色，耳之于声，口之于味，四肢之于安佚，皆欲也，须是强制它。若一任之，将何所不至哉！"（《言行录·世情第十七》）因此，他认为"制欲为吾儒第一功夫"（《言行录·法乾第二》）。显然，这和他否认气质之性有恶的观点是不协调的。比颜元稍后的戴震和比他稍前的王夫之，都曾公开指出过欲的正当性。颜元关于制欲的主张同王、戴相比，应该说是落后的。

不过，我们也应看到，颜元的制欲说同程朱的"去人欲，存天理"的主张也是有区别的。朱熹认为，"人之一心，天理存则人欲亡，人欲胜则天理灭"（《朱子语类》卷十三），"天理"与"人欲"是势不两立、不容并存的。因此，他主张"革尽人欲"。颜元并不完全同意程朱的这种主张，他认为"人欲无能绝"，他只是要求人们对人欲加以克制，使之服从于"天理"。他说："阳刚阴柔而天下定，阳下阴上而天下和。……今夫心：天理，阳念也，常令刚；人欲，阴念也，常令柔，吾心有不定乎？天理虽为主而常合乎人情，阳下也；人欲虽无能绝而常循乎天理，阴上也。"（《言行录·理欲第二》）颜元虽把天理放在主宰、决定的地位，而将人欲置于被主宰、服从的地位，但他又认为天理虽为主却应"合乎人情",人欲虽应"循天理"却又不能绝。他这种对天理作适当的限制而对人欲作适当的肯定的主张,虽然是一种折衷、调和的态度,但在当时还是具有一定进步意义的。

四

颜元的思想具有明显的功利主义色彩,在这一点上他同宋明理学也是对立的。宋明理学家们继承孔孟和董仲舒的思想,提倡"正其谊不谋其利,明其道不计其功",把义和利对立起来,反对功利。颜元认为,凡是符合义的利便是正当的,不区分利的性质而一概排斥是愚蠢的。他说:"义中之利,君子所贵也","以义为利,圣贤平正道理也"(《四书正误》卷一)。他从一般人的常识反问那些空谈义理、排斥功利的理学家:"世有耕种而不谋收获者乎?世有落网持钩而不计得鱼者乎?"(《言行录·教及门第十四》)这一反问有力地揭露了理学家们反功利的荒谬和迂腐。正是从这一常理出发,他公开提倡"正其谊以谋其利,明其道而计其功"(《四书正误》卷一),痛斥反功利之说乃是"腐儒"之见,是为了"文其空疏无用之学"(同上)。在宋儒这套理论的影响下,"苟安颓靡"之人竟被看做是"君子",而"建功立业"者却被视为"小人"(《习斋年谱》),是非黑白完全被弄颠倒了。我们知道,理学家们宣扬董仲舒的主张,是要人们把加强封建道德修养当做唯一的大事,而不去计较功利得失。但是,从长远来说,这种理论必然导致人们不务实际,鄙弃事功,最终势必造成国家的贫弱。颜元公开提倡"正谊谋利,明道计功"的功利主义正是从封建国家的长远利益着想的。颜元的功利主义同他讲求实用、实效的一贯主张是一致的。

和功利主义相联系,颜元又赞同先秦法家奖励耕战的思想。颜元曾提出过他的政治理想,他说:"如天不废予,将以七字富天下:垦荒、均田、兴水利;以六字强天下:人皆兵,官皆将;以九字安天下:举人材、正大经、兴礼乐。"(同上)颜元的这一方案显然是吸取了先秦法家的耕战思想。当年孟子反对法家的耕战政策,曾提出"善战者服上刑……辟草莱、任土地者次之"的主张。颜元对孟子的主张公开提出了异议,他说:"孟子王道手段,窃有一二不愿学处:如善战、辟草莱之才,自是行道所必用,如何定大罪、服上刑?"(《言行录·王次亭第十二》)颜元把耕战看做是"行道所必用",他对法家的耕战思想是充分肯定的。

  颜元曾自号"思古",并"名其斋曰师古"。提倡"复古"、"师古",这是颜元思想的又一特点。对颜元的复古我们要进行具体分析,不能作笼统的评价,一概斥之为"复古主义"。固然,他主张恢复"封建"(分封),甚至恢复宫刑,这完全是落后、倒退的主张,反映了他思想保守的一面。但在另一些场合,他提倡复古则是为了借用古代神圣的旗帜,以减少斗争的阻力。比如,他在"复周孔之旧"的旗号下批判程朱理学便是属于这种战术。在这种情况下,他的所谓"复古",实质上乃是更新,是具有进步意义的。

中国近代哲学变革论纲

处于大动荡、大转折、大变革之中的中国近代,是一个比以往更需要哲学的时代。刚刚登上政治舞台的中国资产阶级迫切需要新的哲学来帮助自己认识世界、改造世界,为资本主义变革作哲学论证。正是在这一大的历史背景下,出现了近代哲学变革。所谓哲学变革,概言之即是使中国哲学摆脱、超越古代形态,跃向近代形态。它既是中国近代经济、政治的新变化在思想意识领域的反映,同时又是中国近代社会变革的先导,所产生的社会影响至为鲜明。它的进程虽然短暂,但就整个中国哲学发展史而言,这无疑是重要一环,值得我们重视。

一

中国近代的哲学变革,固然是近代社会经济、政治新变化的反映,同时也是"西学东渐"过程中,中西文化融会的结果。中国哲学的近代化,是深受西学影响的。

首先是西方近代自然科学的影响。受实证主义影响,严复很重视哲学与科学的联系。这一认识也影响了其他人。比如,一篇文章便认为:"夫文学(按:含哲学在内)与科学,固互相为用者也,未有舍科学而言文学者也。……西人形而上学之进步,皆形而下学之进步有以致之也。"(《论文学与科学不可偏废》,《大陆》第3期)它认为,自然科学的发展必将推动哲学的发展;离开自然科学,哲学将成"无本之学"。基于这些认识,近代的新学家们大都努力把近代自然科学引入哲学。他们一方面以此为武器,批判、清理传统哲学;一方面又试图以此为基础,建构新的哲学。

西方近代自然科学的传入,使中国知识分子增长了新知,扩大了视野,认识产生了飞跃。它为中国近代的哲学变革提供了科学基础,使中国哲学的物质观、天道观、变易观、认识论等都发生了明显的变革。它使近代新学家们在许多方面克服了古代唯物论的朴素性、直观性,并为批判、清算传统的天命论、鬼神迷信提供了新的武器,从而在中国近代出现了一股强大的无神论思潮。它养成了中国人的科学精神、科学态度进而重视科学方法;而科学世界观的形成,也直接使人们的人生态度、价值取向发生新的变化。

西方哲学和社会科学对中国近代哲学变革的影响,更为重要、更为直接。吸取、引进西方哲学(主要是近代西方哲学),进而实现中西哲学的融合,这是中国近代哲学变革的一项重要内容。虽然,在中国近代,对西方哲学的介绍,大都比较粗略,甚至不很准确。但是,它的传入,给中国思想界、学术界带来了新的世界观和方法论,新的思想资料和思维方式,新的哲学意识和哲学观念,新的哲学范畴和价值标准,使人耳目为之一新。这就为近代中国的哲学变革提供了武器和借鉴,给中国哲学输入了新的成分,带来了新的生机、活力。

为了锻造新的哲学武器,中国近代的新学家们曾广泛涉猎了西方哲学,从本体论、认识论到历史观均有所吸取。但是,他们对西方哲学并没有同等重视,而是有所选择。他们所作的选择,主要不是出于个人的好恶,甚至不是出于一种纯哲学、纯学术的热情,而主要是出于时代的需要。概言之,一是中国社会变革的需要,二是中国文化革新、学术革新的需要。举例来说,近代新学家所以普遍接受、拥护进化论,是为了以此为武器,从理论上论证在中国实现资本主义变革的必要性、合理性、紧迫性。不少人喜好、鼓吹唯意志论,则是为了给社会变革事业寻求精神动力,并提倡意志自由、人的解放。斯宾塞的社会有机说之所以广为流行,则是为了说明人的近代化对社会近代化的重要意义。至于经验论、实证主义和逻辑学的引进,主要是出于清理、改造、批判"旧学",建立"新学",实现文化革新的需要。

中国近代新学家们对西方哲学和社会学说,不仅有选择取舍,还有重新概括和改造。最显著的例子便是严复对《天演论》的翻译。众所周知,这部译著并非原著的忠实译本,而是有所取舍、有所改造、有所评论,连书名也只是截取了前半段。之所以如此,则是为了突出"自强保种",呼吁国人奋起救亡图存。此外,对社会达尔文主义,对互助论等的介绍,也有类似情形。他们有意地使其"走样",都是出于中国社会现实的需要。总之,中国近代新学家们介绍西方哲学,目的是为我所用,并力图使之中国化。正是通过他们的选择、取舍、改造,中国哲学开始与西方哲学融会。正是在这一过程中,中国哲学开始向新的形态跃进。

二

中国近代的哲学变革,是中国哲学的自我更新,因此,对中国传统哲学进行批判继承,是近代哲学变革的中心一环。立新势必破旧,新学家们在锻造新的哲学武器的过程中,势必要对中国传统哲学下一番清理的工夫。

由于程朱理学长期来已成为官方哲学,它越来越成为新思想、新学说传播的障碍,它自然成为新学家们在哲学变革过程中的主要批判对象。

程朱的理在气先说、道本器末说、唯心主义先验论、知先行后说，历史观上的不变论、循环论、退化论，以及"去人欲，存天理"说和空疏学风，均先后受到新学家程度不同的批判。一些人还揭示了理学维护封建专制统治的反动作用。在批判程朱、清算理学、清理传统文化的过程中，一些人又逐渐把矛头指向了儒学和孔子，掀起影响巨大的批儒反孔斗争。这样，在中国近代的文化思想领域，就不仅打破了程朱理学的垄断地位，而且否定了儒学和孔子独尊的地位。于是，中国哲学遂摆脱经学形式，为中国哲学走向近代化清除了一大障碍。这是中国近代哲学变革的一项重大成就。

否定封建神权，批判宗教迷信，这是欧洲资产阶级启蒙运动的一项重要任务，也是中国近代启蒙运动和哲学变革的一项重要内容。

虽然中国古代没有像欧洲中世纪那样强大的教会势力，但由于自古以来中国统治者及其思想家都十分重视"神道设教"，故天命鬼神说及各色宗教迷信在中国社会和思想领域的影响同样是巨大的。这些不仅是哲学变革的障碍，也是提倡民主和科学，进行民主革命的障碍。因此，新学家们从一开始便把反对封建神权、批判鬼神迷信作为启蒙运动和哲学变革的重要任务。他们不仅做了较为深入的理论工作，还做了大量有益的普及宣传工作。由于近代的新学家们运用了近代的自然科学、西方近代的唯物论和无神论作为武器，因此他们的批判大大超过了古代的朴素唯物论，达到一个新的高度。同时，由于他们对这一斗争高度自觉并持续坚持，因而造成了相当的声势，在思想领域形成了一股引人注目的强大的无神论思潮。这项工作乃是中国近代启蒙和哲学变革中影响甚大、成效显著的一环，值得我们重视。

中国哲学有几千年独立发展的历史，具有悠久的传统和鲜明的民族特色，其中的精华乃是中华民族宝贵的精神财富。因此，在近代的哲学变革中，新学家们对中国传统哲学是既有批判又有继承的。由于在19世纪末20世纪初多数新学家刚从中学转向西学，他们对西方哲学尚缺乏较深的修养,相反,对中国传统哲学则比较熟悉,因此,他们所建立的新哲学,其思想渊源、资料,相当一部分仍然来自中国传统哲学。

在中国传统哲学中,受到近代新学家重视,因而对中国近代哲学影响甚大的主要是:朴素唯物论(如无神论、天无意志说、气一元论)、朴素辩证法思想和变化发展的历史观(如一切皆变的变易观、变化日新发展观、"趋时更新"说等)、佛学与陆王心学。

新学家们对于中国传统哲学的继承,同样是有选择取舍的。其选择取舍,依然出于时代的需要。如前所说,西学对中国近代哲学影响最大的是进化论,而传统哲学对近代哲学影响最大的则是朴素辩证法和变易史观。所以如此,同样是出于论证社会变革必要性、合理性的需要。近代新学家们大都崇信、鼓吹佛学与心学,也是时代需要的曲折反映。在大变革的中国近代,为了救亡图存,进行资本主义变革,实现近代化,就要求充分调动、发扬国人的主观能动性,激发人们的高度热忱。这就使许多新学家高度重视"心力",特别是"志士仁人"心力的大发扬。他们还认为,要想救亡与变革,志士仁人还必须破除生死利害之念,激发"舍身救世"、不怕牺牲的精神;破除"奴性",培养独立不羁、"自尊无畏"的气概。在他们看来,这些都能从佛学和心学中找到源泉、养料,都必须通过佛学和心学来培养。于是,他们便不约而同地成为佛学和心学的崇信者、鼓吹者。

近代的新学家们是在吸取、借鉴西学的同时继承中国传统哲学的,是站在新的时代高度,从新的时代需要出发继承中国传统哲学的。因此,他们对传统哲学的继承,并非原样照搬,而是下了一番选择、提炼、加工、改造的工夫,从而使之成为他们新哲学的有机组成部分。比如,古代的变化日新思想,在他们的哲学中已经同进化论相结合,成为新的进化史观的思想资料。对于佛学与心学,他们也曾与西方诸唯心论"相互印证"、"共相发明",因此,他们的佛学、心学也并非是古式原装。此外,他们的佛学不是出世的,而是入世的,是一种直接为维新或革命事业服务的"应用佛学"(梁启超语)。梁启超承认,他们在提倡佛学的同时实际上是进行了一场"佛教上之宗教改革"(《清代学术概论》三十,《饮冰室合集·专集》三十四)。这种继承中的改革,正是近代哲学变革的重要组成部分。

三

随着哲学变革的展开,一些新学家在介绍西方哲学、清理中国传统哲学的过程中,又对中西哲学及文化作了对比,对中国传统哲学与文化的特征进行了探讨。这项工作既是中国近代哲学变革的重要内容,同时也对它的深入起了推动作用。

最早从事这项工作的是严复。早在"百日维新"前,严复就曾以高度简括的文字点出了中西政治、伦理、哲学、经济观念上的主要差异,而在哲学上则点出了中西在历史观、认识论、自然观上的主要差异。他认为,自然观上"委天数、信天命",认识论上轻视直接经验,历史观上厚古薄今,视历史演变为循环等乃是中国传统哲学几个突出的缺陷。为了给引进西方哲学、清理中国传统哲学制造舆论,稍后严复又在其他一些论著中进一步揭示了中国传统哲学所存在的不足。他认为,中国传统哲学所存在的主要问题是:其一,因轻视直接经验遂造成唯心主义先验论的盛行。在他看来,中国的"古书成训"十之九皆"心成之说"。他把这一问题估计得相当严重。其二,逻辑学不发达,而且,在两种逻辑方法中,"外籀(演绎法)甚多,内籀(归纳法)甚少",主要是用演绎法。可是,演绎所用的"公例"却大多"立根于臆造","所本大抵心成之说",这样所得结论势必荒谬。他认为,这正是中国"学术之所以多诬,而国计民生之所以病也"(《穆勒名学》部乙篇四案语)的病根。其三,所用概念、范畴含义大都模糊不清,"意义歧混",这严重妨碍了中国古代哲学的"精深严确"。

如果说严复在对比过程中偏于揭短,那么,20世纪初梁启超所作的对比则既揭其短,又论其长,对中国传统哲学作了比较全面的评价。

他认为,中国学术文化在其"胚胎时代"即已独具特色,显示出优点。比如,中国远古虽有宗教思想,但"常倚于切实,故迷信之力不甚强"。虽然尊天,但"各国之尊天者,常崇之于万有之外,而中国常纳于人事之中","目的不在天国而在世界,受用不在未来而在现在"。总之,"吾国最初之文明,事事皆主实际","以重实际为第一义",这些皆"吾中华所特长也"(《论中国学术思想变迁之大势》,《饮冰室合集·文集之七》)。

他又以中国先秦学派与古希腊学派相比较,认为先秦较之古希腊,既有其短,也有其长。兹不赘引。值得我们重视的是,他又曾对中国传统哲学的总体特征作了概括。他指出,中国哲学重"人道"而不重"天道","于天地万物之理,穷究之者盖少焉"(同上)。它是一种人生哲学、政治哲学、道德哲学,所探求的乃是"人之何以为人也,人群之何以为群也,国家之何以为国也"(《保教非所以尊孔论》,《饮冰室合集·文集之九》)。他认为,与希伯来、印度、希腊及近代欧洲哲学相比较,在中国传统哲学中,"热烈的宗教观念"、"瞑想的形而上学"、"纯客观的科学"均不发达。但是,独具特色的中国传统哲学在今天以及将来,仍然有其地位与价值。这是因为,人生哲学与政治哲学随着人类"文明愈进,则其研究之也愈要"(同上)。对此,他是充满信心的。此外,在同一时期,王国维对中国传统哲学的总体特征,也曾作过与梁相似的分析。

以今人眼光看,近代新学家对中西哲学与文化所作的对比无疑显得粗浅,有的且不甚精确。但是,他们所做的开拓性工作是极有价值的。他们的分析、议论,在当时对于进一步清理中国的传统哲学与文化,作批判继承;对于在吸取西方哲学与文化的过程中作正确的选择取舍,对于进一步明确近代哲学变革的方向,推动其深入,都具有重要意义。

四

中国近代的哲学变革,自然要引发中国哲学范畴的变革。哲学范畴是人类认识之网上的纽结。一般说来,一定历史时代的哲学范畴,大体反映了那个时代理论思维所达到的水平。因此,近代哲学范畴的变革乃是中国哲学从传统形态向近代形态转型的重要标志。通过对它的考察,可以使我们对近代哲学变革所达到的程度有更直接、更具体的认识。

在哲学变革的过程中,特别是在西方近代哲学传入的过程中,中国哲学范畴发生变革乃是自然、必然之事。但是,对此严复却更显自觉,并一再呼吁,极力提醒学人高度重视这一工作。如前所说,他认为概念范畴含义不清乃是中国传统哲学的缺陷。他说,"气、心、天、道"等都是中国"古书中极大极重要之立名",可是,其含义却"歧混百出","虽欲求其定义,万万无从"(《名学浅说》三十)。他感慨地说,中国古人"出言用字如此,欲使治精深严确之科学哲学,庸有当乎"(同上)?因此,中国欲建构"精深严确"的新哲学,当从哲学范畴的变革、完善入手,这乃是哲学变革的当务之急。严复的这些呼吁,对中国近代的哲学变革无疑起了推动作用。

中国近代哲学范畴的变革,大致表现在以下几方面:

其一,以新的范畴、概念取代旧的范畴、概念。气(元气)是中国传统哲学说明万物始基的重要范畴。按张岱年先生的解释,气乃是"未成形质之有,而为形质所由以成者",是"一切有形之物之原始材料"(《中国哲学大纲·气论一》)。到近代,某些新学家曾继续使用这一范畴。但随着近代自然科学的传入,新学家们逐渐感到,以气为"一切有形之物之原始材料"不合科学。起先,他们依据星云说,以星云取代气,说明宇宙始基。随着以太说、原子说的传入,稍后人们又以以太、阿屯(原子)取代气,作为表述物质始基的范畴。所谓"凡物之初,只有阿屯"(章太炎:《菌说》),成为多数新学家的共同认识。相似的尚有五行。中国自古以来认为,金木水火土是构成万物的最基本的物质要素。而自近代化学传入后,五行说便迅速为化学元素说所取代。"天之万物为六十四元质(即元素)配成"(唐才常:《质点配成万物说》),被新学家们普遍接受。气、五行分别为以太、阿屯、元素所取代,标志着中国哲学物质观的变革与进步。

其二,对旧范畴进行改造。理是中国古代特别是宋明时代的重要哲学范畴,是程朱哲学的最高范畴。到近代,理这一范畴虽仍继续使用,但其含义则被根本改造。首先,新学家们彻底否定了程朱之理的先验性、神秘性和超自然意义。他们指出,"理者,与物对待而后形焉者也"(严复:《阳明先生集要三种序》),"物之可以分析而粲然有系统者皆谓之理"(王国维:《释理》)。这就把理完全还原为事物之理。既然理乃事物内在的规律,而规律具有普遍性,为大家公认,所以,近代新学家们常使用的乃是"公理"这一概念,并一再强调"理之诚妄","其证存乎事实"(严复:《原富·译事例言》),"必验之物物事事而皆然,而后定之为不易"(严复:《救亡决论》),是通过实证而得,绝非"自家体悟"。这种理显然与宋明理学之理大不相同。此外,由于理气关系在近代已不是哲学争论的主要问题,所以,理在中国近代哲学中不再是重要范畴。

心是中国古代哲学的又一重要范畴。它的两方面的含义在近代都被改造。中国古代哲学所说的心,第一种含义是指人能知能思的思维器官,即所谓"心之官则思"。但这里的心系指心脏。到近代,依据科学知识,新学家们普遍认识到,心脏乃是人体的"司血"器官,而人脑才是思维器官。虽然,在此之后人们依然沿用心这一概念,但它已不再是心脏,而是指脑。这一纠正,对于揭示思维的生理机制和意识的本质,无疑具有重要意义。心的第二种含义是指人的主观精神、意识,它被主观唯心论者视为宇宙的本体、天地万物的本原。可是,中国古代主观唯心论者(如陆王)所讲的心,其形式是主观的,但其内容却不尽是主观的,而是带有明显的客观性。比如,陆九渊就曾说:"理乃天下之公理,心乃天下之同心。"(《与唐司法》,《陆九渊集》卷十五)这是"心即理"说的必然逻辑。而近代新学家中主观唯心论者所讲的心,从形式到内容都是主观的,它不再是与天理等同的"天下之同心",而是真正的自心。正如谭嗣同所说,因"各各之意识所造不同",故"各各自有世界"(《仁学》五十)。他们所强调的乃是心的个性、特殊性、差异性,由此引发的则是近代的个人自由意志和个性自由。

其三,对旧范畴进行充实,赋予新义。知行是中国古代认识论、道德修养论中的一对重要范畴。但是,中国古代哲学中知行这对范畴的含义,具有明显的狭隘性。中国古代哲人所说的知,主要是指道德认识,行则主要是指对道德的躬行践履。他们之所以重视对两者关系的探讨,重要目的是欲让人们正确处理、解决道德认识和道德实践的关系。而到近代,知行这对范畴的含义、内容大大超过古代。以孙中山为例,他所说的知是指"科学真知"、革命理论,行除了日常生活的各种活动外,还包括了生产活动、科学实验与革命活动。近代新学家们赋予知行以广泛的新内容,就使中国哲学认识论进一步摆脱了对道德修养论的依附关系。

被赋予新义、给予新解的尚有无极、太极这对范畴。按朱熹的解释,太极即是"天地万物之根"。可是,确指某一物为"天地万物之根"无疑是不科学的。随着新学家们科学知识日益丰富,20世纪初有人对无极、太极及其关系,作了十分精辟的解说。一篇文章说:"无极云者,不能溯之祖也;太极者,能溯之祖,即始祖也。"它解释说,"太者大也,最大之止境也"。可是,目前人们所能认识的"最大止境"只是在无限之中"截取其地段若干而立为太极",它只表明"人类思想能力所已及者"而已。而随着人类"思想能力"不断提高,太极之界必将"愈扩而愈大"(均见《无极太极论》,《清议报全编》第15册)。这种对无极、太极的新解,反映了近代新学家们对"天地万物之根"认识的辩证与深化,极富近代色彩。

另外,尚有许多新范畴与新概念、名词术语的引进。此类事例甚多,且为人们熟知,限于篇幅,不一一列举。

总之,近代哲学范畴的变革,使中国哲学从形式到内容都发生了明显变化。

五

近代的哲学变革使中国哲学与近代科学相结合,与西方哲学相融会,使它摆脱了经学形式。由此,中国哲学开始从古代形态向近代形态转化,进入新的发展阶段。但是,如果把近代的哲学变革截止到"五四",那么,这一转化并未最终完成,它乃是一项半截子工程。之所以如此,是由中国近代社会变革与文化革新的任务并未最终完成所决定的。

近代哲学变革的结果,便是在中国产生了一种新的哲学,它的优点与不足都比较明显。

在中国近代,进步思想家始终自觉地把回答、解决"中国向何处去"的问题,规划中国的社会变革,当做自己的任务。他们的哲学,正是要从哲理的高度来说明"中国向何处去"的问题,为指导中国的社会变革、实现近代化,提供理论武器。因此,近代的新哲学是紧紧为社会变革,为救亡图存、振兴中华的伟大事业服务的。梁启超曾把龚自珍、魏源的今文经学称之为"应用经学",谭嗣同的佛学称之为"应用佛学"。贺麟也曾说,近代中国学人引进、学习西方哲学,是从"实用方面着手"的。从某种意义说,中国近代的新哲学,我们不妨把它称之为应用哲学。强调为现实斗争服务,这是中国近代新哲学的优点。它对推动中国近代的社会变革、民主革命和近代化的进程,诸如呼唤变法维新的风雨、激发革命风潮,都曾起了重要作用。

如果说以上是近代新哲学的优点,那么,粗浅、杂乱、不成熟则是它的不足。这是由中国近代特殊的国情所决定的。

中国资产阶级呱呱坠地之日,正是中国民族危机、社会危机日益深重之时。严峻的客观形势迫使中国资产阶级刚刚出世就不得不立即投入紧迫的政治斗争。为了紧迫斗争的需要,他们的政治代表、思想家曾紧张地从古今中外的思想资料中吸取养料,来不及细致消化、整理、提炼,就仓促地建构自己的理论体系,提出自己的方案主张。客观环境不允许他们有一个较为充裕的理论准备阶段,这同当年西方资产阶级思想家是不一样的。正如后来梁启超说的那样,他们大都是"未能自度,而先度人"(《清代学术概论》二十六,《饮冰室合集·专集》三十四)。那时,大多数新学家对西方哲学的了解是皮毛、肤浅的,对其中的深邃思想仅有初步接触,往往未得其精义,更谈不上作创造性的吸收,有机地融入自己的体系。而对"中学"他们虽然比较熟悉,但是,对它用新的立场、观点、方法进行清理、再认识也刚刚开始,尚未深入。总之,他们不论是对西方哲学还是中国传统哲学,基本上还处于一种若明若暗、尚未吃透的状况。从总体上说,那时他们还来不及对自然、社会、历史作比较全面深入的观察、认识、反思,这就很难作出有深度的哲学概括。此外,因强调哲学为现实斗争服务,一些新学家又滋长了一种急功近利的情绪。有人建构新哲学,往往主要不是出于哲学的热情,而是出于政治的热情。这种情形也妨碍中国近代哲学变革的深入和新哲学的成熟。

概言之,中国近代的新哲学,是一种"不中不西,即中即西",新与旧混杂的哲学,是一种正从古代形态向近代形态过渡的哲学。它既未形成影响巨大的学派,也未留下足以千古流传的名著,远未达到西方近代哲学那样成熟的水平。这同幼稚的中国资产阶级的不成熟是一致的,也同中国近代的社会变革、文化革新尚未充分展开是一致的。而且,出于寻找社会变革动力的需要,近代许多新学家时时夸大"心力"的神奇,造成了精神万能论、意识决定论在中国近代哲学领域以至整个思想界颇为盛行的局面。显然,这种新哲学并不能正确指导人们有效地解决近代中国复杂而尖锐的社会问题。正因为如此,当马克思主义哲学传入中国后,又立即兴起了一场新的、更伟大的哲学变革。

中国近代哲学变革的背景和特色

中国近代(旧民主主义革命时期)的哲学变革,是中国哲学发展史上承先启后的重要环节,是中国哲学创造性转化的第一步。近十年来,这一问题正逐渐引起学界的重视,但对它的进程、特点、成就、影响尚有待作更深入的研究,本文试图通过中国近代哲学变革的历史背景,对这场变革的某些特色作一些说明。

一

中国近代的哲学变革,是在鸦片战争后"西学东渐",中西文化冲突、交流、融合,先进的中国人向西方寻找真理的历史背景下发生的。因此,这场中国哲学的自我革新同西学的传入有直接关系,明显借助了他山之石。它带有文化输入的性质,乃是一场中西哲学的融合运动。

鸦片战争后,先进的中国人无不以一种奋起直追的心情向西方寻找真理。对于输入西学,他们是高度重视、高度自觉的。他们反复强调了输入西学,进行中西文化交流、融合,对于中国文化革新、哲学变革的极端重要性。梁启超说:"凡欲造成一种新国民者,不可不将其国古来误谬之理想摧陷廓清,以变其脑质。而欲达此目的,恒须借他社会之事物理论,输入而调和之。如南北极之寒流与赤道之热流,相剂而成新海潮,如常雪界之冷气与地平之热气,相摩而成新空气。"(《清议报一百册祝辞并论报馆之责任及本馆之经历》)他认为,如同不同的、相反的东西相互作用、相互结合才能产生新物一样,只有不同的文化相互交流融合才能产生新文化。而且,这种新的东西必然要优于父本和母本。他说:"生理学之公例,凡两异性相合者,其所得结果必加良,此例殆推诸各种事物而皆得者也。"(《论中国学术思想变迁之大势》)因此,只有使"泰西各国学术思想",与中国学术思想合"于一炉而冶之",才能造出"我国特别之新文明"(同上)。可见,引进西方文化、西方哲学,乃是进行中国文化革新、哲学变革的必要条件。只有积极输入、引进,才能促成中国文化、中国哲学实现创造性的转化,对此应予以高度重视。他殷切地希望中国人以真诚而恭敬的态度迎娶"西方美人",他相信,"彼西方美人必能为我家育宁馨儿,以亢我宗也"(同上)。蔡元培也指出:"希腊民族吸收埃及、腓尼基诸古国之文明而消化之,是以有希腊之文明。高尔、日耳曼诸族吸收希腊、罗马及阿拉伯之文明而消化之,是以有今日欧洲诸国之文明。"中国中古曾吸收印度文明,遂使中国中古文明"放一异彩"。但"自元以来","逾六百年矣,而未尝大有所吸收,如球茎之植物,冬蛰之动物,恃素所贮蓄者以自赡",结果中国文明遂"日趋赢瘠"(《文明之消化》)。这种状况必须迅速纠正、改变。因此,他们不仅努力学习西方近代自然科学,介绍引进西方哲学,而且力图使西学与中国古代哲学相融合。

在鸦片战争后传入中国的西学中,对中国近代哲学变革影响最直接、最重大的自然是西方近代哲学。对西方哲学的介绍,一般说来是从严复开始的,继之者则有梁启超、王国维等人。严复所介绍的,主要是英国近代哲学。王国维所介绍的,主要是德国近代哲学。而梁启超发表的一批"西儒学案",涉及面甚广,"其意义有如给中国人提供了一部西方近代哲学简史"(贺麟:《康德黑格尔哲学东渐记》,《中国哲学》第 2 辑)。在他们的影响带动下,20 世纪初有更多人发表文章,介绍西方哲学。这些介绍涉及面相当之广,从古希腊哲学直到近代的英、法、德哲学,全包括了。中国哲学走向近代化,是深受西方哲学影响的。西方哲学的传入,给中国哲学界以至整个思想、学术界带来了新的世界观和方法论,新的思想资料和思维方式,新的哲学意识和哲学观念,新的哲学范畴和价值标准。它使人耳目一新,并受到了新的思维训练。这就给中国哲学输入了新的血液,带来了新的生机、活力,并使之带有西化的色彩。它改变了中国哲学长期来相对独立发展的历史,开始向世界化迈进。同时,它也为中国近代的哲学变革提供了参照,由此引出对中西哲学的比较,使人们有可能更深入地弄清中国哲学自身的短长,进一步明确哲学变革的方向。总之,西方哲学的传入,对中国的哲学重建、中国哲学的创造性转化,具有重要意义。

西方近代自然科学的传入,对于中国近代哲学变革的影响也是不容忽视的。从 19 世纪 50 年代起,某些在华的西方传教士便开始译印西方科技书籍。到 60 年代,江南制造总局和京师同文馆等更大规模地译印西方科技书籍。出于对西学的浓厚兴趣和对科学的热爱,近代一些资产阶级新学家曾是这类书的热心读者。十分可贵的是,通过接触西方近代自然科学,他们中一些人对哲学与自然科学的关系,有了越来越明确的认识。20 世纪初的一篇文章说:"自奈端(牛顿)发明重学之理,其影响及于康德之哲学。苟不通物理学,何以读康德之哲学乎?自达尔文发明自然淘汰之理,斯宾率尔、赫胥黎皆取其说以言天演。苟不通生活学(生物学),何以读斯宾率尔、赫胥黎之哲学乎?……由此观之,则西人形而上学之进步,皆形而下学之进步有以致之也。"(《论文学与科学不可偏废》,《大陆》第 3 期)正是基于上述认识,他们努力了解西方近代自然科学,并把它引入哲学。西方近代自然科学的传入，为中国近代的哲学变革提供了科学基础，是中国哲学走向近代化的重要动力。它使中国哲学的物质观、运动观、变易观、认识论等发生了程度不同的变革。它为批判传统的天命论、神权迷信提供了锐利武器，并在许多方面克服了中国古代唯物论的朴素性、直观性。它也使新学家们有可能对中国哲学的传统范畴进行充实改造，并进而引进一些新的概念、范畴。总之，它使中国哲学的结构和形态产生了巨大的变革和跃进。此外，西方近代自然科学的传入，增进了人们"黜伪崇真"的理性，训练、培养了人们正确认识世界的科学态度和方法，这方面的影响就更为深远。

在中国近代，大多数新学家始终把哲学变革看做是中国哲学的自我革新。因此，在输入西学的过程中，他们体现了较强的文化主体精神。他们一方面勇敢地破除中外之见，敢于"用夷变夏"，热情要求迎娶"西方美人"，但同时又重视发扬中国的文化传统。梁启超曾说："凡一国之能立于世界，必有其国民独具之特质，上自道德法律，下至风俗、习惯、文学、美术，皆有一种独立精神，祖父传之，子孙继之，然后群乃结、国乃成，斯实民族主义之根柢源泉也。我同胞能数千年立国于亚洲大陆，必其所具特质有宏大高尚完美，厘然异于群族者，吾人所当保存之而勿失坠也。"（《新民说·释新民之义》）因此，他既反对那些"谓仅抱此数千年之道德、学术、风俗，遂足以立于大地"的"墨守故纸者流"，又反对那些"蔑弃吾数千年之道德、学术、风俗，以求伍于人"的"心醉西风者流"（同上）。革命派也赞同这一方针。他们一方面力主引进近代西方文化，一方面又反对"将中国一切旧学，扫而空之，尽取泰西之学，一一施于中国"，主张采取"吸食与保存两主义并行"（《学术沿革之概论》，《醒狮》第1期）的方针。基于上述认识，他们在近代的文化输入运动中，并不是要以西方文化、西方哲学取代中国文化、中国哲学，而是主张通过两者的融合而创新。

应该说，在中国近代，资产阶级新学家们为实现中西文化、中西哲学的交流融合曾做了不少有价值的工作，并取得了初步成效。正是通过中西哲学的初步交流融合,中国哲学开始向新的形态跃进,开始实现创造性的转化。但是,由于历史条件尚不成熟,近代的中西哲学融合尚处于初级阶段,两者还未达到有机的结合。由于时间过于短促,"西学东渐"还未充分展开,近代新学家们对西学的了解总的说来是比较肤浅的。他们对于西方哲学,尚处于介绍阶段,还未能充分咀嚼、消化。即使是介绍,大多处于浅层次,而且不少人仍以中国传统思维方式和哲学观念理解西方哲学,往往未能得其精义。同时,他们以新的立场、观点、方法对中国传统文化、传统哲学进行清理,也还刚刚开始,同样是不深入的。总之,他们当时不论是对西方哲学还是对中国古代哲学,基本上还处于一种若明若暗的状态,还未能对两者的本质内容作科学提炼和比较。由于两头都吃得不透,他们当时所做的结合工作明显带有简单生硬、表面化、浅层次等特点。虽然,在这场变革的前期和后期,情形有所不同,前期康有为等人的结合尚处于旧瓶装新酒的阶段,进化论尚需披上"公羊三世"的古老外衣,而在后期则不再进行这种化装,完全抛弃了这件外衣。但是,不论是前期还是后期,中西的结合从总体程度上说,都带有上述特点。总的说来,他们所做的大体乃是"以新知附益旧学"(梁启超语),或是以旧学附会新知。因此,他们所建构的新哲学,还不完全是一种中西哲学的有机复合体,而往往是一种中与西、新与旧的杂拌,带有"不中不西,即中即西"的特点(亦梁氏语),并未能达到预期目的。

二

更值得我们注意和重视的是,中国近代的哲学变革是在中国近代社会大变革、民族危机空前严重的历史背景下发生的。它乃是中国近代经济、政治的新变化在意识形态领域的反映,是出于中国近代社会变革、救亡图存的紧迫需要而产生的。社会变革、救亡图存的要求乃是近代哲学变革的第一动力。近代哲学变革的倡导者本身即是政治家、革命家、社会变革的领导者,他们是以政治家的身份来倡导、规划哲学变革的,近代的哲学变革是随着近代民主革命的波涛起伏而展开的。因此,它始终同政治斗争紧密配合,带有强烈的政治色彩。

19世纪70年代中国出现了资本主义经济,产生了新兴的中国资产阶级。这种新的经济、政治力量乃是中国近代哲学变革的物质基础。中国资产阶级登上政治历史舞台后,迫切要求有一种新的哲学武器,来帮助自己认识世界、改造世界,为资本主义变革提供哲学指导,从理论上说明中国向何处去的问题。中国近代一批资产阶级思想家,之所以去探讨自然、社会、历史诸问题,进行哲学沉思,大都是出于斗争的需要,迫于形势的驱使、刺激。他们都把回答"中国向何处去"的问题,并进而解决变革的动力、方法、途径,当做自己的使命。如果说一部中国近代思想史乃是苦难的中国人的"寻路记",那么,近代的哲学变革则是为了锻造指导"寻路"的理论武器。粗而言之,中国近代的哲学变革是从两大方面入手的,即吸取引进西方哲学和自然科学,对中国古代哲学进行清理改造、批判继承,这两者都是紧紧围绕变革、救亡的需要进行的。

如前所说,在19世纪末20世纪初新学家们曾对西方哲学作了较为广泛的介绍。但是,他们对西方哲学的吸收则是有选择的。他们所作的选择,不是出于个人的好恶,甚至不是出于纯哲学的热情,而主要是出于时代的需要、阶级的需要。从中国近代社会变革和学术文化变革的需要出发,他们所感兴趣并努力引进的主要是:进化论、经验论、唯意志论、机械唯物论和无神论、西方逻辑学等。其中影响最大的是进化论,其次是经验论和唯意志论。在中国近代,新学家之所以普遍拥护、宣传进化论,把它作为新哲学的理论基石,是为了从哲理上论证在中国实现资本主义变革的必要性、紧迫性,呼唤人们自觉投身于救亡图存的斗争。一些人之所以先后接受并鼓吹唯意志论,则是为了给正在进行的变革事业寻找精神动力,激发人们的主观能动性,并鼓吹意志自由、个性解放,以反抗封建束缚。至于经验论的引进,主要是出于清理、改造"旧学",建立"新学",进行哲学自身变革的需要,是为了通过学术的革新达到国家的富强。新学家们对于西方哲学、学说,不仅有选择取舍,又有重新概括和改造,这也是出于时代的、阶级的需要。显著的例子是,他们所宣传的进化论已由一种生物学学说变为一种世界观,一种独特的中国式的"天演哲学"。此外,对于社会达尔文主义的改造也是明显的例子。经过严复等人的转述,它变成了激励被压迫民族自强保种的精神动力,同西方社会达尔文主义的原旨显然是不同的。

同吸取西方哲学有选择取舍一样,他们对于中国传统哲学的继承也是有选择的,这依然是出于时代的、阶级的需要。出于这一需要,他们对于中国传统哲学的继承主要是:朴素辩证法思想和变化发展的历史观(一切皆变的朴素变易观、变化日新的发展观、"趋时更新"说和"道因时而万殊"说等)、朴素唯物论(无神论、天无意志说、气一元论、唯物主义的理气观和道器观)、佛学和陆王心学。如果说,在中国近代,西学中最受重视、影响最大的是进化论,那么,中国古代哲学中最受重视、影响最大的则是朴素辩证法思想和变化发展的历史观。之所以如此,都是由中国近代的时代需要、阶级需要所决定的。在大转折、大变革的中国近代,如何认识时代、认识历史,正确说明时代的变化,论证资本主义变革的必要和合理,始终是摆在中国思想界面前的重要课题。于是,中国古代的变易哲学便和西方的进化论一齐博得新学家的青睐,成为他们歌颂维新、批判守旧、鼓吹变革的主要武器。中国古代哲学受到重视、影响巨大的尚有佛学和陆王心学。正像梁启超所说:"晚清所谓新学家者,殆无一不与佛学有关系。"(《清代学术概论》,《饮冰室合集》第三十)崇佛成为一种颇为引人注目的思想动向。而且,近代几位有影响的思想家,同时又是陆王心学的崇信、鼓吹者。佛学和心学在近代的复兴,乃是近代时代和阶级需要的曲折反映。在近代那样一个火热斗争的年代,如何调动人们的主观能动性,激发人们的高度热忱,为变革寻求动力,无疑是极为重要的。这一时代需要使新学家们高度重视"心力"。他们又认为,要想自觉献身于救亡和变革事业,志士仁人还必须破除声色之欲、货利之求、妻孥之情、生死之念,激发舍身救世的精神,破除思想上的奴性,培养"自尊无畏"、独立不羁的气概。在他们看来,这些都能从佛学和心学中找到源泉、养料,都必须通过佛学和心学来激励、培育。梁启超曾说:"报大仇,雪大耻,革大难,定大计,任大事……莫不成于至人之心力。"(《新民说·论尚武》)章太炎曾说:"法相宗所说,就是万法惟心,一切有形的色相、无形的法尘,总是幻见、幻想,并非实在、真有……要有这种信仰,方得勇猛无畏,众志成城,方可干得事来。"(《东京留学生欢迎会演说录》)正是出于这些考虑,他们便不约而同地成为佛学和心学的崇信、鼓吹者,把改造后的佛学和心学作为新哲学的基石之一。梁启超曾把谭嗣同的佛学称之为"应用佛学"(《佛教与群治之关系》),其实岂止是谭嗣同,梁启超、章太炎的佛学也无不是"应用佛学",是为推动现实斗争服务的。

哲学是时代精神的精华。中国近代的哲学变革和资产阶级的新哲学充分体现了变革、救亡、振兴的时代精神。在中国近代,凡是在哲学领域产生重大影响、发展较为充分的学说思潮,都是紧扣时代需要、与时代精神息息相通的。被引进的西学如此,被继承的中学亦如此。合西方的进化论与中国的变易哲学而成的进化史观之所以在近代大放异彩,合西方的唯意志论与中国的佛学、心学而成的主观唯心论之所以在近代盛行一时,都是显著的例子。此外,在近代大放异彩的还有中西合璧的无神论。从戊戌维新到新文化运动,从谭嗣同到章太炎,直到陈独秀、李大钊,大都重视批判天命论、有神论,揭露神创论、天人感应论和种种世俗迷信的虚妄,大力提倡无神论。于是,在中国近代出现了一股前所未有的强大的无神论思潮。无神论思潮的勃兴,同样根源于资产阶级民主革命和资产阶级启蒙的需要。新学家们之所以对有神论展开持续批判,不仅是为了提倡科学,而且是为了使人们不仅从君权的束缚下,同时从神权的束缚下解放出来,实现人的解放。有一篇文章的标题便叫做《神权破坏人权出》,清楚地点出了批判有神论的宗旨。而且,上述这几方面也是中西哲学结合得较为紧密、成功的领域,之所以如此都是近代的时代需要促成的。

紧紧为变革、救亡事业服务,紧紧同反帝反封建的资产阶级民主革命相配合,这是中国近代哲学变革和近代新哲学的突出优点。中国近代的哲学变革、中国近代新学家所建构的新哲学,对于呼唤社会变革、社会革命的风雨,曾起了重要作用,它乃是近代社会变革的先导。但是,在近代,新学家们对哲学与政治关系的处理,也存在偏差。因为强调哲学与哲学变革为现实斗争服务,不少人忽视了哲学与哲学变革的相对独立性,忽略了哲学自身的建设、完善。一些人只有政治热情而缺乏哲学热情,一些人对哲学只讲应用而忽视对它的深化。他们往往只满足于用简单的哲学观点为现实斗争作宣传,而对哲学变革和哲学自身的深化缺乏兴趣和热情。对于西方哲学,往往只是急于拿来"应用",满足于简单介绍,而对其原本并不重视。显著的例子是,进化论虽在中国风行多时,但达尔文《物种起源》的中文全译本出现却很晚。在许多人看来,只要人们了解"物竞天择,适者生存"、"世道必进,后胜于今"就够了,至于是否读《物种起源》是无关紧要的。同时,一些人又把时代的需要仅仅局限于眼前斗争的需要,这种对"应用"范围的狭窄理解就更加妨碍理论建设工作的深入。

20世纪初,王国维站在保守的立场曾对当时中国的哲学界、学术界作过一番颇为尖刻的批评。他认为,康有为"之于学术非有固有之兴味,不过以之为政治上之手段"。20世纪初的一批更年轻的新学家,对于西方哲学、学术只是"聊借其枝叶之语,以图遂其政治上之目的耳"。即使对严复,王国维也不满意。他说,严复"其兴味之所存,不存于纯粹哲学,而存于哲学之各分科","故严氏之学风,非哲学的,而宁科学的也,此其不能感动吾国之思想界者也"。在他看来,这些新学家的哲学论著,其效果往往只体现于政治方面。比如,谭嗣同的《仁学》,"人之读此书者,其兴味不在此等幼稚之形而上学,而在其政治上之意见"(上引王国维言论均见《论近年之学术界》)。当年,梁启超乃是被批评者,但是,作为被批评者的梁启超,后来对这一批评也是承认的。他曾说,近代的"所谓新学家者,其所以失败,更有一总根源,曰:'不以学问为目的,而以为手段'"(《清代学术概论》,《饮次室合集·专集》第二十九)。固然,王国维是站在反对哲学为政治服务的保守立场来作评论的,他的许多评语明显出于偏见。不过,他认为当时许多新学家只有政治热情而缺乏哲学热情,学风往往是"非哲学"的,这些情况在当时确实是存在的。这势必要影响近代哲学变革的深入。应该说当时的新学家们忽视了这样一个问题,这就是哲学和哲学变革所以能为现实斗争服务,起到促进推动作用,是由于哲学有其自身的价值。因此,只有哲学自身不断完善深化、发展提高,它才能更有效地为现实斗争服务,起到它应有的作用。忽略哲学自身的建设,终将削弱它在这方面的作用。这一历史教训,是值得我们重视的。

三

中国近代的哲学变革,又是在中国资本主义经济发展极不充分,资产阶级幼稚软弱,理论准备严重不足的历史背景下发生的。它乃是由一个先天不足的阶级所领导的一场先天不足的变革。这就决定了它不可能深入展开,达到应有的深度,所建立的新哲学不可能达到成熟发展的水平。

中国的资本主义经济是在中国沦为半殖民地的历史条件下产生的。在帝国主义、封建主义的双重压制、束缚下,中国资本主义经济的发展极其缓慢。长期以来,它一直在夹缝中艰难求生,始终未曾在中国社会经济中占重要地位。因此,中国的资产阶级乃是一个先天软弱的阶级。它虽力图在中国实现资本主义变革,但由于自身的软弱,它所领导的斗争屡屡受挫,最终它并未能在中国完成资产阶级民主革命的任务。由这一总形势所决定,他们倡导的包括哲学变革在内的文化革命和文化重建运动就难以取得圆满结果。这是任何一场缺乏深厚物质基础、阶级基础的文化、思想运动所难以摆脱的命运。对此,我们无须多加论述,这里需要着重指出的是幼稚的中国资产阶级理论准备、理论积蓄的严重不足。

中国资产阶级诞生之日,正是中国民族危机、社会危机日趋严重之时。严峻的客观形势迫使它未脱襁褓就不得不投入紧迫的政治斗争。中国资产阶级诞生于19世纪70年代,距离他们发动政治运动和文化运动仅仅只有二十年左右。中国近代严酷的历史环境所给予他们的准备时间实在是太短促了。他们不论是从事政治运动还是文化运动,都明显是仓促上阵。为了斗争的紧迫需要,他们的思想代表曾紧张地从古今中外的思想资料中吸取养料,但都来不及细致地咀嚼、消化、整理、提炼,就匆促地建构自己的理论体系,提出自己的方案、主张。这样的理论体系,自然不可能成熟、深刻。应该说,当年的一批新学家求知欲是很强的,而且,出于强烈的使命感,他们对新知的宣传介绍也是十分热心的。在宣传介绍方面,的确像梁启超所说的那样,是"得尺贡尺,得寸贡寸",毫无保留的。但这样的介绍是典型的现贩现卖,介绍者对被介绍内容往往缺乏深刻理解。对此,梁启超曾作过形象的描绘:"我读到'性本善'则教人以'人之初'而已,殊不思'性相近'以下尚未读通,恐并'人之初'一句亦不能解。"(《清代学术概论》)他认为,20世纪初的一代新学家大都如此。他说,当年的西学输入,"皆所谓'梁启超式'的输入","本末不具,派别不明,惟以多为贵"(同上书)。而且,当年的一批新学家又大多不通西文,这更影响了西学输入的水平、质量。梁启超曾说,在晚清的西洋思想输入运动中,"运动原动力及其中坚,乃在不通西洋语言文字之人",因能力所限,所以"稗贩、破碎、笼统、肤浅、错误诸弊,皆不能免。故运动垂二十年,卒不能得一健实之基础"(同上)。由于初步接触,还来不及深入研究,他们对于西方哲学的理解、把握就更差一些。王国维曾说,1903年春他"始读汗德(康德)之《纯理批评》,苦其不可解,几半而辍"(《静庵文集自序》),博学深思如王国维尚且如此,他人可想而知。王国维估计,当年的留学生中"其能接欧人深邃伟大之思想者,吾决其必无也,即令有之,亦其无表出之能力又可决也"(《论近年之学术界》)。这一估计稍有夸张但大体符合实情。既对西方哲学(特别是其中的深邃思想)尚缺乏深刻理解,勉强介绍就难免出于附会。比如,梁启超1903年介绍康德哲学,便是以佛学和阳明学去理解、附会,其结果正像当年王国维所批评的,"纰谬十且八九也"(同上)。近代多数新学家的自然科学修养同样不佳。他们所接触的近代自然科学,大都是"初级普通学"(梁启超语),而且学习的途径大多是靠自修自悟。他们的自然科学知识大多是简单常识,有的甚至只是些耳食之谈。因此,这方面所出现的附会就更多(如以电、磁、以太比附不忍人之心、仁等)。在近代新学家中,梁启超是勇于自我批评的。他曾说,在传播西学、介绍新知,进行启蒙方面,他是"未能自度,而先度人"(《清代学术概论》26)。其实,由历史条件所决定,近代的新学家大多如此。他们理论准备如此不足,就决定了近代的哲学变革是难以深入的。

近代的新学家们,对中国传统哲学的修养无疑优于对西方哲学的修养。在近代的哲学变革中,他们中一些人曾以新的立场、观点、方法对中国古代的哲学遗产作了初步的清理、再认识。更值得重视的是,他们曾在一些领域(如物质观、变易观、历史观、知行观等方面)对中国哲学实现了程度不同的创造性转化,显示了近代哲学变革的实绩。他们对程朱理学的批判清算曾造成相当大的影响。特别是随着启蒙运动、文化革命的深入,他们逐渐把矛头指向了孔子和整个儒学,掀起了影响巨大的批儒反孔斗争。这样,他们就不仅打破了程朱理学的垄断地位,也否定了孔子和儒学独尊的地位。于是,中国哲学从经学的形式下解放出来,为中国哲学走向近代化清除了严重障碍。这是中国近代哲学变革的一项巨大成就。但是,同样由于时间仓促、紧迫,他们所做的清理、清算工作,同源远流长的儒学和号称"致广大,尽精微,综罗百代"的朱熹哲学相比,显然是不相称的。应该说,近代的新学家们对遗产的继承工作并未忽视。梁启超曾表示,要对中国的文化思想遗产下一番"濯之拭之"、"锻之炼之"、"培之浚之"的工夫,使其"岁岁有新芽之茁"、"有新泉之涌"(《新民说·释新民之义》)。但在实际当中,他们对中国文化思想遗产所做的挖掘、提炼工作同样是不足的,他们并未能很好地完成自己所提出的任务。

"五四"运动后不久,蔡元培在评述此前五十年间中国哲学界的状况时曾说:"这五十年中,没有人翻译过一部西洋哲学史,也没有人用新的眼光来著一部中国哲学史,这就是这时期中哲学还没有发展的症候。"(《五十年来中国之哲学》)就是说,在中国近代,新学家们既没有完成系统评介西方哲学的任务,也没有完成科学地清理中国古代哲学遗产的任务。蔡元培以此作为中国近代"哲学还没有发展的症候",是有一定道理的。

总的说来,中国近代的资产阶级新学家们在实现中国哲学的创造性转化方面迈出了可贵的第一步,并取得了实效。但由于中国近代哲学变革的阶级基础、理论基础都不够坚实,因此这一任务在近代并未能彻底完成。蔡元培曾感叹说,在中国近代"还没有独创的哲学"(同上)这一评语无疑过于苛刻,不尽符合实际。但是,若说中国近代的新学家们哲学上理论建树不足,未能建立起足以与西方近代哲学大家相比美的博大精深的哲学体系,则是事实。

严复对中国近代哲学变革的影响

对于中国近代的哲学变革,近代的几位主要思想家都曾作出了各自不同的贡献,但相比之下,严复的贡献更大、更全面。可以这样说,中国近代哲学变革的成就和不足都同严复有一定关系。他对中国近代哲学变革的影响是巨大的。

一

中国近代的哲学变革,是在鸦片战争后"西学东渐",中西文化交流融汇,先进的中国人向西方寻求真理的历史背景下发生的。中国哲学走向近代化,开始创造性转化,明显受了西方哲学的直接影响。而近代"介绍西洋哲学的,要推侯官严复为第一"(蔡元培:《五十年来中国之哲学》)。这是严复在中国近代哲学变革中最突出的贡献。虽然,在严复之前,西学已在中国传播,哲学变革也已拉开了帷幕。但在此之前,

"彼时所译者,皆初级普通学,及工艺、兵法、医学之书,否则耶稣经典论疏耳,于政治哲学毫无所及"(梁启超:《南海康先生传》)。由于缺乏新的理论武器和借鉴,在那时,哲学变革缓慢,远未引起人们的重视。甲午战争后,严复一闯入学术界,就把目光投向西方哲学和社会科学,大谈培根、达尔文、斯宾塞、赫胥黎,大讲群学、名学、心学(心理学),并开出《物种探原》、《斯宾塞尔全书》等书目,立刻使人耳目一新。接着,他先后译介《天演论》等书。由严复开风气,又引出了梁启超、王国维等人对西方哲学的介绍,由此又引起更多人对西方哲学的兴趣。自从西方哲学传入,中国的哲学变革便越来越引起人们重视,并逐渐走向深入。日本史学家稻叶君山曾说:"若以(中国)近代之革新,为起端于1895年之候,则《天演论》者,正溯此思潮之源头,而注以活水者也。"(《清代全史》卷下,第四章)可以说,严复对西方哲学社会科学的介绍,不仅给中国的革新思潮从源头"注以活水",而且对中国近代的哲学变革也起了这样的作用。

严复对西方哲学、社会科学的介绍是有选择的,是从中国的时代需要出发的,具有鲜明强烈的目的性、针对性。因此,所造成的影响就十分巨大。说到影响,第一位的自然是进化论。严复介绍进化论,直接动机是为了呼吁中国人奋起"自强保种"。经过他的宣传,达尔文"物竞天择,适者生存"的学说大大激发了中国人奋发图强的精神,使人养成自立自强、奋发进取的人生态度,这种积极的人生观曾对中国近代时代精神和社会风气产生了重要影响。然而,进化论在中国的影响,远远超出这一范围。由于严复把这种生物学说理解并提炼为一种指导人们认识自然、社会、历史的哲学世界观,即所谓"天演哲学"(且为人们普遍接受),因此,它对中国近代的哲学变革和整个社会变革都曾产生了广泛而深刻的影响。首先,它使人们树立起世界是自然进化的产物,"万物皆由进化而成"的唯物主义自然观,使人们坚信"万类之所以底于如是者,咸其自己而已,无所谓创造者"(《天演论》导言一案语)。这就排斥了一切超自然的神秘力量,给神创论、目的论、天命论等以致命打击,使中国近代形成了一股强大的无神论思潮。其二,它又使人们树立起世界不断由低级向高级发展进化的历史观,使人们坚信"世道必进,后胜于今"(《天演论》导言十八案语)。这就沉重打击了不变论和循环论,充分论证了在中国进行资本主义变革的必要性、合理性,也论证了包括哲学变革在内的整个文化革命、文化重建的必要性和合理性。以上二者,就使中国传统的旧世界观受到摧毁性打击,为新的世界观的建立奠定了基石。此外,在认识论领域,章太炎关于"竞争出智慧"、"革命开民智"的思想,孙中山关于人的认识应随事物的变化发展而更新的思想,也都明显受了进化论的影响。总之,由于在中国近代,凡称之为"新学家"的人无不接受进化论,因此,它给中国近代的哲学和哲学变革打上了深深的印记。可以这样说,以进化论为"源头活水"、理论基石,开辟了中国哲学史的一个新时代。

严复所介绍的西方哲学,对中国近代哲学变革产生过重大影响的还有英国的经验论。严复对英国近代唯物主义经验论创始者培根在西方近代的贡献和影响作了高度评价,认为西方"二百年学运昌明,则又不得不以柏庚氏之摧陷廓清之功为称首"(《原强》)。在他看来,当时的中国要想清理旧学,使中国"学运昌明",使中国哲学实现创造性转化,也必须大力提倡经验论。虽然,严复经验论的最终归宿是不可知论,但这并不是他当时宣传介绍的重点。在19世纪末20世纪初,严复着重介绍和强调的乃是"即物实测"的唯物主义认识论原则。这一原则包括以下两个要点:第一,认识来源于接触外界事物的直接经验,这就是所谓"官与物尘相接,由涅伏(原注:俗曰脑气筋)以达脑成觉"(《天演论》导言二案语)。因此,人们应"以心亲物"、"即物求知"。第二,一个正确的认识必须经过客观外物、实际经验的反复检验,这就是所谓"一理之明,一法之立,必验之物物事事而皆然,而后定之为不易"(《救亡决论》)。他一再强调:"试验愈周,理愈靠实"、"印证愈多,理愈坚确"(《西学门径功用》)。告诫人们在认识过程中"成见必不可居,饰词必不可用,不敢丝毫主张,不得稍行武断,必勤、必耐、必公、必虚"(《救亡决论》)。事实证明,这一时期严复在宣传经验论的过程中,给思想界、学术界留下深刻影响的是以上这些积极的东西。这种重视"试验"、"检验"、"阅历"、"观察调查"、"严于印证"的认识方法,对于培养人们认识处理问题的科学态度和科学方法,增进人们"黜伪崇真"的理性,具有重要意义。在此之后,科学主义、理性主义在中国崛起,成为一股重要思潮,这无疑与严复有直接关系。

严复又认为,西方之所以学术昌盛,还在于重视运用科学的方法——逻辑学。他引用培根的话,称逻辑学为"一切法之法,一切学之学"(《穆勒名学》部首案语),认为提倡逻辑学乃是"革新中国学术最要之关键"(蔡元培:《五十年来中国之哲学》)。因此,他在介绍西学时,着意介绍了西方的逻辑学。正如蔡元培所说:"严氏于《天演论》外,最注意的是名学。"(同上)在严复所译八种名著中,逻辑学竟占两种,可见其重视。经过他的提倡,逻辑学在中国"一时风靡",逐渐普及。严复把提倡逻辑学视为革新中国学术、实现哲学变革的"最要关键",这表现了他高人一等的学术眼光。中国近代的几位重要思想家都曾感叹,逻辑意识和认识论意识薄弱乃是中国传统哲学的明显缺陷(可参阅梁启超的《论中国学术思想变迁之大势》,王国维的《论哲学家与美术家之天职》,严复的《论世变之亟》及《名学浅说》等)。严复对英国经验论和西方逻辑学的介绍,对于克服中国传统哲学的不足,改造中国哲学的旧格局,为哲学变革指明方向,都具有重要意义。

总的说来,严复对西方哲学的介绍,不仅使中国人增长了新知,更重要的是为中国哲学界输入了一套新的世界观、方法论,新的思维方式和价值观念,新的哲学意识、哲学观念。这就为正在转化中的中国哲学输入了新的血液,提供了新的活力,为刚开始的哲学变革提供了新的武器和借鉴。自严复输入西方哲学以后,中国哲学的形态才真正开始转化。

二

中国近代的哲学变革是中国哲学的自我更新,因此,对中国传统哲学进行清理改造,乃是近代哲学变革的重要一环。在这方面,严复的贡献同样是突出的。在近代,对传统哲学作清理,并不自严复始。在此之前,康有为等人即已进行。不过,在那时,康有为等虽已开始接触西学,但对西方哲学却不甚了解。由于缺乏新的武器、方法和鲜明的参照系,他们所做的清理工作是难以深入的。甲午战争后,严复介绍西方哲学,就为人们提供了新的理论武器,新的方法和参照系,从此这一工作逐步走向深入。后来蔡元培曾说:"至于整理国故的事业,也到严复介绍西洋哲学的时候,才渐渐倾向哲学方面。"(《五十年来中国之哲学》)这是事实。

　　严复对旧学的清理,一开始旗帜就十分鲜明。他把矛头直接指向长期占统治地位的宋学和汉学,得出了汉学"无用"、宋学"无实"的著名结论,发出了"举凡宋学、汉学","皆宜且束高阁也"(《救亡决论》)的呼吁。严复的这些言论不是发于私人信函、笔记,而是公开刊诸报端,其震动是巨大的。而且这一震动又带来广泛的呼应,自此以后越来越多的人公开批判程朱理学,这就为近代的哲学变革扫除了障碍。严复对程朱理学的清算,不仅公开大胆,而且在理论上也是深刻的。认为理在气先,这是程朱理学特别是朱熹哲学的出发点,他们的客观唯心主义的理本论正是建立在这一基础上的。严复公开责问道:"朱子主理居气先之说,然无气又何从见理?"(《天演论》论十三案语)就是说,理乃气之理,离气则无从见理。这就否定了程朱的先验之理,把理还原为气之理,使程朱理学赖以存在的基础发生动摇。还有一点值得我们重视,这就是严复对西方"背苦趋乐"人性论、伦理观以及"合理利己"主义(严译为"开明自营")、"公私两利"说的介绍和发挥,这乃是对程朱理学"去人欲、存天理"宗旨,以及轻功利、轻私利的义利观、公私观的严重挑战,其理论意义更为重大。严复首次介绍新鲜的西方伦理学说,为人们深入清算理学提供了新的理论武器。而西方伦理学说的传播,使理学进一步为人们所抛弃。

　　对于理学的两个主要派别,近代多数新学家的态度是有区别的。

对于程朱,他们普遍憎恶,而对陆王不少人却极为推崇。严复则不然,他对陆王的主观唯心论作了更多、更尖锐的批评,反复揭露了它所造成的消极影响。他一针见血地指出,陆王心学的本质特征乃是"师心自用"、"强物就我","其为祸也,始于学术,终于国家"(《救亡决论》)。在中国近代,许多新学家为了寻找社会变革的精神动力,他们对外则接受西方的唯意志论,对内则求助于心学和佛学,于是造成了主观唯心论在近代盛行的局面。严复对陆王心学的尖锐批判,对于中国近代哲学领域急剧升温的主观唯心论显然起了降温作用。同时,也反映了他力图使中国哲学摆脱先验论,使中国新哲学的建设沿着唯物主义经验论的方向发展的愿望。

进而严复又对整个中国传统哲学作了全面清理。和一般人就事论事、随感而发的批评不一样,严复对中国传统哲学的缺陷提出了总体性的看法。由于严复是当时为数极少的"学贯中西"的学者,他掌握了新的参照系,因此,他可以高出他人一筹,在清理中国传统哲学时对中西哲学的异同作对比。早在甲午战争后,他就首次对中西文化、哲学的异同作了对比。对于中西哲学的异同他是这样概括的:"中西事理,其最不同而断乎不可合者,莫大于中之人好古而忽今,西之人力今以胜古。中之人以一治一乱、一盛一衰为天行人事之自然,西之人以日进无疆,既盛不可复衰,既治不可复乱,为学术政化之极则。""其于为学也,中国夸多识而西人尊亲知,其于祸灾也,中国委天数而西人恃人力。"(《论世变之亟》)虽然,严复表示,对于这些差异"吾实未敢遽分其优劣",但从全文看,他所讲的正是中西的优劣。他正是要通过中西对比,找出中国传统哲学的主要缺陷,进一步明确中国哲学变革的方向。事实上,严复主要是从这几方面从事哲学重建的。其一,针对中国古代"好古忽今"的历史观,他传播了进化论,提出了一套进化史观;其二,针对中国古代重书本、轻实践的学风,他传播了英国经验论,提倡"即物实测"的原则;其三,针对中国古代"委天数"的天命论,他介绍了西方的无神论,猛烈批判神创论、天命论,宣传"与天争胜",歌颂人为。严复对中国传统哲学的清算与他对西方哲学的输入,在方向上是高度一致的。而且,他的这些认识、主张也为近代多数新学家所重视,因此以上三项也正是中国近代哲学变革的几个重要方向。

"好古忽今"的历史观和唯心主义先验论,是严复在清理中国传统哲学时紧紧抓住的两个重点。由于受经验论的影响,他更重视对先验论的清算。随着进化史观为人们普遍接受,为使对中国传统哲学的清理进一步走向深入,他更强调了对先验论的清算。他认为,先验论盛行乃是中国传统哲学的突出弊病。他说:"理不本于实测,而本诸人心所意以为者,名曰心成之说。""若以中学言之,则古书成训十九皆然,而宋代以后,陆王二氏心成之说尤多。"(《穆勒名学》部乙篇四案语)他认为,中国古代的唯心先验论、"心成之说",其突出表现和特征是"不察事实"、"不本于实测",或是本于"人心所意",或是从书本到书本,且"无印证之勤"。对于这种学风的表现和危害,他反复作了揭露批判。他说:"吾国所谓学,自晚周秦汉以来,大经不离言词文字而已,求其仰观俯察,近取诸身,远取诸物,如西人所谓学于自然者,不多遘也……故极其弊,为支离,为逐末……而课其所得,或求诸吾心而不必安,或放诸四海而不必准。"(《阳明先生集要三种序》)在另一处他又说,中国古代之学,"事前既无观察之术,事后于古人所垂成例,又无印证之勤","所考求而争论者,皆在文字楮素之间,而不知求诸事实,一切皆资于耳食,但服膺于古人之成训,或同时流俗所传言,而未尝亲为观察、调查,使自得也"(《论今日教育应以物理科学为当务之急》)。严复又进一步指出,与"心成之说"相一致,中国旧学在逻辑方法上则轻视归纳,"外籀甚多,内籀甚少",多用演绎。可是,演绎所用的"公例",大多皆"立根于臆造,而非实测之会通","其所本大抵心成之说"(《穆勒名学》部乙篇四案语)。这样,最终结论就势必荒谬。他认为,这正是中国长期来"学术之所以多诬,而国计民生之所以病也"(同上)的病根。严复认为中国"古书成训"十之九为先验论,这显然把问题估计得过于严重,并不完全符合实际。但是,他对中国古代先验论特征、表现、危害的概括,大体是准确的,他的这些议论,对于提醒人们在哲学重建中重视清除先验论的影响,重视实践对认识的决定作用,是大为有益的。

最后尚有一点需要述及。由于严复深受西方哲学的影响,身上的历史包袱较轻,因此他的哲学完全摆脱了传统的经学形式。可以说,严复的哲学是中国近代最先摆脱经学形式的哲学。中国哲学逐渐摆脱经学形式,这是中国近代哲学变革的一大成功。对此,严复同样起了推动作用。

三

由于严复掌握了新的方法和参照系,因此,他能对中国传统哲学的不足提出更深刻、中肯的批评。他又认为,中国传统哲学尚有一大缺陷,这就是概念、范畴含义不清,缺乏明确、周密的界定。他说,中国古代哲学常用的概念、范畴如气、心、天、道,"诸如此等,虽皆古书中极大极重要之立名,而意义歧混百出","有虽欲求其定义,万万无从者"(《名学浅说》三十)。为了引起人们的重视,他举了许多生动的例子。比如:"中国老儒先生之言气字,问人之所以病?曰邪气内侵。问国家之何以衰?曰元气不复。于贤人之生,则曰间气。见吾足忽肿,则曰湿气……今试问先生所云气者,究竟是何名物,可举似乎?吾知彼必茫然不知所对也。然则凡先生所一无所知者,皆谓之气而已。"(同上)再比如:"中国所谓天字,乃名学所谓歧义之名,最病思理,而起争端。以神理言之上帝,以形下言之苍昊,至于无所为作而有因果之形气,虽有因果而不可得言之适偶,西文各有异字,而中国常语皆谓之天。"(《群学肆言·成章第十六》译者注)又如五行,也是如此。"其为用,不独以言物质而已。帝王德运之相嬗,鬼神郊祀之分别,推而至于人伦之近,物色之常,音律之变,藏府之官,无一焉不以五行为分配",人们同样"不能通其义"(《孙译〈化学导源〉序》)。他无限感慨地说,中国古人"出言用字如此,欲使治精深严确之科学哲学,庸有当乎"

(《名学浅说》三十)？他语重心长地告诫中国学术界："名者,器也。以如此不精之器,以求通专精之学,呜呼难矣！此又学者所不可不知者也。"(同上书,三十一)他认为,当时的中国欲"求通专精之学",建构"精深严确"的新哲学,当从哲学范畴的变革、完善入手,这乃是中国哲学变革的当务之急。应该说,在中国近代,哲学范畴的变革也不自严复始,但是唯有严复对此是高度自觉的。他不仅一再提醒人们重视哲学范畴的变革,将其看做是中国哲学实现创造性转化的关键一环,而且亲自做了大量理论工作,这是严复在中国近代哲学变革中的又一重要贡献。

在中国传统哲学中,气、理、心分别是古代朴素唯物论、客观唯心论和主观唯心论的最高范畴。对这三个重要范畴,严复都作了程度不同的改造、充实和新的说明。

关于气。鉴于中国古人所讲的气"意义歧混","求其定义万万无从",严复依据西方近代自然科学知识,给气下了新的定义:"气者,有质点、有爱拒力之物也,其重可以称,其动可以觉。虽化学所列六十余品,至热度高时,皆可以化气。"(《名学浅说》三十)这就为气的物质性作了科学说明。同时,他又试图将西方的星云说与中国的气说相结合。为此,他将星云译为"星气",或干脆简称之为气。他说:"日局(太阳系)太始,乃为星气","日局始乃一气"(《天演论》导言二案语)。这实际上是借助于星云说来说明气是世界的物质本原。此外,他又把以太(严译为"伊脱")理解为"最清气"(《天演论》论九案语)或"大宇刚气"(《穆勒名学》部乙篇五案语)。这既是对以太所作的物质性解说,同时也是他为气提供科学依据的又一努力。严复对气的种种新解,以及他对原子(严译为"莫破")、元素等概念的引进,对于中国哲学物质观的变革,无疑起了重要作用。

关于理。严复对朱熹离气而言理的批评,实际上即是对程朱先验之理的否定。他指出"理者,必物对待而后形焉者也"(《〈阳明先生集要三种〉序》),认为理乃物之理。进而他又认为,事物在"并呈"、"递变"中"皆有井然不紊,秩然不棼者以为理,以为自然之律令。自然律令者,不同地而皆然,不同时而皆合"(《穆勒名学》部甲篇三案语)。就是说,理乃事物的内在规律。因此,他又把理称之为"公理"、"公例"。站在唯物主义经验论的立场,他又特别强调:"理之诚妄,不可以口舌争也,其证存乎事实。"(《原富·译事例言》)认为客观事实才是检验"理之诚妄"的唯一标准。这就再次说明了理乃事物之理。程朱先验之理(即所谓"天理")在近代被抛弃、否定,严复是有功劳的。

关于心。基于"心体为白甘,而阅历为采和"(《穆勒名学》部乙篇六案语)的命题,严复强调心不离物。针对王守仁的"心外无物"说,他指出:"使六合旷然,无一物以接于吾心,当此之时,心且不可见"(《〈阳明先生集要三种〉序》),显然离物则无以见心。他又指出:"吾心之所觉,必征诸物之见象,而后得其符"(同上),物乃是检验心的标准。这种对心的解说,就否定了心的本原地位,动摇了陆王心学的理论基础。此外,严复又纠正了千百年来"心之官则思"的传统说法,指出:"一人之身,其情感论思,皆脑所主。"(《天演论》导言十五案语)大脑才是思维器官。这种纠正,也是心这一范畴在中国近代的又一变革。

通过对气、理、心三个重要范畴的清理、改造、新释,严复既有力地批判了程朱、陆王的唯心论,又使中国古代的朴素唯物论得以提高,实现创造性转化。为了推动近代的哲学变革,严复不仅对中国传统哲学的一些重要范畴进行改造,而且又从西方哲学中引进了一些新的概念、范畴、名词术语(诸如力、天演、进化、元知、推知、内籀、外籀等),这就使那时的中国哲学更具有近代色彩。哲学范畴是人类认识之网上的纽结,是一定时代人类理论思维水平的指示器。因此,哲学范畴的变革是中国近代哲学变革的重要一环。严复对中国哲学范畴变革所作的自觉努力,对中国近代的哲学变革无疑是有力的推动,同时它也进一步显示了严复在近代哲学变革中所做的理论工作的深度和特色。

四

中国近代的哲学变革,是在中国民族危机空前严重,社会发生大变革的历史背景下发生的。因此,这场变革始终同现实斗争紧密结合,带有强烈的政治色彩。甲午战争后,严复之所以以天津水师学堂总办、中国海军教育界泰斗的身份投身哲学界,完全是迫于形势的刺激和驱使。他之所以介绍西方哲学和社会政治学说,之所以清算中国旧学,提倡哲学变革,都是出于时代的需要,是为了解决当时中国社会所面临的问题。蔡元培曾说,严复"每译一书,必有一番用意"(《五十年来中国之哲学》)。其用意即在于此。严复所坚持的这一方向,以及为此而作的努力,对于中国近代的哲学变革和社会变革都曾产生了积极影响。强调哲学为政治、为现实斗争服务,亦即强调哲学的"应用"性,这是严复等一代新学家的共同倾向,在这方面也确曾收到实效,这是中国近代哲学和哲学变革的突出优点。但是,由于对哲学为现实服务作了较为片面、狭隘的理解,他们在处理哲学与政治的关系时是有偏差的,这在严复那里也有表现。

因为强调哲学为现实斗争服务的实际应用,严复对西方哲学的介绍引进,面显得比较窄。正像后来贺麟先生所说,近代中国新学家们对西方哲学的介绍,"是从外表、边缘、实用方面着手"的(《康德黑格尔哲学东渐记》,《中国哲学》第二辑)。严复即是如此,这势必要影响对西方一些深邃思想的研究了解。比如,严复虽盛赞康德乃"近代哲学不祧之宗"(《述黑格儿惟心论》),但他对康德哲学并未留意。1904年王国维曾说,严复"其兴味所存,不存于纯粹哲学,而存于哲学之各分科","故严氏之学风,非哲学的"(《论近年之学术界》)。这一评语有一定道理。因为强调服务和应用,严复对西方哲学的介绍又是力求浅近简明的。在他看来,对于推动救亡和变革来说,仅宣传介绍有关的哲学观点、命题即可,未必深究其理论体系。深入研究精深之学乃富强以后事,尚非今日之急务。所以,他虽对达尔文的进化论作了高度评价,认为自《物种起源》出版后,"欧美二洲几于家有其书,而泰西之学术政教,一时斐变"(《原强》),但是,他并没有翻译此书。再如,他虽十分推崇培根,高度评价培根的贡献和影响,但是他并未系统介绍培根的理论体系,更不用说翻译其原著了。在逻辑学方面,他宁肯另译通俗的《名学浅说》而不将《穆勒名学》译完,也反映了这种情形。后来胡适曾说,自《天演论》翻译出版后,"'优胜劣败,适者生存'的公式确是一种当头棒喝,给了无数人绝大的刺激。几年之中,这种思想像野火一样,燃烧着许多少年的心和血",可是,"读这书的人,很少能了解赫胥黎在科学史和思想史上的贡献"(《四十自述》)。这是符合当时实际的。以上这些显然不利于中国近代哲学变革的深入和新哲学的深化。如前所说,严复很向往通过哲学变革在中国建立起"精深严确"的哲学,但是,他对西方哲学的介绍,并未完全朝这一方向努力。自然,对此我们不能苛责严复,这正是当时中国哲学变革尚处于初级阶段的必然表现。

在中国近代的哲学变革中,强调中西哲学的融汇,这是当时多数新学家的共同方针。20世纪初,严复在讨论教育方针时曾明确反对那种"尽去吾国之旧以谋西人之新"的想法,认为果真按此方针办,"则其民之特色亡,而所谓新者从以不固",是不可行的。他主张,对于中外新旧,应"阔视远想,统新故而观其通,苞中外而计其全"(《与外交报主人论教育书》)。应该说,这一方针是正确的。可是,在哲学变革的过程中,他对中国传统哲学中的优秀传统和精华重视是不够的。他对中国传统哲学所下的若干断语明显反映了这一倾向。比如,他断言中国"古书成训"十之九为"心成之说",便表明了他对中国哲学史上所存在的唯物主义反映论的认识路线的忽视。他笼统指责"中之人好古而忽今",则表明了他对中国哲学史上从韩非到柳宗元、王夫之直到魏源的进步历史观的忽视。基于这种认识和评价,他在哲学变革、哲学重建中对中国传统哲学精华的挖掘整理工作是不够重视的,这也不能不带来消极影响。

严复所介绍、引进的某些西方哲学学说也曾给近代的哲学变革和社会变革带来一些消极影响。严复在讲进化时曾一再强调："其演进也，有迟速之异，而无超跃之时，故公例曰：'万化有渐而无顿。'"(《政治讲义》第三会)这种来自斯宾塞的庸俗进化论，不仅妨碍人们正确认识事物发展进化的过程，而且在政治上势必要引出"吾国变法当以徐而不可骤"(《群学肆言·喻术第三》案语)的结论。固然，在当时，康梁讲进化也是"义取渐进"的，但是，在人们心目中，严复不仅是西学大家，而且是"天演哲学家"，他对进化作如是观，其影响自然更大。

严复所介绍的不可知论消极影响也不小。对于不可知论，严复始终十分赞赏，认为它"观物之理，最为精微"(《天演论》论九案语)。从不可知论出发，他曾一再感叹并劝诫人们："宇宙究竟"、"天地元始"、"万物本体"等等这些都不是感觉经验的对象，是"不可以名理论证"的，因此，"虽在圣智皆不能言"，人们如果"更骛高远，真无当也"(《天演论》导言十八、论十案语)。他的结论是："呜呼！宇宙广莫，事理难周，存而不论可耳。"(《法意》二十五卷十五章案语)需要指出的是，在中国近代，宣扬不可知论的并非严复一人。在严复前后，谭嗣同站在相对主义立场曾得出了对客观世界"不必知，亦无可知"(《仁学》十七)的结论，康有为则发出了"天下之物至不可测，吾人至渺小，吾人之知识至有限，岂能以肉身之所见闻而尽天下之事理乎"(《诸天讲》)的感叹。在中国资产阶级刚刚登上历史舞台，哲学变革刚刚开始之时，几位有影响的思想家却先后发出世界不可知亦不必知的感叹，这生动反映了政治上软弱、理论上准备不足的中国资产阶级，对于哲学根本问题乃至对于当时中国所面临的根本问题无能为力的状况，以及那无可奈何的消极态度。这显然要妨碍中国近代哲学变革的深入。而相比之下，严复的不可知论不仅更具理论色彩，而且亦宣传最力，这更扩大了不可知论在中国的影响。

对近代"心力"说的再评析

流行于近代的"心力"说多年来颇受学界关注,但要把它说透尚需作进一步的深入研究,故作再评析。因为维新派思想家对"心力"谈得更多,为使议论集中,本文着重论戊戌时的心力说。

一

"心力"作为一个哲学范畴被使用,并受到重视,是近代的事。在古代文献中虽也有"心力"一词,但它乃是心思与才力的合称,并非哲学范畴。古人常言"尽其心力",是指既充分用其心,又充分用其力,拿出了自己的全副身心力量。如《左传·昭公十九年》:"尽心力以事君",即是此意。而近代思想家所讲的心力,则是指"心之力"(龚自珍)、"心之力量"(谭嗣同),其含义与古代是不同的。

心力一词旨在说明精神意志是一种无形的

内在力量。对于心力,谭嗣同曾作了这样的说明,认为它是"人之所赖以办事者是也","无是力即不能办事"(《仁学》四十五)。就是说,心力是人能动地从事各种活动的内在驱动力,它显现于外便转化为外在的物质活动、物质力量。显然,近代人说的心力,其实就是意识的能动性。谭嗣同等人对心力的理解,固然是承袭了陆王的"人心至灵"说、"心外无事"说,但又明显受了西学的影响。通过西方近代的人脑科学,他们纠正了心脏是思维器官的旧说,认识到意识是人脑的机能,对意识的生理机制有了新的认识。而在对近代力学有了初步了解后,他们又试图用"力"对精神、心理活动,对意识的能动性作新的说明。在他们看来,人体既然是"一副绝精巧之机器"(谭嗣同:《南学会讲义·论全体学》),那么,人脑无疑是这副机器中更为精巧的部分,因此它的活动自然可以用力来说明。谭嗣同写道:"心力可见否?""吾无以状之,以力学家凹凸力之状状之,愈能办事者,其凹凸力愈大。""凹凸力一奋动,有挽强持满,不得不发之势。"(《仁学》四十五)他又将这种"凹凸力"分为18种,一一作了描绘说明。18种力说是否符合人脑科学这无关紧要,这里他是要说明,心力的确是实实在在的存在,是有生理机制为基础的。至于同时代的其他思想家,对所谓内在的凹凸力并不很感兴趣,而主要是从心力如何显现于外,对内在的心力、能动性作了说明。由此,我们可以更清楚地了解近代人所高度关注的心力的具体内容。

其一为热力。按一些近代思想家的描绘,所谓"心之热力"系指人们强烈的内在意欲、愿望、追求;是一种热情、激情;是一种不得不发之于外的内在驱动力。它使人欲罢不能,不得不尔,由此而产生一种不达目的决不罢休的奋力拼搏精神。唐才常说:"热之所到,诚即随之,而上九天,而下九渊,靡所沮矣。"(《论热力下》)他认为,由热遂能生诚,使人高度自觉主动地实心从事某某事,这种驱动力是极其伟大的。对此,梁启超作了颇为生动的说明:"至诚之发","其力常过于寻常人数倍。至诚与发狂二者之界线,相去一秒黍耳。故其举动之奇警也,猛烈也,坚忍也,锐入也,常有为他人所不能喻者"。"故天地间有一无二之人物,天地间可一不可再之事业,罔不出于至诚"(《论宗教家与哲学家之长短得失》)。对于热力,维新派作了较多论述。他们认为,就"自然之理"而言,"万物之生,皆由热力","热则生,热则荣,热则涨"。热力就是生命力。就人事而言,"凡能办大事,复大仇,成大业者,皆有热力为之"。人所从事的各项活动,皆"视其热多少以为成就之大小"。所以,"救亡之道,惟增心之热力而已"(均见康有为:《京师保国会第一集演说》)。基于"天下万事皆生于热力"(康有为:《论语注》卷二)的认识,他们对激发、增进"心之热力"是普遍关注的。

其二为爱力。依据近代一些思想家的描述,爱力在内在的凹凸力中属于"吸摄之力",而显现于外则为人类同类相爱之心。这是一种由道德意识而派生的精神力量。康有为说:"凡人之情,见有同貌、同形、同声者,必有相爱之心。"(《孟子微》卷一)心之爱力驱使人们爱他人、爱群体、爱国家,以至爱人类,由此形成一种巨大的亲和力、凝聚力和群体意识。而且,扩充、发扬、传播爱心、爱力,使爱在人间流转不已,则能消除人的恶念、恶行,进而消弥人间的灾祸,挽救"劫运"。由维新派的改良主义立场所决定,他们在政治上具有明显的阶级调和论倾向,因此,他们中一些人更重视、强调"心之爱力"。谭嗣同认为:"慈悲为心力之实体"(《仁学》四十三),心力主要是指爱力。他急于让国人"增长心力",主要是指增长爱力即慈悲心。康有为更认为,人类之所以能合群,组成社会国家,社会之所以不断进化,日趋文明,最终实现大同,都渊源于心之爱力。唐才常也认为:"爱力绵,斯国力固"(《拟自造各种机器遏洋货利权说》),一旦"人人出其爱力以保国权,而国不富强者,未之有也"(《论公私》)。他认为,增长国人心中的爱力乃是激发爱国主义,使国家实现富强的重要手段。

其三为创造力。谭嗣同说,人能"冬起雷,夏造冰",改造自然,创造种种神奇,"然不论神奇到何地步,总是心为之"(《书简·上欧阳中鹄十》)。唐才常也说:"人之心力,可析淡养轻炭(氮氧氢碳)",可组合"六十四元质"为新物,"以代天功"。可见,"人之心力"可以"天天"(《质点配成万物说》)。他们都认为,人之心具有能动的创造性,在这一点上更能说明心力的伟大神奇。

但是,人心这种内在的驱动力,所追求的方向、目标是千差万别的,由此而产生的效应则有正负之别。对此,维新派思想家是有认识的。谭嗣同指出,作为人"赖以办事"的内在凹凸力,它既可为善,亦可作恶。18种力并非"皆能挽劫",甚至会"造劫"。为此,就需要将这内在驱动力自觉引向正确方向,这一点至关重要。依据"是非之心人皆有之"的古说,他们认为,心的至灵的能动性又表现为一种选择、判断力。充分运用自己的"是非之心",就能作出正确的选择。谭嗣同要求人们自觉"改其脑气之动法",使之"不妄动",最终"并凹凸力而用之于仁"。他强调,"脑气所由不妄动,而心力所由显"(《仁学》四十五)。只有那种"用之于仁"的心力,才是需要增长、弘扬的。这表明,他们所高度重视的心力并非盲目意志,而是经过选择后的正确意志、愿望、能动性。实际上,他们是希望国人将救亡、变革、图强、振兴作为人人共同的意志、愿望,共同的内在驱动力。他们是希望形成一种共同的民族意志,由此而形成一股巨大的民族合力。梁启超希望国人"一其心,一其力","齐万而为一"(《南学会叙》),所表达的正是这种愿望、要求。心力说作为唯意志论的一种,本质上属于非理性主义。但维新派思想家强调正确选择,使心力"用之于仁",进而"一其心,一其力",又表现了理性主义的精神,这是由中国近代的时代需要所决定的。

二

康、梁、谭等人认为,人人皆有的心力是一种没有限度、止境,取之不尽、用之不竭的伟大潜能,它显现于外则形成巨大的物质力量。人们成就、事功的大小高下,完全取决于这种潜能释放、发挥、运用的程度。若佳,便能取得难以想象的超常效果;不佳,则一事无成。世间一切惊天地、泣鬼神、轰轰烈烈、彪炳千古的伟业,一切不可思议的奇迹,都是心力创造的。世间的一切艰难险阻,一切可怖、可畏的境遇,都依赖心力去克服。心力成就一切,只要最大限度地释放、调动、发挥心力,世间便没有做不成的事。梁启超写道:"张子房以文弱书生而椎秦,申包胥以漂泊逋臣而存楚,心力之驱迫而成之也。越之沼吴,楚之亡秦,希腊破波斯王之大军,荷兰却西班牙之舰队,亦莫非心力之驱迫而成之也。"(《新民说·论尚武》)由此他得出这样的结论:"报大仇,雪大耻,革大难,定大计,任大事,智士所不能谋,鬼神所不能通者,莫不成于至人之心力。"(同上)而谭嗣同更进而宣称:"心之力量虽天地不能比拟,虽天地之大,可以由心成之、毁之、改造之,无不如意。"(《书简·上欧阳中鹄十》)心力乃是宇宙间最伟大的力量。

心力之所以伟大显然是由于心的伟大。从理论上说,维新派的心力神奇说乃是他们自心造世界的主观唯心论的必然逻辑。在19世纪末20世纪初,康、梁、谭诸人都曾不约而同地宣扬主观唯心论。他们的基本逻辑思路大体相同,即都认为外界事物的属性并非事物自身所固有,而只是我的主观感受,是我赋予事物的,由此得出了世界系我心所造的结论。但在作具体论证时,各人的角度又有不同。

康有为着重从事物的相对性来否认事物的确定性。他通过显微镜"见巨蚁若象","一滴之水,生物无数,中有鳞角,蠕蠕若蛟龙然","于是悟大小之无定形也"。由是以推,他作了丰富的想象:"吾身之血轮,安知其大不如一天日乎?"反之,人类所居的世界,"安知不更有巨物以吾天为其血轮"?既然大与小如此不确定,可见我心目中的天地只是我心的产物。于是,他借用明代心学家陈献章的话,得出了"天地我立,万化我出,宇宙在我"(《戊戌轮舟中绝笔及戊午跋后》)的结论。而梁启超则是抓住人们对外境感受的差别性、意识的主观性,来否认外境的客观性、意识所反映内容的客观性。他认为,人们对同一外境的感受、映象各不相同,因此,外界事物的属性并不是事物自身固有的,"其分别不在物而在我",只是我的主观感觉。由此他宣称:"境者心造也,一切物境皆虚幻,惟心所造之境为真实。"(《自由书·惟心》)而谭嗣同则从这两个方面同时作了论证。他既从大小相对,得出了"但有我见"而无大小、众寡、长短、久暂的结论,又从面对同一日月、山川、风雨、林谷,各人的感受、映象皆不相同,得出了"一切唯心所造"的结论。正是基于这种"一切唯心所造"、心是世界本原的主观唯心论,他们奏出了一曲又一曲极度推崇心力的赞颂歌,并对心力寄予了无穷的期望。

三

康、梁、谭等人论心与心力,虽然有时讲得十分玄虚,其实他们的理论是紧紧为现实斗争服务的。他们并非有意谈玄,所针对、所要解决的乃是当时中国的现实问题。

几位维新派思想家如此重心力,首先是出于他们对"力"的高度关注。从鸦片战争开始,通过与外国侵略者的多次斗争,人们深深感到,这种较量纯然是力的较量。中国之所以一再失败,沦为半殖民地,完全是因为自己"力不若"。自达尔文进化论传入中国后,那种优胜劣败、弱肉强食的理论更是深深地刺激了国人,进一步加深了人们对力的重视。显然,中国欲救亡图存,只有增强自己的国力,这是再简单不过的道理。在这一过程中,几位维新派思想家又对力作了进一步的理解分析。他们认识到,有物力有心力,有有形之力有无形之力。无形的心力不仅可以转化为有形的物力,而且可以支配有形的物力,它更显重要。康有为说:"进化之道,全赖人心之竞,乃臻富强;御侮之道,尤赖人心之竞,乃能图自存。"(《论语注》卷三)可是,当时国人只看到中国有形之力的弱,而对中国无形之力即心力之弱却缺乏认识。在康、梁、谭等人看来,在中国,这无形之力即人人心中固有的潜能长期被压抑、闲置了。国人竟不知自心尚有如此巨大的潜能,以至"有力不庸(用),而唯命是从"(梁启超:《新民说·论自由》),这种局面必须立即改变。正是基于这一分析,他们大力呼唤心力,呼吁国人重视进而充分释放自身这一伟大的潜能。可见,他们之所以如此关注心力,是因为他们认为当时的中国正需要心力。

他们认为,中国之所以长期衰微,重要原因之一,是由于民族精神意志的萎靡。对此,他们作了一些分析、揭示。康有为指出,当时的中国不仅财弱、兵弱、"艺弱",而且"民心弱",全民的精神面貌明显萎靡不振。不仅一般民众如此,作为社会精英的士大夫阶层也多如此,他们中多数人也是既无热血也无爱心。湖南的维新志士樊锥沉痛地指出,当时"举中国之人,有死人之心,无生人之气",人们已麻木到了"怒雷灌耳而无闻,莫邪当颈而无睹"的地步,早已"心死"了(《樊锥集·开诚篇三》)。他们又指出,当时的中国民心不仅已弱到"心死"的地步,而且许多人的心又在向不良的方向"奋动",心态多不健康。汪康年说,人人能动的心必有"所注",一国民众"心之所注"决定国家的面目。"心注于强则强,心注于巧则巧,心注于弱拙则弱拙,心注于衰乱则衰乱。"(《论宜令全国讲求武事》)不幸的是,当时中国"人心之所注"正是后者。对此,谭嗣同在《仁学》一书中也多有论述。

自从严复介绍"一"之性即个体之性决定群之性的"社会有机体"学说后,一些新学家对中国"民性"的弱点多有分析。梁启超等人认为,由于中国民众长期处于无权的奴隶地位,结果在中国人中已普遍形成了一种可怕的、根深蒂固的奴隶性,它是中国"民性"种种弱点的病根。正是它造成了中国不仅"民心弱",而且心力向不良的方向"奋动"。这主要表现在,广大民众普遍缺乏国家主人翁感,对国事漠不关心,对天下兴亡无动于衷,人们对一切都表现出可怕的冷漠,成为"隔岸观火"的旁观者。因早对奴隶地位安之若素,因而安于现状,安于命运,不思变革,不求进取。他们已丧失能动精神,表现出极度的消极与巨大的惰性。因身处无权的奴隶地位,其心不仅不热而且不爱,既不爱他人也不爱国家,既无权利意识也无义务观念,缺乏社会责任感。国人既身处奴隶地位,因而自甘卑屈,自觉渺小。因为丧失了主体意识,自然认识不到自身所蕴藏的巨大潜能。在近代新学家们看来,中国民心弱、民心死是同奴隶性紧紧相连的,因此,他们是将清除奴隶性与增强心力两者紧紧联系在一起进行的。通过上面的介绍我们就能对他们大力呼吁"增长心力"的针对性有更为具体、明晰的认识。显然，他们之所以呼唤"增长心之热力"是要消除中国民众的冷漠、消极与惰性，激发民众投身于救亡、变革事业的热忱。他们在不同场合所讲的千言万语无非是要说明：只要国人对中国的前途充满信心，中国就一定得救；只要国人满腔热忱地投身于救亡、变革事业，中国就一定能振兴；只要国人坚持奋斗，成功就有保证。他们是要告诉国人，当时的中国正处于民族难关，而全民族的意志力乃是渡过这一难关的保证。他们之所以大力呼唤"心之爱力"，是为了激发国人爱群、爱国的意识，培育国人的社会责任感，是为了改造国民道德，造成良好的社会风气。他们之所以赞颂创造力的神奇，是为了激励国人创新进取的精神，积极去改造环境，设计未来。总之，他们呼吁激励、增长心力，是欲使中国人心由冷而热，由冷而爱，变消极为积极，变被动为主动，变依附、依赖为奋发进取，改变中国"民心弱"的状态，使中华民族起死回生，重新振作起来。

概言之，他们的基本思路是：中国欲图振兴只有自强；而国家民族的自强是建立在民众人人自强的基础上的；人欲自强首当自强其心。由强心而强国乃是他们心力说的根本宗旨。正是基于这一思路，康有为在保国会的第一次集会上才说："欲救亡无他法，但激励其心力，增长其心力。"（《京师保国会第一集演说》）其实，在他们看来，不只是"欲救亡无他法"，而且，欲变革、欲振兴均"无他法"，唯有"激励"、"增长"人人的心力。民众的心力乃是救亡、变革、振兴事业的最终动力。他们所主张的是一种心力救国说、心力强国说，其意图、宗旨是至为鲜明的。

四

中国近代的几位思想家，通过佛学、心学以及刚从西方传入的唯意志论和人脑科学，的确对"心"作了一番较前人更为深入的研究，从而对精神意识的能动本质有了更为深入的认识。他们的心力说让人坚信自心蕴藏着巨大的潜能,由此激发、调动了国人的主观能动性。这种重视自强其心的理论,使自鸦片战争以来一直被大力提倡的自强精神有了更为丰富的内容和理论依据,影响更大。因为认识到精神意识的能动本质,他们对如何增强国家实力这一人人关注的大问题作了更进一步的思考。他们认识到,国家实力不只表现为物力、财力、兵力,也包括国人的心力。国力乃是一种综合力量,国人的精神状态,意志强弱,能动性发挥程度,是其中的重要因素,它虽无形却至关重要。从此,中国的几代变革者在进行社会变革的过程中,对民族的精神建设和民众的观念变革更加重视。中国近代的心力说始终贯穿着鲜明强烈的主体意识。它教人认识到,人是自己生活和其他自然物的主宰,一切外界对象都具有可改造性,人可以改变自身和国家的命运,创造新生活、新国家、新世界。它让人相信,一切都是由自己创造的。这就增强了国人对主体能力的自信,进而树立了民族的自信。而由主体意识又引发了对独立人格、自由意志的追求,使清算奴隶性的斗争进一步走向深入。在近代,越来越多的中国人不再安于现状、安于命运,不再任人宰割、听人摆布,变消极被动为积极主动,由弱者成为强者,心力说是起了一定作用的。

中国近代是一个大变革、大转折的时代。当变革的方向目标确定之后,就需要取得多数民众的认同,激起他们对变革目标的向往、企求,就需要他们以高度的热忱和顽强的意志力去求其实现。近代一些思想家呼吁国人增进心之热力、爱力和创造力,无疑反映了那个时代的需要。虽然,这种心力说并不像它的提倡者所想象的那样,是中华民族的回天再造丸,但它在当时的确起了一些积极作用。它对消解、清除长期存在于国人中的消极、冷漠、悲观、惰性、奴性等不良心态和不良意识,激发民族活力,振奋民族精神,都曾产生了积极影响。在近代火热斗争的年代里,曾涌现出一批又一批冒千难万险,知难而进,百折不回,不屈不挠,慷慨赴难的志士仁人。心力说对造就一批批热血沸腾、豪情满怀的志士仁人,是有一定影响的。

在戊戌维新时期,几位维新派思想家最关心的是如何增长心力。所以,谭嗣同曾建议专门"开一讲求心之学派",通过研究探讨,使心力"骤增",希望收到速效(《仁学》四十三)。对此,他们的心情是十分急迫的。可是,他们所找到的途径却是不正确的。如前所说,他们的心力神奇说是建立在他们自心造世界的主观唯心论基础上的,是它的必然逻辑。因此,他们都指望通过主观唯心论和宗教来激励、增长国人的心力。在《论宗教家与哲学家之长短得失》一文中,梁启超盛赞宗教"宜于治事",唯心论哲学能"造人物",将此二者视为振奋民族精神,造就救世英才的不二法门,便鲜明地反映了这一倾向。自从走上变法维新的道路后,他们都是佛学和陆王心学的狂热崇拜、鼓吹者。从佛学、心学的"一切惟心所造"说出发,他们势必要对心力作无限夸大和神化,走向意识决定论、精神万能论。后来,一些新学家又接受了西方的唯意志论,这就使意识决定论、精神万能论得以进一步滋长。

看到了意识的能动性,并对它作了一些说明,这是康、梁、谭等人的理论贡献。但是,他们对心和心力却始终缺乏科学认识。他们不懂得,被他们高度重视的心力有其物质基础,并非无源之水、无本之木。而依据佛学和心学,他们却将心、心力看做是脱离社会存在而又决定社会存在的神秘之物。他们不懂得,人创造历史的活动并不是主观随意的,它受客观规律的支配和客观条件的制约。人在客观世界面前,既是能动的,又是受动的。而在他们的哲学中,心力即精神意识的能动性是既不受客观规律支配,又不受客观条件制约的。在他们看来,只要有真诚强烈的意愿,高度的热忱,"热度的情感",什么事都能做成。世间一切事能否成功,完全取决于主观愿望以及对它的信心、决心。梁启超曾一再说:"天下事可为不可为亦岂有定哉?人人知其不可而不为,斯真不可为矣;人人知其不可而为之,斯可为矣。"(《保国会演说词》)"吾以为不能焉,以为可畏焉,斯不能矣,斯可畏矣。吾以为能焉,以为无畏焉,斯亦能矣,斯亦无畏矣。"(《新民说·论进取冒险》)后来,孙中山也说:"吾心信其可行,则移山填海之难,终有成功之日;吾心信其不可行,则反掌折枝之易,亦无收效之期也。"所以,"心之为用大矣哉!夫心也者,万事之本源也"(《孙文学说·自序》)。为说明这一点,谭嗣同、梁启超和后来的刘师培都曾举汉代李广"射石没羽"的传说作例证。他们说,"石体至坚,非矢力所能破"乃是常理、规律,可是,李广因黑夜视石为虎顿生勇气,"则射石可以没羽"。可见,只要最大限度发挥心力,"何事不可能"(刘师培:《利害平等论》)!"心力最大者,无不可为。"(《仁学》四十三)这些断语表明,在他们看来,心力并不受客观规律制约,甚至可以改变客观规律。显然,指望靠这种不受任何制约的心力去创造奇迹,取得成功,在现实当中就势必要碰壁、落空。由此而产生的狂热性、盲目性势必要给中国的变革和建设事业带来负面甚至破坏性的影响。这方面的教训,在中国近现代史上是不少的。

只讲能动,不讲受动,这是近代心力说普遍存在的问题。而就谭嗣同个人而言,他的心力说又存在更为严重的问题,即他幻想不通过实践、不通过物质手段而直接显现心的力量。显然,意识的能动作用只有通过实践才能得以实现。只有物化为外在的现实力量,讲心力才有意义。而谭嗣同却幻想直接由心来创造奇迹。他说,种种"神奇""总是心为之","若能了得心之本原,当下即可做出万万年后之神奇,较彼格致家唯知依理以求,节节而为之,费无穷岁月始得者,利钝何止霄壤"(《书简·上欧阳中鹄十》)。他认为,自然科学家通过科学实验,逐步取得科学成果的方法是不高明、不可取的。人们只要"了得心之本原",便不需要依据客观规律("依理以求"),花费必要时间,通过实践一步步实现所求目标,而可直接通过心,"当下即可"达到"万万年后之神奇"。显然,这种神奇不仅排除了实践,而且是超历史的。谭的这一幻想,次年则发展为著名的"以心挽劫"说,竟认为通过增长心力即可直接消除中国乃至人类的劫难。谭认为,心不仅造善也造恶。依据佛家的业报说他宣称,中国的劫难既是"独夫民贼"所造,也是众生"业力"所造,是国人自己造因、自己受果。他的想法是,"劫运既由心造,自可以心解之"(《仁学》四十二),即通过善的"慈悲心"来化解恶的"机心"。在他看来,欲实现这一目标并不困难,这是因为,"天下人之脑气筋皆相连者也,此发一善念,彼必有应之者,如寄电信然,万里无阻也"(《书简·上欧阳中鹄十》)。"我之心力,能感人使与我同念"(《仁学》二)。这感化的效果是无比巨大的:"感一二人而一二人化,则以感天下而劫运可挽也。"(《仁学》四十四)通过不断增长"慈悲心",充分发挥其感化功能,就能挽救中国乃至全世界的劫运。一旦"天下皆善其心力",即可达到"治化之盛"了(《仁学》四十六)。于是,如何消除中华民族灾难这一重大历史任务,在他那里就这样轻易"解决"了。物质世界只有通过物质力量来改造,而谭的"以心挽劫"说实则是幻想以超现实的力量求得现实的解决。显然,这只是弱者的梦呓。

按照谭嗣同的正确说法,心力之所以重要是因为人赖它以"办事"。而当心力被夸大、神化到不需要通过物质手段即可直接创造神奇时,这种心力就纯然是一种精神活动、一种幻力,即使它的"奋动"再强烈,也是什么也实现不了的。离开"办事"即人的实践活动来讲心力,即离开物化来讲心力,就没有任何意义了。显然,心力越是被夸大、神化,就越是落空,越显虚幻,心力说的积极意义也就越被削弱、损害。中国近代的一些新学家既然不能对心、心力,亦即意识的能动性作出科学说明,他们的心力说也就不能为中国近代的救亡、变革和民族振兴提供真正的精神动力。

略论中国近代的进化史观

在中国近代哲学中,进化史观是十分引人注目的,它是中国近代哲学的精华之一,也是中国近代哲学对社会影响最深的部分。

哲学是时代精神的精华。进化史观之所以在中国近代大放异彩,是由近代中国的时代特点、时代需要所决定的。中国近代是一个剧烈动荡、变化的时代,是一个新旧交替的大转折时代,同时又是一个民族灾难、民族危机空前深重的时代。救亡图存是近代中国人民的共同呼声,而中国必须学习西方,进行变革则是近代一切先进中国人的共同认识和要求。在这种情况下,如何认识时代、认识历史,认清自己的历史使命就成为每一个思想家所共同关心的问题。中国近代的进化史观正是在这种历史条件下发展起来的。

中国近代的进化史观具有鲜明强烈的时代性、进步性,它是近代先进的中国人鼓吹变革的重要理论武器。如果说中国近代哲学的特点之一是它紧紧为反帝反封建的革命任务、为现实斗争服务，那么，这一特点在历史观上表现得最为明显。

随着时代的变化发展，中国近代的进化史观有一个不断丰富、发展和演变的过程。下面，分两个部分简略论述进化史观在中国近代的发展与演变。

一

在中国近代，进化史观形成比较系统的理论体系，并广泛传播，产生重大影响，是在戊戌维新时期。在这个时期，中国已经出现了资本主义经济，产生了资产阶级，西方的近代自然科学和哲学、社会政治学说也开始传入中国。新的经济和政治力量的出现，新的思想和文化的输入，必然要给中国思想界以巨大的刺激和影响。而甲午战争后空前严重的民族危机更给中国思想界带来巨大的震动。一时间，要求救亡图存，变法维新，学习西方，改造中国，成为一股强大的社会思潮。于是，如何认识时代，认识历史，认清自己历史使命的任务，特别是论证学习西方、变法维新的必要性、合理性、紧迫性的任务，就更突出地摆到了中国思想界的面前。正是在这种历史背景下，以康有为、梁启超、谭嗣同、严复为代表的维新派思想家提出了一套比较系统的进化史观。

维新派的进化史观明显地继承了中国古代的变易思想和龚自珍、魏源关于历史变化发展的思想。比如，梁启超在《变法通议》自序中就曾摘引了魏源的某些议论。但是，由于时代在前进，特别是有了来自西方的新的理论武器，维新派对变化日新的论述，远远高于古人、高于龚魏，具有鲜明的近代特征。具体表现在以下几方面。

其一，维新派不再仅以普通常识为例证，而是常常运用近代自然科学知识来讲变易，因此，他们的主变哲学更近于科学。比如，同样是讲天地之变，维新派就不再是重复"高岸为谷，深谷为陵"一类的老话，而是运用了从西方传入的天文、地质学和古生物学的知识，比较具体地描绘了天地的生成变化。在康、梁、谭、严的论著中,都有关于天体演化、地球生成变迁的叙述,这是大家所熟知的。再比如,"天地日新"这是中国古老的思想观念,而谭嗣同以地质学、古生物学的知识指出,在"万年前之僵石(化石)"中,"有植物、动物痕迹存其中,大要与今异"。由此可见,"天地以日新,生物无一瞬不新也,今日之神奇明日即以腐臭"(《书简·上欧阳中鹄十》)。同样是谈变易、日新,由于维新派思想家以某些自然科学知识为论据,因此,他们关于"变者天道也"、"变者古今之公理也"、"天地之化日新"的结论,就比古人、前人远为丰富、充实。

其二,由于有进化论和某些近代科学知识为武装,维新派不再像古人、前人那样模糊、笼统地谈变化发展,而是更具体、更近于科学地说明了自然界和人类社会进化的过程。关于自然界的进化,康有为指出,地球出现以后,最初只是"土石",依次产生"草木"、"虫介"、"禽兽",最后由猿猴变化为人(《孔子改制考》卷二等),梁启超、谭嗣同也有类似的叙述。对于人类社会的进化,他们作了更详细、具体的阐述。康有为认为,人类社会进化的过程是:"由独人而渐立酋长,由酋长而渐正君臣,由君主而渐为立宪,由立宪而渐为共和。"(《论语注》)他又把这一过程划分为三大阶段,即"据乱世"、"升平世"、"太平世",这就是他著名的"公羊三世"历史观。梁启超指出,人类社会的进化,就生产工具的发展来说,经历了石器、铜器、铁器三个时代(参见《变法通议·论译书》等)。就经济的发展来说,则"由渔猎进而为畜牧,由畜牧进而为耕桑"(《论中国学术思想变迁之大势》)。就政治制度的发展演变来说,则有"三世六别",即"多君为政之世"(内分"酋长之世"与"封建及世卿之世")、"一君为政之世"(内分"君主之世"与"君民共主之世")、"民为政之世"(内分"有总统之世"与"无总统之世")(《论君政民政相嬗之理》)。维新派思想家们所描绘的关于自然、社会进化的简单、明晰的图景,对当时大多数中国知识分子说来是十分新鲜的,这对人们认识自然和社会的历史大有助益。

其三，一般说来，古人和前人通常只是列举了自然、社会发展进步的一些现象、例证（而且多属社会方面），而维新派思想家们通过用进化论来考察自然和社会的历史，他们坚信进化乃是自然和社会发展的"公例"，是普遍的规律。他们曾一再指出："天道，后起者胜先起也；人道，后人逸于前人也。"（康有为：《日本书目志序》）"世道必进，后胜于今。"（严复：《天演论》导言十八按语）"大地之事事物物，皆由简而进于繁，由质而进于文，由恶而进于善。"（梁启超：《中国专制政治进化史论》）由于坚信进化是普遍规律，他们就有可能同关于历史发展的一些错误理论划清界限，使其进化史观有比较坚实的基础。

其四，由于坚信进化是普遍规律，维新派思想家否定了在中国历史上影响甚大的循环论。严复在对比中国传统思想与西方近代思想差异时指出："中之人好古而忽今，西之人力今以胜古；中之人以一治一乱、一盛一衰为天行人事之自然，西之人以日进无疆，既盛不可复衰、既治不可复乱为学术政化之极则。"（《论世变之亟》）这里，他显然是在否定循环论。康有为也认为："世界既进步之后，则断无复行退步之理。即有时为外界别种阻力之所遏，亦不过停顿不进耳，更无复返其初。"（梁启超：《南海康先生传》）他对那种"复返其初"的循环论也是否定的。在批判循环论方面，梁启超作出了重要贡献。首先，他正确指出，历史的发展进化"非为一直线，或尺进而寸退，或大涨而小落，其象如一螺线"（《新史学》）。就是说，历史发展非直线前进而是螺旋式上升。基于这一正确认识，梁启超深刻地指出，循环论者因把螺线误认为圆圈，因此其结论是错误的。他写道：

> 孟子曰："天下之生久矣，一治一乱。"此误会历史真象之言也。苟治乱相嬗无已时，则历史现象当为循环。……孟子此言盖为螺线之状所迷，而误以为圆状，未尝综观自有人类以来万数千年之大势，而察其真方向之所在，徒观一小时代之或进、或退、或涨、或落，遂以为历史之实状如是云尔。譬如江河东流以朝宗于海者，其大势也，乃或所见局于一部，偶见其有

倒流处、有曲流处,因以为江河之行,一东一西、一北一南,是岂能知江河之性矣乎?(同上)

我们知道,由孟子提出来的"一治一乱"的循环论,在中国历史上影响至深,它几乎成了旧时代多数人的共识,直到龚自珍、魏源也依然摆脱不了它的影响。显然,这种历史观乃是阻碍人们正确认识历史的障碍,是宣传进化史观的障碍。维新派思想家对它的否定,意义是巨大的,从此循环论在中国思想领域的影响大大缩小了。

其五,尤为重要的是,维新派思想家突破了"天不变道亦不变"的框子。在此之前,由于阶级的历史局限,古人和前人都不可能否定封建统治秩序的神圣永恒性,因此,他们讲变易就无法突破"道不变"的框子。维新派是新兴资产阶级的政治代表,他们明确主张用资本主义取代封建主义,把中国引向资本主义道路。同时,他们有了进化论这一新的理论武器的武装,因此,他们公开宣称封建制度、君主专制制度并不是神圣永恒的,它必然要向资本主义的民主制进化。梁启超写道:"地球之运,将入太平,固非泰西之所得专,亦非震旦(中国)之所得避。吾知不及百年,将举五洲而悉惟民之从,而吾中国亦必未能独立不变,此亦事理之无如何者也。"(《论君政民政相嬗之理》)这一思想,用哲学语言概括就是:"世运既变,治道斯移"(康有为:《孔子改制考·叙》),"道,用也;器,体也。……器既变,道安得独不变?"(谭嗣同:《思纬壹壹台短书——报贝元徵》)经过维新派思想家的批判,从此"天不变道亦不变"的信条严重动摇,这是维新派的一大历史功绩。

在中国哲学史上对历史发展提出比较系统的、接近于科学的认识,是从维新派开始的。维新派的进化史观曾是当时人们认识历史的新工具,是维新派打击封建顽固势力,批判形而上学不变论以及"祖宗之法不可变"一类谰言的主要理论武器。它对于呼唤变法维新的风雨,对于资产阶级启蒙,都起了巨大作用。但是,维新派的进化史观也有缺陷。为了收到新旧调和的效果,康有为等多数人始终以"托古改制"的手法来提倡变法维新。他们硬把历史进化的观点说成是孔子的

"微言大义",给自己的进化史观披上一件"公羊三世"的古老外衣。因此,他们的进化史观尚未完全摆脱古代的形式,这无疑要妨碍历史进化思想的发挥。更重要的是,他们的进化史观从本质上说属于庸俗进化论。众所周知,严复对介绍达尔文进化论作了重要贡献,但严复又是斯宾塞的崇拜者,他在介绍达尔文进化论的同时又介绍了斯宾塞的庸俗进化论。斯宾塞"以徐不以骤"的庸俗进化论很合维新派的口味,对他们有重要影响。梁启超曾说,康有为的哲学是"义取渐进"(《南海康先生传》),其实,其他维新派思想家也无不是"义取渐进"的。他们讲变易、讲进化,都只讲渐变、渐进,而否认和反对骤变、突变。说到社会的进化,他们始终反对社会革命。因此,这种进化史观是不彻底的。

二

20世纪初,以孙中山为首的革命派登上中国的政治历史舞台。越来越多的人对清朝政府绝望,对康梁的改良主义路线绝望,走上反清革命的道路,革命成为时代的需要,革命与改良的斗争成为这一时期思想领域斗争的焦点。同时,进化论与近代的自然科学以及西方近代的社会政治学说在中国也更加广泛地传播,进化论为越来越多的中国人所接受。在这一历史背景下,产生了革命派的进化史观。革命派思想家肯定了维新派特别是严复传播进化论的历史功绩(参见胡汉民:《述侯官严氏最近政见》)。但出于鼓吹革命、批判改良的需要,革命派思想家又对维新派只讲渐进、否定飞跃、反对革命的庸俗进化论展开了批判。革命派的进化史观是他们鼓吹革命、反对专制、反对改良的重要理论武器。同维新派相比,革命派的进化史观具有明显的新特点、新高度。

其一,革命派思想家的进化史观完全抛弃了"公羊三世"的古老外衣。和维新派不同,革命派大多是新式学堂的学生出身,受过不同程度的新式教育,他们不论在政治上、经济上或是思想上,同封建主义的联系都较少。因此,他们不再使用"托古改制"的手法来提出自己的政治要求,不再借用古老的外衣、引用古代圣哲的语言来宣传历史进化,而是堂堂正正、直接明快地宣传达尔文进化论,提出自己的一套进化史观。孙中山明确认为,"进化者,自然之道也","世界万物皆由进化而成"(《孙文学说》)。他把世界的进化分为三个时期,即物质进化时期、物种进化时期和人类进化时期(同上)。关于人类社会的进化,他又分为四个时代,即洪荒时代、神权时代、君权时代、民权时代(《三民主义·民权主义》第一讲)。显然,这种进化史观彻底抛弃了古代的形式,完全具备近代的特点了。

其二,更重要的是,革命派思想家把革命引进了历史进化论,把革命看做是人类社会进化过程的必然现象、必经阶段。"革命者,天演之公例也","革命者,去腐败而存良善者也;革命者,由野蛮而进文明者也"(邹容:《革命军》)。"革命者,救人救世之圣药也,终古无革命则终古成长夜矣。"(陈天华:《中国革命史论》)以上这些名句,是人们常引用的。其实,把革命引进历史进化论,充分肯定革命在社会进化过程中的重要作用,并不是邹容、陈天华等个别人的思想,而是当时一些革命派思想家的共同认识。在革命派中还有一些人对此作了更明确的说明,现举几例如下:

> 革命即革去阻进化者也,故革命亦即求进化而已。由是而知进化与革命二者之密切相关,二者乃互助而非背驰。今有释进化为善、革命为恶者,是于进化与革命二者之性质未曾深求也。……故知进化必不能止,遂知革命不能免矣,因革命即求进化者也。(李石曾:《进化与革命》)

> 人类之所以有今日者,以自古及今,历数百万次大小之革命,有以造之也。革命多而猛,则社会之进化速而大。……故无革命,则社会无进步。……革命不已,则进步无穷也。(李石曾:《普及革命》)

这些革命派思想家认为,人类社会进化的过程,就是由野蛮至文明、由腐恶至良善、由黑暗至光明、由专制至民主自由的过程。但是,野蛮、腐恶、黑暗、专制只有通过革命才能消灭、推翻，所以，只有革命才能推动进化，带来进步。离开革命也就没有人类社会的光明进步，则"终古成长夜矣"。他们又进一步指出，革命本身其实是由野蛮、黑暗、专制制造出来的。一篇文章写道："革命之制造，尤十八世纪以来世界之大工也。是故，英王若耳治，英国革命之大工人也；巴黎巴士的狱，法国革命之大工场也"；野蛮专制的清朝政府，乃是中国的"革命制造厂。"（佚名：《革命制造厂》）只要有野蛮、黑暗、专制的存在，革命就是不可避免的。革命派的一些思想家把革命引进历史进化论，这就同形而上学的不变论彻底划清了界限，这是他们在理论上的重要贡献。

其三，革命派驳斥了康有为等人的所谓"乱次"、"躐等"说，并进而论证了在进化过程中出现跃进的可能。维新派为抵制共和，在阐述社会进化过程时，硬把君主立宪说成是社会进化的必经阶段，不容超越。他们宣称，如果越过君主立宪阶段，由君主专制直接进入民主共和，便是"乱次"、"躐等"，违背进化规律，终将失败。维新派的这种说法是对社会进化过程的曲解，是当时进行反清革命，创建资产阶级共和国的严重障碍。对此孙中山作了批驳，他说：

> 又有谓各国皆由野蛮而专制，由专制而君主立宪，由君主立宪而始共和，次序井然，断难躐等；中国今日亦只可为君主立宪，不能躐等而为共和。此说亦谬，于修筑铁路可以知之矣。铁路之汽车，始极粗恶，继渐改良，中国而修铁路也，将用其最初粗恶之汽车乎，抑用其最近改良之汽车乎？于此取譬，是非较然矣。（《在东京中国留学生欢迎大会的演说》）

孙中山不只以生动的比喻嘲讽、批判了改良派的渐进主义，剥夺了他们反对民主共和的借口，同时又进一步提出了在进化过程中出现跃进的可能。鉴于当时中国"革命风潮一日千丈"的形势，中国人民觉悟迅猛提高的事实，孙中山预言，中国不仅有可能"突驾"日本，而且，有可能在十年二十年之后赶上并超过西方（同上）。孙中山的这一具体估计固然过于乐观，但他认为在社会进化的某一特定环境，进步会出现"异常之速度",这一认识具有辩证因素。

革命派宣传进化史观,是为了阐明封建专制必败,民主潮流必胜的真理。孙中山指出,历史进化的潮流不以人的主观意志为转移,是不可抗拒的,它"好比长江、黄河的水流一样",中间虽会"有许多曲折","但是流到最后,一定是向东的,无论是怎么样都阻止不住的"。他又具体指出,"现在的潮流已经到了民权时代,将来无论是怎么样挫折,怎么样失败,民权在世界上总可以维持长久的"(《三民主义·民权主义》第一讲)。这种进化史观是当时坚定的革命党人的精神武器,它同时也武装、鼓舞了广大的人民群众,推动了中国民主革命的发展。

大致说来,中国近代的进化史观发展到革命派的阶段,算是比较完备了。但是,革命派同样没有完成科学说明历史发展的任务,他们的进化史观依然存在缺陷。关于社会历史的发展进化,其中一个重要问题是进化的动力是什么?对这个问题,达尔文进化论的回答是"生存竞争"。对此,恩格斯曾批评其为"十足的童稚之见"。达尔文进化论的这一观点由严复传到中国后,曾在思想界产生过重要影响,不过它并没有被当时的中国思想家一致接受。维新派中的康有为等人是激烈反对的,革命派中的孙中山等人也是反对的。但是,不论康有为还是孙中山,他们同样没能正确说明社会发展的动力。康有为把所谓"不忍人之心"说成是社会进化的动力,认为"人道之文明,人道之进化,至于太平大同,皆从此出"(《孟子微》)。而孙中山则认为社会进化的动力是互助,他说:

> 物种以竞争为原则,人类以互助为原则……人类顺此原则者昌,不顺此原则者亡。(《孙文学说》)

> 人类进化之动力,在于互助,不在竞争,如其它之动物者焉。(《物质建设(实业计划)》)

孙中山的这一思想明显是受了克鲁泡特金"互助论"的影响。革命派中,还有无政府主义的一派,他们是克鲁泡特金互助论更狂热的鼓吹者,他们也大力宣扬"无互助则更无进步",人类"所以赖以生存,生存而有进步者,在互助而不在竞争也"(李石曾:《无政府说》)。达尔文以生存竞争作为社会发展的动力,这是"童稚之见",孙中山等人依据克鲁泡特金的互助论把互助看做是社会发展的动力,同样也是错误的,他们都没有正确说明社会发展的动力问题。

另外还必须指出,在资产阶级革命派中,还有人否定社会历史进化的意义,甚至公开鼓吹退化,其代表就是章太炎。当1906年中国资产阶级民主革命日趋高涨时,他发表了《俱分进化论》。章太炎虽不否认进化的事实,但又认为进化并不可能把人类引至"尽美醇善之区",其之所以如此是因为善恶苦乐都是双方并进的。他说:"进化之所以为进化者,非由一方直进,而必由双方并进。专举一方,惟言智识进化可尔。若以道德言,则善亦进化、恶亦进化;若以生计言,则乐亦进化、苦亦进化,双方并进,如影之随形。"(《俱分进化论》)他的结论是:"进化之实不可非,而进化之用无所取"(同上),指望通过进化增进善和乐只是幻想,"其迷与求神仙无异",因此人类并不可能有美好的未来。在《俱分进化论》等文章中,章太炎看到了阶级社会人类文明进化过程中所包含的恶和苦,特别是资本主义文明背后的恶和苦,这固然是正确、深刻的,但是他由此否定人类有美好、幸福、道德的未来,则是错误的。章太炎对社会历史进化所持的这种独特见解,反映了中国民族资产阶级中一部分人对本阶级的前途徬徨、悲观的情绪。

由于时代的需要,从鸦片战争时期开始,先进的中国人便努力认识时代、认识历史,力图正确说明历史发展的真相,以指导斗争。随着时代的前进、斗争的发展,他们在这方面的认识是不断深化的,曾取得不少可贵的理论成果,并有力地推动了当时的斗争。但由于阶级的和历史的局限,同时也因为进化论本身的缺陷,它并不能完全科学地说明人类历史发展的真相,因此,直到后来的资产阶级革命派最终仍然没有完成科学认识和说明历史发展的任务。十月革命后马克思主义传入中国,一些先进的中国人迅速从进化论转向马克思主义,从此中国人才找到了认识历史的科学武器。

也论"俱分进化"论

"俱分进化论"是章太炎的一种独特的历史观、文明观、伦理观,它一提出即引起争议。近几年来,随着对中国近代思想史和章太炎思想研究的深入,学界对"俱分进化论"提出了不同的看法。《历史研究》1989 年第 5 期发表了章开沅先生的《〈俱分进化论〉的忧患意识》一文,对章太炎的这一学说作了深刻分析,着重挖掘了其中的合理因素,提出了不少富有启发性的新见,使研究更加深入。但章先生的一些结论仍值得推敲,现提出与章先生商榷。

一

章太炎的"俱分进化论"对进化究竟持什么态度?这是我们今天对它作评价的主要依据。章开沅先生认为,"章太炎并非全盘否定进化,而是告诫人们不可盲目迷信进化"。我以为,这一结论并不符合章太炎的原意。

《俱分进化论》的基本思路可归纳为以下几点：第一，"进化之所以为进化者，非由一方直进，而必由双方并进"。"若以道德言，则善亦进化，恶亦进化；若以生计言，则乐亦进化，苦亦进化。双方并进，如影之随形"，"欲举一废一而不可得"。第二，由于善恶苦乐并行兼进，其结果势必相互抵消，因此，"进化之用无所取"，是毫无意义的。第三，进化并不能使世界"达于尽美醇善之区"，故"世之渴想于进化者，其亦可以少息欤"。固然，在《俱分进化论》中章太炎也讲"进化之实不可非"，但是，他既认为善恶苦乐在齐头并进中相互抵消，他紧接着得出的乃是"进化之用无所取"的结论。这乃是这篇文章的最终结论。

如果说《俱分进化论》尚只是否定进化的积极意义，那么，在此后的几篇论文中，他对进化自身也作了否定。探讨进化问题是章太炎1906—1908年间哲学研究的重点之一。继1906年9月的《俱分进化论》之后，围绕进化问题他又曾发表了《与人书》(1906.12)、《五无论》(1907.9)、《四惑论》(1908.7)等。在这几篇文章中，他对《俱分进化论》中的消极思想又作了进一步的发展。首先，他根本不承认有进化。他说："就据常识为言，一切物质本自不增不减，有进于此，亦必有退于彼，何进化之足言？"(《四惑论》)他认为，就有机界来说，"世见其进化"只是幻象，"而无机物界，并此幻象亦不可睹"。比如："今月之明，不能加于古月，今潮之盛，不能过于古潮，安得所谓进化者？"(同上)从极端的虚无主义出发，他又认为："明日有无，必非今日所能逆计。所以者何？未至明日而言明日之有，即无证验。"既然"明日尚不能知其必有，离于明日，何进化之可言？此则徒为戏论而已"(同上)。他的结论是，"所谓进者，本由根识迷妄所成，而非实有此进"(同上)。进而他又认为，如一定说有进化，那么就只能是兽性的扩张和苦的增进。他说，"以善恶言"，则"有所进者，不得不先有所处。而最初所处之点，惟是兽性。循其所处之点，日进不已，亦惟是扩张兽性。始之兽性，鼹鼠、陵鱼若耳，积久而扩张其兽性，乃若狻猊、白虎，兽性则同，而反愈加之厉。是则进化之恶，又甚于未进化也"(同上)。若"以苦乐言,资生养形之事,必由操作致之,人人自宝爱其朽骨,无可奈何而忍形以就苦,斯已勤矣,更求增进,则乐必不能与苦相偿"(同上)。既然进化之恶又甚于未进化,因此章太炎最终乃主张退化。他撰写《五无论》,主张从"无政府"始,进而"无聚落"、"无人类"、"无众生"、"无世界",便是他所设计的退化的五大步骤。他宣称,直到"世界为之消弭,斯为最后圆满之期"。

由上可见,章太炎通过对进化论几年的反思,他的最终结论乃是彻底否定进化。这是我们今天评价章氏这种独特的历史观、文明观、伦理观时必须首先弄清的。

二

我同意章开沅先生的这一结论,即章太炎"俱分进化论"的合理核心是"近代忧患意识"。但是,我以为,同是忧患意识,归宿是大不相同的,这里需要弄清的是章太炎忧患意识的归宿。

鸦片战争后,由于民族危机、社会危机日益严重,因此,忧患意识为近代先进的中国人所同具。中国近代忧患意识的核心是为中国的前途命运而忧,所要解决的是中国向何处去的问题。随着近代先进中国人寻路历程的深入,中国近代的忧患意识经历了两个阶段。在开始一个阶段,人们所看到的是中国封建专制制度的反动、腐朽和西方资本主义制度的先进、优越。他们以为西方之路即富强之路,只要中国学习西方,实现资本主义变革,即可迅速富强。他们自以为找到了出路,因此对中国的前途许多人是颇为乐观的。比如,在戊戌时期康有为即曾天真地认为,只要中国远法泰西,近采日本,及时变法,则"三年而宏规成,五年而条理备,八年而成效举,十年而霸图定矣"(《进呈日本明治变政考序》)。虽然,这一时期先进的中国人要求学习西方,实现资本主义变革,层次有深浅,具体主张有差异,但大方向基本是一致的。由于他们以为目标既定,因此在忧患的同时又普遍表现出一种以为已经探明彼岸的乐观情绪。

但是,情况很快有变化。包括章太炎在内的先进的中国人在向西方寻求真理的过程中,不仅看到了西方资本主义比中国封建主义的优越,又逐渐看到了它的内在矛盾和种种弊端。在 19 世纪末 20 世纪初,不少人对西方资产阶级民主制的象征——代议制度,对西方资本主义越来越严重的经济垄断、资本集中和贫富不均,以及自由、平等、博爱并未实现的现实作了揭露和批评。他们中一些人既看到了封建主义将被资本主义所取代的历史必然性,同时又感到西方资本主义前景并不美妙。1905 年,孙中山预言,在西方"社会革命其将不远"了(《〈民报〉发刊词》)。于是,在先进的中国人中又出现了另一种忧患,即为资本主义的前途命运而担忧。自然,人们之所以为资本主义前途命运担忧,同样是为中国自身的前途命运着想。这不仅是因为当时先进中国人的目标是学习西方,实现资本主义变革,而且也因为当时的中国已深深陷入世界资本主义的漩涡。这样,要考虑中国的前途就不能不考虑资本主义的前途以至整个世界的前途。显然,这是一种更深层次的忧患、更深层次的思索,它使人陷入了更深的困扰。

在中国近代,多数先进的中国人是以一种清醒、理智的态度学习西方,这是十分可贵的。但是,如何克服西方资本主义的弊端? 在看到了西方资本主义的弊端后又如何确定中国自己的道路? 人们在反思后所得出的结论却大不相同,出现了严重的分歧。一些人认为,在西方,资本主义取代封建主义、民主共和取代君主专制只是"以暴易暴"而已,"未尝有利于多数人民"。"共和、专制,其名虽异,而人民受害则同。"(刘师培:《共和之病》)因此,中国断不能走西方老路,必须"另筹革命之方",在中国实现无政府主义。另一些人因看到西方资本主义的矛盾和弊端,遂掉转头来走向了复古主义。还有一些人则主张对资本主义进行改良。孙中山便主张,在反清革命、建立共和的同时,通过"平均地权"来"改良社会经济组织",避免革命成功后出现贫富不均的问题,使"少数富人把持垄断的弊窦"在中国"永绝"。为防止政治上的流弊,他又主张改西方的三权分立为五权分立。以上便是 20

世纪初中国人忧患意识的几种不同的归宿。

下面看看章太炎。应该说,章太炎对西方资本主义的弊端有更多、更尖锐的揭露和批评。他认为,西方的议会制度"其蠹民尤剧于专制"(《与马良书》)。西方的代议士虽由选举产生,但由资本主义私有制所决定,"选充议士者大抵出于豪家"(《五无论》),因此,"民权不藉代议以伸,而反因之扫地"(《代议然否论》)。他又认为,西方的"风教"更劣于往昔。美国虽号称世界头等富国,然"其社会趣于拜金,皮相其政治则最优,深察其风教则最劣"(《清美同盟之利病》)。对于帝国主义的野蛮残暴,他作了更尖锐的揭露。他说:"至于帝国主义,则寝食不忘者,常在劫杀,虽磨牙吮血,赤地千里,而以为义所当然。""其屠戮异洲异色种人,盖有甚于桀纣。"他举例说:"今法人之于越南,生则有税,死则有税,乞食有税,清厕有税;毁谤者杀,越境者杀,集会者杀;其酷虐为旷古所未有,是曰食人之国。"(《五无论》)在多数革命党人对帝国主义抱有幻想的情况下,章太炎的这些认识无疑是清醒的。正是鉴于资本主义的种种弊端和帝国主义的累累罪行,他发出了善与恶、乐与苦并进的感叹。这些乃是他论证"俱分进化"的重要证据。

对于资本主义的弊端,章太炎也曾主张采取措施予以克服、矫正。他曾提出过以下四条主张:"一曰均配土田,使耕者不为佃奴。二曰官立工场,使佣人得分赢利。三曰限制相续,使富厚不传子孙。四曰解散议员,使政党不敢纳贿。"他认为,"斯四者行,则豪民庶儿日微,而编户齐人得以平等"(同上),资本主义制度下贫富不均、人人实际不平等的状况将大有好转。他甚至还想到了实行"其法近于平等"的社会主义,这更显可贵。可是,他又告诉人们,他所制定的"四制"只是"初级苟偷之法"(同上),并不能根本解决问题。至于想到社会主义,也只是"不得已而思其次也"(《俱分进化论》)。而人类"欲求尽善,必当高蹈太虚",其具体道路即是以百年为期,"递见五无之制"。"五无"才是人类的圆满归宿。所谓"五无",乃是章太炎忧患意识的最终归宿。

固然，在20世纪初章太炎的忧患意识更显深沉，他对资本主义、帝国主义的揭露也更尖锐。但由于他深受佛学唯心主义的影响，加之他性格上的弱点，结果他的深刻乃变为极端的片面、偏激，走向了荒诞。他越是深入反思，越陷入深深的惶惑而无以自拔。这样就使他的忧患最终走向极端的虚无主义、悲观主义。虽然，他的"五无"说可以看做是对黑暗现实的抗议，表现了一种激愤。但是，作为他对中国乃至人类前途的一种正面回答，显然是荒谬的。在中国近代，对于如何解决资本主义的弊端，进而确定中国的道路，资产阶级思想家都未能提出正确方案。然而，其他人虽未能提出正确方案，但毕竟是在积极寻路。而章太炎却宣告人们的一切努力均无济于事，人类只有消灭自身以及人类赖以生存的地球才是真正的出路，硬是让人们放弃寻路。章开沅先生说章太炎的悲观"是一种深沉的悲观"，但是，它带来的却是彻底的绝望。章太炎越是把他的忧患投向"整个文明、整个人类，乃至人类栖息于其上的地球、地球运行于其中的宇宙的发展前景"（章开沅先生语），他所带来的绝望便越彻底。在20世纪初，当人们在为寻找中国的前途出路而作更深入的探索，并将接近曙光的时候，章太炎提出他的"俱分进化论"和"五无之制"，势必严重妨碍人们对中国前途命运作更深入的思考、求索，显然，这种以"虚无来批判现实弊端"（亦章开沅先生语）的做法是不值得称道的。

三

章开沅先生在文章中十分重视并强调章太炎《俱分进化论》的理论贡献。章先生不仅认为《俱分进化论》对进化论作了深刻的反思，而且还认为它"阐明了一种进步文明观"，并在几处地方提到这一结论。我以为，这一结论也是值得商榷的。

章太炎的"俱分进化论"作为对进化论的反思，在一些方面确实是深刻的。这主要表现在它比较系统地揭示了人类文明进化过程中对立双方相互交错的复杂现象，这对人们全面把握人类文明进化的复杂过程无疑是有益的。在进化论初传中国的时代，由于人们对自然、历史以至对进化论自身尚缺乏深入的了解，同时也由于当时人们对西方资本主义的现状和历史也缺乏深入的观察、认识，那时人们对进化论的理解的确具有简单化的倾向。那时，多数人对进化论的理解，往往仅限于"大地之事事物物，皆由简而进于繁，由质而进于文，由恶而进于善"之类。章太炎的《俱分进化论》，对于丰富和深化人们对进化过程的认识，克服简单化的倾向是有价值的。

但是，需要指出的是，自从进化论传入中国以后，许多新学家对它的认识是不断深化的，不仅仅是章太炎一人而已。而且，在中国近代，对进化过程中对立双方相互交错的复杂现象最先作出说明的也不是章太炎。梁启超在1902年曾正确指出，人类历史的发展进化，"非为一直线，或尺进而寸退，或大涨而小落，其象如一螺线"（《新史学》）。在人类进化史上，随处可见"或进、或退、或涨、或落"的现象，如同江河之水时有"倒流处、曲流处"一样。但是，如果"综观自有人类以来万数千年之大势，而察其真方向之所在"，则可以发现，人类历史从整体来看是不断向前发展进化的，这就如同"江河东流以朝宗于海者，其大势也"（同上）。这就对人类历史进化的曲折轨迹和总趋势作了深刻说明。接着，1906年1月，严复又比较明确地揭示进化过程中善恶苦乐双方交错"并居"的现象。这年1月10日，严复在发表于《中外日报》的一篇文章中指出，近代科技的发展，不只有利于为善，也有助于为恶，对科技发展所造成的复杂影响作了说明。他说："惟器之精，不独利为善者也，而为恶者尤利用之。……如火器之用以杀人，催眠之用以作奸，何一不为凶人之利器？"（《论教育与国家之关系》）10天之后，他又说："夫背苦而向乐者，人情之大常也；好善而恶恶者，人性所同具也。顾境之至也，苦乐未尝不并居；功之呈也，善恶未尝不同域。方其言乐，而苦已随之；方其为善，而恶已形焉。"（《政治讲义·自叙》）今天，对我们来说，更重要的是要弄清面对这一现象不同人的不同态度，以及由此而引出的不同结论。1906年，严复的政治、伦理思想虽然已趋于保守,但是,他对这一问题并没有得出消极的结论。他揭示近代科技的发展既有利于为善亦有助于为恶的现象,目的是为了引出德育重于智育的结论,提醒人们重视德育,并不是像章太炎那样抹杀科技发展的意义。他虽揭示了善恶苦乐"并居"、"同域"的现象,但是他又强调,人们如果措置得宜,完全可以做到"恶苦则取其至少,善乐则收其至多",从而"有以进其群"(同上)。这同章太炎因此而认为"进化之用无所取"是大不相同的。在这里,我们要特别提到谭嗣同。他不仅早在百日维新之前就指出了在发展进化过程中"道高一尺,魔高一丈,愈进愈阻"的现象,而且对它作了颇具辩证色彩的说明,表现了一种高度积极乐观的态度。他说:"格致盛而愈多难穷之理,化电盛而愈多难分之质,医学盛而愈多难治之症,算学盛而愈多难解之题,治理盛而愈多难防之弊。道高一尺,魔高一丈,愈进愈阻,永无止息。然反而观之,向使不进,乃并此阻而不可得。是阻者进之验,弊者治之效。同消同长,道通为一,惟在不以此自阻焉耳。苟畏难而偷安,防害而不敢兴利,动援西国民党之不靖,而谓不当学西法,不知正其治化日进之凭据也。即有小乱,当统千万年之全局观之。"(《仁学》四十三)在谭嗣同看来,发展进化并不能保证不带来新的问题,相反,在发展进化的道路上,旧的问题解决克服了,又会出现新的问题,新的问题总是层出不穷,而它的出现正是进化的标志。对于这种进与阻的交错,应"统千百年之全局观之",从中看到人类文明总体性的发展进化,而决不能因为遇到新阻、新弊就惊慌失措,"置全局于不顾"。这种高瞻远瞩,统观全局,从总体来把握、判断、评价的方法,无疑是卓越的。他认为,新问题(阻)的出现并不可怕,可怕的是人们因害怕新问题而"自阻"不前,这一认识是正确而积极的。在中国近代社会大变革的时代,这一思想对于澄清人们的思想混乱,指导人们正确对待变革过程中所出现的新问题,坚定变革和前进的信心,都具有重要意义,直到今天仍给后人以启发。

章太炎是在谭嗣同、梁启超、严复等人之后对进化论进行反思的。

但是,他的认识和结论不是比上述诸人进步,而显然是退步。特别是同谭嗣同的上述认识相比,其高下之别是显而易见的。面对进化过程中对立双方的相互交错,章太炎所表现出的乃是惶惑,他看到"愈进愈阻"的现象则不知所措。实际上他所追求的乃是一条笔直的道路、一种纯而又纯的境界。但是,在充满矛盾对立、交错发展的现实世界中,纯而又纯是不存在的,于是,他最终便陷入否定一切的极端虚无主义。此外,章太炎把善恶苦乐的交错并行视为等量,把两者对立斗争的结果视为相互抵消,这种认识和估计也是不符合历史事实的。虽然,对于这些他也曾从古今对比作说明,但由于他所列举的事例带有明显的主观性、片面性,其结论自然不能正确。实际上他并未能从人类文明发展演进的总体上去估计善恶苦乐的消长,借用谭嗣同的话说,对于进化过程中对立双方的交错消长,他并未能"统千万年之全局观之"。他所得出的极端悲观的结论实际上是他"自阻"而已。

总之,章太炎的"俱分进化论"显然无助于指导人们正确认识人类文明发展史,指导人们从事物质和精神文明建设;也无助于指导人们正确认识资本主义的弊端及其解决的途径,无助于指导正处于十字路口的中国人正确选择自己的道路。章太炎以"无世界"为圆满也就是以毁灭一切文明为圆满,以人类自我灭绝为圆满,实际上是宣判了人类和人类文明的死刑,这实在说不上是什么"进步文明观"。在那大变革的年代,资产阶级民主革命潮流迅速高涨,章太炎的"俱分进化论"不仅与革命派的革命呼号极不协调,而且实际上是给革命党人和中国的变革和革命事业泼了一大瓢冷水。

严复历史观散论

在近代,严复曾被尊为"开通中国第一哲学大家",他对中国近代的哲学和哲学变革的贡献和影响是多方面的。而历史观是严复哲学的主干,它对中国近代新历史观的形成,影响尤为显著。本文不拟对严复的历史观作全面评介,仅就几个学界论述不多的问题零散作点评介、分析。

一

自从董仲舒提出"天不变,道亦不变"的命题后,这种不变论长期被视为天经地义,它严重扼制了中国人的批判、创新精神。到了近代,它就成为正在进行中的社会变革的巨大障碍。显然,不从理论上彻底否定它,中国的社会变革就难以展开。而对它最早作公开批判的则是严复。1895年,严复刚一登上政治舞台,就在报刊公开发表的文章中指出:"建言有之:天不变,地不变,道亦不变。此观化不审似是实非之言也",它是不符合事实的错误结论。就天而言,"天枢渐徙,斗分岁增,今日逊古日之热,古晷较今晷为短",天并非不变。就地而言,"炎洲群岛,乃古大洲沉没之山尖;萨哈喇广漠,乃古大海浮露之新地",可见地也并非不变。至于"道",只有像"三角所区,必齐两矩;五点布位,定一割锥"这类定理、定律才是不变的。"若夫君臣之相治,刑礼之为防,政俗之所成,文字之所教,吾儒所号为治道、人道,尊天柱而立地维者",却是"因时为制",不断变更的,"目为不变,去道远矣"(《救亡决论》)。这番直截了当、毫不迂回掩饰的公开批判,在当时无疑产生了振聋发聩的影响,给"天不变道亦不变"的不变论以沉重打击。它有力地证明,不论是天道还是人道都是在变的,中国古来的"治道"已不合历史潮流,到了非变革不可的时候了。

继严复之后,谭嗣同依据王夫之"道不离器"的唯物主义道器观提出了"器既变,道安得独不变"的质问,康有为又提出了"世运既变,治道斯移"的命题。这些都是对道不变说的否定。我们虽无法证明谭、康的命题是否直接受了严复的影响,但它们的提出在时间上晚于严复则是事实。需要指出的是,严复在这一问题上的理论贡献和影响还不在于时间上先于他人,更表现在他对中国传统之道批判的彻底性上。固然,康有为、谭嗣同也主张对中国的封建制度作全面变革。他们不仅抨击了封建君主专制的政治制度,以及重农轻商、维护自然经济的封建经济制度,又对封建的纲常名教作了猛烈批判。可是,由于种种原因,他们对中国传统之道的核心——孔子之道则采取了明显的保留态度。虽然,他们的意图是欲存其名而变其实,以旧瓶装新酒,但以尊孔为外衣则是事实。他们依然认为,孔子的学说是天经地义的真理。这在理论上就难以否定道不变说,同它划清界限。而严复则不然,他从一开始闯入思想领域便公开抛弃孔学的旧瓶,直接推销西学、新学的新酒。他不像康有为等人那样,以后儒为靶子迂回地批评儒学,将儒学所存在的问题统统归之于后儒,而是直接对儒经作批评,公开把矛头直指"六经五子"。他这样写道："今日请明目张胆为诸公一言道破可乎？四千年文物，九万里中原，所以至于斯极者，其教化学术非也。不徒嬴政、李斯千秋祸首，若充类至义言之，则六经五子亦皆责有难辞。嬴李以小人而陵轹苍生，六经五子以君子而束缚天下。"(《救亡决论》)稍前，在另一篇文章里他又认为，"苟求自强，则六经且有不可用者"(《辟韩》)，将矛头直指"六经五子"，宣布他们对中国的衰微"责有难辞"，因而不适用于今日，这在当时实在是最大胆、尖锐的言论。事实上，"六经"才是中国传统之道的核心，只有揭示它的时代性，否定其神圣永恒，才可能彻底否定道不变论。而在当时的中国，只有严复有这样的理论勇气，并达到了这一理论深度。

需要说明的是，以上所引严复的这些精采议论，在很长时期不为学界所知。其中，对"天不变道亦不变"的批判，以及对"六经五子"的批评，系1895年5月刊载在天津《直报》的名文《救亡决论》第三部分中的文字。但在中华书局1986年出版《严复集》之前，这几段文字为各种版本的严复文集、文选所漏载。而"六经且有不可用者"一语，本是刊载于《直报》的另一名文《辟韩》中的原文，但后来上海《时务报》转载时，大约是嫌其过于尖锐，将它改为"古人之书且有不可泥者"。后来各种版本的严复文集、文选所收《辟韩》均据《时务报》，于是这句话也就长期不为人知了。直到1986年中华书局出版《严复集》，我们才见到了这些至关重要的文字，这是很可惜的。

二

在近代，中国人了解进化论，经历了一个从简单到深入的变化过程。从一开始，严复便把进化论理解为社会向善论。基于不可知论，严复认为"宇宙究竟"等本体论问题"不可思议，不可以名理论证"；但他却认为，"世道必进，后胜于今"(《天演论》导言十八按语)则是可知、可证的。对此他坚信不移。严复认为，"背苦而趋乐"是人的天性，人类不断为"背苦趋乐"而奋斗追求，最后"终当背苦而向乐"(《天演论》导言十六按语)。对于人类未来的前景,他是乐观的。由这种社会向善论带来的乐观情绪曾使一些人把进化简单理解为一个直线进步的过程,以为这样进化下去,人类便可以进入"尽美醇善之区"。通过对自然、社会、历史的观察逐步深入,特别是对西方资本主义社会的现状逐步有所了解,一些思想家开始克服这种认识上的简单化。他们渐渐认识到,人类文明进化是一个复杂过程,其中充满了对立双方相互交错、共生并居的复杂现象。说到这一认识的深化,人们自然会想到章太炎的"俱分进化"论,以为这是章氏独家的学说,这是不确切的。其实,在章太炎发表《俱分进化论》之前,严复等人即已看到并指出了矛盾对立双方相互交错、"俱分进化"的现象。不同的是,他们并未因此而惊慌失措,悲观绝望,否定进化。因看到对立双方"俱分进化"而悲观厌世,否定进化,走向极端虚无主义,这只是章太炎的独家理论认识。

　　早在百日维新前,谭嗣同在《仁学》中即已揭示了人类文明进化是一个"愈进愈阻,永无止息"的过程,在这过程中往往会出现"道高一尺,魔高一丈"的现象。他正确地指出,发展进化并不能保证不带来新问题;相反,在发展进化的道路上,旧问题解决了又会出现新问题,新的问题总是层出不穷的。对于这种进与阻的交错,应"统千百年之全局观之",从中看到人类文明的总体进化,而不能因"小乱"而动摇进步的决心。(《仁学》四十三)这无疑是十分卓越的见解。1906年初,严复更明确、具体地揭示了这种对立双方"俱分进化"的现象。他说:"夫背苦而向乐者,人情之大常也;好善而恶恶,人性所同具也。顾境之至也,苦乐未尝不并居;功之呈也,善恶未尝不同域。方其言乐,而苦已随之;方其为善,而恶已形焉。"(《政治讲义·自叙》)举例来说,"如今之欧美,以数百年科学之所得,生民固多所利赖,而以之制作凶器,日精一日,而杀人无穷"(《庄子评语》)。这些现象,在章太炎之前,严复即已指出。但同是看到这一现象,两人的结论是不相同的。看到"俱分进化"的现象,章太炎得出的是"进化之用无所取"的结论,在他看来,因为一切皆"俱分进化",所以人类的种种努力均无济于事,只有最终消灭人类自身以及人类赖以生存的地球才能彻底消灭苦与恶。显然,章的"俱分进化"论所反映的是一种彻底绝望的情绪。而严复则不然。他虽揭示了善恶苦乐"并居"、"同域"的现象,但又强调,人们只要纠正重智育轻德育的偏向,将德育置于首位,给予高度重视,而在求进步的变革过程中,变革者们不存私心,取审慎态度,使措施得宜,是会做到"恶苦则取其至少,善乐则收其至多"(《政治讲义·自叙》)的。

严复在章太炎之前便明确揭示了善恶苦乐"并进"的现象,这对纠正那种以为进化是单方直进的简单化认识是有贡献的。虽然,对于如何认识善恶苦乐"并进"的现象,解决这种相互交错的矛盾,严复的认识和主张谈不上深刻,尚缺乏系统的思考和回答,但与章太炎相比,他对进化的理解还是比较全面的。他既看到矛盾又试图解决矛盾,这对国人正确对待变革过程、前进过程中可能出现的新问题,坚定前进的信心,无疑具有积极意义。

三

从古代起,英雄史观就在中国思想领域有很大影响。到戊戌时期,由于康有为等人一直希望借君权推行变法,借孔子权威以"托古改制",他们更强调君主意志能转移、改变一切,孔子为中国万世立法。这就使英雄史观影响更大。而严复则始终否认英雄人物创造历史,并从不同角度对英雄史观作了批判。两相对照,更显严复思想的深刻。

宣扬圣人开启远古文明,这是中国古代英雄史观的重要内容。从盘古开天辟地,女娲炼石补天,到燧人氏教民钻木取火,有巢氏教民建筑房屋……这一系列神话传说的主题,便是圣人开启文明。到唐代,韩愈作《原道》,对此作了系统论述。他宣称:"古之时人之害多矣。有圣人者立,然后教之以相生相养之道",并建立了礼乐政刑、城郭甲兵。1895 年,严复刚一登上政治舞台,即以韩愈的《原道》为靶子,以尖刻的文字批驳了这种圣人开启文明说。他指出,同是远古人类,同受"虫蛇、禽兽、寒饥、木土之害",何以只有圣人才有如此神通?"如韩子之言,则彼圣人者,其身与其先祖父必皆非人焉而后可。"(《辟韩》)这就对中国自古以来的圣人开启文明说作了有力否定。严复始终认为,从自然界到人类社会,都是一个自然进化过程。就自然界而言,是"始于一气,演成万物","万类所以底于如是者,咸其自己而已,无所谓创造者也"(《天演论》导言—按语)。就人类社会而言,历史的主体是人,历史乃是人类不断为"背苦趋乐"追求、奋斗的活动而已。"夫民相生相养,易事通功,推以至于刑政礼乐之大,皆自能群之性以生。"(《原强修订稿》)这些都是出于人类社会群体生活的需要,逐渐自然产生的。他认为,老子"明自然",与进化论的基本精神相吻合,因此他表示,在文明起源这一问题上,他赞同老子的"自然"说。

严复并不简单否认圣人即英雄人物高于常人的历史贡献。但是,他指出,圣人的作为是受历史制约的,他们只能回答历史所提出的课题,完成历史所赋予的任务。任何人都不可能随心所欲地改变、创造历史。为此,他专门论述了圣人与"运会"的关系。他说:"夫世之变也,莫知其所由然,强而名之曰'运会'。运会既成,虽圣人无所为力,盖圣人亦运会中之一物。既为其中之一物,谓能取运会而转移之,无是理也。彼圣人者,特知运会之所由趋,而逆睹其流极。唯知其所由趋,故后天而奉天时;唯逆睹其流极,故先天而天不违。于是裁成辅相,而置天下于至安。后之人从而观其成功,遂若圣人真能转移运会也者,而不知圣人之初无有事也。"(《论世变之亟》)所谓"运会",即历史潮流、历史发展的必然趋势。他认为,圣人也是历史潮流的产物,因此他无法改变潮流。圣人之所以伟大,只在于他能正确认识历史潮流,预测其发展方向,从而采取适宜而有效的措施,最终取得成效。在另一处他又指出,一时代的圣人只能提出和完成那个时代的任务,他的作为无法超越历史。之所以如此,重要原因之一是因为他的思想观念难以超越社会存在。比如,"当宗法社会之时","虽有圣人,要皆囿于所习",按宗法社会的观念、准则办事。严复又曾说:"夫一国之制,其公且善,不可以为一人之功,故其恶且虐,亦不可以为一人之罪。虽有桀纣,彼亦承其制之末流,以行其暴。顾其国上下,同游天演之中,所不克以自拔者,则一而已矣。"(《法意》四卷按语)就是说,统治者、执政者个人的功罪与社会制度、与所处的历史阶段有密切关系,一定程度上是由制度制约的。西方资本主义的"公且善",不可看做是少数资产阶级政治家的一人之功;东方封建主义的"恶且虐",也不可看做是少数君主的一人之罪。封建暴君的罪恶,本质上是由封建专制制度派生的。

严复又认为,圣人即英雄人物的作为、贡献、风貌又受所在国家、民族总体素质、水准的制约。他产生并施展于那个群体,因此,他所能达到的水准与群体的总体水准大体是一致的。这便是所谓"凶狡之民,不得廉公之吏;偷懦之众,不兴神武之君"(《天演论》导言八)。民众的素质、水准愈高,从中涌现的英雄便愈杰出;反之,从中产生的英雄势必比他族英雄相形见绌。而且,在全民素质、水准普遍低下的情况下,即使出现杰出人物出来推行"善政",最终也势必"人存政举,人亡政息,极其能事,不过成一治一乱之局"(《天演论》导言八按语),是难以持久、无法生根的。严复之所以作这番议论,显然是要再次强调,当时的中国不应坐等少数英雄伟杰来拯救,而应关注全民素质的提高。

四

严复历史观的深刻,还表现在他对刚刚传入中国的地理环境决定论作了比较正确的分析、评价。他既肯定地理环境对社会历史具有影响,但又指出它并不是社会历史发展的决定因素。

在中国古代,先哲业已注意到自然环境对习俗的影响。比如,北朝的《刘子·风俗》这样说:"土地水泉,气有缓急,声有高下,谓之风焉。人居此地,习以成性,谓之俗焉。"但中国古代哲人并未对地理环境对社会历史的影响作系统说明,形成系统理论。在20世纪初,西方的地理环境决定论传入中国,国人颇有耳目一新之感,以为找到了一种可以科学说明社会历史的新理论。20世纪初,梁启超依据这一理论写了好几篇论文,以为各国、各民族、各地区的政治、经济、文化特征以至于民族性格的差异,都根源于地理环境的差异,都可以用地理环境来说明。而严复则对这种新传入的学说作了冷静的分析。

孟德斯鸠是西方地理环境决定论的主要理论代表。他在《法的精神》(严译为《法意》)一书中,系统阐述了社会制度、国家法律、民族精神均"系于气候的本性"、"土地的本性"的观点。严复翻译此书,自然介绍了这种学说,但是,他在按语中又多次对这种学说提出批评、质疑。严复指出,当今世界的许多实例,往往是"与孟氏之言相反"的。比如孟德斯鸠说:"高寒之国,其民俭于乐方,所以怡情者寡,至于温带稍增,而热带辄流于淫佚。"严复认为,之所以有这种差别,原因是多方面的,"不必尽由风土"的不同。"孟氏徒以其地之南北寒热当之,其例必易破也。"如"吾国燕吴分处南北,其地气寒燠,较然不同",可是却不存在孟氏所说的那种差别(《法意》十四卷按语)。再如,南洋群岛和中美洲地区"地利"条件都很优越,按地理环境决定论,这两个地区"其宜开化,而为世界先进久矣。何四千余年,寂寂无颂声作耶?"(《法意》十七卷按语)孟氏认为,欧亚"二洲之自由多寡,强弱攸殊"系由气候的差异所决定,这更缺乏根据。严复正确指出,"论二种之强弱,天时、地利、人为,三者皆有一因之用,不宜置而漏之也"。孟氏"一切求故于天时"是不正确的。而在三者中,人为更显重要。严复认为,欧洲之所以富强原因很多,其中自希腊以来的文化传统,以及中间外境文化的传入与交流便是一个重要原因。"使欧民无希腊以导其先,罗马以继其后,又不得耶、回诸教纬于其间,吾未见其能有今日也。"(同上)他的结论是,"孟氏之说,其不圆易见。"(同上)这些按语说明,在严复看来,社会历史的发展受多种因素制约,地理环境是其中的一个因素,而不是唯一的决定因素。

地理环境是人类社会存在和发展的必要物质前提，它会对社会发展带来有利或不利的影响，这种影响在生产力低下的古代往往是很大的。西方地理环境决定论的传入，对于国人注意地理环境的影响，深入观察社会历史，进一步探索中国社会和传统文化的特点，以及中西文化的差异，曾产生了有益的影响。但这种学说试图用地理环境的影响来解释说明社会历史的一切方面，将它视为决定因素，显然是不科学的，最终势必陷入命定论。它所带来的消极影响也不小。严复既通过翻译《法意》介绍了这一学说，使国人对地理环境的影响有所认识，又通过按语对它的失误作了批评、揭示，从而多少抵消了因梁启超所作的肯定性介绍而造成的消极影响，这无疑有助于国人对地理环境的影响树立比较全面的认识。尚需说明的是，地理环境决定论作为一种命定论，它对当时中国正在进行的社会变革也会产生消极影响。这种理论认为，中国之所以长期封建专制，是由中国的地理环境决定的。梁启超曾说："夫在疆宇寥廓之大一统国，则恒非专制不足以为治，势使然矣。""由此言之，我国二千年不能脱专制政体之羁轭，实地势与时势使然。"（《中国前途之希望与国民责任》）按这种理论，中国的封建专制制度既然是由地理环境造成的，那么它就是无法改变、至少是难以改变的，这样，中国正在进行的社会变革将成为徒劳无功之举，至少是难以收效的。严复对地理环境决定论所作的初步评析、批判，将有助于消除这种消极影响。

五

最受严复推崇因而对他影响最大的西方哲学家是斯宾塞。斯宾塞是著名的庸俗进化论者，因为受斯宾塞的影响，严复谈进化也具有明显的庸俗进化论色彩。严复从一开始介绍进化论时便说："善夫斯宾塞之言曰：'民之可化，至于无穷，惟不可期之以骤'。"（《原强修订稿》）在后来革命风潮兴起后他又重申：人类社会"其演进也，有迟速之异，而无超跃之时。故公例曰：'万化有渐而无顿'"（《政治讲义》第三会）。更明确地否定在进化过程中有顿变和超跃的可能。基于上述认识，他在《群学肄言·喻术》的注中明确认为："吾国变法当以徐而不可骤也。"这种坚持和平渐进，否认突变、飞跃的庸俗进化论自然要反对革命。对此，学界的认识评价是一致的。但是，我们还应看到，严复始终坚持中国的社会变革"当以徐而不可骤也"，矛头又是针对当时影响甚大的速成论。对此人们的重视是不够的。

自从变法维新运动兴起，振兴中华成为中国人的共同追求之后，不少人认为，只要及时变法，中国即可在短期内迅速富强，康有为便是这样一位乐观的速成论者。1888年，他第一次向光绪皇帝上书便认为，只要"皇太后皇上知旧法之害"和"变法之利"，"精神一变"，则"十年之内，富强可致"（《上清帝第一书》）。后来，他又一再说，只要光绪皇帝决心变法，"三年则规模已成"，"十年而中国大强"。在那时，除康有为外，不少人也都以为，只要"皇上一心振作"，"咸与维新"，"行之十年"，中国必强。直到"百日维新"失败后，有人依然认为，只要光绪皇帝重新掌权，继续变法，中国可以迅速富强。而从一开始，严复的认识与估计便与之大不相同。1895年，严复在《辟韩》一文中认为，即使当时中国"有圣人兴"，及时增进民众素质，培养民众自治能力，也需要60年时间始能"与欧洲各国方富而比强"。两者的估计差距甚大。显然，康有为等人对振兴中华事业的长期性、艰巨性认识是不足的，他们的速成论虽可理解但却是一种不切实际的空想。后来的事实证明，它只能给中国的变革和建设事业带来负面影响。严复始终认为，中国的富强不可能一蹴而就，难以在短期内迅速实现，而需要做长期的切实工作，这对消除速成论的影响是有益的。在当时不少人企盼速成的情况下，严复"当以徐"的理论可以说是一帖令人清醒的清凉剂。

我们知道，康有为与严复同是庸俗进化论的拥护者，他们都否认进化过程中的突变、飞跃。同是拥护庸俗进化论，何以会一盼速成、一主缓进呢？这就需要对康严在理论上的异同作进一步的分析说明。就康有为来说，他既是庸俗进化论的拥护者，又是英雄史观的鼓吹者。

在他的思想体系中,这两者始终是不很协调地混杂在一起的。而严复则坚持批判英雄史观,他的庸俗进化论是与社会有机体学说紧紧联系在一起的。康严在理论上的这一差异就决定了两者在变革途径、方针上的分歧。

从英雄史观出发,康有为认为,由中国的历史传统和国情所决定,君主的意志能改变、决定一切。既然光绪皇帝已同情、支持变法,便应及时抓住这一有利的大好时机,通过自上而下的改良,在中国建立一套新制度。在英雄史观的影响下,康有为不仅以为中国的富强可迅速实现,而且他又是从制度层面入手推行变法的。严复从斯宾塞那里不仅接受了庸俗进化论,又接受了与之相联系的社会有机体学说。这种学说认为,社会如同生物有机体,生物有机体的性质取决于细胞的性质,所以,社会群体的面貌、强弱则取决于国民的素质。在《群学肄言·喻术》中,斯宾塞说:"凡群者皆一之积也,所以为群之德,自其一之德而已定。群者谓之拓都,一者谓之么匿。拓都之性情形制,么匿为之。"社会有机体说对严复影响至深。依据这一学说,严复再三强调:"国之强弱、贫富、治乱者,其民力、民智、民德三者之征验也","未有三者备而民生不优,亦未有三者备而国威不奋者"(《原强修订稿》)。西方之所以强盛,是因为其民三者皆优;中国所以贫弱,则是因为中国之民三者皆弱。因此,及时采取措施,使中国民众逐步实现"血气体力之强"、"聪明智虑之强"、"德行仁义之强"乃是使中国实现富强的根本保证。对中国的变革、振兴而言,逐步实现"三强"才是治本之策。令人歆羡的自由、平等、共和的最终实现都有赖于"三强"。不务治本而急于治标,不从"三强"入手而急于从制度层面变革,结果要么变质,要么难以生根,都是靠不住的。由于"三强"不可能在短期内实现,因此中国的变革、振兴就不可能速成。

诚然,不论是英雄史观还是"社会有机体"说都是非科学的,它们都不能为中国的变革、振兴事业提供正确指导。但相比之下英雄史观的谬误更为明显,其影响全都是消极的。它不只制造了中国可以迅速富强的幻想,又让人对君主抱不切实际的希望,更增长了国人长期存在的依赖、依附心理。由此而急于实现制度层面的变革,势必要忽视思想启蒙等必不可少的基础建设。社会有机体说试图用生物规律取代社会规律和说明社会,自然是非科学的。其重要失误在于,它没有看到国家富强与人民素质、民权与民智、新制度与新民原本是一种相互作用的双向互动关系,它只强调后者决定前者,认为只有完成后者方可实现前者,最终势必要轻视忽略社会制度的变革。不过,这种高度重视国民素质的学说在当时中国所产生的积极影响也是明显的。通过严复的介绍、宣传,从此中国思想界不再仅从物质和制度层面去简单理解、规划中国的近代化,于是开始关注近代化、民主化的基础建设即人的近代化,从而对中国的整体近代化有了更为全面、深切的理解。这一认识上的深化对此后中国的近代化进程曾产生了深远的积极影响。固然,这一认识的深化不能看做严复一人的功劳,但首功无疑是严复。

中国近代"文化革命"论纲

一

从19世纪末到"五四",在中国文化思想领域相继发生了引人注目的各种"革命",以口号形式提出来的就有"道德革命"(亦称"三纲革命"、"纲常革命")、"文学革命"(包括"诗界革命"、"小说界革命"、"戏曲改良"等)、"史界革命"、"圣贤革命"(即反孔批儒),以及"经学革命"、"音乐界革命"、"文字革命"等等。除此而外,虽未称之为革命,但性质相同而且影响巨大的尚有哲学变革和教育改革。这里所说的"革命","其本义实变革而已"(梁启超:《释革》)。所谓文化革命,即是对中国传统文化作"革故更新"的变革,它乃是由一批新学家们领导的,旨在使中国文化近代化的文化革新和文化重建运动,这是他们为摆脱中国文化危机,为中国文化寻找出路,进而为中国寻找出路而作的一次重要努力。

鸦片战争后,中国社会性质逐渐发生变化、"西学"渐次东渐以来,在中国文化思想界便开始出现要求文化革新的意向。这在鸦片战争、太平天国、洋务运动时期都曾有所反映。但是,作为一次文化思想运动,中国近代的文化革命正规说来是从戊戌维新时期开始的,中经辛亥革命时期,到"五四"新文化运动时期达到高潮。梁启超和陈独秀在中国近代文化革命的前后两个时期,分别发挥了巨大作用,提出了一系列带有纲领性的意见,实际上是这场文化运动前后两个时期的主帅。

中国近代文化革命的兴起,首先是鸦片战争后"西学东渐"、中西文化冲突交流的必然结果。东渐的西方近代文化较之中国的古代文化,就文化的时代性而言,自然高一层次。它不仅给人以新鲜、陌生之感,也给人以优越之感。它的传入,给中国传统文化带来猛烈冲击,使之面临严重的挑战和危机。在这种形势下,一批新学家要求学习、引进西方文化,并对中国传统文化进行清理改造,以解决文化危机,乃是必然之势。

但是,把中国近代的文化革命仅仅看做是"西学东渐"的结果显然是不全面的,它在19世纪末发生,无疑还有深刻的内在的经济、政治原因。自从19世纪70年代中国出现了资本主义经济、诞生了资产阶级后,在中国社会就产生了新的经济、政治力量。这种经济、政治的新变化,必然要在文化思想领域有所反映。中国资产阶级出世后,他们要求学习西方,在中国进行资本主义变革。他们的思想代表很快认识到,社会变革乃是一项巨大、复杂的系统工程,需要经济、政治、文化诸方面的有机配合,同步进行。他们越来越感到,中国的旧文化对维护旧制度有着不可忽视的重要作用,它在一些基本方面同新的经济、政治是不相适应的。要想对旧的社会结构作全面变革,不仅要从政治、经济制度下手,还要从文化领域下手。文化革新和文化重建乃是整个社会变革不可或缺的重要组成部分。为了在中国实现资本主义变革,就必须清理改造中国的传统文化，建立一种与新的经济、政治，新的时代潮流相适应的新文化。这种时代的、历史的、阶级的需要，是中国近代文化革命兴起的根本原因。对于在中国进行资本主义变革来说，当时所面临的紧迫任务首先是启蒙。所谓启蒙，当时流行的说法叫"开民智"。通过总结洋务运动破产的经验教训，新学家们认为，民智不开一切社会变革皆无从谈起。尽管他们的政治主张各异，但在这一点上认识基本是相同的。所以，从戊戌到"五四"，"开民智"始终是经久不衰的热门话题，受到他们的普遍关注。启蒙、开民智的需要，是中国近代文化革命兴起的直接原因。

随着社会变革的兴起和新思潮的产生，一股否定传统权威的疑古思潮在中国思想界应运而生，康有为的《新学伪经考》（1891）和《孔子改制考》（1898）便是这一思潮的代表作。在这两部书中，康有为得出了儒家的古文经皆属伪经、六经所述之事系出于孔子假托等一系列骇人听闻的结论。它们的出版，在当时思想界、学术界的影响，犹如"火山大喷火"、"大地震"（梁启超：《清代学术概论》二十三），引起了强烈震动。它们使人们对"数千年来共认为神圣不可侵犯之经典，根本发生疑问"，认识到"一切古书皆须从新检查估价"（同上）。这不仅进一步引发出必须对中国传统文化重新清理审查的结论，也有力地打击了旧权威、旧传统，对即将兴起的近代文化革命起了清除障碍的作用。

二

中国近代的文化革命几乎遍及文化领域的各个门类，它反映了新学家们试图对中国文化进行全面改造革新的愿望和决心。但是，这种"全面开花"并非没有中心和重点。在这当中，始终受新学家们重视的是道德革命。它声势最猛烈，持续时间也最长。之所以如此，首先是因为旧道德是旧文化的核心，同时这也是受了道德决定论的影响。许多新学家认为，道德的高下，"乃国之存亡所由系也"（梁启超《新民说·论私德》）；"道德堕废者，革命不成之原"（章太炎：《革命之道德》）；

新民德乃是新民的中心任务。陈独秀甚至认为:"伦理的觉悟"乃是"吾人最后觉悟之最后觉悟"(《吾人最后之觉悟》)。于是,道德革命遂成为近代文化革命的中心一环。哲学变革则是文化领域其他革命的基础和先导。由哲学变革而产生的新哲学,不仅论证了中国社会变革的必要和合理,也论证了文化革命、文化重建的必要和合理,为文化领域的其他革命提供了理论武器。"圣贤革命"(反孔批儒)乃是其他革命的必然结果,同时它又推动了其他革命的深入。它越来越受到新学家们的重视。孔子是中国传统文化的最高代表,儒学是中国传统文化的主流。新学家们公开反孔批儒,引起了更为巨大的社会震动,把近代文化革命推向高潮,成为这场文化革命的重要标志。

经过一批新学家20多年的持续奋斗,中国近代文化革命的成就是显著的,影响是巨大的。就道德革命来说,它否定了以三纲为核心的旧道德的合道义性,动摇了它的权威,使中国的伦理道德、价值观念、社会习俗、精神风貌发生了前所未有的深刻变化。就哲学变革来说,它给中国思想界带来了新的世界观和方法论,新的思想资料和思维方式,新的哲学意识和哲学观念,并使中国哲学摆脱了经学形式,在形态上发生了显著变化。就文学革命来说,它使白话文学最终成为中国文学的正宗。就教育改革来说,它使新式学堂取代了八股取士的科举制度。就"圣贤革命"来说,它推翻了长期以来孔子和儒学独尊的地位。所有这些,在中国文化史上都称得上是空前巨变。严复曾说,学校取代科举,"此事乃吾国数千年中莫大之举动,言其重要,直无异于古之废封建、开阡陌"(《论教育与国家之关系》)。其实,上面所列举的种种变革,无不是"吾国数千年中莫大之举动",其重要意义和深远影响是不可低估的,它充分显示了这场文化革命的实绩。

而就总体来说,近代的文化革命作为对中国传统文化第一次全面的清理改造,它确实清除了不少不适应新的经济、政治,不利于中国社会变革,阻碍民主革命和近代化(现代化)进程,不合时代潮流的糟粕,使后人部分地摆脱了沉重的历史包袱。作为一次文化重建,它给当时的中国文化思想领域注入了新的血液,带来了新的生机、活力,程度不同地开始了中国文化的创造性转化,使中国文化面貌一新,成为中国文化史上的一座重要里程碑。它对于中国近代的思想解放、人的近代化和国家社会的近代化、中国社会的全面变革都起了重要的推动作用。它的出现,使中国近代的社会变革和近代化内容更加丰满,深度广度更为加强,更富立体感。

但是,总的说来中国近代的文化革命显得仓促、肤浅、幼稚。在这场文化革命中,不少新学家激情有余而深入细致的功夫则显得不足。在"破立"关系上,他们对于"破"大都是勇猛的,但在"立"的方面成就则不能尽如人意。而且,不论是破还是立,又往往更重形式。在批判继承方面,许多人带有重批判、轻继承的倾向。在中西文化关系方面,不少人只看到文化的时代性而严重忽略了文化的民族性。因为只看到文化在时代性上有高下之分,因而逐渐滋长了民族虚无主义情绪。因此,这场文化运动虽取得了显著成就,但并未能完全摆脱中国的文化危机,最终实现中国文化的创造性转化。之所以如此,原因是多方面的。

从主观方面说,领导这次文化运动的中国资产阶级是一个先天不成熟的阶级。这个阶级在开始发动这场文化运动时,诞生刚20余载,尚未形成较强的社会力量,积蓄必要的经验。因为形势所迫,不得不仓促上阵,他们的理论准备严重不足,在变革之前缺乏深刻的反思。后来梁启超曾说,他当年从事启蒙工作乃是"未能自度而先度人"(《清代学术概论》二十六),这确是当年一代新学家的实况。由于他们刚刚接触西学,而且以新的立场、观点、方法对中学再认识、再评价也刚刚开始,因此,他们不论是对西学还是对中学都尚缺乏深入了解。虽然,他们中多数人力图熔铸古今、会通中西,但客观的历史条件却使他们难以有机地融汇古今中西,实现再创。最终,他们的文化成果往往乃是"不中不西,即中即西"的杂拌,难免幼稚粗浅。

从客观方面说,由于中国近代旧势力的强大,新的经济、政治力量的弱小,中国的资本主义变革始终阻力巨大、困难重重,中国的资产阶级并未能在中国完成资产阶级民主革命的任务。这一总形势就注定了这场文化革新运动无法圆满成功。而从文化的角度说,在近代,中国的文化危机还刚刚降临,诸种复杂矛盾尚未充分展开,人们尚未从惶恐惊惧的状态完全镇定、清醒。这样,人们一则难免浮躁,再则因对这一巨变尚缺乏深刻理解和反思,难以提出周全的应变规划。可以这样说,中国近代的文化革命,乃是在一个不成熟的时代,由一个不成熟的阶级所领导的一场文化运动,这就决定了它难以圆满。

三

回顾历史的重要目的是为了总结对今人有益的经验教训。从总结经验教训的角度说,中国近代文化革命所存在的以下问题是值得我们重视的。

其一,自卑的文化心态。面对西方文化的猛烈挑战,不少新学家逐渐产生了一种自卑的文化心态。他们对于西方文化盲目崇拜,对于中国传统文化则盲目自贬,自惭形秽。越往后,表现则越明显。陈独秀认为,中国学术文化仅"隆于晚周",自秦以后则"日就衰落"。"中国学术差足观者,唯文、史、美术而已"。可是,中国之"史不明进化之因果,文不合语言之自然,音乐、绘画、雕刻皆极简单"(《学术与国粹》),都存在明显的缺陷。中国传统文化并非没有精华,但其量如沙中之金,披沙拣金,意义甚微。而钱玄同则更认为,中国"二千年来用汉字写的书籍,无论那一种,打开一看,不到半页,必有发昏做梦的话"(《中国今后之文字问题》)。其实,在此之前这种文化心态即已出现。比如严复即曾说,中国的"古书成训",十之九是"心成之说",若以西方标准衡量均不能称之为学问。至于对某些具体文化门类的评价,他们的评语就更偏激。有人说,中国的古典小说只有两类,一为"诲淫",一为"诲盗"。如以地域分,则"南人所为者皆柔靡卑污,北人所为者又犷悍愚蠢而悖谬荒诞,不近人情,则又无殊致也"(《支那风俗改革论》,《大陆》第2、3期)。又有人说,中国的旧史书,"不是大民贼的家谱,就是小民贼杀人放火的账簿"(钱玄同:《中国今后之文字问题》)。固然,持如此极端议论者是少数,但存在自卑心理者却为数甚众。这种自卑心理就逐渐酿成一种民族虚无主义。它使人在学习西方的过程中丧失主体意识,进而把现代化等同于西化,将中国的文化重建看做是以西方文化取代中国传统文化,陷入明显的误区。

其二,幼稚的速成、速效论,以及随之而出现的急功近利情绪。不成熟的中国资产阶级在改造中国的事业中常常带有盲目性。盲目性的一个表现,便是不少人以为中国的变革和振兴不需要经过长期艰苦的奋斗而能迅速成功。早在戊戌时期康有为即曾预言,中国的变法维新可"三年而宏规成,五年而条理备,八年而成效举,十年而霸图定"(《进呈日本明治变政考序》)。后来,孙中山也曾认为,中国可以在短期内赶上欧美,迅速富强。他们认为,中国的文化革命和文化重建也会速成,各文化门类的革命一旦兴起即可收到速效。可是,近代的文化革命是在理论准备严重不足的情况下进行的。理论准备原本不足,却又希望速成、速效,结果势必粗浅,流于形式。普遍存在的浮躁情绪就使这场文化运动缺乏坚实的基础。为追求速成、速效,许多人急功近利,只愿做那些被认为收效快的工作,而不愿做艰巨的理论工作。许多人之所以转而去创作新小说、新戏剧,就是因为在他们看来小说、戏剧"其奏效之捷",远远超过理论读物。在哲学变革中也存在这一问题。在许多人看来,为了推动中国的社会变革,仅仅介绍西方哲学的某些基本观点即可,未必需要深究其理论体系。比如,严复虽然重视进化论,却没有翻译达尔文的《物种起源》;虽高度推崇培根及其唯物主义经验论,却没有介绍、深究其理论体系。他宁肯另译浅近的《名学浅说》却未将《穆勒名学》译完,也说明了这一点。为了唤起广大民众,强调启蒙宣传的通俗性,这是正确、必要的。但是,因此而轻视以至放弃深入的理论工作,这势必影响这场文化运动的深入。

其三,极端政治化的倾向。从戊戌到"五四",政治乃是中国民族生活的中心一环,救亡、变革,进行反帝反封建的民族民主革命,乃是压倒一切的头等大事。在这种历史条件下,新学家们没有钻象牙之塔,搞文字游戏,热衷于空泛的争论,而是强调新的文化和文化革命应为现实斗争服务,这无疑是正确的。但是,他们把文化为政治服务强调得过了头,以致在实际当中把文化完全变成政治的附属品,实现政治目的的工具手段。他们的新小说多为政治小说,新戏剧多为政治戏剧,以至原本古色古香的经学也具有强烈的政治色彩。今文经派的康有为抨击古文经,大讲孔子改制,是为了鼓吹变法维新。而古文经派的章太炎、刘师培等为古文经辩诬,驳斥孔子改制说,则是为了反对改良,鼓吹反清排满。甚至不少文化革命的发动、参与者只有政治热情而缺乏对文化自身的热情,政治目的和政治需要乃是他们的第一驱动力。当年王国维所批评的那种"于学术非有固有之兴味,不过以之为政治上之手段"(《论近年之学术界》)的现象,在当时的确是存在的。这样,他们的不少文化产品往往缺乏文化自身的价值。梁启超曾说,他之所以投身于他并不擅长的小说界,创作新小说《新中国未来记》,乃是"专欲发表区区政见"。为了发表政见,他竟在这部小说中"载法律、章程、演说、论文等"。他自己坦白承认,这部小说"似说部非说部,似稗史非稗史,似论著非论著,不知成何种文体,自顾良自失笑"(《新中国未来记·绪言》)。至于当时的一些新戏剧,有人曾讥为作者的化装演说。这样的小说、戏剧,无疑缺乏文学自身的价值。在这种极端政治化倾向的影响下,近代不论是对西学的吸取,还是对中学的改造,以至整个文化重建,大致说来尚停留于政治的、应用的层面,远未深入。

其四,意识决定论和文化决定论。在20世纪初,意识决定论在中国思想领域相当盛行。所谓"思想者,事实之母也,欲建造何等之事实,必先养成何等之思想"(梁启超:《国家思想变迁异同论》);"有精神而后有物质,有理论而后有事实"(杨度:《游学译编叙》)等一类言论在当时的报刊经常可见。在文化革命兴起后,这种意识决定论又表现为文化决定论。不少人过分夸大了文化的社会作用和功能，以至把中国的一切问题简单、直接地归结为文化问题。比如，梁启超便把中国古典小说的消极影响看做是"吾国群治腐败之总根源"（《论小说与群治之关系》）。于是，他们便把文化的变革以至某一文化门类的变革看做是解决中国问题的下手处。在"小说革命"中，有人认为"小说势力之伟大，几乎能造成世界矣"（《新世界小说社报发刊辞》），因此，"今日诚欲救国不可不自小说始，不可不自改良小说始"（王钟麒：《论小说与改良社会之关系》）。在戏剧改良中，有人认为这项工作"诚改良社会之不二法门"（陈独秀：《论戏曲》）。在"史界革命"中，他们又宣称："史界革命不起，则吾国遂不可救。"（梁启超：《新史学》）他们以为，通过某一文化门类的革新，即可消除百病，这种幼稚的文化决定论反映了许多新学家对复杂尖锐的中国社会问题认识的肤浅。在近代中国的社会变革中，不少新学家原本对社会经济结构的改造不甚重视，文化决定论的流行更加助长了这种倾向。这对中国社会变革所造成的消极影响也是不容忽视的。他们不懂得，离开社会经济结构的变革，新的思想观念、新的文化是难以生根、立足的。因此，这种文化决定论看上去似乎重视文化和文化变革的作用，实则它并不利于文化革新和文化重建的深入。

论儒学在近代的命运

儒学是中国传统文化的主流,孔子是中国传统文化的最高代表。但是,到近代,儒学和孔子却接连遭到冲击,以至儒学最终走向衰微。这绝非偶然,而是中国近代社会转型、文化转型的必然结果。本文拟对儒学在近代逐步衰微的过程及其必然性作一概述。

一

在中国近代,最先公开冲击孔子和儒学的是太平天国。早在金田起义前,洪秀全便编造了一则亵渎、攻击孔子的神话故事。而太平军在从金田北上的途中,一路上捣毁孔庙,焚烧儒家经典和其他古代典籍,在南中国大地掀起了一股反孔反儒、冲击中国传统文化的狂飙。无独有偶,在太平天国反孔的同时,其敌对分子,一位名叫汪士铎的学者,不仅为太平天国的反孔反儒叫好,而且对儒家和孔孟作了更具理论色彩的批判。他甚至在日记中提出"不用孔孟"、"不用六经"(《乙丙日记》卷二)等主张。

不过太平天国和汪士铎的批儒反孔均不具有近代意义。太平天国之所以攻击孔子,是基于基督教崇拜上帝为"独一真神"的教义。他们既崇奉上帝为唯一的真神,就势必要排斥中国的传统权威。因此,他们的反孔主要是宗教排他性的表现。而且,太平天国的激烈排孔仅进行了两年,到1853年夏便基本终止了。后来,他们虽对儒家经书作删改,但并未触及儒学的根本精神与宗旨。至于汪士铎,他之所以抨击孔孟和儒学,则是因为他认为儒家的道德仁义说教"误人家国",不利于维护封建专制统治,特别是不利于"治乱世"。在他看来,对于维护封建专制统治而言,不慕仁义、主张严刑峻法的法家学说更为有效,而在农民造反、天下大乱的年代,纯用暴力的兵家更是治国的首选。因此,他坚定主张以法家、兵家取代儒家。概言之,不论是太平天国还是汪士铎,都不是站在新兴阶级的立场和新的历史高度去审视孔子和儒学,都不是出于近代化的需要去清算、批判儒学,都不是要以一种新的近代的观念意识去取代儒学,实现观念变革和文化转型。因此,他们的反孔并不具有近代意义。

但是,在中国近代思想、文化史上,太平天国和汪士铎的批儒反孔也并非全无意义可言。太平天国的反孔表明,异质的西方文化的传入势必要对中国传统文化构成威胁,使它面临严重挑战;而汪士铎的反孔反儒则表明,随着中国封建制度的衰敝,社会危机日益深重,问题成堆积重难返,连地主阶级中的某些成员也对儒学治国的有效性发生怀疑,对它失去信心。所谓"半部《论语》治天下"的信条,已在某些人的心中严重动摇,他们已在考虑另选治国方策。"一叶落而知天下秋",他们所发出的都是文化危机的信号。

二

儒学的实际地位开始遭到削弱,是从洋务运动开始的。虽然在这一时期,除某些基督教会人士外,谁也没有对孔子和儒学表示不敬,相反尊孔崇儒倒是声浪甚高,可是,儒学的实际地位与影响在降低却又是事实。之所以如此,乃是客观形势的变化使然。第二次鸦片战争后,一批有识之士先后认识到,当时的中国正面临"四千年未有之变局",面对"四千年未有之强敌",如何有效"应变"乃是当务之急。他们同时又看到,仅凭儒家传统的"治平"之道已无法应对这千古未有的变局,要想有效地"应变",就必须学习西方,"借法自强"。而西学、西法的引进势必要冲击、削弱儒学的固有地位。

洋务派作为清朝统治集团的重要成员,自然是尊孔崇儒的。特别是在平定太平天国和各地人民武装反抗的过程中,他们更是强调要通过提倡"圣学"来"正人心"、"醇风俗"。但是,他们所发起的洋务运动是要借某些西法来实现自强,并未完全按照儒家传统的理路治国。至于早期维新派,同样也是尊孔崇儒的。他们中一些人(如王韬、薛福成)对孔子之道曾作了极高的评价,甚至认为将来世界的文化将统一于儒学。可是,他们的一套具体政治经济主张,同儒学的基本精神在某些方面却又是格格不入的。不仅他们关于"君民共主"的政治主张与传统儒学不合,他们重商的经济主张以及由此而引发的重利的义利观等也与传统儒学不符。他们所作的种种宣传、呼吁虽不是有意与儒学针锋相对,但实际上不能不对传统儒学造成损害。

在洋务运动时期,公开向儒学挑战的是一些基督教会人士。早在19世纪70年代,西方教会主办的《万国公报》出于使中国基督教化的意图,便刊登了批评儒学、贬低儒经的文章。虽然《万国公报》的读者面未必很广,但却受到热心西学的知识分子的重视,它的这类文字对这些人无疑是有影响的。

在这一时期,对儒学构成更深层的威胁与伤害的则是东渐的西学。从19世纪60年代起,西学在中国更为广泛地传播,受到日益众多的中国知识分子的欢迎。西学在中国立足而且影响日益扩大,破坏了中国思想、文化领域儒学独占的局面。它的传入使中国知识分子看到,除儒学外尚有一套全新的学问,它回答、解决了许多儒学未曾提及、回答、解决而且不能回答、解决的问题。概言之,西学与中学的时代差势必使儒学在一些基本方面相形见绌。这是儒学在近代日益衰微的重要原因之一。

洋务派与早期维新派是一批既要求有限度引进西学、又坚持尊孔崇儒的人物。对于儒学所面临的挑战与越来越不利的处境,他们并未麻木不仁,而是心存警惕,并着意防范。为捍卫儒学和中国传统文化,他们提出了"中学为体,西学为用"的纲领,力图让人们摆正中西关系,维护中学、儒学的主导地位和固有权威。诚然,这个纲领的宗旨是强调中学为体、为本,可是它既然不得不以西学为用、为辅,实际上就承认了中学、儒学只能"治身心"而难以"应世事",承认了儒学在"外王"上、特别是在应付"千古变局"上的无效性(至少效用不大)。中国哲学的传统观念是体用一元,传统的思维方式是由用识体。这一纲领既然承认西学有用,那就势必诱发人们由西学之用而探究西学之体,进而从体的方面学习西方,这对儒学而言会造成更危险的影响。总之,中体西用的纲领无助于从根本上改变儒学可忧的处境。

为捍卫中国本土文化的地位,19世纪60—90年代,又有不少人大倡"西学中源"说。此说的意图、宗旨在于拔高中国传统文化,增强国人的民族自信心。但是,被说成是西学源头的中学,主要是指先秦和秦汉的非儒文化(主要是《墨子》、《管子》)。因此,宣传这种文化观,其实际效果等于认为在中国传统文化中有价值的乃是诸子学而非儒学。诚然,西学中源说的鼓吹者意在贬低西学而非贬低儒学,但他们既然拔高诸子学,客观上势必造成使儒学地位降低的后果。那时,人们不论是主张中体西用还是宣扬西学中源,意图都是要对中西文化关系作有利于中学的调整。然而,他们所作的种种努力都无助于挽救儒学,面对西学东渐的大潮,传统儒学渐趋衰微乃是必然之势。

三

儒学在近代日趋衰微,西学的挑战与冲击固然是重要原因,但归根到底是由中国近代社会变革、社会转型的历史大趋势所决定的。中国近代的社会变革和近代化进程的全面启动始于戊戌维新,因此,虽然在洋务运动期间传统儒学的地位遭到削弱,但到了戊戌时期,它的地位才开始动摇。这是因为资本主义性质的社会变革一旦展开,变革者们自然会发现,传统儒学的一些基本精神宗旨与正在进行的社会变革是不相容的,要想实现变革就必须对它有所触动。

早在1895年,变法维新运动刚刚开始,严复即将矛头直指传统儒学,认为中国之所以衰微,重要原因之一乃是"教化学术非也",对此,"六经五子"是"责有难辞"的(《救亡决论》)。稍后,何启、胡礼垣更明确主张"废经义",呼吁国人不"作六经之奴婢"(《新政真诠·康说书后》、《新政真诠·〈劝学篇〉书后》)。而以康有为为代表的多数维新派,对传统儒学的触动所采取的则是迂回战术,即在"孔教复原"的旗号下抨击后儒之学,并重塑孔子形象,按新的时代要求对传统儒学进行改造。

所谓"孔教复原",顾名思义是要恢复"孔教"(即儒学)的原貌。康有为等人所设定的前提是,孔子学说原本神圣完美,但在孔子之后,经一批后儒的曲解、篡改,它已逐步变质、走样,在中国历史上产生了种种消极影响,造成巨大恶果。因此,当务之急是揭示后儒对孔子学说的种种误解、歪曲和篡改,恢复其本来面貌。在"孔教复原"的旗号下,他们所做的实际工作,第一是猛烈抨击后儒之学。而被他们所指责的后儒,范围相当之广,从曾子、荀子到叔孙通、董仲舒、刘歆,再到韩愈、二程、朱熹,以至直到曾国藩。大致说来,孔孟以下的后代大儒大都遭到抨击、指责,少有幸免。既然大多数名儒都被革出教门,儒家的队伍就溃不成军了。他们又指出,之所以必须批判后儒,是因为他们尊君权、严等差、重纲常。显然,他们所作的"孔教复原"对后世的流行儒学是具有颠覆性的。

在"孔教复原"旗号下,他们所做的另一件大事是宣布儒家的古文经为伪经,应予以全盘否定。不仅如此,康有为等人还认为,某些今文经也不可尽尊尽信。比如,康有为便公开宣称,《论语》一书不仅"谬陋粗略","不足以尽孔子之学也"(《论语注·序》),而且其可靠性与史料价值也值得怀疑。对其他儒家经典,他们也曾有微辞。在康有为看来,真能反映孔学真精神的只有《春秋》与《易》。这样,儒学的地盘就大大缩小了。正如康有为的论敌朱一新所说,若按康有为的说法,则"五经去其四,而《论语》犹在疑信之间,学者几无可读之书"(《朱侍御答康有为第四书》,《翼教丛编》卷一)。的确,儒家的府库一旦被掏空,必将给传统儒学带来重大危机。

康有为等人提倡"孔教复原",其真实意图是欲借复原之名,按近代精神对儒学进行改造,使传统儒学获得新生,并以这种新的儒学为正在进行的变法维新事业服务。为此,康有为先后写了《论语注》、《孟子微》、《中庸注》、《礼运注》等书,对儒经作了新的诠释、发挥。众所周知,康有为等人对儒学的改造,乃是将西方近代的自由、平等、博爱、民权、进化等观念统统纳入孔学,硬说成是孔学固有之物。当时,康有为的学说被反对派指责为"其貌则孔,其心则夷",实乃"康学"而非孔学,是一点也不冤枉的。康有为等指责后儒使孔学变质,其实他们所做的也正是使孔学变质的工作。他们的主观愿望是欲建构一种具有近代精神的新儒学,实现儒学的自我革新,在这一过程中他们也确曾对儒学中的一些精华作了初步挖掘。但是,总的说来,他们对儒学的改造是外在的、形式的,实际上是以孔学为外衣来包装西学,并未能从深层次真正找到儒家精神理念与近代化的结合点。这种改造既然是非科学的,它自然就不会有生命力。它不仅遭到旧派一致的攻击,也未取得新派的普遍认可。他们实际上并未能给儒学找到真正出路,因而也就不能挽救儒学的衰微。

概言之,在戊戌时期,后儒之学亦即流行儒学遭到了有史以来最严厉的批判和最沉重的打击。从此,程朱的地位一落千丈,再也不能独霸中国思想界了。而且,在这一时期相当一部分儒家经典遭到质疑、贬低和否定,加之三纲与旧礼教又开始受到公开、猛烈的抨击,这就使传统儒学元气大伤。虽然孔子的地位被康有为等人为地抬高,但由于这种抬高是通过神化来实现的,因此并无多大实际意义。

四

随着中国社会变革的深入,西学在青年知识分子中的影响日益扩大,政治与文化上的激进主义昂扬,革命风潮日见高涨,到20世纪初遂出现了公开批儒反孔的思想潮流。对这股潮流的兴起,梁启超所鼓吹的"破坏主义"无疑起了催化作用。梁启超认为,"破坏"乃是人类社会发展进化过程中的必然现象、必经阶段。只有破坏旧的,扫除障碍,方能建设新的,"不破坏之建设,未之有也"。梁启超论破坏,虽也讲"以铁以血"的"有血之破坏",但主要是鼓吹"以脑以舌而行之"的"无血之破坏"。落到实处,便是观念变革、文化革新,即所谓"取数千年腐败柔媚之学说,廓清而辞辟之"(《新民说·论进步》),最终达到"变数千年之学说,改四百兆之脑质"(《中国积弱溯源论》)的目的。为此,他先后提出、发动了"道德革命"、"诗界革命"、"小说界革命"、"史界革命"等等。从此,观念变革、文化革新的进程进一步加速,并向纵深发展。在这一历史背景下,孔子和儒学遭到指名道姓的公开冲击就不可避免了。

20世纪初,最先站出来批评孔子和儒学的是梁启超和章太炎。章太炎在《訄书·订孔》中所引日本学者远藤隆吉的话"孔子之出于支那,实支那之祸本也",曾引起巨大震动。那时,反孔最激烈的是革命派中的某些无政府主义者。他们不仅号召"排孔"、"绝圣",而且倡导进行"圣贤革命",要求对孔子也进行"革命"。他们不仅将批孔与"道德革命"等文化领域的种种"革命"并列,而且将其置于首位,强调"必先以孔丘之革命"。圣贤革命等口号的提出,使那时对孔子和儒学的批判进一步升级。

过去,在论及这一时期的批儒反孔时,人们往往只注意革命派成员的议论,其实,在20世纪初,参与这一思想运动的并不仅限于革命党人。比如,政治立场偏于温和保守的《东方杂志》,这时也发表过一些批评儒学、抨击理学的文章,有些言辞很尖锐、激烈。一篇文章指出,在历史上孔学对中国的消极影响是:"一则区等级而判尊卑,一则薄事功而尚迂阔,一则重家族而轻国家。"(《论孔教与中国政治无涉》,《东方杂志》第一年第三期)虽然它认为造成这三方面消极影响的尚有法家、道家,并非全是孔学,但毕竟包括了孔学。另一篇文章也认为,儒学"误点"、"谬点"甚多,如:在道德上只重个体私德而不重群体公德,在"志趣"上"尚退守而斥进取",在作风上则因"尚中庸"而"需缓"、"畏葸"。特别是儒家"不言利",更是"生心害政",造成极大的消极影响。而且,由于儒学长期独尊,"孤行久而竞争绝",造成中国的停滞。它认为,今日中国之所以"不克自振",儒学负有很大责任(蛤笑:《论中国儒学之误点》,《东方杂志》第四年第六期)。对于"宋儒之孔学"亦即理学,他们所作的批判则更为尖锐。有人甚至认为:中国"数百年来,兵惰农偷,商贱工窳,非有宋儒之咎而谁咎耶?"(蛤笑:《论群治受病之原因》,《东方杂志》第五年第四期)由于"孔学不适于今日之时局",因此将它束之高阁乃是历史的必然。

诚然,革命派中的国粹派也有人主张中国应继续尊孔,但这一主张乃是出于在中国建立宗教的考虑。而且,他们在主张继续尊孔的同时又指出儒学"有弊",提出要对儒家经典作一番"采其有实用者,去其无用而有弊者"(许之衡:《读国粹学报感言》,《国粹学报》第六期)的改造。有的人在肯定"真孔学"的同时,又大力抨击"借孔子以束缚天下之人"的"当世孔学"即流行儒学。他们认为,"当世孔学"乃是专为君主服务的"君学",是"伪儒之学",它"以人君之是非为是非",乃是君主的帮凶,必须批判否定。尚值得注意的是,在当时,不论是《东方杂志》还是某些国粹派成员,都曾主张"兴诸子之学以救孔学之敝"(蛤笑:《述学卮言下》,《东方杂志》第四年第四期)。对诸子学的价值,他们作了高度评价。一篇文章说:"老子之道术,庄子之齐物,墨子之兼爱,申韩之法制,孙吴之兵谋,荀子之名学,管子之经济,用其一皆可以有裨于当世。"(邓实:《国学无用辩》,《国粹学报》第三十期)而墨家与管商,更被一些人视为"救时之良药"。经过他们的鼓吹,诸子学备受关注,地位更加提高,这也进一步削弱、冲击了儒学的固有权威。

总之,在20世纪初,主张批儒反孔的知识分子越来越多,不同政治倾向的报刊同时刊登了一批批儒反孔的文字,形成了一股引人注目的思想潮流。而早就批评儒学的教会刊物《万国公报》,这时也发表了一些措辞更为尖锐激烈的批儒反孔文章,将矛头直指孔子,起到了推波助澜、火上浇油的作用。20世纪初批儒反孔思潮的出现,反映了当时越来越多的新学家急于实现观念变革、文化革新,以加速中国社会变革进程的愿望。面对这股潮流,孔子和儒学的权威、地位进一步被动摇。

五

在这股公开批儒反孔的思想潮流面前,清廷和后来的袁世凯政府以及社会上尊孔的旧势力,自然不会视而不见、听之任之。他们在惊恐之余,采取一系列措施,力图扼制、抵消它的影响,极力维护孔子和儒学的权威。为维护孔子"为中国万世不祧之宗"的地位,清廷明令将尊孔列为五项教育宗旨之一。又破例将祭孔典礼升格为"大祀",与祭天、地、宗庙、社稷并列,改旧制"皇上行二跪六拜礼"为"三跪九拜礼"。袁世凯上台后,立即"令厘定尊孔典礼",大讲"孔子之道,如日月经天,江河行地,树万世之师表,亘百代而常新"(《东方杂志》第十年第七期),通令全国尊孔。与此同时,康有为等人先后组织孔教会等小团体,在南北各地奔走呼号,狂热尊孔,并要求宪法定孔教为国教。可是,不论是清廷或袁世凯的政府行为,还是康有为等人的努力,都不曾取得什么实际的社会效果。足以说明问题的是,民国初年尊孔派所提出的"定孔教为国教"的提案,从一开始便遭到各方面的反对,始终未获通过。作为妥协,1913年的《天坛宪法草案》中虽然留下了"国民教育以孔子之道为修身大本"的条文,但也因为各方面的反对而在

1917年被取消。这说明,在辛亥革命后,孔子和儒学的传统权威业已丧失,而且再也无法恢复了。按当时人的描述,"弁髦经典,蔑视往圣"已成为清末民初青年知识分子的时尚。

民国初年,袁世凯、康有为等人的尊孔呼号,显然具有挽狂澜于既倒的意味,可是,一旦狂澜已倒、大势已成,欲求挽回是徒劳的。不仅徒劳,而且势必刺激批儒反孔思潮的反弹。特别是他们的狂热尊孔,是露骨地同复辟帝制、维护以三纲为核心的旧道德、旧秩序、抵消辛亥革命的某些积极影响等等目的紧紧联系在一起的,这更激发了反孔者反孔的自觉,促进了批儒批孔思潮的深化,遂出现了"五四"新文化运动更大规模、更深入的反孔。

过去,人们多认为新文化运动的批儒批孔始于1916年易白沙写的《孔子评议》。其实在1915年《青年》杂志第一卷第二、三号上,便刊有批评儒、孔的文字。可见,作为一次全面清理中国传统文化的新文化运动,它从一开始即将矛头瞄向儒、孔,而不是中途才打出批孔的旗帜。新文化运动的兴起距辛亥革命仅仅数年,因此,"五四"与辛亥的批儒批孔是一脉相承的,具有明显的连续性。这两个时期对孔子和儒学的批判,矛头所向和基本理路大体是一致的。批判者所申明的必须批儒批孔的理由,大体上也是相同的。他们都认为,孔子和儒学所维护的乃是封建等级制度和封建君主专制,因此要推翻这一旧制度,实现民权民主、自由平等,就必须批儒批孔。三纲乃是传统儒学的根本精神、准则,因此要推翻以三纲为核心的旧道德、旧礼教,建立近代新道德,就必须批儒批孔。而且,儒学定于一尊严重妨碍了思想学术自由,阻碍了中国社会与文化的进步,所以要想实现思想学术自由、推动中国社会与文化的发展,也必须批儒批孔。自然,"五四"的批儒批孔,不论是激烈程度还是声势影响,都要比前一时期大得多。之所以如此,是因为"五四"的反孔者们进一步认识到传统儒学与中国的旧政治、旧道德以至旧文学的关联,因此,他们的反孔是同那时的道德革命、文学革命紧紧联系在一起进行的,是同提倡民主与科学紧紧联系在一起的。而更重要的是,新文化运动的倡导、参与者们更加重视观念变革、文化革新,更重批判,此时的文化激进主义越发昂扬。

应当指出的是,不论是辛亥革命还是"五四"运动,反孔者们均未对孔子简单地作全盘否定。他们都承认孔子在中国历史上、特别是中国文化史上的地位与贡献。他们多认为,孔子乃是他所生活的那个时代的"圣哲"(李大钊语),孔子的道德伦理学说在那个时代"诚属名产"(陈独秀语)。即使是反孔最激烈的吴虞也认为:"孔子自是当时之伟人。"但是,他们又指出,"孔子之圣,圣于昔时,亦既往矣"(凡人:《开通学术议》,《河南》第五期)。并指出,在今天,孔子学说不仅有背时代潮流,而且成为中国社会变革与进步的障碍,成为反变革者阻挠变革的盾牌。因此,对它"不得不攻之者,势也"。而用陈独秀的话说便是:"要拥护那德先生,便不得不反对孔教。"(《〈新青年〉罪案之答辩书》)应该说,通过揭示儒学的时代性,从时代需要、历史必然来说明必须批儒批孔的原因,是有说服力的。从辛亥到"五四",批儒批孔之所以赢得日益众多的知识分子的支持、拥护,原因正在于此。

六

不难看出,孔子和儒学在中国固有地位与影响的丧失,同20世纪头20年的批儒批孔有很大关系,但若将此仅仅看做是一批新知识分子口诛笔伐的结果,归功于若干篇反孔文章,则不尽然。这样就会把复杂问题简单化,使之变得不可理解。事实上,这一历史性的巨变与这一时期的制度变革有直接关系。前者虽然言辞尖锐激烈,但因其只是见诸文字、言论,不妨称之为软冲击。相对于这一软冲击而言,后者则是硬冲击,力度更大。对此,过去很少提及,这里有必要作些说明。

20世纪初,给传统儒学带来巨大灾难的首先是废科举、兴学堂。从隋代起,科举成为历朝选拔官吏的制度,是士人入仕的"正途"。从宋代起,科举考试主要是考"经义",因此,知识分子要想取得功名,进入仕途,就必须熟读儒家经典。这一制度乃是一根威力无穷的巨大指挥棒,它有力地维护并进一步提高了孔子和儒学的权威地位。到了明清时代,士子在科举考试中作文解经又必须以朱熹的《四书章句集注》为准,"不得违异朱注",这就使程朱成为"今之孔孟",在文化思想领域取得独霸地位。在中国封建社会的后半期,儒学的权威地位很大程度是靠科举制度支撑、维系的。1905年,清朝政府为了以变求生,被迫顺应潮流,废除科举。这一具有历史意义的重大变革,使广大的中国知识分子再无必要以儒经、儒学作为进入仕途的敲门砖。科举这根指挥棒一旦被迫抛弃,儒学就失掉了制度上的依托。

  与废科举基本同步的是兴学堂。新式学堂即新式教育的迅速普及,更使儒学进一步衰微。为了维护孔子和儒学的地位,清廷不仅将尊孔定为教育宗旨之一,而且明令各级学堂必须读经,且以此为主课。按当时规定,小学每周读经12学时,中学每周9学时,所占比例不可谓不高。然而,它所占学时即使很高,也毕竟只是所设课程之一,各级学堂所学所教主要是各种"新学"。诚然,在学堂兴办之初,与之并存的尚有众多私塾,但清政府学部明令,各地私塾均应按学部制定的"初等小学简易科课程"进行教学,因此即使是私塾,所教内容也主要是"新学",并非传统的那一套。更重要的是,那时学生们感兴趣的乃是新学,在接触新学后,"人皆目经学为迂疏,不复专心致志"(《河南巡抚陈学政王会奏遵旨拟设尊经学堂及师范传习所以保国粹而广师资折》,《东方杂志》第三年第一期)。经学课时虽多,但却遭到普遍的厌弃和反对,而到1917年终于废除。在中国,儒学是由崇信它的知识分子传承的。可是,随着新式学堂的普及,知识分子的队伍结构发生了巨大变化,新一代的知识分子所受教育的内容、知识结构也发生了历史性变化,出现了所谓的知识分子"集体转型",这就使儒学传承者的队伍急剧地缩小,儒学的地位势必由主流走向边缘化。

  中国近代制度变革给儒学带来巨大冲击的尚有帝制的推翻。辛亥和"五四"反孔者们说,"儒教不借君主之力,则其道不行","君主不假儒教之力,则其位不固"(吴虞:《驳康有为君臣之伦不可废说》),彼此"相依为命","有不可离散之因缘"。这些说法不算夸张。最基本的事实是,在中国历史上,儒学的官方意识形态地位亦即独尊地位、孔子诸多极其显赫的头衔、孔子后代世袭的衍圣公爵位等等,都是历代君主赐予的,历代隆重的祭孔典礼是由朝廷制定、施行的。……显然,在中国,"圣权"主要出于君权的赐予,是离不开君权的。因此,一旦帝制被推翻,"圣权"便因君权的坠落而扫地,孔子和儒学失去了政治上最强大有力的支持者、庇护者。

在中国近代的社会、文化变革中,对儒学最后的一击则是始于戊戌的白话文运动到"五四"取得最终的胜利。儒家的经书自然都是文言文书写的,文言文乃是传统儒学的文字载体。可是,到"五四"时期,白话文终于取代文言文。在此之后,儒家经书以及后世儒者解经说经的文字,就渐渐成为一种连一般知识分子也难以顺畅通晓的文字。而随着时间的推移,这一问题更显突出。既然儒书连一般知识分子也难以读懂,逐渐在知识分子的书桌、书架上消失,那么儒学也就势必与中国知识界渐渐远离,人们对它越来越陌生了。这对儒学的传承而言,应该说是更大的灾难。

在过去,具有尊孔倾向的人往往将儒学的衰微归罪于"五四",而反孔者们则将其归功于"五四"。这两种认识似都有问题。应该说,儒学在近代逐步衰微,乃是中国近代社会变革、社会转型以及与之相应的文化革新、文化转型的必然结局,是与中国的近代化进程同步的。

论戊戌时期的"孔教复原"

一百年前的戊戌维新,既是一场政治运动,又是一场文化思想运动。就文化思想运动而言,进行文化批判与重构是它的重要内容,而其中值得重视的一环则是"孔教复原"。"孔教复原"一语见于1901年梁启超所作的《南海康先生传》,是他对康有为所从事的儒学改造工作的概括。其实,这一时期谭嗣同、宋恕等人对儒学的改造,所采取的也是"孔教复原"的方式。

以孔子为创始人的儒学具有多面性和复杂影响。作为封建意识形态,它是中国封建统治的精神支柱。但作为中国传统文化的主流,儒学业已融入中华民族精神。对于正在进行的社会变革来说,它乃是斩不断的民族文化之根。在康有为等维新派思想家的心目中,儒学既是传播西学、进行资本主义社会变革的障碍,又是一笔可资利用、必须审慎对待的精神资源、历史遗产。在他们看来,作为对中国思想文化最高权威的孔子的解释权,虽一直握在封建统治者、守旧势力的手中,但若夺之而为我所用,作用将是巨大的。他们认为,对于孔子和儒学,当时唯一正确的选择应是通过改造、重塑而利用之。他们提倡"孔教复原",正是要对儒学作一番改造,使其资产阶级化,从维护封建统治的工具变为推行资本主义变革的工具。在这场斗争中,康有为等人一方面将孔子抬到无以复加的神圣地位,一方面却又对后儒之学作了猛烈抨击,所采取的乃是尊孔子而批后儒的战术。至于被他们神化了的孔子,则是他们所重塑的新的资产阶级的孔子。

一

所谓"孔教复原",顾名思义是要恢复"孔教"(即儒学)的原貌、真相。康有为等人所设定的前提是,孔子学说原本完美无瑕,但在孔子之后,经一些后儒之手,它已逐步变质、走样。这变了质、走了样的儒学曾在中国历史上产生了种种消极影响。因此,今日当务之急是揭示后儒对孔子学说的误解、歪曲和篡改,恢复其本来面目。为此,康有为等人先后描述、提供了各自的孔学、"孔教"变质史,对后儒之学作了一番清算。所以,戊戌时期的"孔教复原",重要内容是抨击后儒、批判后儒之学。而被他们指责、否定的后儒,范围是相当广泛的。

1897年康有为认为,孔子学说被误解、歪曲、篡改,主要经历了三个阶段。"始误于荀学之拘陋,中乱于刘歆之伪谬,末割于朱子之偏安,于是素王之大道,暗而不明,郁而不发。"(《礼运注·叙》)因此,孔教复原工作应从"排斥宋学"、"排斥歆学"、"排斥荀学"入手。到1901年,他又把孔学的变质上溯到曾子。他说,"盖孔门传学二大派,而有子、曾子为巨子宗师也"。其中,有子"传升平之学",而曾子则"传据乱世之学"。曾子之学"专言省躬寡过",大背孔学宗旨。可是,由于有子早卒,"其道不昌",而曾子却"最老寿,九十余乃卒",而且"弟子最多,故其道最行"。经由曾子及其弟子之手,"孔子之学隘矣,此儒教之不幸"(《孟子微》卷八)。这实际上是认为,孔子去世不久,孔学即开始变质、走样。康有为又认为,曾子、荀子等人对孔学尚只是因为理解、接受的偏差、片面而误传,而刘歆则是有意篡改、作伪,故危害更大。因此,今日的"孔教复原",首要任务是"排斥歆学"。其实,康有为"排斥歆学"实际上是要否定、推翻流行已久的古文经和古文经学。

谭嗣同所提供的孔教变质史则认为,孔教的变质始于荀子,荀子乃是败坏孔子之道的首恶。他说,孔子逝世后孔学衍为两大支,一支由曾子传子思,再传孟子,"孟故畅宣民主之理,以竟孔之志";一支由子夏传田子方,再传庄子,"庄故痛诋君主",坚持孔学"民主之义"(《仁学》二十九);不幸的是这两大支派"皆绝不传",到战国末荀子遂"乘间冒孔之名,以败孔之道"。由荀子"一传而为李斯,而其为祸亦暴著于世矣"。接下来败坏孔子之道的尚有叔孙通、刘歆、桓荣、韩愈、孙复等。此后,诸儒皆"出于宋儒胯下"(同上)。谭嗣同认为,在这一连串败坏者中,荀子不仅是始作俑者,而且他全面篡改了孔子学说,从此孔学"尽亡其精意"。

谭嗣同认为,荀学的基本宗旨与孔学全然对立,主要表现在:一、违背孔子"民主之义",提倡"法后王,尊君统","授君主以莫大无限之权"(《仁学》三十)。二、违背孔子平等宗旨,"喜言礼乐政刑之属"(《仁学》二十九),严上下等差。三、"以伦常二字,诬为孔教之精诣"(《仁学》三十),为君主提供最有效的"钳制之器"。自叔孙通以下的后儒,正是继承发展了荀子尊君权、严等差、重纲常的思想,使君权愈尊,平等尽失。基于这一分析,谭嗣同得出了两千年来之政皆"秦政",两千年来之学皆"荀学","二者交相资"(《仁学》二十九)的著名结论,揭示了自秦汉以来中国两千年间政治、文化的基本格局。谭嗣同将两千年来的后儒之学统称之为荀学显然不妥。但他将尊君权、严等差、重纲常概括为荀子和后儒之学的宗旨,应该说这颇准确地揭示了后儒之学的本质。

相比之下,宋恕提供的孔教变质史显得别具一格,他对后儒的抨击、否定也更为猛烈、坚决。宋恕认为,中国自汉初以来,"儒教之实早亡",在此之后的儒学乃是"阳儒阴法之学","其学阳尊孔孟,阴祖鞅斯,务在锢民聪明,拂民天性,驱民入于狉榛之域、奴仆之区,严防其界,使民救死不暇,以迎合世主"(《致冈鹿门书》)。他宣布,自汉以来"以法乱儒"、"阳儒阴法"的魁首是叔孙通、董仲舒、韩愈、程颐,此四人乃是危害中国的"四大魔"。

　　康、谭、宋三人所提供的孔教变质史,不仅具体说法不尽相同,而且彼此间还存在一些矛盾。比如,康有为大力推崇、表彰董仲舒,而宋恕却认为董是危害中国的"四大魔"之一。康有为认为曾子所传乃"据乱世之学",使孔学开始变质、走样,而谭嗣同却认为曾子直传孟子,这一派是"竟孔之志"的。但值得我们注意的是,在抨击程朱、批判理学这一点上,他们是一致的。康有为将朱熹看做是孔学第三期的败坏者,明确主张"排斥宋学"。谭嗣同虽视荀子为败坏孔学的首恶,但又指出程朱不仅是"荀之云礽"(《仁学》三十一),而且将荀子尊君权、严等差、重纲常的思想发展到极端,从而将中国引向最黑暗的时代。宋恕更是认为,"阳儒阴法之学,始于叔孙通,极于宋程朱"(《致冈鹿门书》),程朱乃是"四魔"中为害最大者。所以,他的"孔教复原",具体目标便是"排洛闽之伪教,以复洙泗之真教"(《致夏穗卿书》)。更值得我们注意的是,康谭等人不仅揭示了程朱理学维护封建专制统治的本质,而且对程朱理学的理论体系也作了颇为全面的清算。对于程朱的一套基本观点,如理在气先说、义理之性说、变化气质说、去人欲存天理说、纲常神圣永恒说等,都有程度不同的分析批判。可见,他们对于清算、批判程朱理学更为重视。谭嗣同曾引朝鲜人的话说:"地球上不论何国,但读宋明腐儒之书,而自命为礼义之邦者,即是人间地狱。"(《仁学》三十四)而宋恕则主张:"学者案头","不可一日有洛闽经说"(《六字课斋津谈·尊孔类》)。这反映,他们对程朱理学的憎恶之情是何等之深!

　　在孔子之后,中国历代流行的其实是后儒之学。宋明以来,实际流行的是程朱理学。它长期被看做是儒学的正宗,在官方的支持下拥有不容侵犯的权威。经过宋元明清几代朝廷的表彰,程朱已成为"今之孔孟"。明清之际学者陈确曾感叹说:"世儒习气,敢于诬孔孟,必不敢倍程朱。"(《与黄太冲》,《陈确集·文集》卷四)可见,程朱在那时的地位影响是何等之高、之大。正如冯友兰先生所说:"就像现在西方的君主立宪国家,君主被架空了,实权在于内阁总理。在元、明、清时代,孔丘虽然还是被尊为'至圣先师',但却被架空了,朱熹是他的'内阁总理'。"(《中国哲学史新编》第五册,第159页)在戊戌时期,几位维新派思想家对程朱的清算批判,就严重动摇了程朱理学也就是中国流行儒学的统治地位。若套用冯先生的"内阁总理"说,那么,对儒学而言,他们所从事的乃是"倒阁运动"。否定、批判后儒之学、流行儒学,这是康、谭、宋等维新派思想家发动"孔教复原"的重要目的,而流行儒学遭到严重打击则是这场"孔教复原"所造成的重要后果。

二

若按常人理解,所谓"孔教复原"自然是恢复原始儒学。而以常理来说,所谓"孔教之原"亦即原始儒学应体现于原始的儒家经典。可是,康有为等人对儒家的原典并非全都崇信,甚至时而流露出一种掩饰不住的不满情绪。从这个重要角度,我们可以比较清楚地观察出他们对原始儒学的真实态度。进而可以断定,他们的所谓"孔教复原"是另有所指的。

中国自古以来认为,《论语》一书是孔子及其主要门弟子的言行录,是了解、研究孔子思想的可靠的直接资料。自宋以来,《论语》系"四书"之一,"拔在六经之上",具有无上的权威性。正如梁启超所说:"昔中国之言孔学者,皆以《论语》为独一无二之宝典。"(《南海康先生传》第六章)也正像康有为本人所说,长期以来国人"皆奉《论语》为孔教大宗正统"(《论语注·序》)。然而,康有为却对《论语》公开表示不满,提出了颇为尖刻的批评。首先,他一再贬低《论语》的史料价值。早在百日维新前他在广州讲学期间即认为:"《论语》为后世语录之类,不尽可据。"(《长兴学记》)"《论语》虽孔门真传,然出于门弟子所记载,各尊所闻,各明一义,不足以尽孔教之全体。"(《南海康先生传》第六章)其二,他又对《论语》的真伪表示怀疑。他说,"自郑玄以鲁、齐论与古论合而为书",于是,《论语》"真伪混淆,至今已不可复识"(《论语注·序》)。虽然,康对今本《论语》的真伪未做断语,但他既将其置于"疑信之间",就大大损伤了它的权威性、神圣性。其三,更重要的是,他对《论语》一书的思想倾向严重不满,公开提出尖锐批评。他认为,《论语》乃是"曾子门人弟子后学所纂辑也","而曾子之学专主守约",因此,《论语》"但传守约之绪言,少掩圣仁之大道","于大同神明仁命之微义,皆未有发焉"。它"谬陋粗略,不得其精尽","不足以尽孔子之学也"(同上)。虽然,康有为把《论语》的"谬陋粗略"归罪于编纂者"曾门弟子之宗旨、学识狭隘"(同上),但这毕竟是对《论语》一书的直接批评、严重贬低。这实际上也就是对原始儒学的不满,至少在客观效果上是这样。

对《论语》提出质疑的尚有谭嗣同。他也认为《论语》一书存有"伪窜"之处。比如,《述而》篇的"述而不作,信而好古"之说便"显然与公理相背,决为理势所必不能行"(《秋雨年华之馆丛脞书》卷一,《与唐绂丞》)。他还认为,其他儒经中也存在一些"显悖公理"的内容。比如,《周礼》关于"三夫人、九嫔、二十七世妇、八十一御妻,与夫饮食衣服之属,独纷然侈汰,以恣肆于万民之上",便"显悖公理"。"又如议亲议贵之条,尤乖平等。"(同上)他明确表示:"合乎公理者,虽闻野人之言,不殊见圣。不合乎公理,虽圣人亲诲我,我其吐之,目笑之哉。"(同上)可见,在他们心目中,即使是儒家的真经原典也并非句句是真理,不可盲从、尽信。

对儒家真经原典的不恭,我们尚可举宋恕为例。宋曾云:"王介甫谓'《春秋》为断烂朝报',千古卓识。余尝谓'《周易》为古雅庙签',与介甫无意成一巧对。"(《六字课斋津谈·读经类》)这虽带有戏言的性质,但无疑反映了他对《春秋》与《周易》的评价甚低。值得我们注意的还有宋恕对孔孟与儒经所尊崇的古代圣王的不敬与抨击。众所周知,尧、舜、禹、汤、文、武、周公是孔孟心目中的大圣,周初社会乃是孔孟心目中的黄金时代。儒家原典充满了对这些先圣先王的崇敬与歌颂,而《尚书》所录大多是先圣先王的训诫、论议。孔子自称,他"述而不作,信而好古",而《中庸》则谓"仲尼祖述尧舜,宪章文武",对此,朱熹在《四书集注》中注云:"祖述者,远宗其道;宪章者,近守其法。"就是说,孔子的"道"与"法",即是尧舜文武的"道"与"法",两者间有着割不断的内在联系。先圣先王之道乃是儒家原典的重要立论依据。然而宋恕却说:"家宇之弊,极于姬周,发、旦抑民,殆甚殷夏。"(《致夏穗卿书》)竟认为周初乃是一黑暗时代,武王与周公对人民的压制更甚于桀纣。不仅如此,他又进而"不满姚、姒,深薄子、姬"(《又致定夫书》),将指责的矛头扩大到舜、禹、汤。若按宋恕的看法,孔孟与儒家原典对尧、舜、禹、汤、文、武、周公的尊崇、赞美均属错误,孔子的"祖述宪章"实为不当,而《尚书》中的各种《典》、《谟》、《训》、《诰》、《誓》、《命》等均无价值可言。

谭嗣同在《仁学》中还半隐半显地流露出他对现存儒家原典的总体不满。他说,孔子生于"据乱世",其时"君子之法度,既已甚密而且繁,所谓伦常礼义,一切束缚箝制之名,既已浸渍于人人之心,而猝不可与革"。对此,孔子是"无如之何"(《仁学》二十八)的。这种无法改变的客观形势迫使孔子不得不将其学说的精神宗旨"托诸既晦之辞",而"其见于雅言"者则"不能不牵率于君主之旧制"(同上)。他的结论是,孔子所遗"雅言"都是"据乱之雅言","亦止据乱之世之法已耳"(同上),具有严重的局限性。这些说法无疑使儒家原典的神圣性大大地打了折扣。谭又曾说:"焚《诗》、《书》以愚黔首,不如即以《诗》、《书》愚黔首,嬴政犹钝汉矣乎!"(《仁学》三十)竟认为现存的"牵率于君主之旧制"的儒经乃是愚民的工具。

对儒家原典的态度直接反映了对原始儒学的态度。康有为、谭嗣同、宋恕等人对儒家原典的种种议论,特别是他们内在的情绪说明,他们对儒学的不满,不限于后儒之学、流行儒学,实际上程度不同地还包括了原始儒学。他们的"孔教复原",并不是要简单恢复孔子的原始儒学,而是借"复原"之名,行革新之实。

三

概言之,戊戌时期康有为等人所倡导的"孔教复原",本质上是一场儒学革新运动,旨在使孔子和儒学近代化。

对于实现儒学革新,他们的心情是急切的。因急于使儒学近代化,并让这种新儒学在变法维新事业中立即发挥其作用,他们对于儒学革新采取了极其简单化的手段。他们的革新,实际上只是利用原始儒经中的某些"微言"来表述资产阶级的新意,用儒经中的某些片言只语无端附会西学、西政。比如,他们宣称,儒经中的"谋及卿士"即是上议院,"谋及庶人"即是下议院,仁即是平等,"佛肸公山之召而欲往"所反映的即是"民主之义","三世"说即是进化论、变革论,以至"有朋自远方来"即是学会……经过他们的这番新解,西方的民权、民主、自由、平等统统都成了孔子学说的真精神亦即所谓"孔教之原"。尽管他们一再宣称,这些并非他们所强加,而是孔子学说中所固有,我们从孔子种种"既晦之辞"中完全可以体悟到这些"微旨"、"精义",但实际上,是将西方一切先进、积极的东西,也就是当时他们所要提倡、所要在中国建立的东西,统统都说成是"孔教之原"。

与此相应而更为荒唐的是,他们又宣称,当时西方诸强国所贯彻实施的实际上乃是孔子学说的真精神。康有为一再说:"外国全用孔子制。"(《万木草堂讲义·讲王制》)"外国乃用吾经义之精","泰西所以强者,皆暗合吾经义者也"(《日本书目志》卷五)。西方的议会制度、政治平等,以及种种"保民、养民、教民之道","皆与吾经义相合,故其致强也有由"(《京师保国会第一集演说》)。宋恕也说,《四书》、《五经》"何语不与今之泰西政教、论议若合符节"?"欧洲好处全在此书(按:指《论语》)之中"(《六字课斋津谈·尊孔类》)。他们之所以大谈这类奇谈怪论是要说明,"孔教之原"、孔学的真精神即是西学、西政的基本精神,从西学、西政即可窥见真正的孔子之道。

由上可见,康有为等人提倡"孔教复原",实际上是借"复原"之名,以孔学为外衣来包装西学,在孔学的旗号下贩运西学,使西学取得等同于孔学的神圣性。他们所欲重建的儒学,形式和外壳是孔、儒,而精神、灵魂则是西学。

可以这样说,康有为等人所倡导的"孔教复原",乃是他们对西学东渐所作的一种特殊回应,是他们接纳西学所采取的一种特殊手段。他们之所以这么做,是试图避免西学与孔学、与中国的固有权威发生正面冲突,以收到既堂而皇之地接受西学,又不放弃、损害中国本土文化主导地位的效果。这在封建旧势力和"中学"还很强大的戊戌时代是可以理解的。可是,这样做不仅模糊了西学的面目,也模糊了孔学的面目。最终既不利于吸取、引进西学,也不利于对孔学作科学清理。当梁启超放弃"保教"的主张后,对此曾有过正确批评。他说,康有为等人硬"取近世之新学理以缘附"孔学,其良苦的用心是让人们因崇信孔子而接受西学,可是结果势必是"所爱者仍在孔子,非在真理也"。人们"万一遍索之于四书六经,而终无可比附者,则将明知为铁案不易之真理,而亦不敢从矣。万一吾所比附者,有人从而剔之曰:孔子不如是,斯亦不敢不弃之矣。若是乎真理之终不能饷遗我国民也"(《保教非所以尊孔论》)。这一分析是有道理的。康有为等人的"孔教复原",也可以看做是他们实现中学与西学融合所作的一种努力。但是,他们不是实现两者的有机会通,而是硬将异质说成同质,所求的是两者主观、人为的同一。在这种结合中,中学与西学始终是瓶与酒的关系。这种你是你、我是我的"结合"显然不会产生什么新质。

康有为等人倡导"孔教复原",旨在实现儒学的自我革新。他们的主观愿望是欲使儒学超越传统,实现近代化,即从古代的旧儒学转化为近代的新儒学。但是,他们所作的革新基本上是外在的、形式的,严格说来只是重新打扮、包装而已。那时,他们尚无能力,也无足够时间对儒学内在的精神资源作全面、科学的清理与辨析。他们并未能真正找到儒家精神、文化理念与近代化的结合点。虽然他们主观上力图赋予儒学以"新义",但他们所赋予的"新义"并未能在儒学中找到充分的内在依据,乃是出于当时的政治需要而硬贴上去的附加之物。既然是非科学的,自然缺乏生命力。从"立"的方面来说,这场儒学革新并未成功。

四

在"孔教复原"的口号中,值得我们注意的尚有一"教"字。康有为等人宣称,"孔教"原本是宗教,孔子乃是创教立法的神圣教主。因此,今天进行"孔教复原",另一重要任务是将它再建为全国性的宗教,确认孔子的教主地位。所以,他们在重塑孔子的过程中又不断神化孔子。经他们重塑的孔子,不仅是资产阶级化的,又是一尊代天立言的神。康有为等人之所以欲将孔教"复原"为宗教,固然是想通过神化孔子使其拥有更高的权威,来为变法维新作更有力的辩护,但同时也是出于他们维护、完善本土文化的苦心。

康有为等人欲建立孔教,明显是受了西方基督教的启示。通过接触西方文化,了解西方社会和历史,他们深深感到基督教在西方文化和西方社会中占有重要地位,具有重要影响。在他们看来,西方近代文明的发展,西方人独特的精神风貌和理想追求,均与基督教有直接关系,以至"误认欧洲之尊景教为治强之本"(梁启超:《清代学术概论》二十三)。由此他们认为,缺乏宗教传统乃是中国传统文化的不足。为了完善中国的本土文化,进而致中国于富强,所以他们主张建立孔教。在戊戌时期,康有为等人急于建立孔教,又是为了排拒正在中国流传的基督教。对于鸦片战争后基督教势力在华的渗透扩张,他们始终心怀忧虑,认为它对中国本土文化构成了严重威胁。早在1891年康有为就曾说,西方"以国力行其教,必将毁吾学宫而为拜堂,取吾制义而发挥《新约》,从者诱以科第,不从者绝以戮辱,此又非秦始坑儒比也"(《答朱蓉生》)。对于西教在华渗透可能产生的后果,他估计得很严重。他认为,为了有效地遏制其渗透扩张,捍卫中国本土文化,就必须立即在全国范围建立孔教。

在中国古代,儒家、儒学的确具有一些宗教色彩。比如,长期以来中国"咸以孔子之是非为是非",对它只准信仰,不容怀疑,这种对孔子和孔学的崇信显然具有信仰主义的色彩。再如,中国从京师到各府州县均有孔庙,而且有一套法定的祭祀典礼,孔子在中国的地位实际上已等同于神。此外,孔子本人虽"不语怪力乱神",但后世儒家多提倡"神道设教"。但是,仅此并不足以说明孔子之教即是宗教,仅此也难以发挥孔子之教的宗教功能。为使孔子之教"复原"为宗教,发挥其宗教功能,康有为始终"以神秘性说孔子",对孔子极力神化。他宣称,孔子乃"黑帝降精"而生,"为神明,为圣王,为万世作师,为万民作保,为大地教主"(《孔子改制考·序》)。又说:"盖天不能言,使孔子代发之。故孔子之言,非孔子言也,天之言也。孔子之制与义,非孔子,天之制与义也。"(《春秋董氏学》卷五)这类言论甚多,兹不赘引。显然,这些更不是孔子的本来面目,而是康有为依据纬书所硬加的,因此显得十分滑稽可笑。康有为的本意是欲通过这番塑造,增加新孔子和新孔学的神圣性,使之具有更高的权威,更易流行,但实际效果并不佳。事实上他所塑造的这尊神像,既不为守旧势力所承认,也未得到新学家们的认同。

由上可见,康有为等人所发动的"孔教复原",乃是一场批后儒而尊孔子的运动。在这一过程中,流行儒学遭到严厉无情的批判,以至某些儒家原典也受到触动、批评,但孔子的地位却越抬越高,变得更加神圣。这种看似矛盾的做法反映了他们既欲改造又欲维护中国传统文化,既要引进西学又要维护中国本土文化主导地位的复杂心态。而他们之所以尊孔,同时也是为了使当时正在进行的社会变革能"因中国人之历史习惯而利导之"(梁启超:《南海康先生传》第六章)。他们认为,孔子乃是中国人长期以来"所同戴而诚服者"(同上),高举孔子的旗帜,不仅能统一中国的民心民志,而且可以剥夺顽固守旧势力反对变法维新的借口。所以,康有为等人的尊孔,又具有从顽固守旧势力的手中"夺旗"的性质。总之,在他们看来,批后儒而尊孔子,乃是圆满处理、解决以上种种复杂关系的一种最佳选择。

戊戌时期康有为等人所发动的"孔教复原",所产生的影响是复杂的。作为一次对儒学的清理与批判运动,它比较准确地揭示了儒学维护封建专制制度的那一面,使它遭到沉重打击,并引发了辛亥和"五四"时期对儒学更深入的清算。作为一次在孔学的外衣下引进西学的运动,它实际上使西学获得了等同于孔学的神圣地位,客观上为西学的传播起了清除障碍的作用。但作为一次尊孔运动,它又使孔子被神化,这又给科学地清理孔学增添了障碍。对此,我们应作全面的分析和评价。

论康有为对儒学的改造

在中国近代，最早对儒学进行自觉改造的是康有为。这一工作几乎贯穿康有为学术生涯的始终，并在当时有过重大影响，它无疑是中国近现代儒学史上的一件大事。本文拟对康氏所从事的这一理论工作的宗旨、方法、背景、意义作一些新的评析，以求教于方家。

一

众所周知，康有为是毕生尊孔的。但值得我们注意的是，康在无限抬高、神化孔子的同时，却又对传统儒学特别是孔子之后的后儒之学时时流露或显或隐的不满。本文先从这易为人们忽略的方面谈起。

康有为一再宣称，孔子去世后不久儒学即变质、走样，后世的儒学大都不是真正的孔子学说。后世的儒者，或是对孔子学说在理解上出现偏差，作了误解、误诠；或是出于自身的需要对它作歪曲、篡改,结果面目全非。他认为,孔子学说被误诠、歪曲、篡改、割裂,大致经历了三个阶段:"始误于荀子之拘陋,中乱于刘歆之伪谬,末割于朱子之偏安。于是,素王之大道暗而不明,郁而不发。"(《礼运注·叙》)稍后,他又把孔子学说的变质、走样上溯到曾子。他说,"孔门传学"为两大派,一有子、一曾子。有子所传为"升平之学",后子游又传大同之学。可惜"有子早卒",于是"其道不昌"。曾子所传则是"据乱世之学",但"曾子最老寿,九十余乃卒",而且门人弟子又最多,结果其学遂盛行于世。在此之后,后人皆"以曾子为孔子正传","误以为孔子之道即如是,于是孔子之大道闇没而不彰,狭隘而不广"。随着后来曾子被朝廷列为孔庙"四配"之一,地位越来越高,曾学影响更大。"于是中国之言孔学者仅在守身,而孔子重仁之大道,一切皆割弃","此孔教之不幸也"(《论语注》卷八)。这实际上是认为,孔子去世后不久,世间所传的儒学便已不是真正的孔学。

对于这在他看来是变了质、走了样的儒学,康有为自然取批判、否定的态度。他认为,中国两千年来的种种弊政,多是刘歆伪造的古文经造成的。而中国长期以来"生民之气"遭"束缚"而"疲敝",则是宋儒造成的。因此,他不仅对刘歆和古文经作了猛烈抨击,同时对宋儒对程朱也作了尖锐批判。康有为深知,"由元明以来,五百年治术、言语皆出于朱子",朱熹实际上已成儒家"教主","虽孟荀莫得比隆"(《春秋董氏学》卷七),影响极大,因此,他对程朱的批判、清算更为自觉。他一再宣告,程朱理学染于佛、"入于墨","道出于乡壁","非孔子之道",显然是欲将程朱逐出孔学门庭,至少是欲否定它的正统权威地位。

更值得注意的是,康有为的不满并不止于后儒之学,而是包括了原始儒学。这明显表现在他对《论语》和某些儒家经典的态度上。康有为明知,《论语》在当时"拔在六经之上","千年来"国人"皆奉《论语》为孔教大宗正统,以代六经",可是,他却公开宣称《论语》"谬陋粗略,不得其精尽","不足以尽孔子之学也","不足大彰孔道也"。虽然,他把《论语》之所以"谬陋粗略"的原因归于它的编纂者"曾子门人弟子后学"的"学识狭隘"(《论语注·序》),但这一评语无疑是对《论语》一书的严重贬低。康有为不仅从思想、学术倾向上贬低《论语》,而且对《论语》的可靠性、史料价值公开表示怀疑。他说,"自郑玄以鲁、齐论与古论合而为"今本《论语》,于是《论语》遂"真伪混淆,至今已不复识"。

康有为对其他儒经也时有批评、贬低。比如,他认为,《孝经》乃"孔门后学所掇缉,文义浅薄"(《教学通义·六经第九》);《尔雅》系刘歆伪造;《易》"《说卦》盖刘歆窜入者,《序卦》、《杂卦》一二篇义理薄浅"(《新学伪经考》第五),等等。以上说明,康有为不仅认为儒家的古文经系不可信的"伪经",而且认为某些今文经也不可尽信、尽尊。

康有为对儒学表示不满,是他在立志倡导变法维新之后。这说明,这位维新派的领袖在谋划变法维新时已经觉察到传统儒学的某些基本点与历史潮流、时代精神不合,与正在进行的社会变革方向不合,与他(以及其他维新派)所向往的西方近代社会制度和西学不合,要学习西方进行变革就必须对它有所触动。但是,康有为又深知,欲在中国进行社会变革,"欲救中国,不可不因中国人之历史习惯而利导之"。而就统一全国民众"心志"、增进民族向心力的需要而言,则"非择一举国人所同戴而诚服者,则不足以结合其感情而光大其本性"(梁启超:《南海康先生传》第六章)。基于这两方面的认识和考虑,便出现了康有为既大力推尊孔子又明显不满传统儒学的矛盾态度。

二

20世纪初,梁启超在给康有为作传时曾说,康乃是中国"孔教之马丁路德"。在戊戌前后,康有为对儒学的改造正是采用了当年马丁·路德宗教改革的手法,即利用传统的原始权威而赋予新的内容,再以这改塑后的原始权威去打击、否定现实的权威。概言之,康有为对儒学的改造,不是标榜创新而是标榜"复原",是以恢复孔子学说的真相、揭示孔学"真精神"的名义进行的。这也就是梁启超所说的"孔教复原"。

依据康有为的说法,不只古文经是伪经,而且自曾子以来的儒学也都程度不同地偏离或背离了孔学,以至记录孔子言行的《论语》也是"曾学",不仅多有"偏失",而且文字也不可尽信。那么,真正的孔学是什么?何者才是孔学的真精神?康有为的回答是,"六经为孔子手定",故欲了解孔学当"推本于六经";但六经的价值并不相同,集中反映孔学精义的只有《春秋》与《易》。他一再说:"孔子作六经,而归于《易》、《春秋》。《易》者,随时变易,穷则变,变则通。孔子虑人之守旧方而医变症也,其害将至于死亡也。《春秋》发三世之义……道各不同。"(《日本书目志·自序》)"《诗》、《书》、《礼》、《乐》为孔子早年所作,而《春秋》、《易》为晚年定论。《易》言天道,《春秋》言人事。"(《孟子微》卷八)"《诗》、《书》、《礼》皆为拨乱世而作,若天人精微则在《易》与《春秋》……若求晚年定论,则以《易》、《春秋》为至也。"(《论语注》卷七)

他甚至认为:"有《易》、《春秋》,无余经可也。"(《万木草堂口说·孔子改制》)仅从这两部经典,即可了解、把握孔学全部。那么,这两部经典的基本精神又是什么?康的回答是《春秋》的宗旨在"改制",《易》的精髓在"变易",这两者的高度概括即是"与时进化",这便是孔学的真精神。在《易》与《春秋》二者中,他又更重《春秋》,一再强调"六经以《春秋》为至贵"(同上),"孔子虽有六经,而大道萃于《春秋》"(《桂学答问》),"《春秋》有三世进化之义",故"求孔子之道当于《春秋》"(《孟子微》卷一)。这说明,康有为更重改制。康有为将改制、变易、进化说成是孔学的真精神,实际上是欲将此作为改造后的新儒学的基本精神。显然,这一改造是完全服务于他所倡导、从事的变法维新事业的,所体现、反映的乃是现实斗争的需要。

康有为之所以改造儒学是出于政治目的,因此,他对儒学的改造重在政治层面。他是欲将他所向往、提倡的西学、西政说成是孔学中的固有之物,证明他所欲推行的一套变法维新举措都可以在孔学中找到依据。为此,他首先神化孔子。从早年起,康有为便一再宣称,孔子为"制作之圣"、"改制圣王",为人类万世立法。他不只为据乱世立法,又为升平、太平世立法。因此,近代西方的一套观念、制度均为孔子所立,均在孔学之中。为证明这一点,康有为首先以儒家经典中的某些片言只语来附会西学、西政,或从中曲折地引申出西学、西政。

其中一些属于简单附会。比如,由《论语》的"因民之利而利之",《孟子》的"民为贵"、"得乎丘民而为天子",他得出了孔孟"立民主之制","发明"民主政体,主张"民为主而君为仆"(《论语注》卷二十、《孟子微》卷一)的结论。依据《洪范》的"谋及卿士,谋及庶人",《孟子》的"国人皆曰贤,然后用之"等,他得出了"中国古固有议院",孔孟"立议院之制",西方的"君民共主"制为"孔子创立而孟子述之"(《日本书目志》卷五、《孟子微》卷一等)的结论。而更多的则是对儒经中的片言只语作引申、发挥,赋予新意。比如,由孟子的性善论引申出既然人人性善则势必人人平等的结论。由《论语》的"不欲人之加诸我,亦无欲加诸人",引申出人人"自立自由"并不可"侵犯人之自立自由",得出了孔子"倡自由、平等之学","大发自由之旨"(《论语注》卷一、卷五)的结论。由《论语》论"损益"及《孟子》的"新子之国",引申出"孔子道主进化,不主泥古;道主维新,不主守旧;时时进化故时时维新"的结论,并宣称这乃是"孔门非常大义"(《论语注》卷二、《孟子微》卷四)。由《论语》的"无为而治其舜也与",引申出"无为之治"即"君主无责任",得出了"君主立宪及民主责任政府之法""为孔子预言之大义"(《论语注》卷十五)的结论。

为对儒学作改造,康有为又对儒家经典的某些观点作否定、修正。比如,《论语》有这样的话:"天下有道,则政不在大夫;天下有道,则庶人不议。"这与近代民主精神、民主政治显然不合。于是,康有为宣称,这段话中的两个不字均为"衍文",应删。经此删改,这句话就变成了孔子主张"君主不负责任"和"政由国民公议"了(《论语注》卷十六)。

又如，在《论语》中，孔子一方面以"无违"释孝，一方面又提倡子女对父母的过失应"几谏"。强调子女对父母"无违"，绝对顺从，显然违背近代自由、平等的精神。于是，康有为便抓住后者（"几谏"）否定前者（"无违"），认为《孝经》提倡从父"未得为孝之义"（《论语注》卷二），对封建孝道予以批判。康有为宣称，这些否定、修正正是对真孔学的"复原"。

然而，更多的新东西是在儒家经书中难以找到可附会、引申、发挥的依据的。为解决这一问题，康有为竟然突破经书文字的限制，宣称："孔子大义微言，条理万千，皆口授弟子"（《孔子改制考》卷十五），"《春秋》之义不在经文，而在口说"（《春秋董氏学》卷四）。他认为，孔子的许多重要的"微言大义""皆在经文外"。因为"书不尽言，言不尽意"，所以，"善读孔子书者"应该跳出经文。如果一味拘泥于经文，便是"买椟还珠"、"南辕北辙"。这种孔子传道不重文字而重"口说"，因而应在经书文字之外发现、领悟孔学真意的说法，就为康有为任意解说孔学，全凭主观需要在孔学中添加新内容提供了无限的空间。由此，他宣称，孔子既是"为万世立法"的改制圣人，故"孔子之道实无不包"（《中庸注》），因此，西方近代的一切"良法美意"均在孔学之中。

正是基于上述认识，康有为得出了"外国全用孔子制"（《万木草堂讲义》），"泰西所以强者，皆暗合吾经义者也……中国所以弱，皆与经义相反者也……外国乃用吾经义之精"（《日本书目志》卷五）等一类结论。这类荒诞结论等于说，孔学的真精神即是西学、西政。它表明，康有为对儒学在政治层面的改造，乃是欲将西方近代的政治观念与制度人为地纳入孔学。这种改造，较之"五四"后现代新儒家苦求在儒学的"内圣"之中开出"新外王"，堪称"简易直截"。然而，这种"解决"究竟有何意义是不问而知的。

三

康有为对儒学的改造不仅限于政治层面，同时对本体论也给予了关注。为此,他提出了仁即不忍人之心"为万化之海,为一切根,为一切源"(《孟子微》卷一)的命题,并作了发挥。梁启超在分析康有为哲学思想时曾说,康氏"论理以仁字为唯一之宗旨,以为世界之所以生,众生之所以生,家国之所以存,礼义之所以起,无一不本于仁。苟无爱力,则乾坤应时而灭矣……其哲学之大本,盖在于是"(《南海康先生传》第七章)。这一概括是准确的。这一命题在康的思想体系中具有重要地位,他的民主政治论、平等论与社会责任论、合群说、人道主义、进化史观和大同说等都与这一命题有关,有的是由它作理论支撑的。这一命题也是康有为所欲建构的新的儒学的"哲学之大本"。

诚然,言仁、言不忍人之心乃是儒家的陈说,但康有为的解说、发挥并非没有新意。他不仅赋予仁以某些时代的新意(博爱、平等),更重要的是,他是着重从"力"即内在潜能的角度来说明仁即不忍人之心的伟大神奇的。力图从力的角度理解、说明"心",进而夸大"心力"的伟大神奇,乃是戊戌时期一股引人注目的哲学思潮。康有为正是这股哲学思潮的倡导者之一。康对仁作了这样的解说:"仁从二人,人道相偶,有吸引之意,即爱力也,实电力也。"(《中庸注》)"仁者必有热力。"(《孟子微》卷七)就是说,仁或不忍人之心实则是爱力、热力。他认为,这两种力乃是人人同具的内在潜能、驱动力,一旦发之于外便会成为巨大的物质力量。在他看来,不仅人类社会赖以存在和发展靠的是这一力量,而且中国的救亡与变革事业能否成功也全靠这一力量的发挥。所以他一再说:"欲救亡无他法,但激励其心力,增长其心力。"(《京师保国会第一集演说》)可见,康有为对仁、不忍人之心的新解,不仅是要为新的儒学建立"哲学之大本",更主要的是要为正在进行的救亡与变革事业寻求动力。他对本体论的关注是政治层面的需要。

康有为对儒学的改造,更引人注目的是他欲使儒学宗教化。他在这方面的投入超过对本体论的关注。

康有为之所以力图使儒学宗教化,首先是受了西方基督教的启发,同时又是受了基督教在华势力扩张的刺激。和同时代的其他几位思想家一样,通过了解西方社会历史,康有为也认为基督教乃是西方文化的精神源头,西方文明之所以发达与改革后的基督教有密切关系,以至"误以欧洲之尊景教为治强之本"(梁启超:《清代学术概论》二十三)。另一方面,康又看到,鸦片战争后西方"以国力行其教",基督教在中国的势力与影响日益扩大,以至到了"拜堂棋布"、遍于中国的地步,它必然对中国本土文化构成严重威胁。基于上述两方面的认识和考虑,康有为极力主张儒学宗教化,并将它定为中国国教。其目的是,既欲使儒学发挥基督教在西方显现的那种社会功能,又要以中国的本土宗教与东传的基督教抗衡,抵消其影响。

康有为极力使儒学宗教化,更重要、更直接的目的是为了神化孔子,无限地拔高孔子的权威。因为只有神化孔子,"侪孔子于基督"(梁启超语),方能证明孔子为大地万世立法,使孔学无所不包;才能使康把所欲吸取、引入的西方一切东西统统纳入孔学体系,说成是孔学所固有;才能为康任意损益孔学、赋予新意提供无限的空间。

为使儒学宗教化,康有为不仅宣称"孔子神人",而且将孔子凌驾于"天"之上,竟认为"孔子以元统天,天犹在孔子所统之内"(《孔子改制考》卷八)。这样,孔子就成了中国的上帝,最高的神。因此,他所要建立的孔教带有神秘性,甚至包含了大量世俗迷信。比如,他一再宣传"人死为鬼,复生为人,皆轮回为之"(《论语注》卷十一),并宣称:"或疑孔子为无神教","非孔子之教旨也"(《礼运注》)。甚至认为:"灾异五行,非异学,孔子之学也。"(《万木草堂口说·中庸》)为使孔教发挥神道设教的功能,康有为又大力宣扬因果报应说和命定论,宣称"凡善人而遭恶命,恶人而得善命,盖夙世所造,而今受之"(《论语注》卷六),教人安于命运。

四

在中国近代,最早对儒学进行自觉改造,试图使之超越传统形态,并继续在新的时代保持其主导地位的是康有为。他堪称是中国近代欲建立新儒学的第一人。可是,"五四"后的现代新儒家却不承认康是自己的先驱,甚至对康的学说主张取轻蔑态度。这是为什么?稍加梳理可以看出,康对儒学的改造与现代新儒家所做的工作,在一些方面是相同的。比如,他们都认为儒学具有有生命力的源头活水,存在对人类文化发展具有普遍意义的价值。因此,他们都以弘扬儒学为己任,都欲通过融会中西实现儒学的转型。在方法上,他们都是六经注我。此外,他们也都认为儒学具有宗教性。但同是改造儒学,两者在理路、侧重、方法上又明显不同。正因为如此,现代新儒家并不承认康是自己的先驱。

就儒家的"内圣外王"而言,现代新儒家虽追求由内圣开出"新外王",但其理论主要侧重于内圣,而康有为始终志在改制,因而更重外王。换言之,康对儒学的改造,重点在政治层面,而现代新儒家则在哲学层面。就政治层面而言,现代新儒家由内圣开出新外王的设想虽至今仍属疑问,但他们毕竟一直从理论上致力求其解决,力图说明如何"开出"的问题。而康有为却宣称,孔学中本来就具有那些新东西,无须"开出",不用证明。现代新儒家认为,心性之学是儒学的核心、"血脉",因此他们始终致力于为现代新儒学建立形上根据,将此作为自己理论工作的重点。而志在改制的康有为则认为,改制与变易才是孔子学说的精髓,因此他在建构新儒学时虽也对本体论有所关注,但这并非是他致力的重点。而且,康之重心实则是重心力,是指望靠激励、增长心力来推动救亡与变革事业,所宣扬的乃是那时盛行的心力救国说,具有明显的功利性。他对现代新儒家所高度关注的价值世界、意义世界并不很感兴趣。就宗教性而言,一些现代新儒家主要是强调儒家具有宗教精神、宗教意识,他们欲通过哲学形上学发挥宗教功能,使儒学成为一种道德宗教。在现代新儒家心目中,孔子仍只是圣而非神。而康有为则极力将孔子塑造为最高的神。他是欲将儒改造为一种容纳世俗迷信的有神教,它不仅有神有教主,也有宗教组织与仪规,并指望通过国家政权力量定为国教,予以推广。概言之,康的儒学宗教化是从外在的、形式的方面展开的,并带有明显的虚妄、迷信色彩。

　　造成上述二者不同的原因是多方面的,但主要是历史背景、时代课题的差异。"五四"后现代新儒家的出现,主要是应对文化危机。面对"五四"新文化运动的激烈反传统,特别是甚嚣尘上的全盘西化论、科学万能论,此时学人所普遍关注的是中国文化的出路问题。这就决定了现代新儒家对儒学的改造主要是文化的、哲学的。而且,随着西学东渐的深入,此时新型知识分子的西学素养(特别是西方哲学素养)远胜于康有为那一代人。以新的时代需要,新的高度、视角、方法认识儒学和中国传统文化,他们也胜过康有为那一代人。这些也使他们有条件有可能从文化、哲学的角度深入审视、清理、检讨儒学。而康有为提出改造儒学,则在甲午、戊戌、庚子时代。那时,所面对的是触目惊心的亡国灭种危险,人们所急求解决的是救亡图存问题,所普遍关注的是社会制度的变革。这就决定了康有为对儒学的改造主要是在政治的层面。而且,空前严重的民族危机使那时的中国人急切寻求救国"药方",并求速效。这种背景与需要也使那时站在时代潮流前头的弄潮儿不可能潜心学问思辨。再有,那时西方哲学还刚刚东传,康有为那一代人对它所知甚少,更谈不上有什么深入的领悟、素养。他们用新的立场、观点、方法来清理儒学和中国传统文化也刚刚开始,远未深入。总之,他们不论是对西学还是对中学都远未"吃透",这也决定了康有为对儒学的改造不可能在文化、哲学方面有多大建树。尚有一点值得注意,这就是,在戊戌前后,捍卫中国本土文化的问题虽已引起关注,但时代的需要则主要是引进、吸收异质的西学。这也决定了康有为的关注点是如何在儒学的合法外衣下尽可能多地接纳西学,而不是着力挖掘、提炼儒学的内在精神资源。此外,康有为的社会角色、身份与现代新儒家也有差别。康有为既是一位思想家、学者,又是一位政治家。而且,由于他是那时变法维新运动的头号领袖,因此他的第一身份、主要身份是政治家。而现代新儒家显然不是政治家,更不是政治领袖,只是学者、思想家。这种不可忽视的重要差异也使两者致思的路径大不相同。

以上这些就决定了康有为对儒学的改造具有明显的实用主义色彩,因而是形式的、外在的、简单化的。他所赋予孔子学说的种种新意往往是硬贴上去的,自然不可能有什么生命力。他实际上乃是以儒学包装西学,他的改造其实主要是包装。所以,早在戊戌当时,反对派们便攻击康的学说"其貌则孔,其心则夷"。连一位西方人士也认为,康实际上是"用孔子的教训"来提倡西方的民主思想。当时人便认为,康有为所说的孔学、孔教其实是康学、康教。既然是"康学",它自然不可能得到现代新儒家的认同。

现代新儒家们对儒学的改造是否成功,今天我们尚难断言,但康有为的改造并不成功则是事实。不过,一百年前康有为所做理论工作的某些积极意义与影响也不容忽视。早在戊戌维新前,康有为即提出"义理日新"的观念、命题作为改造儒学的理论依据,并公开以"推陈出新"(《致朱蓉生书》)为志向。他认为,"义理"并非万古如斯、永远不变的,后儒更未穷尽孔学义理,它必须日新。对儒学义理推陈出新乃是后人当仁不让的天职。这就为人们站在时代的高度重新认识儒学,取其精华、弃其糟粕,作批判继承提供了理论依据。事实上后来的现代新儒家们所做的正是"日新"儒学义理的工作,就此而言乃是对康有为的继承。而"义理日新"又是同怀疑传统权威相联系的,没有对旧的怀疑否定就自然谈不上推陈出新,这势必引发中国思想领域的怀疑、批判精神。此外,康有为的所谓"孔教复原",实际上所从事的乃是尊孔子而批后儒的工作。在这一过程中,孔子固然被神化,但后儒之学、流行儒学即程朱理学则遭到前所未有的冲击,这对正在进行的观念变革、文化革新无疑产生了巨大的积极影响。

论戊戌时期的宗教热

中国是一个缺乏宗教传统的国家,中国传统文化基本上是非宗教型的。可是,在戊戌时期却出现了一股不大不小的宗教热,几位有影响的维新派思想家曾先后呼吁在中国建立宗教。他们或是将"孔子之教"视为宗教,要求在全国范围建立孔教会,或是提倡佛教。有人甚至把建立宗教视为当时中国的当务之急。本文拟对此现象作一些分析。

一

在大力提倡宗教的几位维新派思想家中,只有康有为在青年时代即具有宗教思想、宗教热情,并曾在隐居西樵期间产生过一些神秘体验。而谭嗣同、梁启超等人早年并无宗教思想、宗教热情。在1896年"北游访学"之前,谭嗣同不仅曾批判佛家"灭裂天地,等诸声光之幻,以求合所谓空寂"(《石菊影庐笔识·思篇》十四)

的唯心主义宇宙观,而且还曾主张"毁天下寺观庙宇诸不在祀典之列者"以兴办学堂(《思纬壹壹台短书·报贝元徵》)。而梁启超自称:"吾畴昔论学,最不喜宗教,以其偏于迷信而为真理障也。"(《论宗教家与哲学家之长短得失》,《饮冰室合集·文集》之九)据谭嗣同说,唐才常先前也"不通佛学"。一些原本"不喜宗教"的人何以一变而大力提倡宗教?各人虽有各自的具体原因,但更重要的是有着共同的历史背景。

共同背景之一,是受了西方文化的影响和启示。维新派思想家是一批心向西方,向西方寻找救国真理的人物。他们对西方文化、西方社会和历史了解越多,就越感到基督教在西方文化和社会生活中具有极为重要的地位。在他们看来,"耶稣教于欧洲文明,甚有关系焉",西方"近世无量之文明,因之以发"(梁启超:《论教育当定宗旨》,《饮冰室合集·文集》之十)。他们认为,西方文明的发达,西方人独特的精神风貌、价值观念与理想追求,都与基督教有密切关系。虽然,那时他们对于基督教在西方文化中的地位、作用尚缺乏深入了解,因而未能作出理论说明,但是凭着直观印象和表层观察,他们还是列举了一些现象。他们认为,基督教的宗教信仰增强了西方诸民族内在的凝聚力,基督教的宗教组织、宗教生活使社会成员得以"联属"。"其结果也,能合无量数异国异种之人,结为一千古未有之团体。"(同上)相比之下,"彼有会以联属之,而气类日昌,我无会以宣扬之,而人心日溃"(唐才常:《各国政教公理总论·教会》)。而基督教对西方人道德情操的陶冶作用更给他们以深刻印象。谭嗣同说,西方"人人悬一教主于心目之前,而不敢纷驰于无定,道德所以一,风俗所以同也"(《书简·上欧阳中鹄》十)。由此,他们得出了这样的结论:"欧美人之以信仰景教而致强"(梁启超:《论佛教与群治之关系》,《饮冰室合集·文集》之十),"泰西富强由于行教"(黄遵宪:《致饮冰主人书》,《梁启超年谱长编》第280页。)。而中国由于不重宗教,人民遂成"无教之民",于是"人自为心",且"人心日溃"、道德堕落。对这一结论他们虽缺乏足够论证,但却是坚信不疑的。

由此他们认为,重宗教是西方文化的优长,不重宗教是中国传统文化的缺陷。是否信教是中西文化的又一重要差异,而这一差异又直接关系到中西的强弱兴衰。他们之所以大力提倡宗教,是为了弥补中国传统文化在价值层面的这一不足,而最终则是为了致中国于富强。

共同背景之二,是受了西方在华宗教渗透的刺激。鸦片战争后,西方对华的侵略扩张,除了政治的、军事的、经济的,还有文化的。西方侵略势力在华的渗透可谓无孔不入,而引人注目、给国人(特别是知识分子)带来直接刺激的则是宗教渗透。西方的宗教渗透旨在扩大其政治、文化影响,对此维新派思想家是有清醒认识的。早在1891年康有为便说,西方"以国力行其教,必将毁吾学宫而为拜堂,取吾制艺而发挥《新约》,从者诱以科第,不从者绝以戮辱,此又非秦始坑儒比也"(《答朱蓉生书》)。他认为,西方之所以如此重视传教,旨在排挤中国文化,是欲"以其教易吾教耳",若不及时采取对策,耶教终将取代"孔教",后果实堪忧虑。就现实而言,世界许多国家、民族的宗教已"为耶所灭",对此国人不得不高度警惕。后来,他又向皇帝指出:"外夷邪教……煽惑吾民,直省之间,拜堂棋布,而吾每县仅有孔子一庙,岂不可痛哉!"(《上清帝第二书》)就是说,由于中国不重宗教,这就给西方的宗教渗透让出了地盘,西教已在中国造成相当影响,已对中国本土文化构成明显威胁,已经到了非采取措施不可的时候了。

戊戌思潮的兴起,直接出于民族危机的刺激。康有为等维新派思想家是真诚的爱国主义者、民族主义者。他们虽心向西学,但同时又是中国本土文化的捍卫者。在戊戌时期,他们之所以或提倡"孔教",或提倡佛教,明显具有抵制西方文化侵略、宗教渗透,捍卫中国本土文化,挽救中国文化危机的意图,具有强烈的民族主义色彩。

二

梁启超曾明言:"吾中国非宗教之国",对这基本国情他们是清楚的。他们之所以硬要在"非宗教之国"的中国提倡宗教,是因为他们看中了宗教的社会功能,并急于在中国发挥宗教的社会功能。因此,在戊戌时期他们感兴趣并着重探讨的是宗教的社会功能。这明显表现了他们提倡宗教的功利性。

对宗教的功能、地位,谭嗣同曾作了一番总括性说明。他认为,即使是"至野悍"的人,也都希望对人生意义、归宿,亦即现在与未来求得一种认识、理解。而宗教的作用就在于它能给人"以慰藉而启悟之",使人有所"系属"(《仁学》四十)。就是说,宗教能给人以关于人生价值意义的说明、启迪,为人指明、提供安身立命之所,使人有所皈依。它能使人的精神因提升而安宁。正因为如此,宗教乃是政治、学术的根本。谭曾多次论及政、学、教三者的关系。他说:"一曰学,二曰政,三曰教。……教则总括政与学而精言其理。"(《书简·上欧阳中鹄》十)"教能包政学,而政学不能包教。"(《仁学》四十八)"教不行而政敝,政敝而学亡。故言政言学,苟不言教,则等于无用,其政术学术,亦或反为杀人之具。"(《仁学》四十一)他认为,宗教规定了政治、学术的方向,为它们提供了基本依据,因此它乃是人类社会不可缺少、替代之物。他是要证明,西方之所以政学皆优,是得益于基督教。中国之所以"政敝、学亡",民众之所以愚昧,政与学终成"钳制之器",甚至是"杀人之具",是同中国"无教"有直接关系的。中国欲革新政治,发展学术,当务之急是建立符合中国需要的宗教。

梁启超对宗教的社会功能作了更为具体的说明,更显示出他提倡宗教的功利目的。他认为,宗教的功能、作用有五:一、宗教能使人们"精神集于一团",从而统一民心、民志。而"在愈野蛮之国,则其所以统一民志者,愈不得不惟宗教是赖"。二、宗教讲灵魂、重未来、论彼岸世界,因此它能给人们提供对未来的希望。三、宗教视外界和肉体为虚幻,使人放弃对外境的"沾恋",从而摆脱外境的束缚,获得精神解脱。四、基督教的"末日审判"说、佛教的因果报应说使人不敢作恶,有所忌惮。五、宗教使人因轻生死而产生魄力(《论宗教家与哲学家之长短得失》,《饮冰室合集·文集》之九)。概言之,宗教"宜于治事"。因此,"历史上英雄豪杰,能成大业轰轰一世者,殆有宗教思想之人多"(同上)。"再造英国"的克伦威尔、"再造法国"的女杰贞德、"孕育意大利"的玛志尼、加富尔,美国的华盛顿、林肯等等,他们之所以建立丰功伟业,皆"宗教思想为之也"。所以,他一再赞叹宗教思想的力量"伟大而雄厚"。

梁启超认为,宗教"伟大而雄厚"的力量源于宗教信仰。由坚定的信仰就能生出至诚,一旦达到至诚,"其力量常过于寻常人数倍","其举动之奇警也、猛烈也、坚忍也、锐入也,常有为他人之所不能喻者"(同上)。他认为,一旦由宗教而树立信仰,由信仰而生出至诚,就能最大限度地充分发掘、调动人们内在的活力、潜能,作出超常发挥,产生不可思议的力量。他又认为,在人类文明尚未达到高度发达的时代,信仰乃是推动社会发展的动力,而"信仰必根于宗教"。

几位维新派思想家对宗教功能的理解和说明,实际上反映、表达了他们对宗教所寄托的期望。他们是希望宗教为民智未开、民德低下、民心涣散、民志脆弱的中国提供一种精神资源、精神力量,对中国社会起到一种规范、整合作用。具体来说,他们是要通过宗教来增进国人的道德。除一般意义的勉人为善外,尚要建立一种新的人生观,培育一种"雄强刚健"的精神风貌。是要通过宗教来激励、增进国人的"心力"(也就是他们常说的"爱力"、"热力"、勇力),充分发掘国人内在的活力、潜能,为中国正在进行的社会变革提供精神动力。是要通过宗教信仰"统一国民精神",统一民心民志,改变国人因精神上无所皈依而彼此无所"联属"、日益涣散的状况,增强国人"合群保种"的意识。是要通过建立宗教,改变中国"政敝、学亡"的局面,并通过宗教思想的熏陶,培育造就一批勇于舍身救世、顶天立地的豪杰之士。而这一切,都是为了提高中华民族的素质,增强中国的"国民力"、综合国力,最终致中国于富强。他们是指望通过宗教来救国,所提倡的是一种宗教救国论。

20世纪初,王国维曾批评康有为、谭嗣同等人"于学术非有固有之兴味,不过以之为政治上之手段"(《静安文集·论近年之学术界》)。其实,他们对宗教的提倡大体也是如此。他们所表现出的,与其说是宗教热情,毋宁说是政治热情。从某种意义说,戊戌时期的宗教热其实是一种政治热。

三

维新派所要提倡的宗教并不相同。康有为所提倡的是"孔教",梁启超所提倡的是佛教,谭嗣同既欲改造"孔教"又大力提倡佛教。但是,他们所要建立的宗教又具有以下一些共同特征。

其一,他们所提倡的都是一种"应用"型的宗教。梁启超曾将谭嗣同的佛学称之为"应用佛学",意思是说,谭试图用佛学来激励"成仁取义"的精神,推动维新事业的发展,旨在应用。其实,他所提倡的佛教,康有为所提倡的"孔教",都带有明显的应用性,是为政治目的服务的。在他们心目中,宗教乃是一种可以推动社会变革、致中国于富强的工具。因此,他们对宗教自身的问题如教旨、仪则、宗教生活等并无多大兴趣,所重视的主要是宗教的社会功能,指望它能解决当时中国所面临的某些问题。他们所要建立的宗教是世俗的、入世的,而非出世的。

其二,他们所提倡的都是一种道德型的宗教。对于宗教的社会功能,他们更为看重的是它的教化功能。他们常常是以教化之教来理解宗教的。他们讲应用,主要是想利用宗教提高全民道德。康有为提倡"孔教",固然是为了使其发挥教化功能,梁、谭热衷佛教,更是为了通过它来增进民德。他们认为,佛教"器世虚假,躯壳无常"的世界观、人生观可以从根本上改变人们对自我和外部世界的态度。因为相信外部世界是虚幻的,便可自觉放弃对外界的"沾恋",做到无牵无挂、"自在游行",获得充分的解脱与自由。因为相信肉体之我也是虚幻的,自然会破除"好生恶死之念",激发"舍其身以为众生之牺牲"的精神(梁启超:《仁学序》,《饮冰室合集·文集》之三)。他们又认为,佛教的因果报应说不仅有利于完善自我,也有利于完善社会。它使人懂得"自作自受"的道理,从而对自己的言行取更加负责的态度,因畏惧恶报、恶果而自觉造善因。如果人人都自觉造善因,自然会使民德不断增进,推动社会进步。他们虽对宗教自身诸问题不很重视,但对宗教的戒律却很重视。梁启超说:"凡诸教门,无论大小,莫不有戒。戒也者,进民德之一最大法门也。"(《论宗教家与哲学家之长短得失》)他们始终将宗教看做是增进民德的不二法门。所以,稍后章太炎也有"若没有宗教,这道德必不能增进"(《东京留学生欢迎会演说录》)、"欲兴民德,舍佛法其谁'(《答梦庵》)之说。

其三,他们所提倡的都是本土宗教。如前所说,他们之所以提倡宗教,既是看到了基督教在西方的社会功能,也是因为受了基督教势力在华日益扩张的刺激与逼迫。他们的这一举动,既是学习西方,也是为了抵制西方宗教、文化的渗透,捍卫本土文化。在保国会的宗旨、纲领中,"保教"是与"保国、保种"并列的,可见其重视。梁启超说:"保教之论何自起乎?惧耶教之侵入,而思所以抵制之也。"(《保教非所以尊孔论》,《饮冰室合集·文集》之九)陈宝箴在给光绪皇帝的奏折中也说,康有为之所以"推崇孔子为教主",欲建立孔教会,是"欲与天主耶稣,比权量力"(《奏厘正学术造就人才折》,《戊戌变法》二,第358页)这些说法是符合实际的。康梁等人虽与西方传教士有交往,但对基督教却始终心存戒备。他们认为,基督教不仅"与我民族之感情"不合,而且教义也显得浅薄。"耶教言灵魂界之事,其圆满不如佛;言人间世之事,其精备不如孔子。"(梁启超:《南海康先生传》第六章,《饮冰室合集·文集》之六)所以,他们在提倡宗教的过程中,没有一个人主张传播基督教。维新派思想家虽倾心西学、西政,但却拒绝接纳、信奉西教,这一现象是值得我们重视的。

其四,他们所提倡的乃是具有鲜明近代精神的新宗教。康、梁、谭等维新派思想家之所以提倡宗教是为了利用宗教的功能来解决中国社会的现实问题,服务于中国的社会变革事业。但是,这一任务并不是旧有宗教所能直接承担的。所以,他们在提倡宗教的同时又大力赞扬、呼吁宗教改革。他们认为,推动西方社会进步的乃是马丁·路德改革后的新教,当时中国急需出现路德式的人物。众所周知,康有为所提倡的"孔教",是经过他精心改造的,所以梁启超称他为"孔教之马丁路德"(同上)。其实,梁启超、谭嗣同所提倡的佛教,同样也是经过他们改造了的新佛教。后来梁启超曾说:"隋唐之佛教,非复印度之佛教;而今后复活之佛教,亦必非复活隋唐之佛教。"他承认,他们在提倡佛教的同时实际上是进行了一场"佛教上之宗教改革"(《清代学术概论》三十,《饮冰室合集·专集》三十四)。他们所提倡的"孔教"也好,佛教也好,都被赋予了自由、平等、民权、民主等近代新意,并鲜明地肩负着新的时代使命。它给民众所提供的"慰藉"和"启悟"均带有鲜明的近代性。宋恕曾说:"无教者,禽兽之世界也;坚守旧教者,初开之世界也;好从新教者,文明之世界也。"(《六字课斋津谈·宗教类第十》)这一议论表明,他们不仅要把中国从无教之国变为有教之国,而且要在中国建立一种体现近代文明精神的新宗教。

和旧宗教相比,他们的新宗教的新表现在许多方面。比如,旧有和现有的宗教都是让人拜服于神而自甘卑屈、自觉渺小。正如费尔巴哈所说,依赖感乃是宗教的基础。而他们所欲建立的宗教,不是教人依赖,而是让人自立、自主,"雄强刚猛"、"顶天立地",自作主宰。再如,他们都认为"求乐免苦"是人的天性,因此他们都是禁欲主义的反对者。这与旧宗教均有明显区别。

其五,他们所提倡的又是一种建立在信仰自由基础上,不具有强烈排他性的宗教。任何宗教都具有强烈的排他性。正如梁启超所说,旧有宗教均"持门户以排外","窒人思想自由"。但几位维新派思想家在提倡宗教的同时又力主信仰自由,不仇外教。据梁启超介绍,康有为"之言宗教也,主信仰自由,不专崇一家排斥外道,常持三圣一体,诸教平等之论"(《南海康先生传》第六章)。谭嗣同则强调儒、释、耶三教的相通,特别是儒与佛的相通。他曾说,对三教的教主,"吾拜其一,则皆拜之矣"(《仁学》二十八)。并预言,将来"地球之教可以合而为一"(《书简·上欧阳中鹄》之十)。宋恕也认为,儒、释、耶三教各有长短,他期望全球学者"结织一大协会,以共谋去其短所、集其长所",使三教"融为一冶"。他以为,只有建立这种全球共同信仰的宗教,"而后此世界能放一异彩,人类之幸福能进"(《致南条文雄书》)。而梁启超的主张则更为彻底,他竟认为,"一国之中不可无信仰宗教之人,亦不可无摧坏宗教之人",而且二者"不必以操术之殊而相非也"(《论宗教家与哲学家之长短得失》)。这实在不像是宗教家说的话。这些不仅体现了他们所一贯主张的思想自由、学术自由的精神,而且也再次证明,对于宗教他们所重视的主要是其社会功能,而对宗教教旨、教义间的分歧对立是淡漠的。

四

由上可见,康、梁、谭等维新派思想家主要是站在政治改革家而非虔诚宗教家的立场来提倡宗教的。戊戌时期的宗教热不是由纯宗教的激情所引发的,它所要解决的主要是非宗教的问题。那时,深深吸引、强烈牵动他们的乃是"欧美人以信仰景教而致强"的认识,他们是欲以一种经过改革后的宗教来救国,使中国的"群治获进"。出于救国的需要,在戊戌前后的中国曾先后出现过各种救国论,除宗教救国论外尚有实业救国、教育救国、科学救国、文学救国以至史学救国诸论。这说明,救亡图存、致国家于富强乃是中国,近代几代先进分子念兹在兹、魂萦梦绕的追求。这些救国论在理论上的偏颇学界多有论述,下面仅就戊戌时期宗教救国论的影响作一点简要说明。

首先,几位维新派思想家并未能在中国建立起他们所需要的新宗教,也未能在中国广大民众中掀起一股宗教热情。原因很简单,历史上宗教热的出现需要特定的气候和土壤,而戊戌时期的中国是缺乏这种气候和土壤的。其次,他们始终是以一种实用主义的态度对待宗教的,在他们心目中,宗教并非目的而是手段。这就注定了他们即使真的建立起一种新宗教,也难以发挥一般宗教的社会功能。基于实用主义,他们的眼睛始终盯着宗教的社会功能,对宗教的教旨、仪则、组织和生活等并不重视。显然,他们所欲建立的宗教,在结构上是不完整的。不妨这样说,对于宗教,他们实际上是取其用而忽其体,或变易其体。然而功能取决于结构,这种结构不完整的宗教是难以发挥宗教自身功能的。所以,他们对宗教所寄托的种种期望是难以由他们所想象的"应用"型宗教来实现的。其实,他们实际上是欲用宗教之名提倡一种世界观、人生观,是要人们树立一种对外界与人自身的新态度。梁启超强调新的宗教应是"智信而非迷信"更凸显了这种性质。它与其说是宗教毋宁说是哲学。作为一种世界观、人生观,它对当时一代新学家的确产生了一定影响,但它远未普及于民众。

对新学家、精英阶层产生了明显影响的是佛教。对于佛教,康、梁、谭等人一直是重其哲理而并非其仪则、组织与生活。他们对佛教的提倡实际上主要是对佛教哲学的提倡。经过他们的大力提倡,佛教哲学进一步受到学人的重视,引发了人们对它的兴趣。在此过程中,一些人将它与陆王心学结合起来,进而又与西方的唯意志论结合起来。于是,一时间推崇、弘扬"心力"成为影响甚大的哲学潮流。从康有为的不忍人之心"为一切根,为一切源",梁启超的"境者心造",谭嗣同的"虽天地之大,可以由心成之、毁之、改造之,无不如意",直到章太炎的"自贵其心,不依它力",一些学人对"心力"所寄托的希望越来越大,对"心力"的呼唤也越显急切。这种极度推崇、神化"心力"的哲学成为19世纪末20世纪初不少新学家、改革家、革命家的精神支柱。无疑,这种神化心力的哲学只能激发一时的激情、狂热,而且也使他们愈加脱离民众,它并不能为中国的社会变革提供真正的动力。不过,我们也应看到,谭、梁等人将佛教由出世拉向入世所做的理论工作,曾逐渐在一代新学家中形成了一种"以出世精神入世做事业"的人生态度。这种积极入世而又脱俗的人生态度曾在此后几代人中产生过一些积极影响。

此外,经过康有为、谭嗣同、梁启超等人的宣传,宗教的社会功能被更多的学人所重视。于是,宗教救国论在戊戌之后又曾持续了一段不短的时间,并在中国社会有过一定影响。

论中国近代新学家对基督教的态度

从鸦片战争到五四运动,中国思想界的主流是学习西方。为了在中国进行社会变革,实现近代化,中国近代的变革者们无不向西方寻找真理,引进西学。他们向西方学习是由表及里、步步深入的:从开始学习西方的工艺技术发展为学习西方近代的自然科学;从开始学习西方的政治制度进而学习西方的社会政治学说和哲学。然而,令人奇怪的是,他们中的绝大多数人对那时西方人极力向中国传播的基督教却不感兴趣,甚至拒不接纳。就此而言,近代中国的先进分子学习西方并不全面。诚然,中国人对基督教的排拒是带有普遍性的,从未间断过的"反洋教"斗争便证明了这一点。不过,发生于民间的"反洋教",其领导者和骨干分子均反对学习西方、反对用夷变夏,他们排拒基督教可以用守旧、排外来解释,可是那些力主学习西方的变革者何以只接受西艺、西学、西政而拒绝西教呢？这一问题无疑值得我们注意并作出合理的说明。

一

在中国近代，多数新学家之所以对基督教缺乏好感，甚至公然鄙视，并不完全是因为他们对基督教无知。由于传教与通商是同时进行的，因此，早在鸦片战争前后，中国人在接受洋货、"洋烟"的同时也知道了基督教。由于基督教对西方社会、文化的影响太大，因此中国近代最早介绍西方地理、历史、社会、文化的几部名著如魏源的《海国图志》、徐继畲的《瀛环志略》、梁廷枏的《海国四说》等书，便都对基督教有所介绍，而以《海国四说》为最详。但是，梁廷枏等人之所以详细介绍基督教，并不是要宣传、提倡它，而是为了否定、批判它，是为了证明：基督教虽不是邪教，但它较之中国的"周公孔子之道"相去甚远，不值得崇信。梁廷枏认为，基督教的宗旨虽是劝人为善，但其教义却十分浅薄。在他看来，"其教主之种种奇能异迹"，"不过中国道流之戏幻"。他的总评价是：基督教"其为言也浅，浅则不耐人思索"，"其为事也虚，虚则徒令人疑惑"（《海国四说·序》），在中国是难以立足的。魏源同样如此。他虽对基督教的"爱人如己"有所肯定，但对其教义则作了多方驳诘。如：基督教谓"人皆天主所造"，"何不但造善信，毋造邪恶乎？"基督教谓"人之灵魂最贵"，"故人不可杀亦不可自杀，即殉难自杀亦必陷地狱，则申生、扶苏、召忽、屈原皆地狱中人，反不如临难苟免之人乎？"（《海国图志》卷二十七）等等。魏源对于基督教基本持否定态度。

在魏源的时代，中国的先进分子尚只主张"师夷之长技"，在工艺技术的层面学习西方。在这一历史阶段，他们排拒基督教似尚可理解，但到中国人学习西方由"技"进到"学"的层面后，对基督教仍取排拒态度就值得重视了。在中国近代，最早提倡"采西学"的是冯桂芬。他对西方近代的自然科学作了高度评价，认为西方"算学、重学、视学、光学、化学等，皆得格物至理"，"多中人所不及"。因此，采西学乃今日中国"论学"之"要务"。可是,他在盛赞西学的同时却认为:"其述耶稣教者,率猥鄙无足道。"(《校邠庐抗议·采西学议》)继冯而起的郑观应、陈炽等人,不仅主张采西学,而且进而主张采"西政",学习西方近代君主立宪的政治制度,但他们对基督教依旧取鄙视、排斥的态度。郑观应认为,基督教实则"托名耶稣,剿袭佛老之肤言,旁参番回之杂教,敷陈天堂地狱之诡辞,俚鄙固无足论"(《盛世危言·道器》)。稍晚于郑观应的陈炽也认为:"泰西之教,不周不备,可以诱愚民,化野民,而决不足以惑俊民。所刻教书无一通者。"(《续富国策·自叙》)他们对基督教的评价是相当低的。

那么,在这期间,一些曾经出使过西方,或到西方游学、游历的中国人,他们对基督教的评价是否会好一些呢?答案同样是否定的。黎庶昌曾任清朝政府驻英、法、西班牙使馆的参赞,后又任出使日本大臣,对西方社会是相当了解的,但他也认为:"耶稣窃释氏绪余以设教,其立言虽以劝人行善为主,而词皆肤浅,远不如释理之深。西人虽阳为遵从,实迫于习俗使然,不过奉行故事而已,非真于此心折也。"(《西洋杂志》六十六)曾国藩长子曾纪泽是著名外交家,他习英文,是位深受西方影响的人。据《清稗类钞》说,其家"起居习惯均有欧风",家人衣着打扮"与欧人无稍差别"。即使是这么一位相当"欧化"的人,在"翻阅《旧约全书》"之后,竟也认为它"可笑之至",不值一读(曾纪泽:《出使英法俄国日记》)。

康有为等维新派的领袖人物曾与某些西方传教士有交往,之所以如此主要是出于求外援的功利动机,并不表明他们试图亲近、接纳基督教。相比之下,谭嗣同对基督教在西方文化中的地位、影响有更深的了解。他认为,儒、佛、耶三大教有相通之处,并称赞基督教"以救世为心",因而对西方在中国传教持肯定态度。可是,就三教的地位高下而言,他又认为:"佛教大矣,孔次之,耶为小。"(《仁学》十九)对于三教的长短优劣,康有为也曾作过比较,其结论是:"耶教言灵魂界之事,其圆满不如佛;言人间世之事,其精备不如孔子。"(见梁启超《南海康先生传》第六章)更为重要的是,康有为对基督教在中国的传播始终是心怀忧虑的,因此,他在保国会的章程中,不仅呼吁"保国"、"保种",又呼吁"保教"即保孔教。他之所以呼吁捍卫中国的孔教,乃是为了抵制西方"以其教易吾教耳"。严复是中国近代传播西学贡献最大的人,在他看来,是否接受西学直接关系到中国的存亡兴衰,可是他也对基督教持否定态度。众所周知,他曾说:"万类之所以底于如是者,咸其自己而已,无所谓创造者。""人为天演中一境,且演且进,来者方将,而教宗抟土之说必不可信。"(《天演论》导言一按语)他曾一再指出,一切宗教均是"民智未开,物理未明"的上古时代的产物,不仅有背科学,且是科学发展的障碍,随着科学的发展,"宗教之范围"必将"日缩"。

革命派中少数人虽有基督教背景,但其大多数领袖人物、骨干分子同样是一如既往地排拒基督教。革命派的著名理论家章太炎运用形式逻辑的方法,对基督教上帝"无始无终,全知全能,绝对无二,无所不备,故为众生之父"这一基本教义所作的缜密而犀利的驳诘,是学者所共知的。他虽极力主张通过宗教来增进革命道德,但他所提倡的乃是经过改造的佛教。在他看来,基督教"就理论上说,他那谬妄可笑,不合哲学之处,略有学问思想的人,决定不肯信仰"(《演说录》),是无助于增进革命道德的。著名革命党人朱执信曾专门著文批判基督教,他对基督教的厌恶并不亚于章太炎。在革命派中,激烈反对基督教的尚有因反对一切强权而反对宗教的无政府主义者。他们指出:"上帝乃凭人之妄想而创造者也。"而且,基督教教人"忍耐苦修,为下世求福",实际上是让贫贱者安于贫贱地位,"为不平等、不公道之事护法"(李石曾:《祖宗革命》)。随着科学的普及和民主革命的展开,中国近代出现了一股中国有史以来最强大的无神论思潮,它在辛亥革命准备时期尤为强劲。在它的影响下,基督教在中国遭到更多人的排拒。

五四新文化运动一开始便提倡科学,反对迷信,否定鬼神,呼吁人们树立自主理性,因此,它自然也排拒基督教。陈独秀宣称:"一切宗教都是一种骗人的偶像。阿弥陀佛是骗人的,耶和华上帝也是骗人的,玉皇大帝也是骗人的,一切宗教所尊重的、崇拜的神佛仙鬼都是无用的骗人的偶像,都应该破坏!"(《偶像破坏论》)这大体上代表、反映了新文化运动倡导者们的共同认识和主张。

二

不过,在中国近代,大多数新学家、变革者虽对基督教予以贬低、矮化甚至丑化,但他们并未将其视为邪教,予以全盘否定。这与那时民间的"反洋教"是有明显区别的。从魏源的《海国图志》始,许多论及基督教的著述多对基督教的"敬天爱人"、"克己爱人"、"爱人如己"、劝人为善予以肯定。谭嗣同还认为,基督教的"爱人如己"、佛教的"慈悲",与孔子所倡导的"仁"是相通的。对此,康有为也有相似的论述。不过,这种肯定并未导致他们接纳基督教。这里举陈独秀为例。

陈独秀对基督教的态度有一个变化过程。如前所说,在新文化运动前期,他曾认为包括基督教在内的"一切宗教都是一种骗人的偶像","都应该破坏",但到新文化运动后期,出于改造中国国民性的需要,他又在《基督教与中国人》一文中极力赞扬、提倡基督教爱的精神,把它说成是改造、拯救中国的一服良药。这时他又认为,"基督教是爱的宗教","其根本教义只是信与爱"。而基督教的爱,集中体现于"耶稣崇高的、伟大的人格,和热烈的、浓厚的情感"。耶稣的人格和情感具体表现为"崇高的牺牲精神"、"伟大的宽恕精神"和"平等的博爱精神"。他主张,"要把耶稣崇高的、伟大的人格,和热烈的、浓厚的情感,培养在我们的血里,将我们从堕落在冷酷、黑暗、污浊坑中救起"。仅就这些议论看,似乎这时的陈独秀是在狂热地提倡基督教,但其实并不尽然。

在这篇文章中,陈独秀一方面充分肯定由宗教而引发的"情感底力量"的伟大(在他看来这正是中国传统文化所缺乏的),但同时又指出,"情感底力量"又存在"盲目的、超理性的危险"。基于这一清醒理智的认识,他又指出,"基督教底'创世说'、'三位一体说'和各种灵异,大半是古代的传说、附会,已经被历史学和科学破坏了",对于这些"古代不可靠的传说、附会",今天不仅"不必信仰",而且必须"抛弃"。不仅如此,他又认为,现行基督教的"一切虚无琐碎的神学,形式的教仪"都无须遵行。所以他又说:"我们不用请教什么神学,也不用依赖什么教仪,也不用藉重什么宗派",而应"直接去敲耶稣自己的门,要求他崇高的、伟大的人格,和热烈、浓厚的情感与我们合而为一"。我们知道,一种成熟的宗教应包括宗教信仰、宗教教义、宗教组织、宗教仪式和教规,陈独秀只赞扬耶稣的人格、情感而否定基督教的基本教义,丢弃基督教的神学、教仪和宗教组织,显然,他在这篇文章中所提倡的只是耶稣的人格、情感(爱)而不是基督教本身。他只是要通过发扬"崇高的牺牲精神"、"伟大的宽恕精神"和"平等的博爱精神"来拯救中国人的"堕落",目的是要改造中国的国民性而不是要在中国提倡、传播基督教。更值得注意的是,在这篇文章中,陈独秀不仅谴责了历史上"基督教徒假信神信教的名义,压迫科学,压迫自由思想家"的恶行,揭示了近代以来"各国政府拿传教做侵略的一种武器"的事实,又指责当今世界那些"自以为了不得的基督教信徒",只知"死守着荒唐无稽的传说,当做无上教义",却不去反对侵略压迫的行为。这更能反映他对西方现行基督教的态度。

在中国近代,基督教对中国思想界尚有一值得重视的重要影响,即它使一些新学家开始重视宗教的社会功能。通过与西方传教士和其他西方人士的接触,通过对西方社会、文化的初步了解,梁启超、谭嗣同等人得出了这样的结论:"耶稣教于欧洲文明甚有关系焉",西方"近世无量之文明因之以发。"(梁启超:《论教育当定宗旨》)他们认为,西方文明的发达,西方人独特的精神风貌、价值观念与理想追求,均与基督教有密切关系。基督教对西方人道德情操的陶冶作用、它的教化功能更给他们留下深刻印象。在他们看来,重宗教是西方文化的优长,不重宗教是中国传统文化的缺陷。基于"欧美人以信仰宗教而致强"(梁启超:《论佛教与群治之关系》)的认识,他们不约而同地呼吁在中国振兴宗教,让宗教在中国发挥像基督教在西方所发挥的那种社会功能。于是,在戊戌时期,中国思想界曾出现了一股不大不小的宗教热,它一直持续到辛亥革命时期。梁启超的宗教具有五种功能说,章太炎关于"用宗教发起信心,增进革命道德"的呼吁,都是学界所熟知的。另如国粹派的许之衡也认为:"夫人类之生存,不至为猩猩狒狒者,以有爱力合群故。爱力合群之至,孰有如宗教者乎?"又说,"无宗教则殆无伦理,无宗教则殆无道德,无宗教则殆无教育",故"宗教者,群治之母,而人类不可一日无者也"(《读〈国粹学报〉感言》)。

可是,戊戌维新、辛亥革命时期一度出现的宗教热,并未导致中国人接受基督教。这股宗教热的提倡者们虽对基督教在西方社会、文化中的地位、影响作了充分肯定,但他们对基督教的态度并未因此而发生根本变化。他们虽急切地期望在中国振兴宗教,但他们所要振兴的乃是中国的本土宗教而不是外来的基督教。

梁启超虽充分肯定基督教对近代西方文明进步的影响,但他始终认为基督教"其教义非有甚深微妙",不足以"涵盖万有,鼓铸群生",而且,它"与我民族之感情枘凿已久",对中国民众难以起到"因势利导"的作用。相比之下,佛教的信仰"乃智信而非迷信"、"乃入世而非厌世"、"乃无量而非有限"、"乃平等而非差别"、"乃自力而非他力",这才是信仰中的"最高者"(《论佛教与群治之关系》)。因此,他所提倡的宗教乃是佛教。谭嗣同虽通过基督教对宗教的社会功能作了更为深入的探讨、说明,但他所提倡的首先也是佛教。而康有为则认为,基督教等均属神道教,远不如属人道教的孔教,因此,他不仅极力拥护孔教,并一直要求定孔教为国教。

至于革命派中一些主张振兴宗教的思想家,其基本立场亦皆如此。章太炎不仅认为基督教的教义浅薄荒谬,"不合哲学",而且也不合中国国情,且成为西方列强侵华的工具,因此他对基督教始终取排拒态度,而力主振兴佛教,将佛学看做是增进民德的不二法门。与上述诸人相比,国粹派成员许之衡对基督教的评价是最高的,认为它乃"世界伟大之教"。但他也认为,基督教与中国民情、民俗不合,而且,西方传教士来华传教是为了"伸其权力","与天父博爱之旨"相背,他们的所作所为业已破坏了基督教的形象,因此,当时的中国欲兴宗教只能兴孔教,而不可提倡基督教(《读〈国粹学报〉感言》)。这些都说明,中国近代的新学家们在对基督教逐渐有了了解之后,当他们试图在中国振兴宗教之时,也依然没有改变对基督教排拒的态度。

三

中国近代的多数新学家、变革者在热心学习西方,引进西艺、西技、西学、西政的同时始终排拒西教,原因是多方面的。因中西方文化的差异而造成的隔膜,那时中国知识分子内心深处挥之不去的文化自大心态,因先入为主而不愿对基督教深入了解等等,都是重要原因,但从深层而言,以下原因更值得注意。

首先,是出于对西方列强"以传教亡人之国"的警惕。在西方列强漫长的对外殖民史上,传教士充当侵略军的开路先锋是不乏其例的。近代的中国知识分子对于西方在美洲、非洲以及南洋、南亚的殖民史未必了解很多,但对近邻越南如何受法国侵略,法国主教百多禄等人在法国侵略越南的过程中所充当的角色,他们是了解的。至于某些传教士在第一次鸦片战争中所充当的角色,以及法国以"西林教案"为借口发动第二次鸦片战争的事实,则是尽人皆知的。这些事实不能不使中国知识分子对西方"藉国力传教"的动机,以及西方教会究竟要在中国干什么发生怀疑。西方列强凭借武力强迫中国所签订的不平等条约,不仅要求通商,而且坚持要求传教,并将其视为重要条款之一。他们对传教如此重视,从一开始便引起中国人的警惕。后来,某些西方传教士在中国为非作歹,侵犯中国主权;一些教民凭借教会势力"鱼肉乡愚,陵轹同类",成为连官府也畏惧三分、奈何不得的特殊群体,这更加深了人们的警惕。正是基于这些基本事实,几代新学家们才发出如下议论,"法兰西君臣,专以传教亡人之国"(郑观应:《盛世危言·训俗》),西人教人"崇拜上帝,实是崇拜西帝"(章太炎:《演说录》)。对西方传教活动的这种认识,必然导致新学家们对基督教的普遍排拒。

其次,更重要的是为了抵御西方的文化征服,捍卫中国的本土文化、民族文化。西方列强之所以坚持在不平等条约上写上传教的条文,西方传教士之所以越洋跨海、不远万里前来中国,是为了在中国传播"福音",使中国基督教化。化中国为基督教的中国是在华西方教会的共同宗旨。为此,他们不厌其烦地大力宣传上帝"创造天地万物",是唯一的"永在之真神",因此,崇拜上帝的基督教才是全世界唯一的真教、正教、"救世教"。中国欲求富强,只有"认上帝为天父","认耶稣为独一之中保、救世主"(林乐知:《基督教有益于中国说》),皈依上帝,崇奉基督教,否则一切努力(不管是洋务、维新还是革命)均属"缘木求鱼",是徒劳的。任何宗教均具有强烈的排他性,以强大的国力作为后盾、以不平等条约作为护符的基督教在这方面则更为突出。传教士们唯我独尊、咄咄逼人的态度严重阻碍了中西文化和宗教间正常、平等的对话。他们既认定基督教是世界唯一的真教、正教、救世教,就势必要对中国本土的各教大肆攻击。西方教会发行的《万国公报》的一篇文章宣称,"中国释、道二教积滞不长,如渣滓然,毫无精力,惟恃造作一切邪术以诱人"(《丁君韪良演说北京使馆被围事略》),对佛教和道教进行彻底否定。不仅如此,他们又将矛头直接指向中国传统文化的主干儒学。早在19世纪70年代,《万国公报》的文章便开始攻击儒家经典,认为十三经"驳而不纯","不足为实据",因而"无益于身心,无裨于世故"(知非子:《儒教辩谬》),没有什么价值。鉴于儒家在中国的特殊地位,他们对儒家的态度要谨慎一些,一些西方传教士也承认儒家有其"善道",儒家的伦理学说与基督教有某些相通之处。但是,他们都是在认为基督教高于儒教、耶稣高于孔子、儒教存在明显的谬误与缺失的大前提下,对儒家作有限肯定的。正如戊戌时期一位维新派成员所说,西方传教士最终是要让中国人"贱尼父(孔子)而贵耶稣"(易鼐:《论西政西学治乱兴衰俱与西教无涉》)。

在鸦片战争时期,基督教的触角还刚刚伸向中国,影响不大。那时,一些人认为,由于基督教教义浅薄,不会有多少中国人接受,很难在中国传播。所以,梁廷枏的《海国四说》中的第一说,标题便叫做"基督教难入中国说"。那时,他们对西方教会的传教活动并不很关注。但随着西方宗教渗透活动日益扩大、深入,西方教会文化征服的意图日益明显,中国的有识之士对它的警惕便越来越强。王韬先后指出:"今天主、耶稣二教,居然以孔子为不足法,圣教为不足遵,昌言于众中而莫敢谁何,此真生民以来所未有也。"(《弢园文录外编·代上广州府冯太守书》)"传教之士深入内地,足以摇动人心,簧鼓世俗,其害至于渐渍而不可治。"(《弢园文录外编·传教上》)康有为更担心西方"以国力传其教,必将毁吾学宫而为拜堂,取吾制艺而发挥《新约》,从者诱以科第,不从者绝以戮辱,此又非秦始坑儒可比也"(《答朱蓉生书》)。鉴于西方教会的文化征服战略对中国本土文化构成了越来越明显的威胁,为抗御西方欲使中国基督教化的图谋,中国近代的新学家、变革者们对基督教势必要取排拒态度。

第三,因为基督教并不符合近代中国的现实需要,而且随着科学主义在中国兴起,新学家们又感到基督教的基本教义违背科学。近代的中国一直处于严重的民族危机之中,如何摆脱民族危机,使中国走向独立富强,始终是近代中国人所面临的头等大事。几代新学家、变革者之所以以极大的热情学习西方,引进西学,是由"四千年未有之变局"与"四千年未有之强敌"逼出来的。他们之所以从西技、西艺一直学到西政,是为了"自强保种",御侮图存,实现民族振兴,使中国由弱变强,赶上西方。即使后来曾一度出现宗教热也是为了发挥宗教的社会功能(特别是教化功能),是因为觉得它对中国的自强、振兴有用。显然,在近代,先进的中国人之所以学习西方,是出于实用理性,带有明显的功利色彩。这就决定了他们对重彼岸世界的基督教不会有多大兴趣。

在近代,重新返回中国的西方传教士,为了获取中国知识分子的支持,顺利地在华传教,他们吸取当年利玛窦的经验,也采取了"以学证教,借学布道"的方式。为此,他们曾向中国介绍西方近代的自然科学,翻译了不少科技书籍。他们的这一工作极受当年中国知识分子的欢迎,为西学东传作了重要贡献。虽然西方传教士在介绍近代自然科学的同时一再强调西教为西学之本,"西学原自基督教而出",二者是"同条共贯"的,可是实际效果却是:中国的知识分子对近代自然科学了解越多,反而对基督教的基本教义越生怀疑。还在戊戌之前,便有人指出:基督教的教义"反诸洋人格致新理亦多不合。格致之学多征实,曰体、曰质、曰点、曰光、曰热、曰气,皆从目验身试而得。教会之言多凭虚,曰理、曰道、曰神、曰天、曰上帝、曰造物主,遁乎无声、无形之表,此大端之不合也"(杨象济:《洋教所言多不合格致新理论》)。待达尔文进化论传入中国,且迅速为中国知识分子广泛接受后,"世界万物皆由进化而成"、"人自猿猴变出"等观念在中国文化思想领域几成常识,上帝创世诸教义更无立足之地。20世纪初,随着科学主义的兴起,其提倡者更强调科学与宗教、迷信的对立,呼吁"以科学代宗教",基督教在中国的日子就更不好过了。这再次说明,在中国近代,变革者、新学家们学习西方,完全是按自己的需要作选择的,并没有盲目地照单全收。

在中国近代,基督教不仅遭到大多数新学家的排拒,而且它在中国民间的传播也是阻力重重,收效甚微,这标志着西方对华文化征服的失败。文化从一开始便是多元并生的,将来也将是多元共存,否则,文化将失去生命力,人类社会也将因文化单一而苍白、枯萎,失去生机和活力。当然,文化多元并不等于彼此对立,互不交流;更不是各自固守不变,不接纳他族之长,不吸取来自外部的营养以充实自己。但是,文化交流贵在平等对话,相互尊重理解,否则便成了文化征服,会引发可怕的文化冲突。中国是一个有五千年文明史的国家,其文化传统从未中断。近代中国的先进分子面对新的世界格局,为赶上历史进步的潮流,他们并未固守传统,而是力图革新,从域外吸取新的营养来充实完善自己,做到与时俱进。但西方传教士们试图让占那时世界人口四分之一的中国人抛弃自己源远流长的民族文化之根,接受"福音",皈依异教,则显属幻想,其失败是必然的。

中国近代资产阶级思想家对"奴隶性"的批判

19世纪末20世纪初,是中国思想史上伟大的启蒙时代。一批资产阶级思想家、宣传家,为了在中国实现资本主义变革,建立新型的资本主义关系和秩序,把中国引向独立富强、民主自由的道路,对中国古代传统的思想文化、观念意识展开了猛烈的批判、深入的清算,同时热情地宣传提倡一套新的、资产阶级的思想文化、观念意识。在这场思想领域影响深远的变革和斗争中,一项重要的内容是批判、清算存在于中国人中的"奴隶性",树立新的、资产阶级的"国民意识"。在当时,不论是维新派还是革命派,对此都很重视,把它看做是维新或革命为前提,必不可少的重要的思想准备。在这方面,他们曾作过一些很好的分析,提出过一些颇为深刻的思想。

一

鸦片战争后，中国陷入半殖民地半封建的黑暗深渊。屈辱、苦难的现实迫使近代先进的中国人认真地探索、思考一个重要的问题，这就是西方强盛、中国衰败的原因何在。中国近代的先进分子，对这个问题的认识是步步深入的。起先，他们只是着眼于工艺技术、武器装备的差距、优劣。后来，他们普遍注意到中西政治、经济制度的差异、优劣。随后，他们又开始对中西思想文化、观念意识的异同进行对比。许多人指出，中西之人在国家思想、群体意识、道德观念等方面存在明显的差异。"彼西人者，人人耻国之耻、事国之事、权国之权"（唐才常：《论热力》），"皆若有深私至爱于其国若主"，"出赋以庇工，无异自营其田宅，趋死以杀敌，无异自卫其室家"（严复：《原强修订稿》），有自觉的爱国心。可是，在当时的中国，人们的国家思想却十分淡薄，许多人"于国家之盛衰兴败，如秦人视越人之肥瘠，漠然不少动于心"（梁启超：《论中国国民之品格》）。与此相联系，人们的群体意识、公德观念也很淡薄。他们认为，这是近代中国之所以衰弱不振的重要原因。而在中国，国家思想、群体意识、公德观念之所以淡薄，重要原因之一则是在中国人中普遍存在一种可怕的"奴隶性"。基于这一认识，他们对奴隶性展开了猛烈的批判、深入的清算。大致说来，对奴隶性的批判清算在戊戌时期即已开始，而这一问题引起人们的普遍重视是在20世纪初。

所谓奴隶性，是指长期封建专制统治所造成的人们安分、柔顺、依赖、卑怯的顺民性格和一些人安于奴隶地位的奴才意识。这是一种被扭曲的、畸形的人格，它使人既泯灭了自我意识，也泯灭了国家、群体观念，处于无政治意识的冷漠、麻木状态，造成一种可怕的消极性。中国近代的资产阶级新学家，在许多文章中列举了奴隶性的种种表现，对它的丑态作了深刻、无情的揭露。麦孟华写道："奴隶者，与国民相对待而不齿于人类之贱称也。国民者，有自治之才力，有独立之性质，有参政之公权,有自由之幸福,无论所执何业,而皆得为完全无欠缺之人。曰奴隶则既无自治之力,亦无独立之心。……依赖之外无思想,服从之外无性质,谄媚之外无笑语,奔走之外无事业,伺侯之外无精神。呼之不敢不来,麾之不敢不去,命之生不敢不生,命之死亦不敢不死。得主人一盼,博主人一笑,则如获异宝,如膺九锡,如登天堂,嚣然夸耀侪辈以为荣宠。及撄主人之怒,则俯首屈膝,气下股慄,虽极其凌蹴践踏,不敢有分毫抵忤之色,不敢生分毫愤奋之心。"(麦孟华:《说奴隶》,《清议报》第69册)

麦孟华的这段文字,对奴隶性所造成的顺民性格、卑污行径和种种丑态作了生动淋漓的描绘,因此,几个月后即为梁启超所引用,两年后又为邹容的《革命军》转引,流传甚广。稍后,革命派的一篇文章更为全面、准确地描绘了奴隶性的主要特征和表现:"以土地为一家之私产,以人民为一家之私奴,以政治特权为仅少人士之专有物,而于监督政权之事,则曰非吾侪小人之所能及焉。饮食男女之外无思想,自私自利之外无责任,纳租税、供鞭挞之外无事业。惟知服从专制之权,视为神圣不可侵犯之天宪,荣辱之惟彼,生杀之惟彼,曾未尝建一言、参一政,以增进和平之幸福焉。则如在网之鱼、在笼之兽,一任主人之左右之、支配之,而无丝毫自主之能力。"(《论中国之前途及国民应尽之责任》,《湖北学生界》第3册)

他们认为,这种奴隶性在中国社会各阶级、阶层中是普遍存在的。不仅民对于官自居于奴隶,小官对于大官、下级对于上级同样自居于奴隶。在那等级森严的庞大金字塔中,下一层者即是上一层者之奴隶。"州县之视百姓,则奴隶矣;及其对道府以上,则自居于奴隶也。"总之,中国"举国之大,竟无一人不被人视为奴隶者,亦无一人不自居奴隶者"(梁启超:《中国积弱溯源论》)。他们沉痛地说:"悲夫!黄帝神农之子孙,皆肃静之奴隶也。"(邹容:《革命军》)而且,"我中国人之乐为奴隶,不自今日始也","中国之所谓二十四朝之史,实一部大奴隶史也"(同上)。奴隶性在中国不仅普遍存在,而且源远流长、根深蒂固,于是,中国遂成为一个"醉生梦死,行尸走肉,不痛不痒,麻木不仁之世界"(《二十世纪之中国》,《国民报》第1期)。从上面的论述看,他们对这一问题的估计是相当严重的。

根据自己的观察、感受、体验,新学家们又进一步揭露了奴隶性所造成的恶劣影响、严重危害。

他们指出,奴隶性使人丧失国家思想、群体意识、公德观念,使人无政治热情,无责任感,无义务观念,对国家民族、社会群体、政治和公共事务一概冷漠,造成一种可怕的消极性。正像当时流传的一首名为《奴才好》的乐府诗所说:"奴才好,奴才好,勿管内政与外交,大家鼓里且睡觉。""满洲人关二百年,我的奴才做惯了,他的江山他的财,他要分人听他好。""奴才到处皆为家,何必保种与保国。"(因明子:《奴才好》,《清议报》第86册)同时,奴隶性又使人自轻自贱,丧失独立自主的精神,造成严重的依附性和依赖性,"如群盲偕行,甲扶乙肩,乙牵丙袂"(梁启超:《十种德行相反相成义》)。而对上,则盼望圣君贤相的仁政和恩赐,期待好运气的到来。另外,奴隶性不只使人终日"奴颜妾面",而且使人养成虚伪、巧滑、自私、媚上骄下等恶德。更为严重的是,奴隶性造成一种安分、顺从、偷安、苟活的顺民性格,让人安于被压迫、被统治的屈辱地位,"牛之马之不以为苦,奴之妾之不以为辱"。它使人不敢抗争、不敢革命,"驯伏数千年专制政体下,相率而不敢动"(《箴奴隶》,《国民日日报汇编》第1集),甚至一闻民权、民主之说竟"掩耳咋舌,反訾为离经叛道、无父无君、大逆不道之议论矣"(《二十世纪之中国》,《国民报》第1期)。而且,它使人不仅可以当本族统治者的奴隶,也可以当异族统治者、外国侵略者的顺民。

他们指出,这种奴隶性不仅有利于本国封建统治者,也有利于外国侵略者,它是传播民主思想,发动革新或革命的严重障碍,也是振奋民族精神、提高民德的严重障碍。他们对奴隶性深恶痛绝,把它称之为"亡国之根性",认为中国欲革命"必先去奴隶之根性"(邹容:《革命军》)。一篇文章无限感慨地说:"吾今而后知专制君主之压制国民不足畏,腐败官吏之鱼肉国民不足畏,所可畏者国民之奴隶根性耳。"这是因为,"奴隶之劣性不去,则必以逼勒我赋税以供专制君主之快乐为天职,朘削我膏脂以充腐败官吏之私囊为义务,此心不变则其国永亡"(辕孙:《露西亚虚无党》,《江苏》第4期)。他们之所以一再大声疾呼,慷慨陈词,批判清算奴隶性,原因正在于此。

二

中国近代新学家们对奴隶性的清算是深入的。他们不仅列举了奴隶性的种种表现,分析了它的危害,而且又深入挖掘了它之所以产生的根源。在这方面,他们曾提出过一些尖锐而深刻的见解,反映了当时启蒙思想家的思想深度。他们指出,从根本上说,存在于中国人之中的奴隶性是长期封建君主专制制度造成的,是封建专制统治的必然恶果。严复以中西作对比,作了如下的分析:"(中国)自秦以降,为政虽有宽苛之异,而大抵皆以奴虏待吾民。虽有原省,原省此奴虏而已矣;虽有燠咻,燠咻此奴虏而已矣。夫上既以奴虏待民,则民亦以奴虏自待。"(《原强修订稿》)

稍后,革命派的宣传家们也作了类似的分析。他们都认为,在长期的封建君主专制制度下,国家成为君主的私产,人民成为君主的奴隶,其间不管君主贤良与否、政治清明与否,人民的奴隶地位始终不曾改变,君民关系始终是一种主奴关系。人民既然始终处于无权的奴隶地位,自然不可能有国家思想、政治热情、主人翁感。更为严重的是,君主既视国家为私产、国事为家事,并与人民处于敌对的地位,他们又严禁人民议政,这就进一步扼杀、摧残了人民关心国家、关心政治的积极性。严复指出,"中国自秦政以降,大抵以议法为奸民","吏虽中之以危法可也"。于是,人民也就只有"箝口结舌","以自营为唯一之义务"(《原富》部戊篇一案语、《法意》十九卷二十章案语)。对此,梁启超作了更为深入的分析、揭露。他说:"后世之治国者,其君及其君之一二私人,密勿而议之,专断而行之,民不得与闻。有议论朝政者,则指为莠民;有忧国者,则目为越职;否则笑其迂也。"他认为,所以如此是毫不足怪的,"譬之奴隶而干预主人之家事,则主人必怒之,而旁观人必笑之也"。在这种情形下,人民对于国家"虽欲爱之,而有所不敢、有所不能焉。既不敢爱、不能爱,则惟有漠然视之,袖手而观之"(《爱国论》)。

这些分析深刻地说明,存在于中国人中的奴隶性,根源于封建专制制度下人民所处的奴隶地位,是封建统治者和封建专制制度扭曲了人们的人格,摧残了人们的精神、道德和政治热情,扼杀了人们的积极性、主动性,造成了严重的依赖性和可怕的消极性。这些分析是对封建专制制度的深刻揭露,大大启发了人们的民主主义觉悟。

其次,为封建专制统治服务的古代学术、教育、纲常礼教也极力按封建统治者的要求陶铸、培养人们的奴隶性。一些新学家们指出,中国古代的学派乃是"奴隶之学派",中国古代的教育乃是"奴隶之教育"。它们"专以柔顺为教,养成奴隶之性质"(《二十世纪之中国》,《国民报》第1期)。自古以来,中国的圣贤、学者一再教人"犯而不校"、"以德报怨"、"百忍成金"、"唾面自干",使人"无骨、无血、无气","奴隶之性,日深一日"(梁启超:《新民说·论权利思想》)。中国的封建道德使臣、子、妻、卑、幼成为君、父、夫、尊、长的附属品,"而无独立自主之人格",乃是一种"以己属人之奴隶道德"。中国的封建礼教是套在人们身上的枷锁,它极力养成人们的"卑屈之风,服从之性,仆仆而唯上命是听"(《权利篇》,《直说》第3期)。在封建的学术、教育、纲常礼教的长期影响、束缚下,"卑屈服从之奴性,呜呼极矣"。

一些新学家们认为,长期以来在养成人们的奴隶性方面,儒家曾起了重要作用。他们说,历来为人们所称道的孔子关于"仁"的学说,实质上乃是"奴隶的为仁学说"(凡人:《开通学术议》,《河南》第5期)。一篇文章干脆认为:"凡所谓儒者,皆奴隶之学也。"(《劝同乡父老遣子弟航洋游学书》,《游学译编》第3期)还有人认为,在中国历史上,除了儒家以外,法家和道家在造成人们的奴隶性方面也曾起了不小的作用。一篇文章说,法家站在"治者"的立场主张"干涉",意在"收买奴隶";道家站在"被治者"的立场主张"放任",则是为了向治者"贩卖奴隶"。"静也,虚也,柔也,无为也,无动也,老派之玄妙也,即奴隶之教授法也。"(《箴奴隶》,《国民日日报汇编》第1集)道家在养成人们奴隶性方面的作用、影响也是不小的。

近代新学家们又进一步指出,由于长期以来中国人民始终处于无权的奴隶地位,由于长期来中国封建统治者大力提倡奴隶主义,千方百计摧残民德,奴隶性已深入人们的脑髓,不少人已习非为是,完全麻木。而且,在金字塔式的封建等级制度下,人们既为在上者之奴,同时又奴役在下者。"其自居奴隶时所受之耻辱苦孽,还以取偿于彼所奴隶视之人","彼之所得者,足以偿所失而有余",因此,人们"虽日日为奴而不觉其苦,反觉其乐"(梁启超:《中国积弱溯源论》)。甚至一些人"以此丑态为美观、为荣誉,加意修饰之"(《箴奴隶》,《国民日日报汇编》第1集),不仅"自居奴隶而已,见他人之不奴隶者反从而非笑之"(梁启超:《爱国论》)。这说明,在封建专制主义的长期统治、摧残、腐蚀下,人们的人格已普遍被扭曲,奴隶性和奴隶主义已成为许多人的习俗、信条、为人之道、处世哲学和社会舆论。而这种习俗、信条、为人之道、处世哲学和社会舆论,反过来又无时不在潜移默化地产生广泛巨大的影响,"如疫症之播染",使人们的奴隶性日深一日。

总之,由于中国人"感受三千年奴隶之历史,熏染数千载奴隶之风俗,只领无数辈奴隶之教育,揣摩若干种奴隶之学派,子复生子,孙复生孙,谬种流传,演成根性",中国遂成为一"庞大无外之奴隶国"(《箴奴隶》,《国民日日报汇编》第1集)。

全面地看,中国近代新学家对奴隶性的批判清算,在尖锐激烈、严厉无情之中也存在一些偏颇。他们有时过分渲染、夸大了中国人民身上的弱点,忽略了中华民族特别是劳动人民的美德,一些议论显得有些偏激、片面。同时,他们对于奴隶性也缺乏阶级分析,在谈到奴隶性的表现时没有把人民群众同统治者及其奴才区分开来。因此,他们的某些结论不免失之含混、笼统。这些是他们的缺陷。但是,值得我们重视的是,他们在批判奴隶性的过程中,绝大多数人并没有鼓吹民族虚无主义,制造民族自卑感,没有把奴隶性说成是中国人先天的劣根性。十分可贵的是,他们以理性主义精神和对民族国家负责的态度深入、冷静地分析了之所以产生奴隶性的根源,并正确地把封建专制制度看做是产生奴隶性的病根,这一分析是大胆而深刻的。这说明,他们之所以要揭奴隶性这一癞疮疤,并不是为了鞭挞中华民族,而是为了揭露、声讨封建专制制度,唤起人们的民主主义觉悟。批判清算奴隶性不是一场孤立的斗争,而是当时反封建斗争的一个组成部分,它带有鲜明的民主主义色彩。

三

破是为了立。中国近代新学家们批判清算奴隶性,是为了在中国人民中培育、树立新的资产阶级的"国民意识",是为了在中国"破酋长与奴隶之契约,进而为国民与国家之契约"(《说国家》,《直说》第1、2期),即破除旧的封建的社会关系,建立新型的资本主义的社会关系,使中国人民由奴隶进而成为国民。

"国民"的观念,对当时多数的中国人来说是陌生的。因此,许多文章将奴隶与国民作了对比,指出了两者的根本区别:"何谓国民?曰:天使吾为民而吾能尽其为民者也。何为奴隶?曰:天使吾为民而卒不成其为民者也。故奴隶无权利而国民有权利,奴隶无责任而国民有责任,奴隶甘压制而国民喜自由,奴隶尚尊卑而国民言平等,奴隶好依傍而国民尚独立。"(《说国民》,《国民报》第2期)

概括说来,他们认为,国民具有以下的性质、特征。一、国民是国家的主人,他们"治一国之事,定一国之法,谋一国之利,捍一国之患"(梁启超:《论近世国民竞争之大势及中国前途》),"与国家关系休戚",因而具有自觉的爱国心。二、国民既有应享的各种权利,也有应尽的各种义务。三、国民自由平等,独立自主。四、国民具有自治能力,享有自治权力。而所谓国民意识,主要是指自由平等、独立自主的精神;"主权在民"的民权观念;国家主人翁的意识;群体意识、公德观念、权利和义务观念等。他们指出,以上这些正是当时的中国人所没有的。有无国民意识,这是当时东西方在观念意识上的一个显著差异。

他们认为,今天"立国于地球之上者,无国民则亡,有国民则强"(《论中国之前途及国民应尽之责任》,《湖北学生界》第3期)。西方之所以强盛,是由于它们"国中有国民而无臣民,有主人而无奴隶"(汉驹:《新政府之建设》,《江苏》第5、6期);中国之所以衰败,西方侵略者之所以敢于疯狂侵略中国,并能一再得逞,都是"以我无国民故也"。他们担心,从此以往"有国民之国,群起染指于我中土,我同胞其将由今日之奴隶,以进为数重奴隶"(邹容:《革命军》),陷入亡国灭种的危险。因此,中国人民能否树立国民意识,由奴隶进而为国民,"此二十世纪之一大问题也",它直接关系到国家民族的存亡兴衰。基于这一认识,他们认为,当时中国的当务之急,是通过清算奴隶性,树立国民意识,在人民中"播国民之种子"。邹容在《革命军》中满腔热忱地号召人们"万众一心,支体努力,以砥以砺,拔去奴隶之根性,以进为中国之国民"。其他人也曾一再发出同样的号召、呼吁。

"去奴隶而为国民"、"除奴隶而为主人",这一具有鲜明民主主义色彩的响亮口号集中表述了批判奴隶性的斗争所要实现的目标。它反映了新兴的中国资产阶级要求摆脱封建专制统治,实现资产阶级民主,建立新型的资产阶级国家的强烈愿望。它标志着长期处于封建专制统治下的中国人的伟大的觉醒。这一战斗口号是那个时代的最强音,具有巨大的号召力、吸引力。当时,他们又把这一目标的实现,看做是救亡图存、振兴中华的前提,因此,他们清算奴隶性、树立国民意识的斗争又是同救亡图存、振兴中华的伟大事业紧紧联系在一起的,它具有鲜明强烈的爱国主义性质。

19世纪末20世纪初,中国资产阶级新学家清算奴隶性的斗争包含着颇为丰富的内容。为了实现个性的解放,突出强调"自我",他们不仅要求不做封建君主、封建统治者的奴隶,同时又号召不做古人、圣贤、天地鬼神、命运、世俗、境遇的奴隶。因此,他们在提倡国民意识的同时,又大力提倡自尊、自重、自立、自爱、自信、自强、进取、冒险等意识、品德。所谓"我有耳目,我物我格;我有心思,我理我穷"(梁启超:《新民说·论自由》)、"以己之权,行己之志"(《革天》,《国民日日报汇编》第1集)等等,这是当时颇为流行的观念和口号。这些反映了新兴的中国资产阶级试图摆脱一切束缚,渴求解放的强烈愿望,也反映了这个正处在上升时期的阶级朝气蓬勃、积极进取的精神状态。

四

近代新学家们认为,在当时的中国,要肃清奴隶性,树立国民意识,第一步应当是在中国人民中培养、树立权利和义务观念,处理好两者的关系。

他们指出,因为中国人民长期处于无权的奴隶地位,所以,当时人们普遍缺乏权利观念。于是,他们首先大力宣传提倡权利思想。梁启超主张:"为政治家者,以勿摧压权利思想为第一义";"为教育家者,以养成权利思想为第一义";"为一私人者","各以自坚持权利思想为第一义"(梁启超:《新民说·论权利思想》)。可见,他们对此是极为重视的。

在当时,资产阶级新学家们所讲的国民权利,核心是"国民参政权"。他们曾一再呼吁:"一国行政之权,吾得而过问之;一国立法之权,吾得而干涉之;一国司法之权,吾得而管理之。"(《说国民》,《国民报》第2期)为了实现国民参政权,他们大力宣传了西方资产阶级关于"主权在民"的思想,极力强调国民权利的神圣性。他们宣称,国民的权利是暴君不能压、酷吏不能侵、父母不能夺、朋友不能僭,以至"鬼神不能窃而攘之"的。但是,他们并没有侈谈权利神圣,空论人权天赋,而是突出宣传了权利由斗争而得的思想,这是十分可贵的,值得我们珍视。

1902年,当梁启超尚未公开反对革命时,他在著名的《新民说》中引证了德国学者伊耶陵的一段话:"权利之目的在平和,而达此目的之方法则不离战斗。""质而言之,则权利之生涯,竞争而已。"对此,他作了发挥。他认为:"权利者,常受外界之侵害而无已时者也,故亦必常出内力之抵抗而无已时,然后权利始成立。"权利如不经过艰苦斗争而得,则"如飞鸿之遗雏,猛鹫狡狐或得而攫之",是不可靠的,只有"熏浴于血风肉雨而来"的权利,才是可靠的。不以斗争而得,"则权利者亦空言而卒归于无效"。基于此,他批判了那种指望圣君明主发善心、行仁政的思想。他认为,指望圣君明主行仁政,恩赐权利,这乃是奴隶性的表现,"人民之望仁政以得一支半节之权利者,实含有亡国民之根性"(《新民说·论权利思想》)。应该说,这一思想在梁启超的改良主义思想体系中显得很可贵。一些革命派的宣传家,则更突出地宣传了这一思想。他们指出:"民权之大小,恒视人民竞争之烈否,盖惟争而能致胜。"(竞庵:《政体进化论》,《江苏》第1、3期)他们坚持反清革命,正是为了通过革命斗争,推翻清朝专制统治,摆脱奴隶地位,实现民权。

他们又认为,由于中国人民长期处于奴隶地位,把国家看做是君主的私产,自然对国事漠不关心。因此,当时的中国人,不仅缺乏权利观念,也缺乏义务观念。他们指出,义务观念与权利观念同是国民意识的重要内容;无义务观念与无权利观念一样,都是奴隶性的表现。一篇文章写道:"奴隶之所顾者为一人一家之事,国民之所顾者为同国同种之事。奴隶之遇事也,有畏葸、苟且之心,故在家则诿之父兄,在朝则诿之君相,是率一国之人而无责任者也。国民之遇事也,有勇往冒险之心,故一国之事即一人之事,一人之事即一国之事,是率一国之人而皆任事者也。……无责任者,非国民也。"(《说国民》,《国民报》第2期)

他们又进一步指出,义务观念与权利观念同是爱国心的源泉,一国的强弱兴衰是与同一国人的义务观念成正比的。一旦"举国相率而放弃其义务",欲求国家之强盛,"何异缘木而求鱼"(《权利篇》,《直说》第3期)?为了肃清奴隶性,树立国民意识,激发爱国主义,他们在提倡权利观念的同时又大力提倡义务观念。

近代新学家们提倡义务观念,大都是从人的社会性的角度来展开论述的。他们认为,人是社会、群体的动物,任何人都无法离开社会、群体而"孤立独行"。"家族、社会、国家为人之母,无此而人无以存。"(同上)因此,任何人对社会、国家、群体都有不容推诿的义务、责任。基于上述理解,他们又大力宣传、提倡群体意识、公德观念,严厉谴责那些只知享权利不知尽义务的人是国家的蠹虫、社会的蟊贼。

为帮助人们树立正确的权利与义务观念,处理好两者的关系,他们又反复论述了权利与义务的关系。梁启超说:"义务与权利对待者也,人人生而有应得之权利,即人人生而有应尽之义务,二者其量适相均。……苟世界渐趋于文明,则断无无权利之义务,亦断无无义务之权利。……权利义务两端平等而相应者,其本性。"(梁启超:《新民说·论义务思想》)他们强调,权利与义务相互依存,其量应相均。一定的权利必然要带来一定的义务,一定的义务也必然要得到一定的权利。强调任何一方都是不全面的,只有树立完全的权利义务观才算具备真正的国民意识。

批判奴隶性、树立国民意识的斗争,在19世纪末20世纪初曾受到许多资产阶级思想家的重视,并造成了相当的声势。但是,由于中国的民族资产阶级并未能推翻使人民处于奴隶地位的封建专制制度,未能在中国胜利完成资产阶级民主革命的任务,因此,他们并未能彻底完成肃清奴隶性、树立国民意识的历史任务。

同时,他们在这一问题上进行的理论探讨也存在不足。他们为此而发表的文章,多数是一些短论,激情有余而理论深度则显得不够。他们对奴隶性的表现、危害、根源,以及如何清除奴隶性等问题虽发表了不少很好的议论,但总的说来分析、阐述尚不够透彻、深入、全面。

这说明他们对这一问题尚缺乏更深入的思考和充分的理论准备,这势必要影响他们启蒙宣传的效果。

  但是,这场斗争所产生的积极影响是不容忽视的。它猛烈抨击、批判了封建专制制度以及种种封建意识观念,向人民宣传了一套资产阶级的政治、法律、道德观念,提高了人民的民主主义觉悟。它振奋了民族精神,激发了国人的爱国热忱和革命激情,使许多人从奴隶主义的束缚下解放出来。它对深入宣传资产阶级的民权主义,推动资产阶级的"道德革命",以至推动整个资产阶级民主革命的进程都曾起了重要作用。这一斗争是中国近代资产阶级启蒙运动史上的重要一页,在中国近代思想领域曾产生过重要影响,值得我们重视。

论中国近代的"国民性"改造

要求对中国的"国民性"进行改造,是中国近代思想领域的一件大事,它曾受到几代中国改革者的持续关注。何谓"国民性"？使用这一概念的中国近代思想家们均未对此作出定义性的明确说明,而当代的研究者们则众说纷纭,认识很不统一。显然,欲求对此取得共识尚需时日。不过,对这一问题的暂时搁置并不影响我们对近代的"国民性改造"问题作进一步的认识、探讨。这是因为,从这一问题提出之日起,提出者们所说的"国民性"乃是指中国"民性"、"积习"中的"劣根性",亦即当时中国民众在心理、精神、观念、行为习惯各个方面所存在的带有普遍性的缺点、劣点；所要解决的乃是如何提高国民素质、振奋民族精神、实现人的近代化(现代化),进而实现社会近代化(现代化)的问题。故就此而言,"国民性"及其改造的含义和所要解决的问题又是很明确的。限于篇幅,本文只就中国近代思想家们所说的"国民性"和"国民性改造"作论述。

一

在中国,"国民性"一词出现于20世纪初。比如,1908年5月13日《舆论日报》的一篇文章标题便为"论中国之国民性"。而在这一问题提出之初,人们多以"民性"、"积习"等词来表述。揭示中国民性、积习中的种种"劣点"并不始于中国人,而是始于在华的西方人。例如,甲午战争结束后,主办《万国公报》的美国传教士林乐知便在该刊上发表议论,认为当时"中国缺憾之处不在于迹象,而在于灵明";中国的根本问题在于中国民众"无象之血气心知""不足恃"。他将"华人之积习"归为"骄傲"、"愚蠢"、"恇怯"、"欺诳"、"贪私"、"因循"、"游惰"等七个方面,并一一作了描述。他认为,由于中国人在精神、品德上存在这些问题,于是,一切有形的物质设施便成了摆设,发挥不了应有的作用。故甲午之败,"非日本之能败中国也,中国自败之也";中国欲图振兴,中国人就应自觉地"除旧习而迪新机",对精神"灵明"进行自觉改造(《险语对》上)。

中国人自己开始自觉地揭示、清算自身的弱点、劣点,是受了严复所介绍的斯宾塞的社会有机体说的刺激和启示。为了贯彻实施自己的政治主张,1895年严复刚刚从海军界闯入思想界,便在《原强》这篇名文中介绍了社会有机体说。后来,他又翻译了斯宾塞的社会学著作《群学肄言》,对社会有机体说作了更为系统的介绍。按严复的理解,社会有机体说乃是"用生学(生物学)之理以谈群学(社会学)"(《天演论》论十五按语),即以生物学解释社会,把社会看做是一个生物有机体。严复认为,"一群之成,其体用功能无异生物之一体"(《原强》)。社会成员与社会的关系,如同细胞与生物体的关系。既然生物体的性质、特征取决于组成它的细胞,那么,一国一群的面貌特征便取决于社会成员的状况。在严译的《群学肄言》中有这样的话:

凡群者皆一之积也,所以为群之德,自其一之德而已定。

> 群者谓之拓都(Aggregate),一者谓之幺匿(unit)。拓都之性情形制,幺匿为之。(《喻术》)

> 群者,人之拓都也;而人者,群之幺匿也。拓都之性情变化,积幺匿之性情变化以为之。(《宪生》)

在这本译著的序言、后记、译者注以及这一时期的其他论著中,严复着力宣传了这些思想,反复强调社会国家的面貌取决于民众的素质。他一再说:"国之强弱、贫富、治乱者,其民力、民智、民德三者之征验也。"(《原强》)西方之所以富强,是由于其民德智体三者皆优;中国之所以贫弱,则是因为中国"民力已苶,民智已卑,民德已薄",三者皆劣。因此,中国欲求富强振兴,就应立即着手提高全民的基本素质。对于中国的变革、振兴而言,使民众实现德智体三强乃是根本,是必不可少的基础建设,否则必将导致或"淮橘成枳"、或"人亡政息"的严重后果。正是严复的这些议论,引发了那时改革者、新学家们对国民性改造的普遍关注。

对严复所介绍的社会有机体说大加发挥并大力宣传的则是梁启超。为了突出提高国民素质的极端重要性和紧迫性,20世纪初梁启超在《新民说》中对国家、政府与人民素质的关系作了更多论述:

> 国也者,积民而成。国之有民,犹身之有四肢五脏筋脉血轮也。未有四肢已断,五脏已瘵,筋脉已伤,血轮已涸,而身犹能存者。则亦未有其民愚陋怯弱涣散混浊,而国犹能立者。(《叙论》)

> 政府何自成?官吏何自出?斯岂非来自民间耶?……聚群盲不能成一离娄,聚群聋不能成一师旷,聚群怯不能成一乌获。以若是之民得若是之政府官吏,正所谓种瓜得瓜、种豆得豆,其又奚尤?(《论新民为今日中国第一急务》)

这些议论把人民对国家、政府的决定关系更加绝对化。由于《新民说》是轰动一时的名文,经由《新民说》的鼓吹,国民性改造问题更加引人关注,成为那时的热门话题。

在20世纪初,鼓吹国民性改造的不只是梁启超等维新派人士,还有继之而起的革命党人。两派的政见虽然针锋相对,但在这一问题上的基本认识并无分歧。值得注意的是,在那时,不仅梁启超主办的《新民丛报》以及革命派主办的一些刊物在提倡国民性改造,而且偏重探讨学术问题的《东方杂志》也刊登了不少论国民性和国民性改造的文章。《东方杂志》的这类文字多系转载,所转的文章来自《申报》、《舆论日报》、《时报》等诸多报纸。而且,由于《东方杂志》发行量较大,它所造成的影响也更大。经由这番宣传,"民质而优则其国必昌,民质而劣则其国必亡"(《论社会改革》,《东方杂志》1906年第8期)的认识被越来越多的中国人所认同。1915年新文化运动兴起后,要求改造国民性的呼声更高。作为新文化运动开场锣鼓的陈独秀的《敬告青年》一文,其主旨便是要使中国人从"浅化之民"变为"日新求进之民"。由于在新文化运动初期,陈独秀等人更强调国家的强弱兴衰取决于国民素质,将改造国民性视为改造中国的根本,因此他们对国民性改造更加重视,论述也更多。

在中国近代,国民性改造问题的提出引发了国人对人自身的近代化的关注,使人们认识到不论是破坏旧世界还是建设新世界,都要靠觉醒中的一代新人;离开人自身的近代化,社会的近代化就没有坚实的基础。正是基于这些认识,近代的改革者、新学家们不仅要求实现人的解放,同时又呼吁实现人的重塑。从此,提高全民的基本素质、振奋民族精神、造就一代新人的任务提上了日程,改革者们对近代化有了更加全面的理解和规划。

因急于谋求中国的振兴,从戊戌变法开始,速成论曾在中国有不小的影响。比如,康有为便认为,中国只要变法维新,则"三年而宏规成,五年而条理备,八年而成效举,十年而霸图定矣"(《进呈日本明治变政考序》)。显然,这种以为中国的振兴可以在最短时间内实现的想法,是对改造、振兴中国的斗争的长期性、复杂性认识不足的表现,势必会给现实斗争带来负面影响。国民性改造问题的提出对消除这种速成论的影响也具有积极意义。

二

要想改造国民性,第一步工作无疑是梳理、揭示那时中国人身上的种种"劣下之根性"。最早从事这一工作的是梁启超。1901年,在《中国积弱溯源论》这篇长文中,梁启超将中国人"人心风俗"上的劣点归结为"奴性"、"愚昧"、"为我"、"好伪"、"怯懦"、"无动"等六方面。次年,在《新民说》中他又作了较详细的剖析。他认为,"我祖国民性之缺点不下十百",主要表现为缺乏公德观念、无国家思想、无进取冒险性质、无自尊性质、权利与义务观念薄弱……在新文化运动时期,陈独秀、李大钊等人又在一系列文章中对中国人的各种缺点、劣点作了更全面也更尖锐的揭示。所列举的有:"好利无耻"、"老大病夫"、"不洁如豕"、"黄金崇拜"、"工于诈伪"、"不诚无信"、缺乏同情心,等等。陈独秀竟认为,当时"中华民族种种腐败堕落",业已"到人类普遍资格之水平线以下",令人"惭愧、悲愤、哀伤"(《中国式的无政府主义》)。其措辞既极端尖锐又极其沉痛。值得提起的是,鲁迅在"五四"前后所创作的小说中,对病态的中国社会的各色中国人的种种缺陷、弱点作了入木三分的生动刻画,比一些理论文章影响更深。

中国近代的改革者、新学家们进而揭示,中国人的弱点、劣点虽有诸多表现,但最根本的则是奴隶性。因此,从20世纪初开始,新学家们对国民劣根性的清算又集中表现为对奴隶性的清算。最早从事这一揭露、批判的是梁启超、麦孟华等维新派思想家;继起的革命派思想家、宣传家也发表了大量剖析、批判奴隶性的文章。对于奴隶性的种种丑恶表现,他们先后作了惟妙惟肖的描绘。如:

> 奴隶则既无自治之力,亦无独立之心。……言主人之言,事主人之事。依赖之外无思想,服从之外无性质,谀媚之外无笑语,奔走之外无事业,伺候之外无精神。呼之不敢不来,麾之不敢不去,命之生不敢不生,命之死亦不敢不死。得主人之

一盼、博主人之一笑,则如获异宝,如膺九锡,如登天堂,嚣然夸耀于侪辈为荣宠。及婴主人之怒,则俯首屈膝,气下股栗,虽极其凌蹴践踏,不敢有分毫抵忤之色,不敢生分毫愤奋之心。(麦孟华:《说奴隶》,《清议报》六十九册)

从上述描绘可知,20世纪初中国新学家们所说的奴隶性,乃是指长期封建专制统治所造成的人们安分、顺从、依附、卑怯的顺民性格,以及一些人安于奴隶地位的奴才意识。正是这种奴隶性使人自轻自贱,丧失独立自主的精神,养成依附、依赖等积习,使中国人"如群盲偕行,甲扶乙肩,乙牵丙袂"(梁启超:《十种德行相反相成义》),全无自主、自择能力。更可怕的是,奴隶性所造成的顺民性格使人偷安苟活,安于被压迫、被统治的屈辱地位,"牛之马之不以为苦,奴之妾之不以为辱","驯伏数千年专制政体下,相率而不敢动"(《箴奴隶》,《国民日日报汇编》第一集)。

他们又指出,这种奴隶性在中国社会各阶级、阶层中是普遍存在的,在那等级森严的庞大金字塔中,下一层者即是上一层者的奴隶。中国"举国之大,竟无一人不被人视为奴隶者,亦无一人不自居奴隶者"(梁启超:《中国积弱溯源论》)。而且,"我中国人之乐为奴隶,不自今日始也","中国之所谓二十四朝之史,实一部大奴隶史也"(邹容:《革命军》)。奴隶性在中国不仅普遍存在,而且根深蒂固,于是,那时的中国遂成为一个"醉生梦死,行尸走肉,不痛不痒,麻木不仁之世界"(《二十世纪之中国》,《国民报》第一期)。这些读之使人心酸、沉痛的文字,在当时曾使国人深受刺激,有力地激发了民族精神的振奋。在20世纪初,改革者、新学家们一致认为,普遍存在于国人之中的奴隶性,乃是中国社会变革、社会进步、民族振兴的巨大障碍。他们的结论是,国内的专制统治并不足畏,国外的列强侵凌也不足畏,"所可畏者,国民之奴隶根性耳"(辕孙:《露西亚虚无党》,《江苏》第四期)。因此,要想实现近代化,要想改造中国并实现人的解放,就必须清除奴隶性。

中国近代对奴隶性的清算,从戊戌变法开始一直持续到"五四"新文化运动。在《敬告青年》一文中,陈独秀向中国青年"谨陈六义",其中第一义便是"自主的而非奴隶的"。他期望中国青年"脱离奴隶之羁绊,以充其自主、自由之人格"。由于在前两个时期业已对奴隶性的种种表现和严重危害作了深入揭露,因此,新文化运动的倡导者们更多的是论如何破除奴隶性的问题。新文化运动始终反对盲从、迷信,反对依附、依赖,猛烈抨击由三纲所造成的"奴隶道德",提倡"我有口舌,自陈好恶;我有心思,自崇所信"(陈独秀:《敬告青年》)的自主理性,鼓吹个人本位主义,矛头所向正是奴隶性,正是为了清除奴隶性。对于清除奴隶性而言,这些理论工作的意义、影响更大。

在中国近代,几代改革者、新学家们将中国人的弱点、劣点概括、归结为奴隶性,是正确而深刻的。这一概括、归纳使这场民族大反省不只是揭示"丑陋的中国人"的种种琐碎的"丑陋",不只是痛陈中国人"丑陋"的种种表象,而且准确抓住了要害、本质。

三

十分可贵的是,中国近代的新学家们不仅揭示了奴隶性的种种表现,而且揭示了之所以如此的历史根源。他们认为,从根源处说,奴隶性等乃是长期的封建专制制度造成的。正如严复所说:"夫上既以奴虏待民,则民亦以奴虏自待。"(《原强》)民众既处于奴隶地位,自然不可能有自觉的政治热情、权利和义务观念,势必对一切皆冷漠视之。此外,为封建专制统治服务的学术、教化、伦理纲常也都按统治者的要求陶铸、培养民众的奴隶性。新学家们认为,中国古代的学术教化"专以柔顺为教",势必养成人们的"卑屈之风,服从之性"(《权利篇》,《直说》第二期;《二十世纪之中国》,《国民报》第一期)。中国古代的圣贤一再教人"犯而不校"、"百忍成金"、"唾面自干",使人"无骨、无血、无气",于是中国民众的"奴隶之性,日深一日"(梁启超:《新民说·论权利思想》)。而且,奴隶性一旦形成,许多人不仅"自居奴隶而已",而且"见他人之不奴隶者反从而非笑之",这种习非为是的大环境、大氛围更使奴隶性"如疫症之播染",遍及于国人之中。这些分析从根本上否定了中华民族天生是劣等民族的谬论,同时也说明,存在于国人之中的"劣根性"是可以改造的。

不过,令人遗憾的是,这种对根源的正确分析那时并未引导人们找到改造国民性的正确途径。按照上述分析作逻辑推导,结论理应是欲消除国人的奴隶性,就必须使民众摆脱奴隶地位,从封建专制制度的压制下解放出来;欲改造中国的国民性,就必须进行社会制度的变革。可是,依据社会有机体说,他们并未循着上述逻辑得出上述结论,而是循着"一"(个体)之性决定群之性的逻辑,只强调国民个体的自我改造、完善。

严复从一开始便反复向国人灌输这样的思想:"凶狡之民,不得廉公之吏;偷懦之众,不兴神武之君。"所以,只有"智仁勇之民兴","而后其国乃一富而不可贫,一强而不可弱也"(《天演论》导言八)。只有待中国民众素质普遍提高之后,中国才能实现民主富强。在20世纪初,梁启超又把这种决定作用推向极端。他的简单逻辑是:政府由官吏所组成,而官吏都是来自民间,所以,政府的良否完全取决于民众的素质。素质低劣的民众必然造成恶劣的政府,要想出现良政府就必须先有良国民。他的结论是,"苟有新民,何患无新制度、无新政府、新国家",故"新民为今日中国第一急务","舍此一事,别无善图"(《新民说·论新民为今日中国第一急务》)。而所谓新民,即"吾民之各自新而已"。因此,当时中国的唯一出路是,人人皆自觉清除"责人不责己,望人不望己之恶习",把矛头指向自身,由"自责"、"自省"而"自新",努力改过迁善、刷新思想、增进道德,做一个新民。

把国民性的改造以至中国的民主富强归之于民众的自新,这无疑是一种天真幼稚的想法。可是,由于社会有机体说在那时的中国思想界拥有巨大的影响,这种极端简单化的天真想法一直延续到"五四"新文化运动的前期。直到新文化运动开始后,人们的思路依然是:因为

"有不良之国民,斯有不良之政府"(杨昌济:《告学生》,《国民》一卷一号)。所以,当1916年到来之际,陈独秀曾满腔热忱地向国人呼吁,从这新的一年开始,人人"从头忏悔,改过自新"。"从前种种事,至一九一六年死;以后种种事,自一九一六年生。吾人当一新其心血,以新人格",由此进而"以新国家,以新社会"使"民族更新"(《一九一六年》)。这番呼吁无疑是真诚而急切的,但显然又是苍白无力、不可能解决什么问题的。几个月后,李大钊也向中国青年发出了自觉再造自我的呼吁。他对青年提出了这样的期望:

  悟儒家日新之旨,持佛门忏悔之功,遵耶教复活之义,以革我之面,洗我之心,而先再造其我。弃罪恶之我,迎光明之我;弃陈腐之我,迎活泼之我。……(《民彝与政治》)

  从梁启超到陈独秀、李大钊,他们所发出的呼吁、所提出的希望,都带有一种只要人们一朝悔悟即是新人的意味。这样,在他们那里,国民性的改造就简单化为一个社会成员人人洗心革面的问题,似乎只要人人痛下决心,悔悟自新,告别旧我,即可成为一代新人。这种简单化模式使国民性改造一时走入了一条死胡同。在中国近代,受到人们普遍关注的国民性改造问题之所以会走到这一步,还得从严复所介绍的社会有机体说的复杂影响说起,从它那里寻找根源。概言之,这一学说只强调个体对群体、个人对社会的决定作用,所主张的乃是一种单向决定论。这种单向决定论虽引发了中国人对国民性改造、国民素质提高的关注,产生过积极影响,可是,当国民性改造提上日程、进而要解决如何改造国民性的问题时,其理论偏差与消极影响便充分暴露。

  个体与群体、个人与社会、人的近代化与社会的近代化,原本是一种双向影响、双向互动的关系。可是,依据这种"一"之性决定群之性的理论,从严复、梁启超直到前期的陈独秀、李大钊,则始终只强调前者对后者的决定影响,而且把它绝对化。这种以为只要人人成为新民、新我,新的社会制度就一定会到来的说法,势必使人轻忽、推延甚至放弃对社会制度的改造、变革。更严重的是,一旦脱离社会变革的实践而孤立地谈个体人的自新,那么国民性改造也就成了孤立的个人行为;这种孤立的个人行为势必要落入传统儒家、理学家们修身论的老套,这样,国民性改造也就沦为一种空谈,难以取得实效。

早在梁启超的《新民说》发表之时,一位革命党人便批评《新民说》的基本结论"不免有倒果为因之弊"(飞生:《近时二大学说之评论》,《浙江潮》第八、九期)。稍后,另一位革命党人更明确指出,"么匿"固然影响"拓都",但"拓都"同样影响"么匿",社会不改造,个人是难以改造的,故"凡欲改良一己者,必先改良社会"(剑男:《私心说》,《民心》第一期)。他认为,个体人的改造离不开社会改造,社会改造更具优先性。应该说,这些议论是正确的。不过,由于那时革命党人所关注的是反清武装斗争,对这一问题并未作深入探讨与说明,所以,个别人的正确议论并未对这种单向决定论带来大的冲击,削弱其影响。而辛亥革命后国号虽改但专制制度未变而且社会更加黑暗的现实,更使人觉得严复、梁启超的单向决定论是正确的,于是,在国民性改造更受人们关注的同时,这种单向决定论的影响也更大。

可喜的是,随着新文化运动的深入,随着其倡导者接触到更多新的理论以及实践教训的启发,他们先后否定了这种单向决定论,开始走出了戊戌变法以来的理论误区。1917年陈独秀在一篇文章中申言:"人民程度与政治之进化,乃互为因果,未可徒责一方者也。"(《四答常乃惪》)话语虽不多,却是对单向决定论的明确否定。而作更明确否定并作展开论述的则是胡适。1919年2月,他在题为"不朽"的那篇名文中,对个人与社会、个人与历史的关系作了辩证的理解与说明。他认为:

> 从纵剖面看来,社会的历史是不断的,前人影响后人,后人又影响更后人。……总而言之,个人造成历史,历史造成个人。从横截面看来,社会的生活是交叉影响的,个人造成社会,社会造成个人。……个人的生活,无论如何不同,都脱不

了社会的影响。

后来,在另一篇文章中他又强调,"个人是社会上种种势力的结果","'我'是社会上无数势力所造成的"。(《非个人主义的新生活》)这就是说,抛开特定的社会历史环境,就说不清国民性;中国的国民"劣根性"是由中国特定的社会历史环境造成的,故欲改造它就必须改造社会。因此,他断然反对"把'改造个人'与'改造社会'分作两截"的想法与做法,反对那种"把个人看做一个可以提到社会外去改造的东西"的错误认识。他指出,那种以为"改造社会要从改造个人做起"的认识,"还是脱不了旧思想的影响",是错误、不可取的(同上)。他认为,从根本上、整体上说,改造个人当在改造社会的过程中实现,"改造社会即是改造个人"。社会"那些势力改良了,人也改良了"(同上)。所以,他对独善其身主义取否定态度。虽然胡适所主张的社会改造是一点一滴的改良,但他坚定认为个人与社会双向影响、个人改造与社会改造双向互动,并将社会改造置于优先地位,这无疑是有价值的。而当李大钊初步接受马克思主义之后,他对双向互动、双向改造也作了明确的说明,这便是:"不改造经济组织,单求改造人类精神,必致没有效果;不改造人类精神,单求改造经济组织,也怕不能成功。我们主张物心两面的改造,灵肉一致的改造。"(《我的马克思主义观》)

在个人与社会、"人民与政府"、人的近代化与社会的近代化的关系上,从单向决定论转变到双向影响、双向互动论;从孤立地谈个体人的自新转变到在改造社会的过程中改造个人,这无疑是认识上的巨大进步。经由十多年的探索,到新文化运动后期,中国近代的思想家们终于对中国民众的"劣根性"以及如何改造的途径作了比较正确的理解、说明和规划。今天,在构建社会主义和谐社会的过程中,如何提高全民的基本素质,实现人的现代化,造就社会主义的一代新人,依然是一项艰巨的历史任务和基础建设。在此过程中,重温近代国民性改造的曲折历程,汲取前人积极的理论成果,无疑是具有借鉴意义的。

梁启超《新民说》论纲

《新民说》是梁启超的名著,也是20世纪初中国先进分子作跨世纪思考时所提出的一种有过重大影响的方案之一。将近一个世纪过去,当我们再一次作跨世纪思考的时候,重新评判《新民说》的价值与得失,从中无疑会得出一番有益的启示。

一

在中国近代社会变革启动之后,变革者们不仅对如何变革存在分歧,而且对中国的变革与富强能否速成也存在不同的认识。

速成论在中国近现代思想领域曾长期存在。在戊戌维新期间,作为领袖人物的康有为便是一位天真的乐观主义者。从后来者居上的观念出发,他认为,西欧历时三百年而臻富强,日本效法西方,三十年得以成功,"以中国之广土众民,近采日本,三年而宏规成,五年而条理备,八年而成效举,十年而霸图定矣"(《进呈日本明治变政考序》)。后来,孙中山也曾认为,通过实行三民主义,中国可以在短期内赶上西方发达国家。再后,则有1958年提出的"十五年超英赶美"的纲领口号,以及由此而发动的"大跃进"。康有为、孙中山、毛泽东,是邓小平之前中国现代化史上最具代表性、影响最大的三个人物。他们的言论说明,速成论在中国现代化史上的影响曾经是不小的。

与康有为相比,梁启超对这一问题的认识,总的说来是比较清醒的。在戊戌时期,梁曾提出过一个著名的论断:"兴民权"乃是振兴中华之关键。但是,紧接着,他又提出了一个"权生于智"说来作补充。他认为,"权之与智,相倚者也";"有一分之智,即有一分之权,有六七分之智,即有六七分之权,有十分之智,即有十分之权"。因此,"今日欲伸民权,必以广民智为第一义"(《论湖南应办之事》)。无疑,民智的增进是长期的,不可能一蹴而就。而且,开民智又当以"开绅智"、"开官智"为前提、起点,更难以速成。所以,他并不赞成当时盛行的设议院的主张,认为"民智已成,乃可设议院"(《古议院考》),故当时变法的下手处乃是"变科举"与"设学堂"。

此后,梁启超的思想也曾有过变化。1900年夏,当八国联军进逼北京时,他曾期望西方侵略者废黜慈禧,扶持光绪。为此,他曾这样向西方列强进言:"使我皇上若有全权,必能造成一好政府无疑。而我中国人民之性质,最喜服从政府,得此好政府,则不及十年,而中国之人心国势皆必焕然改观。"(《论今日各国待中国之善法》)这时他也认为,只要光绪掌权,中国可十年改观。但是,西方列强为了维护其在华利益,并未扶持光绪,依然选择慈禧为代理人。通过观察,梁启超深感《辛丑条约》后所形成的中国政局一时是难以改变的,于是他又放弃了一度萌生的速成论。1902年初,他再次明确表示:"导中国进步,当以渐也。"(《本报告白》,《新民丛报》第一期)接着发表的《新民说》,便是对中国变革之所以必须"渐"作的一个说明,也是对他前几年"兴民权必以开民智为第一义"思想的进一步阐发。

二

1901年12月,《清议报》因火灾而停刊。梁启超却没有恢复他十分得意的《清议报》,而是于1902年2月另办《新民丛报》,并从创刊号始连载《新民说》。从这时起,他又使用了一个新的笔名"中国之新民"。梁之所以另办《新民丛报》,发表《新民说》,自号"中国之新民",把"新民"当做一个时期的宣传重点,都是出于这一动机:"欲维新吾国,当先维新吾民。"(同上)这一结论的提出虽在1902年2月,但这一思想的形成则始于1901年春夏间的《中国积弱溯源论》(以下简称《溯源论》)。梁氏的这两部论著乃是上下篇、姊妹篇,是一脉相承的有机体。要了解《新民说》,不可不先了解《溯源论》。

《溯源论》撰于义和团运动刚失败之后。由于梁氏戴着一副有色眼镜观察这场人民的反帝运动,他只看到它落后的一面。而且,他混淆了封建顽固派的反动性与人民落后性的区别,并认为前者渊源于后者,是后者的代表,而后者乃是前者的社会基础。总之,通过义和团运动,他对所谓中国"国民腐败"的问题看得更重了。正是有感于此,他写了洋洋两万余言的这篇长文。

顾名思义,《溯源论》是为了探索中国积弱的病源。梁启超认为,要想拯救、改造中国,必先对中国的病源有正确认识。"不审夫所以致弱之原因",则"不得其所以救之之道"。正确诊断中国的病源,乃是改造中国的第一步。这篇长文共四节,从四个方面分析了中国的致弱之源。其一,"积弱之源于理想者",即源于中国人长期以来形成的种种错误观念,其中最突出的是"爱国心薄弱"。其二,"积弱之源于风俗者",即源于中国人长期以来形成的种种不良的"人心风俗"、道德品格,其中突出者是"奴性"、"愚昧"、"为我"、"好伪"、"怯懦"、"无动"等六种"恶风"。其三,"积弱之源于政术者",即源于长期以来封建专制制度,以及君主为防范臣民而采取的种种统治术。其四,"积弱之源于近事者",即源于二百余年来清朝统治政策的诸多失误,特别是近三十年以来西太后的反动统治。他的总括性结论是：中国"所以积弱之故，其总因之重大者在国民全体，其分因之重大者在那拉一人，其远因在数千年之上，其近因在二百年以来，而其最近因又在那拉柄政三十年之间"（《中国积弱溯源论》）。

梁启超的这一结论虽说是面面俱到，但重点是明确的，这就是全体民众的诸般弱点、劣点乃是中国积弱"总因之重大者"。虽然，他也说，"造成今日之国民者"是"昔日之政术"与政府，但他更强调的是"官吏由民间而生，犹果实从根干而出。树之甘者其果恒甘，树之苦者其果恒苦。使我国民而为良国民也，则任其中签掣一人为官吏，其数必赢于良；我国民而为劣国民也，则任于其中慎择一人为官吏，其数必倚于劣"（同上）。在"政府造人民"与"人民造政府"之间，他强调的是后者。所以他又说："国之亡也，非当局诸人遂能亡之也，国民亡之而已。"（同上）

《新民说》正是接着《溯源论》写下来的。既然中国人身上的种种弱点、缺点是导致中国衰微的总因，因此，中国欲图振兴，就必须首先从改造国民性、提高全民素质，亦即"新民"入手。"新民为今日中国第一急务"，"舍此一事，别无善图"（《新民说·论新民为今日中国第一急务》）。可以这样说，《溯源论》乃是序论，而《新民说》则是本论。《溯源论》是梁氏对积弱中国病源的诊断书，而《新民说》则是他依据这一诊断开出的药方。从《溯源论》到《新民说》，方才构成梁氏完整的"新民"学说。

三

《新民说》虽是梁启超的名著，但在理论上并非独创，它所依据的乃是严复所介绍的英国近代哲学家、社会学家斯宾塞的社会有机体论。

所谓社会有机体论，简言之即是以生物学来解释社会，将社会简单视同生物机体。依据斯宾塞的理论，严复认为："一群一国之成之立也,其间体用功能,实无异于生物之一体。"既然生物机体的性质取决于细胞的性质,那么,社会群体的面目则是由社会成员的面目所决定的。严复强调,凡"天下之物",其"聚之形法性情","未有不本单之形法性情"者(《原强》)。就是说,整体、群体的性质、特征,是由分子、个体的性质、特征所决定的。就一国而言,其"贫富强弱治乱",完全取决于该国民众德、智、体三方面的基本素质。"三者诚盛,则富强之效不为而成;三者诚衰,则虽以命世之才刻意治标,终亦隳废。"(《与梁启超书》一)西方之所以富强,是因为其民德智体三者皆优,中国之所以贫弱,则是因为民众德智体三者皆劣。中国欲求在激烈的生存竞争中振兴,就应立即着手"鼓民力,开民智,新民德",这才是治本之策,舍此而图它,只是治标而已,终将无成。

康有为固然是梁启超的启蒙老师,但严复对梁的影响也是不容忽视的。梁启超对严复的学识极为赞佩,在一些基本理论问题上,他受严复的影响更大。依据社会有机体论(特别是严的个人见解),梁启超在《新民说》中突出强调了群与一、整体与个体,即"拓都"(Aggregate)与"么匿"(unit)的关系,把后者对前者的决定作用更加绝对化。他引严译《群学肄言》的话说:"凡群者皆一之积也,所以为群之德,自其一之德而已定。""拓都之性情形制,么匿为之,么匿之所本无者,不能从拓都而成有;么匿之所同具者,不能以拓都而忽亡。"(《新民说·论私德》)

由此,他引出了国家、政府与人民的关系:"政府何自成?官吏何自出?斯岂非来自民间耶……聚群盲不能成一离娄,聚群聋不能成一师旷,聚群怯不能成一乌获。以若是之民,得若是之政府官吏,正所谓种瓜得瓜、种豆得豆,其又奚尤?"(《新民说·论新民为今日中国第一急务》)他认为,由于国由民积,故国之面目完全取决于民。清朝政府恶劣,是由于中国人"愚陋、怯弱、涣散、混浊",素质低下。欲建好政府,当先造好国民,提高全民的基本素质。他的结论是:"苟有新民,何患无新制度、无新政府、无新国家?非尔者,则虽今日变一法、明日易一人,东涂西抹,学步效颦,吾未见其能济也。"(同上)一旦人人成为新民,即可由个体的自强而达到中华民族群体的强盛,中国的变革也就完成。总之,提高全民的素质,实现人的现代化,造就一代新人,乃是改造、振兴中国的根本途径。这是《新民说》的基本结论。

四

梁启超的新民,既有道德要求又有政治要求。从道德上说,是要造就一代具有新的道德观念、精神风貌和理想人格的新人。他认为,在人民德智体三项基本素质中,德最重要。民德之高下,"乃国之存亡所由系也";而且,在三者中"智之与力之成就甚易,惟德最难"(《新民说·论私德》)。因此,他将新民德置于新民的中心地位,将道德建设视为人的现代化的中心环节。

梁启超认为,新民德的首要任务是剪除中国人"劣下之根性"。为此,他在《溯源论》、《新民说》和其他论著中,对中国人德性方面的劣点一一作了揭示。他认为,这些劣点的突出表现是爱国心薄弱,而其根源则是长期、普遍存在于中国人中的奴隶性。他指出,奴隶性使人无政治热情,无责任、义务感,对国家民族、社会群体的公共事务一概冷漠,造成一种可怕的消极性。它又使人自轻自贱,丧失独立自主精神,造成严重的依附性。同时,它还使人养成谄媚、巧伪、骄下诸恶德。由于奴隶性乃是当时道德建设的严重障碍,梁对它作了全面而严厉的清算。把旧道德的本质和恶果归结为奴性,这是深刻的。所以,梁虽在文字上很少触及三纲,但实际上准确抓住了三纲的本质、要害。

清算旧道德是为了建立新道德。梁启超认为,新的道德应当有助于人们正确处理好群己、公私、人我关系,有利于中华民族群体的巩固、振兴。因此,他将"利群"视为新道德的根本精神。在《新民说》等著作中,他对这些关系作了深入阐述。他认为,利己乃是人的天性。但是他又指出,人乃是社会动物,任何人都不能离开社会群体而孤立生存,个人利益总是同群体利益紧密联系在一起的。"盖无群无国,则吾性命财产无所托,智慧能力无所附,而此身将不可以一日立于天地。"(《新民说·论公德》)因此,人们又应爱群、为公、利他,提倡"合群之德"。当个人利益与群体利益发生冲突时,应"不惜牺牲其私益之一部分,以拥护公益"(《新民说·论合群》)。这种利群观念的核心是爱国主义,而其下手处则是培养、提倡当时中国人所缺乏的公德。不过,梁又是站在利己主义的立场来说明、处理群己、公私、人我关系的。他曾一再解释,人们之所以要利群,是因为"非利群则不能利己"(《新民说·论国家思想》);之所以要爱他,是因为"苟不爱他,则我之利遂不可得"(《乐利主义泰斗边沁之学说》);之所以要为公,是因为"公益不进"我之私利必受损;利己乃是出发点和最终归宿。显然,梁启超所提倡的乃是当时西方盛行的合理利己主义(他称之为"知有爱他之利己")。需要说明的是,梁提倡这种合理利己主义,始终含有从个人长远、根本利益出发来激发利群精神的意图,因此,利群乃是《新民说》的宣传重点。在《新民说》中,梁反复强调了个人对群体、社会、国家不容推诿的责任,人人都应关注国家命运、社会公益。并尖锐批判了种种极端的利己主义,严厉谴责了长期存在于中国人中的"自了"主义、"独善其身主义",以及"不在其位不谋其政"、"不与闻公事以为高"等思想。这些对培养人们的群体意识,树立人们的社会责任感,激发人们的爱国主义精神,都曾产生了重要的积极影响。为了造成新民,培育一代新人,《新民说》还曾以极富感情色彩的文字,对新时代、新世纪所需要的理想人格和新的人生观作了比较全面的阐述。他曾一再提倡自由、自尊、自信、自治、自立、进取、冒险、坚毅、尚武等精神。这些曾给青年知识分子以巨大的感染、激励,产生了持续甚久的影响。

五

从政治上说,新民是要使中国民众由奴隶、臣民而变为新型的"国民"。就是说,新民不仅是人们思想观念的变化,尚有政治地位的变化。

"国民"的概念是19世纪末随着"兴民权"口号的提出而在中国

出现的。鉴于长期以来"中国人不知有国民",1899年梁启超曾首次给国民下了这样的定义:"国民者,以国为人民公产之称也。……以一国之民,治一国之事,定一国之法,谋一国之利,捍一国之患,其民不可得而侮,其国不可得而亡,是之谓国民。"(《论近世国民竞争之大势及中国前途》)而在《新民说》中,他又给国民作了如下定义:"有国家思想,能自布政治者,谓之国民。"(《新民说·论国家思想》)显然,这两个定义的侧重点是不同的。前一定义主要是说明国民与奴隶、臣民的区别,这一区别即在于国民是国家的主人,他们既有其权利,又有其义务。而后一定义则是指出国民所应具备的资格、条件,它是要让人们懂得,奴隶、臣民要变为国民,必须经历一个转化、提高的过程。梁启超对此是高度重视的,认为这乃中国实现民主政治的前提。

《新民说》所论述的,主要是如何培养国民资格的问题。它认为,这一培养当从政治观念、政治能力两方面下手。

首先,中国人应培养国民应有的新型的政治观念。为此,它大力揭露、批判奴隶性,热情讴歌、提倡自由。但基于爱国心薄弱为中国致弱的"最大根源"、"病源之源"的认识,它更为提倡"国家思想"。梁启超认为,中国人欲成为国家主人、成为国民,首先必须养成国家思想。他要求中国人"对于一身而知有国家","对于朝廷而知有国家","对于外族而知有国家","对于世界而知有国家"(同上)。以上四者,所宣传的主要是当时世界颇为风行的民族主义、国家主义,特别是他所一再提倡的爱国主义。除国家思想外,健全的权利和义务观念也是极为重要的。梁启超指出,由于封建专制制度长期的压制,中国人已"愈制而愈驯",权利观念则"愈冲而愈淡",人民已安于无权的奴隶地位。因此,今日欲培养国民意识,当务之急是树立中国人的权利思想。但是,"人人生而有应得之权利,即人人生而有应尽之义务,二者其量适相均"(《新民说·论义务思想》),因此在培养权利思想的同时还必须树立义务观念,正确处理好二者的关系。

不过,在梁看来,更重要的还是政治能力的培养。他认为,政治能力的重要内容是自治力。这是因为:"己不能治,则必有他力焉起而代治",而"真能自治者,他人欲干涉焉而不可得"(《新民说·论自治》);只有能自治,才能摆脱被治的地位。他指出,自治乃是西方民主政治的基础,因此,中国是否能实行民主政治,主要取决于中国人的自治力,这是至关重要的。梁启超感叹道:"欲进无思想者为有思想者,其事犹易,欲进无能力者为有能力者,其事实难。"(《新民说·论政治能力》)因此,培养中国人实行民主政治的能力,乃是当时中国所面临的更为艰巨的任务。但遗憾的是,对此《新民说》并未能提出具体、切实的方案措施。不过,《新民说》对国民资格的论述,使当时对国民问题的讨论由空泛而具体,这对推动人们对中国民主政治的进程作深层次的思考,还是有贡献的。

六

"新民"一语始见于《尚书·康诰》,又是《大学》的"三纲领"之一。从这一点来说,它是一个古老的口号。但古籍中的新民只是道德修养的要求(朱熹注云,新谓"去其旧染之污"),与近代的造就一代新人,相去甚远。造就一代新人,乃是近代的口号,它的提出基本上是与中国的现代化历程同步的。早在太平天国时,受过西方文明熏染的洪仁玕便提出了建立"新天新地新人新世界"的理想。他的新人是与新世界连在一起的,已朦胧含有近代色彩。不过,他的新人主要指移风易俗,依然不全面。戊戌时,严复提出"鼓民力,开民智,新民德"的口号,要求中国人实现德智体三强,第一次明确提出造就一代新人。梁启超的《新民说》虽然晚于严的三强说,但是,他以二十节、十多万字的篇幅,对此作了全面阐述和具体规划,使它形成一套系统理论,其贡献功不可没。自《新民说》出,提高中华民族基本素质的重大任务受到中国思想界的普遍关注,改造"国民性"的问题成为思想领域的热门话题,它的影响是巨大的。

社会的发展本质上是人的发展。在中国现代化征程步履维艰、人们思想矛盾混乱之际,梁启超没有把中国的现代化仅仅局限于物质和制度层面,而是突出了人的重塑、完善,即人的现代化,这对当时中国人更全面地理解、把握中国整体的现代化,无疑是有益的。所谓新民,就是提高中国的全民素质,造就一代具有新的价值观念、理想追求,新的精神风貌,新的生活方式和社会能力的新人。梁启超认为,这才是中国得以振兴,赶上20世纪新潮流的根本保障。就是说,现代化的社会要靠现代化的人去创造。处于蒙昧状态、安于旧秩序、全无现代意识、不合现代要求的人,是不可能有变革社会的要求,更谈不上实现社会变革的。这样的人,也不可能有自身解放的要求并实现自身解放。不论是破坏旧世界还是创造新世界,都要靠觉醒中的一代新人。因此,中国的社会变革、振兴和现代化,最终都有赖于人的现代化。

梁启超所关注的始终是国家的富强、民族的振兴。但从国群之强基于个体之强的理论出发,他又强调,国家富强和民族振兴只有通过提高个体素质,调动个体积极性,激发个体活力来实现。他之所以一再反复清算奴性,正是由于处于奴隶地位,对一切都消极、冷漠、麻木、依附的人,是无助于国家民族振兴的。他所设计、向往的新民,处处都是与奴隶、奴性相对立的。从这一点说,《新民说》又表现了对人的关注,他对激发社会成员的个体能动性、责任感也起了积极作用。总之,以上这些对促进人们对中国的变革、振兴作更深层次的思考,都是有启发的。

梁启超的新民,重点是人的观念变革。他始终认为,社会变革并不是一场单纯的政治斗争,它当以思想启蒙为基础、先导。只有人民普遍觉醒,社会变革方能出于多数人的自觉,形成不可抗拒的潮流。因此,他对文化革新、文化重建是高度重视的。他的《新民说》对此有不少论述。虽然,在《新民说》之前,中国"文化革命"的帷幕业已拉开,但受到思想界的普遍关注,这同《新民说》有直接关系。《新民说》对近代道德革命的影响尤大。

概言之,《新民说》的最大影响是使人们更加重视现代化、民主化的基础建设,它曾对部分革命党人产生过积极影响。在20世纪初,革命派力主推翻清朝统治,大方向是正确的。但却有不少革命党人对中国社会变革和民主政治进程缺乏足够认识,对革命的理解过于简单。他们以为革命仅是军事斗争,靠少数革命党人武装起事,即可迅速成功。《新民说》的种种论述,对于纠正这一偏向,促使革命党人更全面深入地思考中国革命的问题是有益的。它对革命派的影响,可以邹容为例。邹容在《革命军》中曾多处摘录了《新民说》、《溯源论》的文字,可见他认真读过这两部论著。《革命军》关于注重革命教育、"制造无量无名之华盛顿、拿破仑"的思想,以及提倡"独立不羁"、"冒险进取"、"爱群敬己"、"个人自治"等思想,都明显受了《新民说》的影响。

七

《新民说》既有其理论价值和贡献,也存在明显的失误,其客观影响是复杂的。

如前所说,《新民说》的理论依据是斯宾塞的社会有机体论。这一社会学理论强调社会成员素质的重要性,对于当时中国人重视人自身的现代化曾产生了积极影响。但是,它把复杂的社会有机体简单视同生物有机体,轻忽人类社会有其特殊的本质和规律,而用生物规律取代社会规律和说明社会,是非科学的。以此为指导来诊断中国的致弱之源和"救亡之道"就难以得出正确结论。结果,《新民说》势必离开社会基本矛盾的辩证运动来规划中国的社会变革和振兴,离开社会变革和社会实践来实现"新民"。

因为以社会有机体论为指导,硬以生物规律解释说明社会,梁的新民理论一直充满矛盾。

用梁的话说,究竟是"政府造人民"还是"人民造政府"？这对他始终是一大矛盾。因此,从《溯源论》到《新民说》,他时时陷入难以自圆其说的窘境。新民学说是从中国人素质低下说开的。对此,一个不容回避的问题是:中国人素质低下,究竟是因为中国人天生是劣等民族,还是另有深刻原因？具有强烈民族主义意识和爱国心的梁启超从不承认前者。他曾几次指出,长期的封建专制制度和清朝统治是造成中国人素质低下的原因(一些分析是很深刻的)。那么,据此分析,逻辑结论势必是只有推翻封建制度和清朝统治才能从根上使全民素质得以提高。但受改良主义立场和社会有机体论的影响,他对此总是一再打住,不作深论,而孤立谈人的素质,进而以此为因,而将"恶劣政府"视之为果。

从《溯源论》到《新民说》,中心是论中国的致弱之源和"救亡之道"。梁启超是在1901、1902年那特定历史环境下谈这些问题的。那正是《辛丑条约》签订,中国半殖民地半封建制度最终确立的年代,是中国历史上少有的屈辱和黑暗的年代。那个年代的现实告诉人们,落后的封建自然经济,建立于其上的封建专制制度,以及自鸦片战争以来帝国主义的侵略压迫,才是那时中国衰微的根源,也是那时中国人素质低下的根源。因此,救中国之道是不言自明的。但是,依据一之性决定群之性的社会有机体论,梁却强调"人民造政府",要求人们不要"科罪当局",而应把矛头指向自身,力图证明,一旦新民,新制度、新国家便自然到来。这种自然到来说,不仅否定、取消了必不可免的斗争,而且势必使人轻忽社会变革,特别是社会经济结构的变革。而影响所及,他对新民自身所作的规划,也存在明显的问题。首先,在那中国人处于奴隶地位的年代,人的现代化不仅是人的重塑,又是人的解放,它离不开斗争。可是,《新民说》却有意回避斗争,把新民说成是一个人人由自省而自新的过程,这无疑是不切实际的。其二,同样重要的是,受唯心主义意识决定论的影响,梁启超论新民、人的现代化,是同中国社会变革脱钩的,同时又是同社会的实践脱钩的。这就注定了他的新民不会有多大成效。

中国近代新学家论人的重塑

要求人的解放与重塑,乃是中国近代"人学"的主题。在这方面,我们的先辈——近代的一批资产阶级新学家们曾发表过许多有价值的议论,同时,他们的某些主张在理论上也存在偏差。

一

近代的中国社会充满了重重压迫,因此,要求人的解放就成为中国近代最强烈的呼声。随着近代中国社会大变革的渐次展开,随着西方资产阶级启蒙思想在中国的传播,新学家们对封建压迫作了越来越深入的批判,对人的解放提出了全面、广泛的要求。在政治上,他们要求从君权下解放,从森严的等级制下解放。在伦理道德上,他们要求从三纲的束缚下解放,从族权、父权、夫权下解放。在思想上,他们要求从神权下解放,从由孔子和儒学独尊而造成的学术思想专制下解放。此外,他们还呼吁从一切旧传统、旧习俗、旧的生活方式下解放出来。他们把种种封建的压制、束缚比作网罗,要求"冲决网罗"便成为19世纪末20世纪初中国的时代最强音。

十分可贵的是,中国近代的新学家们并没有空谈人的解放,而是对此作了深层次的思考和设计。他们指出,人的解放不能靠谁恩赐,乃是人的自我解放。而要实现自我解放,则必须经过一番自我改造、自我超越。没有这样一个过程,人就不可能有以斗争求解放的自觉性;没有这样一个过程,就无法自觉完成砸烂旧世界、建设新世界的任务,并在此过程中获得自身的解放。因此,人的解放的过程同时又是一个改造旧我、塑造新我的过程,解放离不开重塑,解放有赖于重塑。基于上述认识,他们在呼吁人的解放的同时,又大力提倡人的重塑,并对此作了更多的论述。

为使人们对自我改造、自我超越的必要性、迫切性有自觉认识,明确改造旧我、塑造新我的方向,新学家们分析了中国国民素质的现状,揭示了国人所存在的诸种缺点、劣点。这一工作早在戊戌时期即已开始。严复认为,当时中国"民力已苶,民智已卑,民德已薄",人民德智体三方面的基本素质较之西方民族全面低下,若不及时提高,中华民族将"无以自存,无以遗种"。稍后,梁启超作了更为深入具体的分析、揭示。在《中国积弱溯源论》一文中,他把中国人"人心风俗"上的劣点归结为"奴性"、"愚昧"、"为我"、"好伪"、"怯懦"、"无动"等六方面。在著名的《新民说》中,他认为"我祖国民性之缺点,不下十百",主要表现是:缺乏公德观念、"无国家思想"、"无进取冒险性质"、权利义务观念薄弱、缺乏自治力、保守、"无自尊性质"、"公共观念缺乏"、忌妒、柔弱、无毅力……这部书对于中国人"大体之缺陷"以及"细故之薄弱"都作了较细的剖析。接着,在一系列论著中,他又列举了中国人"爱国心薄弱"、"独立性柔脆"、"有族民资格而无市民资格"、"有村落思想而无国家思想"、"无高尚目的"等缺点。总之,在他看来,"中国人性质不及西人者多端","其缺点多矣"。在20世纪初,许多革命派成员也曾先后揭示了中国人的诸种缺点,其尖锐程度并不亚于前者。直到新文化运动时期,一些激进民主主义者对这一问题又继续作了更为深入的探讨和分析。

近代的新学家们通常把这些缺点叫做中国人的"劣根性"。但是,他们并没有把这些看做是中国人自开天辟地以来天生的劣根性,并没有把中华民族视为天生的劣等民族,而是正确分析了它产生的根源,认为这些归根到底是由封建专制制度造成的。早在甲午战争后,严复就在报刊上公开指出,中国人德、智、体三方面的素质之所以低下,乃是由于封建君主出于家天下的需要,"坏民之才,散民之力,漓民之德"(《辟韩》),长期摧残的结果。此后,梁启超也指出,中国"国民非生而具此恶质也",中国人私德之所以堕落,主要原因是由于"专制政体之陶铸"和"近代霸者(按:指清朝统治者)之摧锄"(《中国积弱溯源论》)。他们认为,中国人的种种劣点集中表现为奴隶性,而奴隶性乃是由于在长期的封建统治下,人民始终处于无权的奴隶地位造成的。但是,他们又强调,这些劣点虽由封建制度和封建统治者所造成,但它毕竟已成为国人身上的恶习、恶德,形成一种"国民性",因此,国人应自觉同自己的缺点作斗争,改造由旧制度造成的旧我。

应该说,中国近代的新学家们对中华民族的劣点作了一次有史以来最全面、深刻、严厉的自我剖析、自我反省。他们所表现出的坦诚是惊人的,也是感人的。他们如此无情地自揭自短,绝不是为了制造民族自卑感,散布民族虚无主义,而是为了激励、鞭策中国人民奋发自新。为此,他们在揭露的同时又一再以热情、真诚的语言,鼓励中国人知耻、自悟,"羞为浅化之民",作一番"脱胎换骨"、"起死回生"的自我改造,重新塑造自己,成为一代新人。他们认为,只有这样,才能获得自身的解放,并实现中华民族的解放,求得国家的文明富强。早在戊戌时,严复即提出"鼓民力,开民智,新民德"的口号,呼吁中国人奋力提高自己的素质,逐步达到"血气体力之强"、"聪明智虑之强"、"德行仁义之强"(《原强修订稿》)。1902年,梁启超又发表《新民说》,呼吁国人努力"自新",成为一代"新民"。他热情期望国人自觉地"培养公德,磨厉政才,剪劣下之根性,涵远大之思想,自克自修,以蕲合于人格"(《论中国国民之品格》)。不久,革命党人也提出"播国民之种子"、"铸造国民新灵魂"等口号,希望中国人融合中西文化和民族精神之精华,"化分吾旧质而更铸吾新质"(壮游:《国民新灵魂》,《江苏》第5期)。1915年,陈独秀在著名的《敬告青年》一文中,号召中国青年"奋其智能,力排陈腐朽败者以去",养成"自主"、"进步"、"进取"、"世界"、"实利"、"科学"的精神观念。稍后,孙中山也突出强调了中国人"心理改造"、"心理建设"的重要。所有这些,目的都是为了提高中华民族的素质,实现人的近代化,造就一代新人。

对于人的素质的提高、人的近代化,中国近代的新学家们是高度重视的。他们认为,处于蒙昧状态的人无法获得自身的解放,没有人的近代化就无法实现国家、社会的近代化。因此,从一开始他们便把人的解放与重塑、人的近代化与国家的近代化联系起来作考察和规划,这一思想是正确而深刻的。

二

对于中国人的素质的提高、人的重新塑造,新学家们按照新的时代需要和标准,并结合中国的国情,作了颇为全面、具体的规划。他们认为,这是一项艰巨、复杂的系统工程,而其下手处则首先是实现人的思想变革、观念更新。梁启超说:"欲造成一种新国民者,不可不将其国古来误谬之理想,摧陷廓清,以变其脑质。"(《本馆第一百册祝辞并论报馆之责任及本馆之经历》)在1901年,他提出了这样的理想:"变数千年之学说,改四百兆之脑质。"(《中国积弱溯源论》)为实现这一理想,在20世纪初,新学家们做了大量批判旧观念、树立新观念的工作。针对中国的现状和中国人的劣点,他们认为,当时中国人迫切需要培养、树立如下新观念:

1. 新的政治观念。他们认为,作为中国人的政治解放,其目标是使中国人由臣民、奴隶进而为国民,为此当务之急是使人人普遍树立国民意识。首先,当使人们认识到"国民者,一国之主人翁也"(《思潮一勺》,《湖北学生界》第5期);"主权者,国民之所独掌也"(杨笃生:《新湖南》)。这种"主权在民"说乃是国民意识的核心。他们又指出,国民之所以能成为国家主人,享有国家主权,其前提是国民具有独立自主的人格,享有平等、自由。因此,独立、自主、自由、平等等观念乃是国民意识的重要内容。此外,主权在民是通过一定的权利义务来体现的,因此,培养权利和义务观念,处理好二者的关系,则是培养人们的国民意识的直接下手处,对此,他们更为重视。为培养人民的国家主人翁意识,他们又大力提倡爱国主义。

2. 新的道德观念。他们认为,为使中国人民从奴隶地位解放,还必须推倒维护封建专制的三纲;为建立新型的社会秩序和人际关系,培养新的精神风貌、理想人格,又必须提倡新道德。他们所向往的新道德,其原则和理想是自由、平等、博爱,其核心是利己主义。但是,他们并不主张极端的、狭隘的利己主义,而是提倡"自利利他"、"知有爱他之利己",让人们"利己而不偏私"。这就是西方许多资产阶级思想家所提倡的"合理利己主义"。他们力图在利己的前提下,处理好群己、人我、公私的关系,因此,他们中多数人在道德上所打出的旗帜乃是"利群"。为培养人们的社会责任感,他们又提出弥补中国旧伦理在结构上的缺陷,呼吁在中国建立新型的"国家伦理"、"社会伦理",提倡中国人所缺乏的公德。为此,他们曾严厉批判了自了主义、旁观者立场和极端利己主义。呼吁国人逐步养成自强、自尊、自治、进取、创新、坚毅、务实、尚武等新的理想人格。为鼓励人们为民族振兴、国家富强而建功立业,他们又要求人们在"明道"的前提下"计功",在"正谊(义)"的前提下"谋利",树立新型的义利观。

3. 新的经济观念。在世界资本主义大潮的强力冲击下,新学家们越来越认识到经济对民族振兴、人的解放的重要意义。因此,他们中的一些人又提出经济观念的更新。康有为正确分析了西方工业革命给世界历史进程所带来的巨大而深刻的影响。他说:"自乾隆末华武(瓦特)新创汽机,英人以为地球复生日……自是改易数百千年之旧世界,为新世界矣。"(《请厉工艺奖创新折》)这个新世界乃是"工业之世界"、"机器之世界"。西方之所以富强,从经济上来说就是因为他们"以工商立国",并"奖导新机,讲求物质"。基于上述认识,他们认为今天中国人必须抛弃、清算"重农抑商"、"崇本抑末"、"贱工贵士"、重道轻器,视西方科技为"奇技淫巧"等传统观念和陈腐认识,摆脱小农意识、自然经济意识的束缚和影响,树立重工商、重经济、重科技等新观念。让人们都懂得:欲自强,必先致富;欲致富,必首先振工商。他们还痛斥了"君子不言利"等偏见,鼓励人们发展生产、振兴工商创造、积累社会财富。关于"开源"和"节流"的关系,他们反对中国自古以来重节流的保守经济观念,指出:"源日开而日亨,流日节而日困"(谭嗣同:《仁学》21),认为开源才是根本。

4. 科学意识。陈独秀曾说:"近代欧洲之所以优越他族者,科学之兴,其功不在人权说下,若舟车之有两轮焉。……国人欲脱蒙昧时代,羞为浅化之民也,则急起直追,当以科学与人权并重。"(《敬告青年》)新学家们认为,对于人的解放与重塑,科学与民主二者缺一不可,同等重要。虽然,直到新文化运动时期,才公开打出民主和科学两面大旗,但是,在此之前新学家们即已大力提倡科学。为此,他们曾猛烈抨击封建神权,批判鬼神迷信;否定孔子和儒学的独尊地位,反对对旧权威、旧教条的迷信。他们不仅大力宣传、普及科学知识,更重视提倡科学态度、科学方法。他们曾着意提倡理性主义精神,要求人们一事一物皆"诉之科学法则",按科学规律办事,反对盲从和武断,反对各种"心成之说"和"强物就我"的态度。

5. 开放意识。近代的中国是一个经过长期闭关锁国、刚刚睁眼看世界的国家,是一个在许多方面都已落后于西方先进国家、迫切需要向外界学习的国家。因此,新学家们认为,作为20世纪中国的一代新人,还必须具有自觉的开放意识。鸦片战争后,一代又一代的进步思想家曾持续批判了夜郎自大、闭关自守的传统意识,痛斥了"严夷夏之防"、"不可用夷变夏"等等谬说。他们指出,既然中国在许多方面皆"不如夷",那么,"师夷"乃必然之势。更重要的是,今日"大地既通",统一的资本主义世界市场已经形成,地球正在日益缩小,在这种形势下中国欲"闭关独治"、"老死不与异族相往来"是根本不可能的。因此,中国应变过去的闭关自守主义"而为门户开放主义",并养成一种"世界眼光"。所谓开放主义,不仅是"欢迎外资,欢迎外才",而且要广泛吸收西方文化中一切有用的东西为我所用。梁启超曾说:"生理学之公理,凡两异性相合者,其所得结果必加良,此例殆推诸各种事物而皆得者也。"因此,只有广泛吸取西方文化,与中国传统文化融合,才能造成"我国特别之新文明"。他们主张,当时的中国,不论是在经济上还是在文化上,都应对外全面开放,变锁国主义为"世界主义"。

6. 主体意识。鉴于长期以来奴隶性遍及中国,人民被"视若虫沙"的现实,他们一再强调人是主体、"人是目的"①,让人们正确认识自身的价值。他们呼吁人们既不做君主、官吏的奴隶,也不做天地鬼神、古人圣贤的奴隶;既不相信造物主,也不盼望救世主;人应成为自己生活的创造者。做到"我有手足,自谋温饱;我有口舌,自陈好恶;我有心思,自崇所信;绝不认他人之越俎"(陈独秀:《敬告青年》)。这也就是所谓的"以己之权,行己之志"(《革天》,《国民日日报汇编》第1集)。他们特别强调:"辱莫大于心奴,而身奴斯为末矣。"(梁启超:《新民说·论自由》)就是说,摆脱有形的奴隶地位(身奴)固然重要,而摆脱无形的奴隶地位(心奴)尤为根本。为此,人人必须树立主体意识。

中国近代新学家们所倡导的观念变革,虽然未能完全达到"改四百兆之脑质"的目的,但它对于人的重塑和解放来说,意义是重大的。

---

① 1905 年,早在康德的许多重要学术观点尚未被介绍到中国之前,王国维即在《论近年之学术界》一文中介绍了康德的这一名言。

通过对旧观念的全面大清理,使一些长期以来被人们视为天经地义、因而深受其束缚而不敢违的观念意识在人们心目中的地位发生了严重动摇。通过对西方新思想、新观念的输入,使人们的思想和精神风貌为之一新。它有力地促进了中国人现代意识的觉醒,推动了中国近代化的进程。

三

新学家们十分重视观念变革的极端重要性。但是,他们又指出,对于造就一代新人、使人得以重塑和解放来说,仅此是不够的。中国人要想成为新的国民、20世纪的新人,不仅需要树立新的政治、经济、伦理观念,新的思想意识,而且还要养成国民应具的政治能力。否则,所谓国民是国家主人、主权在民等等都要落空。一些人认为,能力的培养提高较之思想观念的变革更难。梁启超说:"吾以为今后之中国,非无思想之为患,而无能力之为患";"欲进无思想者为有思想者,其事犹易,欲进无能力者为有能力者,其事实难。"所以,"今日谈救国者,宜莫如养成国民能力之为急矣"(《新民说·论政治能力》)。在20世纪初启蒙宣传和观念变革取得初步成效后,这一问题越来越受到人们的重视。新学家们所说的政治能力,实际上是指行使资产阶级民主政治的能力。他们中一些人认为,西方民主政治乃植根于自治,"其善良之政体,未有不从自治来也"(同上),因此他们着重强调自治能力的培养。有人又认为,"所谓国民者,有参政权之谓也"(《说国民》,《国民报》第2期),因此国民的政治能力主要表现为参政力。而西方民主政治的主要形式乃是议会政治,因此参政能力又集中表现为实行议会政治的能力。政治能力问题的提出,就使造就一代新人、提高全民素质的任务更加具体了。

不仅如此,新学家们又对20世纪中国的一代新人提出了体魄和精神风貌等方面的要求。早在甲午战争后,严复就提出了从德、智、体诸方面全面提高中国人素质的主张,并将体置于首位。他认为,"一国富强之效,以其民之手足体力为之基",古今中外各国"贫富强弱之异,莫不以此焉肇分"(《原强修订稿》),是极为重要的。针对当时中国"民力已茶"的现状,他提出了"鼓民力"的口号,呼吁增强国人体质。随着西方关于进行德、智、体、美四育的教育思想传入中国,这一主张被越来越多的新学家所接受和重视。王国维认为,"教育之宗旨何在?在使人为完全之人物而已。何谓完全之人物?谓人之能力无不发达且调和是也。人之能力分为内外二者,一曰身体之能力,一曰精神之能力",二者缺一"皆非所谓完全者也"(王国维:《论教育之宗旨》)。这就是说,体育对于培养"完全之人物"是必不可少的。有人更强调:"民力者国之原素,民强斯国强,欲强国力,必先强民力也。窃尝论之,有坚忍不拔之志,必有百折不挠之身,而后乃能成惊天动地之事。……古今来事业之成败,断未有不基于体力之强弱也。"(柏林:《论体育之必要》,《云南》第3号)基于上述认识,新学家们对于通过体育提高中国人的体质是高度重视的,影响所及,清朝政府在所办的新式学堂中普遍设置了体育课。尤为引人注目的是,20世纪初一些新学家又曾提出使中国人成为"军国民"的主张。1903年"军国民教育会"成立后,这一口号曾风靡一时。所谓"军国民",就是要求中国人成为具有强健体魄、尚武精神,经受新式军事训练,具有军人素质的国民。邹容在《革命军》中甚至认为"全国男子有军国民之义务",可见当时人们对"军国民"的重视。

为了造就一代新人,新学家们又曾大力提倡移风易俗。他们认为,中国古代的风俗习惯,固然包含了某些中华民族的优秀传统,但同时也存在着不少落后、鄙陋、野蛮的东西。这些同新的生产、生活方式,同新的时代精神、潮流是格格不入的,它们越来越成为阻碍社会进步、种族强盛的障碍。为了"振国民之精神",实现人和国家的近代化,就必须下大力气、持之以恒地破旧俗,树新风。早在太平天国时期,曾经接触过西方生活方式、受过西方文明熏陶的洪仁玕,便在《资政新篇》中指责了中国社会的种种陋习,提出一系列移风易俗的建议。当新的资本主义生产方式在中国出现以后,这一问题越来越引起人们的重视。从早期维新派到维新派,直到革命派,要求移风易俗的呼声可谓越来越高,所产生的影响也越来越大。他们曾先后提出禁食鸦片、禁女子缠足、剪发易服、"简礼节"、废除跪拜礼、禁早婚、改革旧式婚姻、反对厚葬、破除迷信、提倡卫生等等主张。以上这些在中国近现代都曾收到程度不同的效果。新学家们对移风易俗的高度重视,反映了他们对人的重塑和社会改造所作的设计是全面、周到的。

四

近代新学家们对人的重塑所做的种种工作,对于中国的近代化、民主化来说,乃是必不可少的基础建设。中国近现代一代新人的成长(从维新志士、革命党人直到最早的一批共产主义者),同他们在这方面所做的工作是分不开的。此外,他们关于人的解放与重塑关系的认识,对人的重塑所作的许多分析和设计,对于今人仍有启发和参考价值。但是,他们的某些基本主张在理论上也有明显的偏差,这也曾带来消极影响。总结这些经验教训,对于今人也是有意义的。

中国近代新学家重视人的重塑,其重要理论依据(特别是对改良派来说)是斯宾塞的社会有机体论。所谓社会有机体论,用严复的话说就是"用生学(生物学)之理以谈群学(社会学)",即以生物学来说明社会,将社会简单视同生物机体。斯宾塞说:"凡群者皆一之积也,所以为群之德,自其一之德而已定。群者谓之'拓都'(Aggregate),一者谓之'么匿'(unit)。拓都之性情形制,么匿为之。么匿之所本无者,不能从拓都而成有;么匿之所同具者,不能以拓都而忽亡。"(《群学肄言·喻术》)就是说,如同生物机体的性质、特征取决于细胞的性质、特征,一国一群的面貌完全取决于国人的素质。在中国,最早介绍这一学说的是严复。他说:"国之贫富强弱治乱者,其民力、民智、民德三者之征验也。"(《原强修订稿》)一国之人德、智、体"三者诚盛,则富强之效不为而成;三者诚衰,则虽以命世之才刻意治标,终亦隳废"

(《与梁启超书》一)。西方之所以富强,中国之所以贫弱,完全是由人民素质的高下优劣决定的。对此,梁启超作了进一步的发挥。他说,由于"国家本非有体也,藉人民以成体"(《新民说·论自尊》),因此国之面貌完全取决于民。他分析说:"政府何自成?官吏何自出?斯岂非来自民间者耶!……以若是之民,得若是之政府官吏,正所谓种瓜得瓜、种豆得豆,其又奚尤?"(《新民说·论新民为今日中国第一急务》)他的结论是:"苟有新民,何患无新制度、无新政府、无新国家?非尔者,则虽今日变一法,明日易一人,东涂西抹,学步效颦,吾未见其能济也。"(同上)他认为,欲建立好政府、好制度,当先造好国民,一旦人人成为新民,即可由个体之强而达到中国群体之强。造就一代新民乃是改造、振兴中国的根本途径。

严复、梁启超等人关于个体素质决定群体强弱的理论,对于提醒人们重视全民素质的提高,重视人的近代化,亦即人的重塑无疑具有积极意义。对于在社会变革和民族振兴的事业中,激发社会全体成员的个体能动性、责任感也曾起了积极作用。它对于促进人们对中国的变革、振兴,对中国的近代化作更深层次的思考是有益的。但是,这种社会有机体论忽视人类社会有其特殊的本质和规律,而用生物学规律取代社会规律和说明社会,显然不当。以此为依据和指导来考察中国的病因,探索中国的自强之道,就势必要得出不正确的结论。历史证明,帝国主义和封建主义的统治乃是中国陷入苦难、危亡的根源,也是中国人民素质低下的根源。要想振兴中华,使中国人民的素质得以全面提高,就必须推翻它们的统治,对半殖民地半封建制度作根本改造。可是,梁启超等人在做总结论时却把中国人民素质上的诸种弱点视之为因,而把专制制度、专制政府及其罪恶看做是果。这种"种瓜得瓜"说显然颠倒了是非本末,势必要引导人们忽视对半殖民地半封建制度作根本改造。

在这一问题上,革命派比改良派有进步。他们坚定地认为,欲使中华振兴,必须推翻清朝的反动统治。而且,他们中的一些人又曾正确指出,中国人的素质提高、人的重塑,只有在反清革命、建立共和的实践中才能实现。但遗憾的是,在实际斗争中,他们只注意了一个变帝制为共和的政体问题,对于社会制度、社会经济结构的改造同样是不重视的。而且,在后来辛亥革命的过程中,他们对于如何提高人民素质、使之重塑自身,也未曾采取切实措施。总之,不论是改良派还是革命派,他们虽都重视人的重塑,但又都没有把人的重塑与社会制度、社会经济结构的改造有机地结合起来,并将这一问题放在社会变革的实践中去解决。结果是人的解放与重塑在近代均未能得以解决。

在中国近代,新学家们论人的重塑,突出强调了观念变革的重要,由此而高度重视思想启蒙、文化革新的工作,这些都曾产生了重要影响,取得了显著成效。但是,他们之所以重观念变革的理论依据之一却是唯心主义的意识决定论。梁启超曾说:"思想者,事实之母也,欲建造何等之事实,必先养成何等之思想。"(《国家思想变迁异同论》)这一观点受到包括改良派、革命派在内的许多新学家的拥护、宣传,影响颇大。显然,他们是期望通过观念变革使人民树立新的观念意识,进而去建立新制度、新社会、新国家,这是可以理解的。同时,通过观念变革实现人的重塑,进而实现人的解放与民族振兴,这也是正确的。可是,作为他们理论依据的意识决定论显然颠倒了意识与存在的关系,以此为指导来规划观念变革、规划人的重塑和民族振兴势必走向歧路、偏途。

和社会有机体论一样,这种意识决定论所带来的明显的消极影响同样是使人忽视社会制度的变革。在20世纪初,一些新学家又由意识决定论引出文化决定论,把某一文化门类的革新(当时称之为"革命")看做是解决中国问题的突破口,以为它能医治中国社会的诸种病症,并收到速效。比如,当他们发动"小说界革命"时便认为,中国欲"改良群治","必自小说界革命始"(梁启超:《论小说与群治之关系》);"欲革新支那一切腐败之现象","必先改良小说"(陶佑曾:《论小说之势力及其影响》,《游戏世界》第10期)。当他们提倡戏剧改良时则认为,戏曲之改良"诚改良社会之不二法门也"(陈独秀:《论戏曲》)。当他们发动"史界革命"时又认为"悠悠万事,惟此为大"(梁启超:《新史学》)。诚然,他们所发动的"文化革命",成就是显著的,但是,受意识决定论、文化决定论的影响,他们把某一文化门类置于先于、高于一切的地位,以为由此下手中国的一切问题即可迎刃而解,这从总体安排来说,显然是不当的。而且,他们既把意识置于决定的地位,就势必认为观念的变革可以离开社会经济结构的变革孤立进行。可是,历史事实证明,离开社会经济结构、生产方式的变革,新的观念意识是难以生根的。因此,即使从观念变革来说,这种意识决定论也必然要带来消极影响,使之难以完成。我们看到,在中国近代,一代又一代的新学家虽都高度重视思想启蒙,然而其成效(特别是对广大底层中国民众来说)与他们的预想却相距甚远,其根本原因即在于此。也正因为此,他们所倡导的人的重塑与解放,均未能达到他们的预期结果。

应该说,中国近代新学家们对人的解放与重塑的关系作了很好的理解和说明。可是当问题走向深入,他们对于人的重塑与社会变革、人的观念变革与社会经济结构变革的关系,却未能作出辩证的理解和解决。

20世纪初"国民"问题讨论述评

在20世纪初,一批新学家曾大声疾呼,要求中国人由奴隶变为国民,并曾对国民应具的资格及提高的途径等问题作了探讨。这场关于国民问题的宣传、讨论,是中国近代启蒙运动史上的重要一页,对中国近代的观念变革、人民素质的提高,对推动中国近代民主化进程,推动中国资产阶级民主革命的高涨,都曾产生过重要影响。

一

近代先进的中国人对资产阶级民主政治的追求,正规说来是从早期维新派开始的。但是,在那时,他们尚没有公开宣传"主权在民",而是主张"君民共主"。到戊戌时期,维新派向前迈进了一步,依据西方近代的政治学说,他们大胆指出:"国者,斯民之公产也","斯民也固斯天下之真主也",国家主权应属人民。进而他们又指出,长期以来中国人民始终处于无权的奴隶地位,这乃是中国"致弱之根源"。因此,"兴民权"乃是振兴、改造中国的关键。而要兴民权,一方面必须肃清长期以来存在于中国人中的奴隶性,一方面则必须树立新的"国民"观念。

虽然,在中国古代史籍中也有"国民"一词,但所指的乃是诸侯国或藩封所辖之民,它所标明的只是人民向上隶属于谁,这种"国民"自然仍是臣民。中国近代新学家们所说的国民,则是指具有独立自主的身份,享有平等、自由,具有一定权利义务,居于国家主人地位的人民。这一政治用语不是来源于中国古籍,而是从国外引进,其含义与西方流行的"公民"一词相同①。

1898年9月戊戌政变之前,国民一词即已偶尔出现。不过那时尚未被新学家们普遍使用,而且也未曾作过明确界定。从目前见到的资料来看,最先提倡国民观念、大量使用国民一词的是梁启超逃亡日本后主办的《清议报》。1898年12月,梁启超在《清议报》创刊号上所刊载的《清议报叙例》中,把"维持支那之清议,激发国民之正气"列为该刊的头条宗旨。1899年10月,他首次为国民作了如下界定:"国民者,以国为人民公产之称也。……以一国之民治一国之事,定一国之法,谋一国之利,捍一国之患,其民不可得而侮,其国不可得而亡,是之谓国民。"(《论近世国民竞争之大势及中国前途》)经过梁启超的提倡,到20世纪初国民一词为中国资产阶级新学家普遍使用。随着清算奴隶性斗争的展开,一些新学家往往通过与奴隶作对比,来为国民作界说。一篇文章写道:"何谓国民?曰:天使吾为民而吾能尽其为民者也。何为奴隶?曰:天使吾为民而卒不成其为民者也。故奴隶无权利,而国民有权利;奴隶无责任,而国民有责任,奴隶甘压制,而国民喜自由;奴隶尚尊卑,而国民言平等;奴隶好依傍,而国民尚独立。此奴

---

① 在中国近代,也有少数新学家使用公民一词,如康有为1902年发表的《公民自治篇》。

隶与国民之别也。"(《说国民》,《国民报》第二期)从上面的对比可以看出,国民与奴隶之异,即是民主立宪制度下人民与封建专制制度下人民之别。新学家们之所以强烈要求变奴隶为国民,就是要推翻中国的封建专制制度,改变人民在国家中的地位,进而在中国实现"国民政治"。"除奴隶而为主人"、"脱奴隶而为国民",这是中国20世纪初的时代最强音。

经过一批新学家的提倡,国民一词逐渐取代臣民一词,成为表述人民在国家中地位、作用的新概念,并成为此后一个时期中国通行的政治用语。国民和国民政治观念的提出,为在中国实现资产阶级民主政治确定了更具体的目标,它标志着中国近代的资产阶级民主思潮正逐步走向成熟和深化,在中国近代民主化的历程中具有重要意义。

二

20世纪初,中国资产阶级新学家要求变奴隶为国民,所追求的是人的解放。值得我们重视的是,他们对人的解放作了较为全面深刻的理解和说明。他们认为,这一解放既是斗争的过程,又是中国人提高、跃进的过程,中国人只有经过一番自我改造和重新塑造,才能实现自我解放。因此,变奴隶为国民,既是人的解放,又是人的重塑。于是,随着国民问题讨论的展开,人的改造、提高、重塑的问题,也就是如何使中国人具备"国民资格"的问题日益为人们所重视。把人的解放与重塑联系起来考察,这无疑是深刻的,表明当时先进的中国人已开始对中国民主化、近代化的进程作更具体、更深层次的思考和规划,也为中国人的解放指出了更为明确的道路。

由于中国人民长期处于封建专制统治之下,生活于自然经济之中,他们不可能具有自觉的民主意识。在人们心目中,国家是君主私产,人民是君主臣仆。国家大权理应由君主独掌,人民只是被统治的对象。而一家一户、分散的自给自足的自然经济,又使村与村、户与户之间"几乎没有任何经济上的联系"(恩格斯语)。这种封闭的自然经济也使人不可能产生政治上的参与意识和政治热情。直到20世纪初,绝大多数中国民众依然视政治权利为"仅少人士之专有物","非吾侪小人之所能及",自己除"纳租税、供鞭挞之外无事业"(《论中国之前途及国民应尽之责任》,《湖北学生界》第三期)。新学家们认为,这种臣民观念、奴隶意识乃是民主革命的大敌,今日中国欲建设民主政治,必先"拔去奴隶之根性","播国民之种子"(《说国民》,《国民报》第二期)。所谓"播国民之种子",就是在中国人民中宣传、培养国民意识,实现政治观念的变革。依据所接触到的西方资产阶级政治学说(主要是卢梭的政治学说),他们的宣传是紧紧围绕以下这些方面进行的。

其一,国民是国家主人,主权在民。新学家们认为,是否居于国家主人的地位,乃是国民与奴隶的根本区别。今日欲树立国民意识,首先必须破除传统的君权至上论,宣传主权在民说,培养人民的主人翁意识。主权在民说乃是国民意识的核心。他们纷纷指出:"国家者,国民全体之国家,非少数贵族之国家,更非君主一人之国家。"(侠少:《国民的国家》,《云南》十三号)因此,"国民者,一国之主人翁也"(《思潮一勺》,《湖北学生界》第三册)。既然国民是国家主人,所以,"主权者,国民之所独掌也"(杨笃生:《新湖南》),"一切平民之意思(意志),即为统治权之源泉"(鸿飞:《对于要求开设国会者之感喟》,《河南》第四期)。"譬之一公司","国民者,股东也",而君与臣乃是这一公司的诸"执事"、"代理人",为股东"执其役"而已。马克思曾说:"主权这个概念本身就不可能有双重存在","不是君主的主权,就是人民的主权"(《马克思恩格斯全集》第一卷第279页)。20世纪初的中国新学家们旗帜鲜明地否定君主主权,坚持人民主权,这表明了他们坚定的民主主义立场。主权在民说的提出和逐步普及乃是中国历史上的一次伟大的观念变革。

其二,国民具有独立自主的身份,享有平等、自由。新学家们认为,国民之所以是国家主人,其前提在于他具有独立自主的身份,享有平等、自由。他们指出,在长期的封建专制统治下,中国人民始终处于奴隶地位,对统治者有着极强的依附关系,一切唯上命是从,任人支配、主宰,个人的独立意志全然丧失。而且,这种依附性又造成了可怕的依赖性,整个中国"犹群盲偕行,甲扶乙肩,乙牵丙袂,究其极也,实不过盲者依赖盲者"(梁启超:《十种德性相反相成义》)。显然,如此具有严重依附性、依赖性者只能是奴隶,而不能成为国家主人。个体价值的自觉乃是民主意识的核心。对此,新学家们是有充分认识的。他们一再强调,"人人独立",皆有"自主之权";人们应摆脱一切束缚,破除对他人的依附、依赖。人人都应养成"独立自尊"的精神,"强矫不倚"的气概和独立自主的人格。和独立自主紧密相连的是平等、自由。出于培养国民意识的需要,20世纪初新学家们对平等、自由的宣传已不再停留于空泛的讴歌、赞美,而是提出了更为具体明确的主张。关于自由,他们突出强调,"思想自由、言论自由、出版自由,此三大自由者,实唯一切文明之母"(梁启超:《清议报一百册祝辞并论报馆之责任及本馆之经历》),乃是国民必具的三大自由权。关于平等,他们明确提出要"冲决治人者与被治者之网罗","冲决贵族与平民之网罗","冲决自由民与不自由民之网罗","冲决男子与女子之网罗",做到"一国之内无一人不得其平"(《说国民》,《国民报》第二期)。有人又提出法律面前人人平等的思想,主张"一国之人皆归法以统治之,无所谓贵,无所谓贱,无所谓尊,无所谓卑,无所谓君,无所谓臣,皆栖息于法之下"(田桐:《满政府之立宪问题》,《复报》第一期)。这就按资产阶级的标准,对自由、平等作了更具体的说明。

其三,国民有一定的权利、义务。新学家们认为,树立权利和义务观念,正确处理二者的关系,乃是培养国民意识的直接下手处。主权在民的观念,人民的国家主人意识,人民的政治参与意识等,正是通过权利和义务观念体现出来的。因此,他们对这一问题更为重视,论述也更多。依据西方的天赋人权论、权利本分论,他们宣称"人生活于天地之间,自有天然之权利","权利之实质,即人之本分也"(《权利篇》,

《直说》第二期)。既然权利乃是人之所以为人的"本分",因此,它是暴君不能压,酷吏不能侵,父母不能夺,朋友不能僭,乃至是"鬼神不能窃而攘之"的。是否享有应有的权利,是国民与奴隶的显著区别,"无权利者非国民也"。而当时中国的现状是,人民已安于无权的地位,对政治普遍冷漠,人皆无参与意识,甚至将此视为美德,名之曰"安分"。因此,今天"播国民之种子",首要任务是唤起人民的权利思想,激发人民的政治热情、参与意识。而所谓国民权利,其核心是参政权,因此,今天应首先培养人民的参政意识,让人们把"参预国政"看做是自己的本分。难能可贵的是,在20世纪初,一些新学家并没有空谈权利天赋、权利神圣,而是突出宣传了权利由斗争而得、靠斗争捍卫的思想。他们指出,只有通过斗争,"然后权利始成立"。为捍卫正当的权利,"虽力有不敌,智有不足,亦必犯百死以相抗"(同上),这才是真正的国民精神。反之,"君主以一人而占有权利,我不敢与之争;贵族以数人而私有权利,我又不敢与之争;甚且外人盗我权利、诈我权利,我亦不敢与之争"(《说国民》,《国民报》第二期),这乃是十足的奴隶性。

他们又进一步指出,"奴隶之所顾者为一人一家之事,国民之所顾者为同国同种之事",因此,对社会、国家、群体有无自觉的义务、责任观念也是国民与奴隶的重要区别,"无责任者非国民也"(同上)。为树立国民意识,不仅要培养强烈的权利观念,而且要养成自觉的义务观念。一些人指出,权利和义务是相互依存的,一定的权利势必要带来一定的义务,一定的义务也必然会带来一定的权利。"人人生而有应得之权利,即人人生而有应尽之义务,二者其量适相均。"(梁启超:《新民说·论义务思想》)只有树立全面的权利义务观,处理好二者关系,才能养成真正的国家主人翁意识。因此,他们在大力提倡权利思想的同时,又严厉谴责了"独善其身主义",以及"不在其位不谋其政"、"不与闻公事以为高"等传统思想,强调了个人对国家社会不容推诿、逃避的义务、责任。

20世纪初,资产阶级新学家所做的"播国民种子"的工作,对中国近代化、民主化的进程来说,乃是一项必不可少、意义重大的基础建设。它有力地促进了中国人民的观念变革,推动了资产阶级民主革命的进程,收获是显著的。下面的例子颇能说明这方面的实效。1907年,江苏省常(熟)昭(文)二县公立高等小学堂举行期末考试,在"修身"课的试卷上,竟然出现了一系列矛头直接指向君权、指向三纲的"大逆不道"之言。有人写道:"君主与臣民,固无阶级。"有人宣称:"吾谓君为路人",有人则认为:"三纲中君为臣纲尤谬,盖非我祖父与我,并无关系也。"(《总督部堂札准江督咨据提学使樊详请维持名教整饬士风文》,《四川教育官报》1907 第 7 期)这些言论竟然是出自高小学生之口,而且是出现在公立学堂的考试卷上,实属惊人。它生动反映了 20 世纪初中国人的观念正在发生深刻变革,证明了几年来刚刚播下的"国民种子"已在萌芽,这是十分可喜的。不过,近代新学家们所做的播种工作、观念变革工作也有不足。他们的启蒙宣传尚只是通俗介绍西方的成说(而且不系统、完整),缺乏新创,缺乏深度。更为重要的是,他们往往是离开社会经济结构的变革来规划观念变革。他们尚不懂得经济基础与上层建筑、经济关系与政治关系、经济结构与政治结构的辩证关系。客观事实是,没有商品经济的自由发展和自由竞争,资产阶级的政治自由就缺乏基础。同时,资产阶级的平等意识同商品经济的等价交换原则是密不可分的,没有商品经济的普遍发展,资产阶级的平等也是难以建立的。而且,也正是商品经济的发展,逐渐培养了人们政治上的参与意识。对于这些,他们都尚缺乏认识。相反,他们在理论上所提倡的乃是唯心主义的意识决定论。所谓"思想者,事实之母也"这类命题在 20 世纪初是十分盛行的,为许多人信奉、提倡。受这种意识决定论的影响,他们离开社会经济结构的改造讲观念变革,就使新的观念难以生根。

三

在 20 世纪初变奴隶为国民的斗争中,新学家们是以观念变革为先导的。随着宣传的展开,他们又提出了国民政治能力培养的问题。他们认为,国民作为国家主人,行使国家主权,不仅要有主人翁的意识,而且要具备主人翁的能力。否则,所谓主权在民、政治参与、权利义务等等都要落空。1902年,梁启超又给国民作了另一界定:"有国家思想,能自布政治者,谓之国民。"(《新民说·论国家思想》)所谓"能自布政治",主要是政治能力问题;具有此能力,方能成国民。他认为,由于中国人民长期居于无权的奴隶地位,他们不仅无新的政治意识,更缺乏行使新的民主政治的能力。在他看来,能力的培养较之观念的变革更艰难。他说:"欲进无思想者为有思想者,其事犹易,欲进无能力者为有能力者,其事实难。"所以,"今日谈救国者,宜莫如养成国民能力之为急矣"(《新民说·论政治能力》)。

梁启超认为,国民应具有的政治能力主要是自治力。他说,"己不能治,则必有他力焉起而代治之者。不自治则治于人,势所不可逃也"。凡属被治者,"皆其无自治力使然也"。因此,中国人要摆脱被治的奴隶地位,成为"能自布政治"的国家主人,首先应培养自治力。他认为,西方的民主政治乃植根于自治,其"善良之政体,未有不从自治来也",因此,"吾民将来能享民权、自由、平等之福与否,能行立宪、议会、分治之制与否,一视其自治力之大小强弱定不定以为差"(《新民说·论自治》)。梁启超的这一主张得到许多人赞同。有人说:"人民对于立宪之事,条理最繁,约而言之,不外人人知有国家,人人皆能自治。能自治然后不致依赖官力,于应享之权利可以保全。"(《时报》1905年9月8日社论《论今日人民对于立宪之责任》)他认为,人民只有养成自治力,才能摆脱依附性和依赖性,真正实现民权。一篇文章甚至认为:"由野蛮之民族,一跃而为文明之民族,能自治也。由老大之民族,一易而为青年之民族,能自治也。由帝国羁縻之民族,一变而为共和组织之民族,能自治也。"(《论民族之自治》,《扬子江》第三期)以为文明的进化,民族的振兴,政治制度的进步全赖于自治。梁启超等人的这些思想明显受了严复的影响。早在甲午战争后严复就曾说:

"政欲利民,必自民各能自利始;民各能自利,又必自皆得自由始;欲听其皆得自由,尤必自其能自治始;反是且乱。"(《原强修订稿》)他认为,人民的自治能力乃是实现民主政治的前提和基础。基于这一认识,新学家们普遍重视自治力的培养。一些人又认为,既然"所谓国民者有参政权之谓也",因此,国民的政治能力主要表现为参政能力。而所谓国民政治乃是立宪政治、议会政治,因此国民的参政能力又具体表现为实行议会政治的能力。后来,孙中山专门撰写《民权初步》(《建国方略》之三),集中介绍"集会之原则、集会之条理、集会之习惯、集会之经验",并强调在中国普及"议事之学"的重要,目的正是为了培养中国人民实行议会政治的能力。有人又指出,议会政治的特点乃是通过议会表决确定大政方针,故今日应着重培养人民判断政治上是非得失的能力。这就又把政治能力与政治知识、政治思想水平诸问题联系起来。总的说来,20世纪初新学家们对国民政治能力的探讨尚不够深入、充分,但值得我们重视的是,这是他们通过中西对比,针对中国国情而提出的一个新问题。它的提出,对于更具体地认识和规划中国近代化、民主化的进程无疑是很有意义的。

对于国民的塑造,新学家们作了颇为全面的设计规划。他们又认为,适应现时代需要的国民,不仅应具有新的政治、道德观念,具有民主政治所需要的能力,而且还必须具有"军国民之资格"。这样,在国民资格的要求上,又多了"军国民"一项。自从1903年5月"军国民教育会"成立后,"鼓起尚武之精神,养成军国民之资格",成为当时中国颇为流行的口号。所谓军国民,即使国民具有强健的体魄,尚武的精神和军人的素质。一些人认为,中国之所以在列强侵凌下"无抵抗之力,不能振起,而处于劣败之列","最大原因"之一,是由于中华民族"自秦汉以来,日流文弱"。而欧美日本之所以称雄世界,则是提倡军国民主义的结果。因此,中国欲图振兴,就必须大力提倡"尚武轻文"、"尚武死义"的精神,让人民"练其筋骨","习于勇力"。他们强调,处于今日"强权之世界,苟非实行军国民主义","必不能自立于竞争剧烈之舞台"(脱羁:《军国民主义》,《觉民》一至五期合本),提倡军国民主义乃是时代的需要、环境的逼迫。因此,使国民具有军国民资格,绝非可有可无的要求,必须引起足够的重视。从上面的介绍可以看出,20世纪初新学家们在国民资格上又加上"军国民"一项,不仅是为了使中国人强身,更重要的是为了强国。它反映了新学家们力图使祖国由弱变强的愿望。而对革命派来说,他们更大力地提倡军国民主义,又是为了给武装革命作准备,是出于革命的需要。

四

改良派和革命派是20世纪初中国的两大政治派别。在这场关于国民问题的讨论中,两派的主张既有同又有异。要求变奴隶为国民,在中国建立国民政治,这是两派的共同愿望。对于国民应具的基本资格,两派的认识大体上也是一致的。而且,两派都认为,当时中国人只有经过一番自我改造、跃进,方能进为国民。但是,对于当时中国人民现有程度的估计,程度提高过程的长短快慢,程度提高的方法途径,中国近期能否建立国民政治等问题,两派又存在明显分歧。

作为改良派的领袖,梁启超的看法大体上反映了改良派的认识。他认为,中国人由奴隶而变为国民,乃是一个全民素质提高的过程。而由于历史造成的种种原因,中国人素质普遍低下,短期内是无法提高的。因此,中国不可能马上建立国民政治。随着革命潮流的高涨,他同革命派论战的展开,他更强调了这种长期性。1906年梁启超宣称,由于中国人尚不具备议会政治的能力,不仅不能建立共和制,而且也无资格实行君主立宪,中国的唯一出路是由清朝政府实行"开明专制"。他认为,"劝告现政府之开明专制,实今日独一无二之法门";"开明专制行得一分,则国民实力增得一分"。只有通过清政府的开明专制,才能逐渐养成国民资格,为实行国民政治作准备。他估计,中国人只有经过商鞅、克伦威尔一类铁腕人物"二十年、三十年,乃至五十年","以铁以火"的"陶冶锻炼",然后才有可能"读卢梭之书"、"谈华盛顿之事"(《新大陆游记节录》)。到那时,中国人方才配讲自由、平等、民主。

多数革命党人并没有忽视人民程度对于进行革命、建设新型国民政治的重要性。一位革命党人说,"凡居专制之国而欲建设新政府","必也全国人民富于政治思想,足于政治智识,强于政治能力而后始可以成功。从未有一国人民政治上之思想薄弱,政治上之智识缺乏,政治上之能力幼稚,而可与言建设新政府者也"。因此,今日当务之急是"开我中国人之政治思想,养我中国人之政治智识,储我中国人之政治能力"(汉驹:《新政府之建设》,《江苏》第五、六期),使之养成国民资格。和改良派不同的是,多数革命派成员以为,中国人的程度可以在较短期间恢复、提高。这是因为:其一,"疾专制、乐自由为人类之天性",在长期专制统治下的中国人民的这种天性虽"稍失其本来,然其潜势力固在也"(陈天华:《论中国宜改创民主政体》,《民报》第一号),经过启蒙是能迅速恢复的。其二,"人类所以灵于动物者,以其有模仿性也",一国人民"与外界相接",势必会因比较而模仿他国之长。由人类的模仿性决定,加之中华民族是文明开化民族,中国人学习西方,养成国民资格将会是很快的。其三,从事实来说,自民族、民主思潮在中国兴起后,中国人"起而应之者,如风之起,如水之涌,不可遏抑"(同上),人民的觉醒是迅速而显著的,这更证明中国人的程度可在短期内提高。他们的结论是,"中国国民之能力可以至短之期限回复","五年小成,七年大成"(同上),中国完全可以在短期内建立起国民政治,实现共和。关于人民程度提高的途径,他们坚决反对走开明专制的道路。他们指出,"欲以专制政府造成自由之民,何异以方形之范制圆形之物哉"(李石曾:《革命》,《新世纪丛书》第一集),纯属南辕北辙。开明专制只能使中国人"能力愈缩",而终"归于劣败之林"。他们认为,只有在革命和建设的实践中,才能"开浚人民之政治思想,培养人民之政治智识,习练人民之政治能力"(汉驹:《新政府之建设》,《江苏》第五、六期),使人民程度得以提高。他们的结论是:"养成自由国民之资格,必自革命始。"(李石

曾:《革命》,《新世纪丛书》第一集)

应该说,这两派的主张各有其合理因素又各存在其偏差、失误。以梁启超为代表的改良派一再强调国民资格的养成对于建立国民政治的重要性,指出了中国人民素质提高的长期性、艰巨性,这是正确的,由此,他们更为重视国民资格的培养和人的素质的提高、人的近代化,这是应该肯定的。但是,他们所设计的人民程度提高的途径,却存在明显的问题。受唯心主义意识决定论的影响,他们只看到意识对存在的反作用,而看不到实践对认识的决定作用。他们不懂得这种全民的自我改造和提高、跃进,只能在社会变革的伟大实践中完成。当时正在蓬勃兴起的资产阶级民主革命,乃是中国人民得以脱胎换骨的大熔炉,只有经过这一熔炉的锻铸,中国人民才能由奴隶进为国民,得以重塑。而且,中国人由奴隶而变为国民,不仅是超越和重塑,首先是斗争。因为反对、害怕革命,他们不承认这一真理。他们硬是让人们等待"中等社会"的教育和"开明"后的清朝政府的陶铸;而在它尚未开明之前则又要通过劝告与要求敦促、等待其开明。这显然延缓了中国社会变革和民主化的进程。他们把由清朝政府实行开明专制看做是培养中国国民的唯一途径,这不仅是不切实际的幻想,而且明显起了维护清朝反动统治的作用。多数革命党人认为人民能够在革命和建设的实践中更新观念,提高觉悟,增长才干,养成国民资格,摆脱奴隶地位,这无疑是正确的。可是,对于人民如何在变革的实践中锻炼、提高,他们却缺乏具体规划,实际上心中无数。他们的这一正确认识后来在实际斗争中并未落实。他们强调中国人民的程度可以迅速提高,对于激发人民的革命热情,驳斥改良派抵制革命、反对共和的借口,曾起了积极作用。但"五年小成,七年大成"的估计显然反映了他们对中国人民素质提高、国民资格养成的艰巨性缺乏足够认识,实际上表现了对这一问题的轻视。因为急于求成,他们把复杂问题简单化了。

总之,在20世纪初关于国民问题的讨论中,两派都未能对国民资格养成的问题作圆满解决。

五

令人遗憾的是,幼稚、软弱的中国资产阶级不仅未能对国民资格养成诸问题作出圆满回答,而且,随着形势的发展变化,他们对国民问题的兴趣、热情却逐渐冷淡。

正当革命派与改良派论战方酣时,1906年9月1日清朝政府下诏"预备立宪"。1907年夏,两派论战以改良派的失败而结束。在此之后,双方都作出各自的新安排,而其结果是,他们都对国民问题不甚关注了。改良派、立宪派认为,清朝政府主动宣布"预备立宪",乃是实现自己政治理想、加入政权的极好时机,必须紧紧把握住。他们欢欣鼓舞、全力以赴地投入了各种"预备"工作,以求"速开国会,组织责任内阁"。令改良派、立宪派十分难堪的是,这时所谓"人民程度不足",已由他们抵制革命、反对共和的借口,一变而成为清朝政府拖延立宪期限的一张王牌。改良派、立宪派为了抢在革命爆发之前召开国会,建立君主立宪,不得不自打嘴巴,宣称人民程度问题并不是立即召开国会、建立君主立宪的障碍。他们说,中国人的程度虽比西方"自惭低下",但却高于现政府成员,"以现在人民之智识,优足以监督之而有余"(梁启超:《读十月初三日上谕感言》),因此,中国完全可以立即召开国会,还有人说,各省咨议局自成立后,各事皆能"处之裕如",这"足以表示人民程度之足"(《国会请愿同志会意见书》,《国风报》第一年第九期)。就是说,所谓程度问题在中国业已解决。为了抓住时机,尽早挤进政权,他们放弃了先前的主张,不再提人民程度等问题了。革命派始终把反清排满、武装夺权看做是头等大事。在革命派的主要领导人看来,启蒙已取得成效,革命已进入实行阶段;只要推翻清朝、建立共和,人民自然会由奴隶变为国民,国民政治也就得以实现。于是,他们对国民问题的宣传也放松了。

辛亥革命是在政治、思想准备均不很充分的背景下发生的。而且,在革命过程中革命党人因害怕"秩序破坏",不敢充分发动群众,至于如何采取实际措施"习练人民之政治能力",就更谈不上了。在不少省份,立宪派和地方实力派又抢得主动,取得了领导权。在那里,所谓革命仅是换旗而已。因此,在革命过程中人民并未能真正经受锻炼。结果是,辛亥革命的果实为袁世凯篡夺,中国依然处于独裁专制的半殖民地半封建社会。从表面上看,在武昌起义胜利后,中国也曾一度出现了"国民政治"热。《临时约法》规定:"中华民国之主权属于国民全体","人民一律平等",享有各项自由,有一定权利义务。于是,不少人以为向往已久的国民政治的春天已经到来。在1912年,人们纷纷结社组党,准备参加第一届国会选举,一时间可谓热闹非凡,其中不少党团皆以国民为名(如国民党、国民协进会、国民共进会、国民公党等),标明他们所追求的是国民政治。可是,《临时约法》的规定只是革命党人的愿望而非现实。民国的成立并未使中国人民取得国民地位。辛亥革命的洪流虽使旧的思想观念受到一定冲击,但并未使人民广泛树立国民观念。既然1912年前后的"国民政治热"是在中国人民并未取得国民地位、成为国家主人的情况下出现的,这就决定了它只能是短暂的。从1913年到1914年,袁世凯先后制造"宋案",镇压"二次革命",摧毁国会,废除《临时约法》,这股热流很快散去。

论中国近代的自强精神

自强乃是一百多年来中华民族谋求解放与振兴的基本对策和基本出发点。从某种意义上说,中国近代的诸种社会思潮都是紧紧围绕如何实现民族自强这一主题展开的。

一、救亡与振兴"唯在自强"

中国是在西方列强的侵略炮火中进入近代的。列强对中国的侵略贯穿于中国近代史的全过程。近代中国人民的头等历史任务便是救亡图存,挽救民族危机。日益严重的民族危机使中国的有识之士越来越坚定地认为,自强乃是中华民族挽救危机、谋求振兴的基本对策。《南京条约》签订后不久,魏源便冷静地指出,对这奇耻大辱,"凡有血气心知者"不仅应当为此而"愤悱",更应为雪耻御侮而"讲画"。一切有心人应"知大《易》作者之所忧患","二《雅》诗人之所发愤"(《海国图志·原叙》)。这里所呼唤的正是发愤图强的自强精神。待《北京条约》签订后,冯桂芬更明确指出,救亡振兴之道唯有自强。他认为,20年来中国之所以"受制"于西方列强,"非天时、地利、物产之不如也,人实不如耳"。而就人的因素而言,"人又奚不如?则非天赋人以不如也,人自不如耳"(《校邠庐抗议·制洋器议》)。中国人并非由于在生理结构、聪明智慧上弱于西方人,而在于中国人的主观努力、人为上不如西方人。对此,中国人一方面应感到羞耻,一方面又应看到,这种不如通过发愤图强是可以弥补的。他说:"天赋人以不如,可耻也,可耻而无可为也;人自不如,尤可耻也,然可耻而有可为也。如耻之,莫如自强。"(《校邠庐抗议·制洋器议》)

洋务运动兴起,自强遂成为这一运动的旗帜。洋务派领袖人物恭亲王奕䜣说,"治国之道,在乎自强"(《洋务运动》第三册,466页),认为自强乃是中国当时御侮图存的总方针。从19世纪60年代起,自强一语频频见诸皇帝的谕旨、大臣的奏折、私家的论著和报刊文章,成为举国上下的共同呼声和愿望。维新运动兴起后,自强精神被进一步提倡,影响更大。之所以如此,不仅由于甲午战争后民族危机更加尖锐深重,救亡图存的任务更加紧迫,同时也由于刚从西方传入的达尔文主义给中国人带来了新的刺激。社会达尔文主义认为,人类社会同自然界一样,也是一个弱肉强食、优胜劣败的世界。在残酷的生存竞争中,只有强者方能生存、发展,弱者迟早要被淘汰、消灭。这对刚刚经受甲午战败的中国人来说,是一个极大的震撼。于是,自鸦片战争后被提倡的民族自强精神进一步高涨。呼吁民族自强是当年维新派宣传的一个重点。康有为认为,既然"天道无知,惟佑强者",因此,中国欲图救亡振兴,"则惟有自强而已"(《上海强学会后序》)。谭嗣同则对自强的含义、要求作了进一步的阐发。他说:"自强者,强自而已矣……论其至要,亦惟求诸己而已矣。"他希望全体中国人自觉"反躬自责,发愤为雄","合并其心力,专求自强于一己"(《仁学》四十四)。维新派宣称,他们之所以成立"强学会",发行《强学报》,皆"专为中国自强而立",旨在"求中国自强之学"(《上海强学会章程》)。自强同样也是戊戌维新运动的一面旗帜。经过维新派的宣传提倡,近代的自强精神更显自觉,为更多人所接受。

和洋务派相比,维新派的自强意识也更具近代色彩。在洋务派心目中,国家实际上主要是指"大清"王朝。他们谋自强,主要目的是通过一番自我调节、更新,使清朝统治转危为安,得以"中兴"。由于维新派思想家初步认清了国家与君主、朝廷的区别,因此他们所讲的自强,主体虽也包括了"大清"王朝,但更主要是指中国和中华民族。所以,他们明确宣布,所谋求的乃是"中国自强"。他们呼吁自强,从一开始便是同"保种"紧紧联系在一起的,这便是当时流行的一句口号——"自强保种"。在自强的方法、途径上,他们的基本主张与洋务派是有区别的。

二、自强与"师夷"

在中国近代,民族自强乃是通过"师夷",即学习西方的途径来实现的。在与外来侵略者的斗争中,中国人越来越发现自己落后于外敌,处于弱者地位。而所面对的来自西方的外敌既野蛮凶狠,又有许多中国所不及的优长。因此要想抵御外侮就必须通过自己的努力使自己由弱变强;而要由弱变强,就必须把西方的优长学到手。《南京条约》签订后不久,魏源就提出了"师夷长技以制夷"的口号,认为欲"制夷"御侮必先"师夷"。待《北京条约》签订后,冯桂芬更明确地提出,中国对于西方,当"始则师而法之,继则比而齐之,终将驾而上之。自强之道,实在乎是"(《校邠庐抗议·制洋器议》)。在中国近代,自强的口号是与"师夷"的口号同时提出来的。从一开始,先进的中国人就没有自我封闭地关门谋自强,而是置身于世界的新格局来规划中国的自强之策,这无疑是一种清醒、理智的态度。

中国近代的民族自强发端于清醒地发现自己的不足。从第一次鸦片战争开始,中国的先进分子便以虚心、求实、冷静、理智的态度寻找中国与西方的差距。那时,魏源认为:"夷之长技三:一战舰,二火器,三养兵、练兵之法。"(《海国图志》卷二,《筹海篇三·议战》)不久,冯桂芬进一步指出,中国不如西方"约有数端:人无弃材不如夷,地无遗利不如夷,君民不隔不如夷,名实必符不如夷"(《校邠庐抗议·制洋器议》)。这就比魏源的认识前进了一步。随着中国封建制度的矛盾弊端越来越充分暴露,随着国人对西方、对西学的了解日益深入,以后的几代中国先进分子又不断发现自己的不足,对西方的学习也就一步步地深入。后来,梁启超曾将近代中国人发现自己的不足,学习西方的历程分为三个时期:"第一期,先从器物上感觉不足",因而首先从物质层面学习西方,以图自强;"第二期,是从制度上感觉不足",于是进一步要求从政治、经济制度上学习西方,进行变革;"第三期,便是从文化根本上感觉不足",于是要求对文化心理结构、观念意识进行深入改造。(《五十年中国进化概论》,《饮冰室合集·文集》三十九)这乃是对近代先进的中国人逐步发现自己的不足、深入学习西方、谋求民族自强道路的高度概括。

当先进的中国人学习西方,在中国进行资本主义变革的时候,西方资本主义制度的矛盾弊端业已明显暴露。所以,中国近代的一些进步思想家,既看到了西方资本主义比东方封建主义的优越性,又看到了它的弊病与危机;既看到了封建主义将被资本主义取代的历史必然性,又开始对资本主义的前途命运担心。严复、谭嗣同、康有为、章太炎、孙中山等人都曾对西方的政治、经济制度和社会道德状况有所批评。他们中多数人均反对盲目照搬西方。为防止西方的某些"弊窦",他们又试图对西方资本主义制度作损益调整,进行"改良",在中国建立一种符合自己国情的、更完善的社会制度。他们所作的努力尽管最终并未成功,但所反映出的乃是一种走自己的路的可贵精神。这种独立思考、理性选择正是自强精神的又一表现。

三、自强与变革

鸦片战争后,中国近代诸多的政治派别均讲自强,但其方针、途径则大相径庭。坚持守旧的封建顽固派认为,只要朝廷一意"整纪纲"、"尚礼义"、"兴政教"、"正人心"、"饬吏治"、"重农桑",并严守"祖宗成法",即可自强。由于这些不仅古有明训,而且在漫长的古代也确有成效,加之倡导者不乏像倭仁那样的"正士端人",因此在开始一个时期这种观点的影响是不小的。但一批有识之士从一开始便旗帜鲜明地提出了不同的主张。他们认为,要想挽救内外危机,实现自强就必须"师夷"变法。早在鸦片战争前后,龚自珍、魏源便发出变革的呼声。稍后,冯桂芬公开宣称:"法苟不善,虽古先吾斥之;法苟善,虽蛮貊吾师之。"(《校邠庐抗议·收贫民议》)他认为,对"法"的选择取舍当以是否符合时代需要为标准,若不合时代需要,即使被视为神圣的"古先"之法,也应改变、抛弃。接着,洋务派对变革的必要性作了进一步的说明。李鸿章说:"外患之乘,变幻如此,而我犹以成法制之,譬如医者疗疾,不问何症,概投之以古方,诚未见其效也。"(《筹议海防折》,《李文忠公全集·奏稿》卷二十四)他认为,中国一些传统的古方已医治不了眼前的新症,为求"中兴",就必须学习西方,"稍变成法"。诚然,从魏源到冯桂芬,再到李鸿章等洋务派,他们所主张的变是很有限的,只是"稍变"而已。他们学习西方尚停留在物质文化层面,与之相应,他们的变革也大体停留在这一层面。但是,他们将民族自强与变革联系在一起,认为能变方能强,其意义是重大的。这是他们对当时世界形势、历史潮流开始有比较清醒的认识而得出的新结论。他们认为,当时中国正面临"数千年来未有之变局",面对"数千年来未有之强敌",中国人长期以来的"天朝"心态开始动摇,而新生的危机感日益强烈。他们认为,顽固派试图以传统旧法治疗中国的新症,以"祖宗成法"谋求自强是行不通的。不作适当变革,中国就无法适应新的"变局",对付新的强敌,由弱变强。为此,他们曾同顽固派进行了长期论争。通过这场论争,更多的中国人逐步将自强与变革联系在一起。后来,从洋务派中分化出来的一些早期维新派思想家以更鲜明的态度论述了变革与自强的关系。王韬在著名的《弢园文录外编》中作《变法自强》三篇,旗帜鲜明地提出了"变法自强"的口号。从此,通过变革实现自强遂逐渐成为一些进步中国人的共识。

中国人对变革的认识是步步深入的。最初,洋务派只是稍变成法;早期维新派比洋务派前进了一步,但仍坚持"器可变,道不可变"。继之而起的戊戌维新派开始认识到,中西间的强弱差距,归根到底是封建制度与资本主义制度间的高下优劣之差。长期滞留于封建制度乃是中国贫弱的根本原因。中国欲由弱变强,就必须进行资本主义的社会变革。所以,他们坚定地认为,当时的中国不仅"器"要变,"道"也要变。维新派所说的"全变",就是要在中国实现社会转型,使中国由农业文明向工业文明转型,由封建专制制度向资产阶级民主制度转型;要在中国实现全面的近代化,使古老的中国通过全面变革而脱胎换骨,得以新生。虽然,在后来的实践中,维新派未能达到这一程度,但他们起初的雄心确实如此。更重要的是,在此之后,继维新派而起的中国变革者们一直是朝这个方向努力奋斗的。

20世纪初,梁启超说:"Revolution(变革)之事业,为今日救中国独一无二之法门,不由此道而欲以图存,欲以图强,是磨砖作镜、炊沙为饭之类也。"(《释革》,《饮冰室合集·文集》之九)这是注定行不通的。这是几代中国人经过长期摸索之后,对中国自强之道所作的深刻理解。从此,变革观念在中国深入人心,并成为中国人的共同信念,要求变革遂成为近现代中国不可阻挡的历史潮流。可以说,一部中国近代的民族自强史即是一部不断深化的变革史。

四、自强与民族精神建设和"国民性"改造

鸦片战争后,一些先进分子已隐约认识到,国力乃是一个综合因素,它不仅表现为物力、财力、兵力,还包括民众的"心力",即精神力量。民众的精神状态如何,直接关系到国家民族的盛衰。他们认为,要实现民族自强,不仅执政者要有自强的决心与正确部署,更重要的是广大民众要有自觉的愿望。只有使自强成为全民的共同愿望和自

觉行动,民族的自强方有希望。于是,从19世纪末开始,先进的中国人对于民族精神建设给予了高度关注。

近代进步思想家首先分析了当时民众精神委靡的原因,进而对中国"民性"(后来通称"国民性")的弱点作了严厉的自我剖析。在古代,先哲往往把自强与"自胜"联系在一起,认为人们只有自觉克服、战胜自己的弱点、缺点,方能成为强者,这便是所谓"自胜者强"(《老子》第三十三章)。这一古训颇受近代进步思想家的重视。梁启超说:"以己克己谓之自胜。"(《新民说·论自由》)他又说:"古来能成大事者,必其自胜之力甚强者。"(《新民说·论自治》)可以这样说,近代进步思想家论民族自强,更突出强调了"自胜"。为求自胜而自强,几代中国人曾以真诚的虚心态度对自己的种种不足作了认真的自我反省。继发现、承认中国器物、制度的不足之后,他们又对中国人整体素质上所存在的问题作了全面反省。这是一场较前更深刻也更痛苦的民族大反省,更鲜明地反映了中国人由自胜而自强的精神。对此,呼吁"新民"的梁启超做了更多的工作。梁启超认为,只有对中国"民性"的种种缺陷、弱点"一一勘之,一一鉴之,一一改之,一一补之",方能造就一代新国民。他在《中国积弱溯源论》、《新民说》、《新大陆游记》等论著中对此作了深入的揭示、剖析。他说,"我祖国民性之缺点不下十百",如"无国家思想",缺乏公德观念,权利义务观念淡薄,"无进取冒险性质",怯懦、好伪、自私、忌妒、涣散等等。在这些弱点、劣点中,最主要、最突出的则是奴隶性。因此,他和同时代的其他一些思想家对长期存在于国人中的奴隶性作了认真清算。这一清算一直延续到五四时期,成为国民性改造的重要内容。

从19世纪末开始,为"自胜"而进行的这场民族大反省所引出的直接结果之一,就是对民族精神建设的高度关注。从戊戌到五四时期,呼吁国人自觉"孱劣下之根性","自克自修",进而铸造"国民新灵魂",成为人们普遍关注的共同话题。几个时期的进步思想家都期望国人清除奴隶根性,培养权利义务观念、公德观念、参与意识、社会责任感、爱国主义和群体意识,养成独立、自尊、自立、自治、坚毅、进取、尚武等理想人格,进而全面提高民众的基本素质,实现人的近代化。严复呼吁中国人实现德、智、体三强,梁启超提倡"新民",陈独秀希望造就一代新青年,所追求的都是人的近代化。严复将三强视为中国"图自强"的根本,这也是当时一批进步思想家的共识。概言之,中国近代谋求民族自强所追求的乃是近代化。在此过程中人们越来越把人的近代化看做是社会近代化的基础建设,强调欲求中国自强,不仅需要变革社会制度,而且需要自觉从事人自身的改造,这就使中国近代的自强意识具有更深刻、丰富的内容。

五、自强与民族自尊、自信

在古代,自强的精神品德是与自尊、自信的精神品德紧紧连为一体的。在近代,先进的中国人谋求国家自强、民族自强同样是同维护民族的自尊、自信紧紧联系在一起的。他们清醒地认识到,维护民族的尊严、树立民族自信心乃是渡过民族难关不可缺少的精神支柱。因此,他们在谋求民族自强的过程中,既同盲目自大的"天朝心态"作斗争,以论证自强的紧迫性;又同民族自卑感、民族虚无主义作斗争,以证明民族自强的可能性,唤起广大民众自强的信心。

近代进步思想家曾一再向国人揭示民族危机的深重,指出中国正面临亡国灭种的危险。但是,他们之所以屡出危言绝不是要在人民中间散布悲观绝望的情绪,让人气馁,而是要使人惊醒。因此,他们在让国人清醒认识客观形势严峻的同时,又鼓励人们对国家民族的前途具有信心。他们坚信:"中国无可亡之理,而有必强之道。"(梁启超:《论中国之将强》,《饮冰室合集·文集》之二)他们的这种民族自信心不只是情感的,也是理性的。在因《马关条约》签订而陷入深深的民族悲愤的年代,梁启超连续写了几篇文章,比较系统地论证了中国的"将强之道"。他向国人指出,当时的中国虽然"气息奄奄,危于风烛",但她乃蕴藏着一股"未可轻蔑视之"的"潜势力",对此任何人都不可貌视。

只要全体中国人"忍大辱,安大苦,发大愿,合大群,革大弊,兴大利",最终定能"雪大耻,报大仇,定大难,造大业"(梁启超:《论中国之将强》,《饮冰室合集·文集》之二)。

鸦片战争后,几代中国人呼吁自强是因为深感中国业已远远落后于西方。但是,他们从没有把中国的落后归之于中国人天赋低于西方,人种劣于西方;并没有认为中国自古以来就一直不如西方;也不认为中国在一切方面都不如西方。虽然,在这一过程中确也滋生了民族虚无主义,但它从不是主流,并一直受到有识之士的批评。梁启超认为,在中国传统文化中,"误而当改者"虽"颇多",但"善而可宝者固不少"(《中国积弱溯源论》,《饮冰室合集·文集》之五),对于后者是不可轻忽的。他一再指出,人们在反对"崇拜古人之奴隶性"的同时,又要反对"崇拜外人,蔑视本族之奴隶性"(《论中国学术思想变迁之大势》,《饮冰室合集·文集》之七)。后来孙中山也指出,就精神文明而言,中国"不如彼者"固然不少,但"能与彼颉颃者"也不少,"即胜彼者亦间有之"(《孙文学说》),妄自菲薄是没有根据的。他也批评了某些人"极端的崇拜外国,信仰外国是比中国好",因而"事事都是仿效外国"的错误态度(《三民主义·民权主义》第五讲)。这些认识乃是近代多数进步思想家的共识,它使近代中国在学习西方的过程中始终保持了民族自信。

几代中国人始终认为,中国完全可以通过自己的努力奋斗由弱变强、赶超西方。类似"华人智虑未必逊于西人"的话,屡见于各种政治派别人物之口,是当时中国人共同的自我评价。许多进步思想家先后指出,中国立国数千年,创造了光辉灿烂的文化,对人类文明进步作出了重大贡献。在漫长的古代,中国曾长期居于世界文明的前列,是先进者。只是到了"近世史时代","则相形之下,吾汗颜矣"(梁启超:《论中国学术思想变迁之大势》)。但是,中国几千年的文明史、奋斗史,中华民族近几十年的觉醒史足以证明,中国人是有能力、有志气奋起直追,迎头赶上的。从魏源开始到冯桂芬、王韬一代,再到康有为、梁启超一代,孙中山、章太炎、陈天华一代,直到李大钊一代,他们都曾预见,在不久的将来中国将赶超西方,"雄飞于宇内"。这种可贵的民族自信心一直鼓舞、激励着中国人民在实现民族自强的艰难征途上不断奋勇前进。

戊戌思潮论纲

为纪念戊戌维新一百周年,本文拟对戊戌思潮的一些主要方面作一考察,力图较全面地勾画其概貌,揭示其价值。

一

戊戌思潮的兴起,始于民族危机的刺激,维新派首先举起的是爱国、救亡的旗帜。维新派所提倡的爱国主义已经超出"尊朝廷,卫社稷"的狭小范围,而是要"保全国家之政权土地"、"保人民种类之自立"(《保国会章程》)。戊戌时的爱国主义表现为对中国和中华民族的关心与热爱。由此又产生了近代的国家观念与民族观念。

维新派看到了国家、民族的危机,但对国家民族命运并未丧失信心而是充满了信心。他们认为"中国无可亡之理,而有必强之道"(梁启超:《论中国之将强》),"二十世纪之中国,必雄飞于宇内"(梁启超:《南海康先生传》第一章)。他们指出,救亡只是第一步,而更重要的是第二步,即谋求中华的振兴。救亡图存、振兴中华构成维新派爱国主义的完整纲领。

维新派又清醒地认识到,中国要想摆脱民族危机,只有靠自身的力量。他们始终将中华的振兴寄托于自强。维新派所成立的政治团体取名"强学会",正是要告诉国人:中国振兴"则惟在自强而已"(康有为:《上海强学会后序》)。这是维新派特别强调的。

二

维新派坚信并让国人相信,中国自强的途径只能是变法维新。只有通过变革,中国才能由弱变强,得以振兴。尚变、主变是戊戌思潮的核心,也是它总体价值之所在。

"中国当变"的观念在鸦片战争后即已萌生。19世纪六七十年代,洋务派便曾提出"法贵变通"的思想,主张"稍变成法"。但维新派的主变思想不仅比洋务派鲜明、坚定,而且具有新的内容和性质。之所以如此,首先是由于维新派乃是中国新兴资产阶级的政治代表。此外,还由于他们掌握了进化论这一新的理论武器,因而对变革的必然性、必要性,以及变革的方向目标有了更为自觉、明确的认识。

依据进化论,维新派一再告诉人们,宇宙万物无时不在变易之中,变是宇宙间的普遍规律,世界是不断变易的;变易的过程乃是一个发展进化过程。"大地之事事物物,皆由简而进于繁,由质而进于文,由恶而进于善。"(梁启超:《论君政民政相嬗之理》)都是"今胜于古,后胜于今"的。人类社会的发展进化乃是一个有规律的过程,据乱世、升平世、太平世即是人类社会发展进化的三大阶段。这种进化史观为当时中国人提供了一个观察人类社会历史的新工具,它是戊戌思潮的理论基础和精华。

据此,他们得出了如下一些新认识:其一,中国反侵略战争的失败,是由中国比西方落后了一个历史阶段所决定的,其失败带有历史必然性。它证明,中国和东方的封建主义抵挡不了西方的资本主义。其二,"物新则壮,旧则老"(康有为:《上清帝第六书》),西方"以好新而兴",东方"以好古而亡"(谭嗣同:《仁学》十八);只有革新才有出路。他们的共同结论是"非变革不足以救中国"(梁启超:《释革》),"不由此道而欲以图存、欲以图强,是磨砖作镜、炊沙为饭之类也"(梁启超:《释革》)。从此,变革的观念在中国深入人心,这是维新派的伟大历史功绩。

三

洋务派虽然也曾作了些变革,但维新派认为,他们所进行的是小变而非大变,是貌变而非真变,是"变器"、"变事"而非变法。搞了三十多年的洋务运动所以失败,是由于犯了"变法不知本原"的错误。他们指出,当时的中国"能变则全,不变则亡,全变则强,小变仍亡"(康有为:《上清帝第六书》)。维新派宣称,他们的变法纲领乃是一个全变的纲领。康有为和梁启超认为当时的中国早已是一座"瓦墁毁坏,榱栋崩折"的大厦,对它仅作"小小弥缝补漏"不能解决问题,"风雨既至,终至倾压"。正确的做法应是"拆而更筑","以新厥构"。这一比喻正是他们对自己"全变"纲领的形象说明。当然,在后来的实践中他们远未达到这一程度。

维新派所谓"别立新基"的全变,他们的理想、目标就是使中国由封建专制制度向资产阶级民主制度转型,从农业文明向工业文明转型。可见,中国的近代化进程虽然不是起步于戊戌维新,但中国的社会变革和近代化的全面启动则始于戊戌维新。

四

维新派的政治目标是欲在中国逐步建立资产阶级民主政治。为此,他们首先在中国进行了一番民主主义的启蒙宣传,这就使戊戌思潮具有鲜明的民主主义色彩。

鸦片战争后，中国的先进分子一直在思索西方之所以富强、中国之所以衰败的根本原因。对此，维新派认为，西方之所以富强，是因为那里的人民居于国家主人的地位，享有民权、自由、平等。中国之所以衰微，是因为人民始终处于无权的奴隶地位。他们说："三代以后，君权日益尊，民权日益衰，为中国致弱之根源。"（梁启超：《西学书目表后序》）"中国所以不可为者，由上权太重，民权尽失。"（谭嗣同：《秋雨年华之馆丛脞书》卷一，《报唐才常书》）因此，"兴民权"乃是振兴中华的关键。只有兴民权，改善中国民众的政治地位，才能激发民众的活力，进而增进国家的活力。救亡与振兴乃是维新派提倡兴民权的最初动因。

民权、民主、自由、平等等观念在中国社会流传，主要应归功于严复。1895年严复刚一登上政治舞台便公开介绍"主权在民"说，认为"斯民也，固斯天下之真主也"，"王侯将相者，通国之公仆隶也"（严复：《辟韩》）。这类崭新观念在当时中国无疑具有振聋发聩的巨大启蒙意义。而相比之下，严复更重自由。他认为，自由才是西方的立国之本（"体"），民主科学均源于自由，民主政治乃是自由的外在表现（"用"）。自由即是摆脱束缚，获得解放，实现自主。因此，只有自由才能激发个体活力，带来生机。据此，梁启超将自由看做西方进步的"原动力"。为了兴民权，提倡自由、平等，他们对封建君主专制、等级压迫以及维护它的"三纲"作了公开、猛烈的批判，造成了中国近代的第一次思想解放。

维新派的兴民权，是欲通过设议院来落实的。他们的具体政治目标是在中国逐步建立君主立宪制度。虽然当1898年维新运动进入高潮时，康有为用设制度局代替了设议院，但这只是具体策略的变化，并不表明他们放弃了原先的理想。所以，在政变发生之后，他们在海外不仅更明确地主张立宪政治，而且对"主权在民"说作了更深入的阐释。这一时期梁启超所介绍的"君主无责任"说和"虚君"说是值得我们重视的。

五

戊戌时期的社会转型，从经济上说则是告别农业文明，迈向工业文明，变封建自然经济为资本主义商品经济。维新派的出发点是追求国富，但他们认为只有民富方能国富，要富国当先富民。而欲富民，就必须走西方资本主义经济发展的道路，实行自由主义经济政策，取消各种限禁，鼓励民间自由兴办资本主义工商业，广泛使用机器。同是"求富"，维新派与洋务派的经济纲领是有本质区别的。

维新派的具体经济纲领是"以工商立国"、"以工立国"。虽然在此之前早期维新派即已提出这些口号，但由于维新派掌握了进化论这一武器，因而对世界历史发展趋势以及西方资本主义的现实有更为深入的了解，因此他们对此更为自觉。他们指出："世界之文明愈进，工业之权力愈放，驯至万国一工国也。"（樊锥：《劝湘工》）西方工业化的道路也应是全人类的共同道路。而且，"古之灭国以兵"，"今之灭国以商"（康有为：《上清帝第二书》）。为了有效抵御西方日益深入的经济侵略，也必须大力发展本国的资本主义工商业，努力实现工业化、机械化。

可贵的是，维新派认识到，要想实现经济转型亦即经济近代化，尚必须辅之以社会成员的经济观念变革。为此，他们不只批判了重农抑商、重义轻利、鄙薄技艺等传统观念，而且又提出了"尚奢"、重开源的新的经济观念。"崇俭"与"尚奢"所反映的实际上是封建自然经济与资本主义商品经济下两种不同消费方式、生活方式的分歧。几位维新派思想家所极力反对的"崇俭"，其实是指在封建自然经济下，人们以获得最低限度生活需求为满足的生活态度；以及与之相联系的那种不承认物质幸福道德意义的伦理道德观念。他们提倡"尚奢"，目的是以消费促生产，变简单再生产为扩大再生产，变重节流为重开源。固然，他们以"尚奢"与崇俭来概括两种经济观念的分歧容易造成误解，他们一味强调消费，否定节流也带有明显的片面性，但就总体而言，他们这种新的经济观对于突破小生产的狭隘眼界,跳出传统经济观念的窠臼,实现经济近代化是有积极意义的。

六

从维新派对"开新"的由衷赞美和对好古、守旧的极度憎恶可以看出,他们殷切地企盼中国尽早走出旧时代,实现近代化。而对实现民权,他们尤为向往。可是,他们中许多人在企盼的同时又指出,中国要想马上实现这一目标、理想,条件尚不成熟。最早指出这一点的是严复,他刚一登上政治舞台,在最早发表的几篇政论文中便旗帜鲜明地提出"主权在民"说,热情提倡自由、平等,猛烈抨击君主专制。但他同时又指出,在民众德智体诸方面基本素质低下的情况下,要想实现这些理想又是不可能的。他始终认为,要想在中国实现民权、自由、平等,进而致中国于富强,当从提高民众的基本素质入手。

严复这一主张的理论依据是斯宾塞的"社会有机体"说。他认为,社会如同生物机体,社会成员与社会整体的关系如同细胞与生物体的关系。生物体的性质、特征取决于细胞的性质、特征,因此,一国一群的状况取决于社会成员的状况。他说:"凡物性质,视其质点之何如,自人为团体至于天生动植乃及人群,莫不如此。是故,欲觇其国,先观其民,此定例也。"(严复:《群学肄言·喻术第三》译者注)据此,他认为,西方之所以富强,是因为其民德智体三者皆优;中国之所以贫弱,则是因为中国人这三者皆劣。中国欲图振兴,就必须立即着手"鼓民力,开民智,新民德",逐步使中国民众实现"血气体力之强"、"聪明智虑之强"与"德行仁义之强"(严复:《原强修订稿》)。"三强"才是中国富强之本,若无视这一根本而勉强实行民权民主,要么变质("淮橘成枳"),要么难以立足生根("人亡政息"),是注定行不通的。

依据严复的"三强为本"说,梁启超又提出"权生于智"说。他以为"权之与智相倚者也","有一分之智即有一分之权","有十分之智即有十分之权"(梁启超:《论湖南应办之事》)。因此,今日欲兴民权,

"必以开民智为第一义"。这一主张迅即得到多数维新派的赞同,成为他们的共识。这里需要说明的是,戊戌时期维新派所讲的智与愚,固然包含了文化知识水平的高下,但又不仅指此而言,它尚包括了观念意识等方面的内容。所谓"开民智",就不仅是一般意义的提高民众的文化知识水平,更主要是指向民众传播新知识,灌输新的观念意识,全面开发民众的智能。简言之,即是进行全面的资产阶级启蒙。

到20世纪初,梁启超又进一步提出了影响更大的"新民"说。他认为,"国家之强弱,一视其国民良否为比例"(梁启超:《中国积弱溯源论》),中国民众身上的种种缺点、弱点乃是导致中国衰微的总因。因此,中国欲图振兴就必须首先改造国民性,提高全民素质,从新民入手。概言之,所谓新民,从政治上说是要使中国民众由奴隶、臣民变为新型的国民;从道德上说是要造就一代具有新的道德观念、精神风貌和理想人格的新人。

为实现人的近代化,严复、梁启超等人特别重视观念变革。为此,他们宣传介绍了一套新的政治、经济、伦理道德观念,以及科学精神、主体意识。同时对长期存在于国人中的奴隶性作了严厉批判、清算。这一工作受到后来革命派和激进民主派的重视,并将它继续引向深入。

从严复的"三强为本"说到梁启超的"新民"说,所关注的是人的近代化。但是,斯宾塞的社会有机体说是非科学的,以此作为救国、治国之道,就势必要离开社会基本矛盾的辩证运动来规划中国的社会变革,而且势必要离开社会变革的实践来实现新民。它看不到人的近代化与社会的近代化是一种双向互动关系,只强调一方对另一方的决定作用,最终势必要引导人们轻视社会结构的变革。

七

在戊戌时期,救亡、变革、启蒙差不多是同步进行的。而且,社会变革作为一项庞大复杂的系统工程,它也需要经济、政治、文化诸方面的变革相互配合。因此,戊戌维新既是一场政治运动,又是一场思想、文化运动,进行文化批判与重构乃是它的一项重要任务和内容。而在这方面,维新派首先遇到的又是如何对待孔子与儒学。

以孔子为创始人的儒学具有复杂的性质和影响。作为封建意识形态,它是中国封建统治的精神支柱。但作为中国传统文化的主流,它业已融入中华民族精神。它既有时代性、阶级性,又具有超越性;既有精华又有糟粕。对正在进行的社会变革来说,它既是障碍又是精神资源和历史遗产。在维新派看来,作为中国思想文化最高权威的孔子旗帜,它虽一直握在封建势力手中,但若夺之为我所用,作用是巨大的。因此,他们认为,对孔子和儒学,当时正确的选择乃是通过改造而利用之。

几位维新派思想家对儒学的改造是在"孔教复原"的旗号下进行的。所谓孔教复原,简言之,即是原本完美的"孔教"经后儒的误解、曲解、篡改,它业已变质、变味,所以今天的任务应是揭露后儒对"孔教"的歪曲篡改,恢复它的原貌。于是,他们都各自提出了自己的孔教变质史。康有为认为,从曾子起"孔教"即已变质、变味,而谭嗣同认为"孔教"的变质始于荀子,宋恕则认为始于汉初。总之,被他们所否定的后儒,涉及面是相当广的。在"孔教复原"的旗号下,他们所从事的实际上是批判后儒之学,也就是流行儒学的工作。而抨击的重点则不约而同地都指向了当时的官方哲学——程朱理学。

他们真的要恢复孔子和"孔教"的原貌吗?显然是值得怀疑的。这是因为他们对原始儒家经典并不那么崇信、尊重。康有为甚至公开指责《论语》"谬陋粗略"。虽然,他将《论语》的谬陋粗略归罪于编纂者曾子"门弟子之宗旨、学识狭隘"(康有为:《论语注·序》),但这毕竟是对《论语》的公开批评,严重贬低,实际上是对孔子学说的不满,至少在客观效果上是如此。

康有为等人的"孔教复原",并非是要简单恢复孔子的原始儒学,而是要借"复原"之名行革新之实,使孔子和儒学近代化。不过,他们所采用的方式手段是极其简单的,即借用儒家经典中的某些"微言"发挥近代的新意,用儒经中的某些片言只语附会西学西政。经过他们的"复原",西方的民权、民主、自由、平等,统统都成了"孔教之原",孔学的真精神。其实,他们乃是将西方近代一些积极的东西,也就是当时他们所要提倡的东西,统统都说成是孔学的真精神。他们是将"孔教""复原"为西学,以孔学做外衣包装、贩运西学。

概言之,康有为等人所发动的"孔教复原"乃是一场批后儒(以至批儒学)而尊孔子的运动。这种看似矛盾的做法反映了他们既欲改造又欲维护中国传统文化,既要引进西学又欲维护中国本土文化主导地位的复杂心态。在这一过程中,流行儒学遭到沉重打击,但孔子却进一步被神化,它所造成的影响是复杂的。

八

就文化批判与重建而言,维新派所做的更为具体切实的工作是他们在文化领域陆续发动了各种"革命"。以口号形式提出的有"道德革命"、"诗界革命"、"小说界革命"、"史界革命"等,此外,虽未冠以革命之名而性质相同的尚有教育改革、哲学变革。所谓"革命",这是借用当时流行的政治用语,"其本义实变革而已"。维新派在文化领域所发动的革命,实质上是一场旨在使中国文化近代化的文化革新运动。这场文化革新运动经由辛亥时期的深化,到五四时期达到高潮。

梁启超是这场文化革新的主帅。他不仅发动了各种"革命",而且为这场文化革新规定了基本方针。对中国传统文化、传统观念,他作了这样的估计:"其善而可宝者固不少,其误而当改者亦颇多。"(梁启超:《中国积弱溯源论》)他指出,中国在数千年的发展史中形成了自己独具特色的悠久文化,"我国同胞能数千年立国于亚洲大陆",实赖于此,对这笔历史遗产、精神资源必须珍视。可是,中国传统文化的许多方面又与新的经济政治、新的时代需要和时代精神不相适应。为推动社会变革和近代化的进程,又必须"取数千年腐败柔媚之学说,廓清而辟辟之"(梁启超:《新民说·论进步》)。同时,尚需要自觉引进域外的新文化,以补我之不足。

在论"新民"方针时,梁启超曾说,"新"应从两方面同时进行:"一曰淬厉其所本有而新之,二曰采补其所本无而新之。"(梁启超:《新民说·释新民之义》)这也是他所发动的文化"革命"的基本方针。所谓"淬厉其所本有",就是对中国传统文化、民族精神中有价值、可继承的精华部分做加工提炼、充实改造的工作,使之"继长增高",日新光大。所谓"采补其所本无",即是博采西方文化、民族精神的优长,"以补我之所未及"。通过中西文化调和融合而创建中国的新文化,这是梁启超文化革新的基本方针。因此他既反对那种只知固守"国粹",排斥西方文化的文化排外、文化保守主义,又反对业已出现苗头的民族虚无主义。应该说,这一文化革新方针是稳健的,对今人仍有借鉴意义。

维新派所发动的文化革新再次说明,他们所从事的社会变革是全面的。

九

在戊戌时期,康有为、谭嗣同、梁启超等人又曾试图在中国建立宗教。这一文化动向也是值得我们重视的。

中国是一个缺乏宗教传统的国家。而且,除康外,梁启超等原本"不喜宗教"。但他们何以一变而大力提倡宗教?主要是基于以下两方面的原因。其一,是受了西方文化的影响和启示。维新派对西方文化、社会和历史了解越多,就越感到基督教在西方文化和社会中具有极为重要的地位。他们认为,西方文明的发展,西方人的价值观念与理想追求都与基督教有密切关系。重宗教是西方文化的优长,不重宗教则是中国传统文化的缺憾。是否重宗教是中西文化的又一重要差异,而这一差异又直接关系到中西的兴衰。他们大力提倡宗教正是为了弥补中国传统文化在价值层面的不足。其二,是受了西方在华宗教渗透的刺激。他们认为,由于中国不重宗教,就为西方的宗教渗透让出了地盘,西教已对中国本土文化构成了明显威胁。为抵制西教渗透,捍卫中国本土文化,就必须大力提倡中国本土的"孔教"、佛教。显然,在戊戌时期几位维新派思想家提倡宗教是出于文化建设和文化自卫的需要。他们所关注的,与其说是狭义的宗教,毋宁说是广义的中国文化。

几位维新派思想家之所以硬要在"非宗教之国"的中国提倡宗教,是因为他们看中了宗教的社会功能,并急于发挥宗教的社会功能,欲通过宗教"统一国民精神"。通过宗教增进国人道德,树立一种新的人生观,培养一种"雄强刚猛"的大无畏精神。是欲激励、增进国人的"心力",为中国的社会变革提供精神动力。是欲通过宗教思想的熏陶,培育一批勇于舍身救世的豪杰之士。因此,他们所拟建立的宗教是"应用"型、道德型的宗教;是纯本土宗教;是建立在信仰自由基础上,不具强烈排他性的宗教;是一种资产阶级的新宗教,它不仅具有平等、自由精神,而且肩负新的时代使命。

概言之,维新派是站在政治改革家而非虔诚宗教家的立场来提倡宗教的。经他们提倡,又引发了近代的"宗教救国论"和人们对宗教社会功能的关注。

十

多数维新派认为,救亡与变革靠的是国人的"心力"。在保国会的第一次集会上,康有为在他激动人心的演说中宣称:"欲救亡无他法,但激厉其心力,增长其心力。""果能四万万人,人人热愤,则无不可为者,奚患不能救?"(康有为:《京师保国会第一集演说》)其他维新派也发表了相同的议论。唐才常认为:"心力所结,未有不转移天下者也。"(唐才常:《浏阳兴算记》)梁启超说:"报大仇,雪大耻,革大难,定大计,任大事,智士所不能谋,鬼神所不能通者,莫不成于至人之心力。"(梁启超:《新民说·论尚武》)谭嗣同说:"心之力量,虽天地不能比拟,虽天地之大,可以由心成之、毁之、改造之,无不如意。"(谭嗣同:

《书简·上欧阳中鹄》十)他们让人相信,只要人们自觉自强其心,便能由弱变强,使自己成为强者,充分发扬心力便能成就一切。他们又认为,"心力"的培养靠的是唯心论,这便是梁启超说的"唯心派造人物"。于是,佛学与陆王心学受到康、梁、谭诸人的极度推崇,而"自心造世界"的主观唯心论则一时成为哲学的主潮。

处于伟大变革、历史转折的中国近代,是一个需要全民奋起的时代。在变革的方向目标确定后,就需要通过全民的高度热忱和顽强的意志力去贯彻,充分调动全民的主观能动性。就此而言,他们呼唤"心力",提倡自强其心,反映了时代的需要。有人朦胧地看到国人的精神状态乃是构成综合国力的因素之一,这是很有价值的思想。他们提倡激励、增长心力,旨在激发国人救亡、变革的热忱,以及为之奋斗的勇气、毅力,这在当时是具有积极意义的。可是,他们虽极度重视"心力"但却又对"心力"缺乏科学认识。在他们心目中,"心力"乃是一种脱离社会存在而又决定社会存在的神秘之物。他们既对它无端神化,就势必要对它寄予莫大的期望。然而这种期望实则是指望以超现实的力量求得现实的解决,最终势必落空。至于他们中一些人(如康、谭)指望靠仁心爱心消解劫难,推动社会进步,更表明了他们的幼稚与软弱。

十一

救亡、变革、启蒙是戊戌思潮的主题,而如何使中国实现近代化则是它的主线和核心内容。这就使它具有鲜明、强烈的爱国主义色彩和民主主义气息,从而对中国的社会变革和近代化进程起了巨大的推动作用。它使古老的中国从思想观念到社会风尚,以至文化结构开始发生新的变化。戊戌思潮的本质特征在于批判与创新。经由维新派的倡导,批判与创新成为中国近现代的时代精神。戊戌维新之所以是中国近代化史上的一块重要里程碑,戊戌思潮之所以是中国思想史上的光辉一页,原因正在于此。

不过，戊戌思潮自身的不足、缺陷也是明显的。由中国近代特殊的国情所决定，戊戌思潮在理论上带有明显的不成熟性。而且，戊戌思潮是严重民族危机所催生的早产儿，它不仅先天不足，同时又先天地带有急躁情绪。这既表现为某些人急于求成，也表现为某些人将复杂问题作简单化处理，又造成了多数人的浮躁学风。同样由中国近代特殊国情所决定，在戊戌时期，启蒙是与变革同时进行的。因为两者难以圆满兼顾，就使两者的实际效果都受到影响。这些决定了它对中国近代化事业的推动又是有限度的。

论五四新文化运动对戊戌思潮的继承与超越

今年是五四运动 80 周年,去年则是戊戌维新运动 100 周年。这两次运动在性质上虽有差异,且时间相隔 21 年,但就思潮而言,两者又有明显的内在联系。弄清戊戌与五四的内在联系,对于正确认识五四,正确评价戊戌,从整体上把握中国近代启蒙运动的历程,都是十分必要的。

一

五四新文化运动的两面旗帜:民主与科学;两个中心:道德革命与文学革命。为实现这些而发动的反孔斗争和国民性改造,均发端于戊戌。但戊戌只是开始提出问题,而五四则作了深入探索和解决,从而引起更广泛的关注,造成了巨大而深远的影响。

民主与科学在戊戌时即已被提倡。通过对西方资本主义社会和资本主义发展史的观察,严复指出,西方之所以富强,其"命脉""扼要而谈,不外于学术则黜伪而崇真,于刑政则屈私以为公而已"(《论世变之亟》)。被严视为西方"命脉"的两条,前者系指科学,后者则为民主,此二者一直受到维新派的关注。维新派介绍西方的"主权在民"说,提倡"兴民权"、设议院,公开抨击君主专制,呼吁实现自由、平等,所向往的正是民主。对于科学在西方资本主义发展史和启蒙史上的地位与作用,维新派也有相当认识。维新派心目中的科学,不仅是科学知识和科学技术,而且含有科学态度和科学方法的内容。所以,他们不仅提倡普及科学知识,发展科学技术,又介绍、提倡"试验"、"印证"的方法,推崇去伪、求真、崇实的精神。康有为早年即不满中国古人的"虚测"而崇尚西方近代的"实测"。后来,严复又依据培根等人的唯物主义经验论,提倡"即物实测"。可见,戊戌时提倡"黜伪崇真",已含有观念、方法变革的意义。不过,戊戌时民主观和科学观的缺陷也是明显的。在民主观上,维新派始终未能与君权彻底决裂。在科学观上,不少人在提倡科学方法的同时并未抛弃经学方法、摆脱权威主义;在崇尚科学精神的同时又鼓动宗教热情。更重要的是,他们那时尚未自觉、明确地将民主与科学并列为两面反封建的战斗旗帜,对民主与科学的内在联系尚缺乏认识。

历史告诉我们,专制独裁的封建制度必然要造成愚昧、迷信、盲从、武断,而这些反过来又成为支持维护专制独裁的封建制度的支柱。这两者是相互依存的并生关系。因此,要发动反封建斗争,就需要民主与科学这两个武器,二者缺一不可。经历了从戊戌到辛亥的历史事变,特别是目睹了辛亥革命流产后的中国社会现状,加之对西学有了更为深切的了解,新文化运动的领导者们对于民主与科学的重要性,以及两者密不可分的关系有了更为深刻的认识。于是,从运动一开始,他们就打出了这两面大旗,将民主与科学并列作为斗争的旗帜、宗旨昭示于中国。这是五四的伟大功绩,这就使中国的民主革命有了鲜明的旗帜。

在民主观与科学观上,五四对戊戌的超越更为明显。就民主观而言,五四对君权和一切形式的专制作了彻底否定。更重要的是,他们对民主的精神本质作了更深入的阐发。由于自辛亥革命流产后,"吾人于共和政体之下,备受专制政治之痛苦",因此他们不再只盯住一个政体问题,所谋求的是民主共和的真正实现。五四所提倡、追求的乃是"自由的自治的国民政治"。陈独秀等人一再强调,这种国民政治是以多数国民自觉居于主人的主动地位为前提的,要"出于多数国民之自觉与自动"(《吾人最后之觉悟》)。于是,人权、自由、自主、自治、理性、个人本位、人的解放等观念得到前所未有的进一步弘扬。这就使中国旧民主主义革命时期的民主观达到了最高水平。就科学观而言,新文化运动的倡导者们不仅进一步说明了科学技术对于提高社会生产力的极端重要性,更强调了科学精神、科学态度、科学方法的极端重要性。诚然,五四所提倡的"事事求诸证实"的"科学实证之法"(陈独秀),"注重事实,服从验证的思想方法"(胡适),与戊戌时严复的"即物实测"、实证主义在理论上是一脉相承的。但五四更鲜明地将科学升华为世界观、方法论,转化为价值形态,更明显地赋予它启蒙的功能。五四提倡科学精神、科学态度、科学方法,不只是要实现思维方式的转换,而且要实现广泛的观念变革。从一开始,陈独秀便提倡破除"无理由之信仰",反对"未解而信"。稍后,胡适又提出"重新估定一切价值"的口号。他们更鲜明地将矛头指向封建蒙昧主义、权威主义和依附心态。而在真理标准上,则坚决否定古代的圣贤标准、经书标准。正如有的学者所说,科学所蕴涵的巨大的理智力量和精神内涵,在五四时被进一步释放出来。此外,五四时的科学精神是建立在尊重自主理性的基础上的,而自主理性又以人格独立为前提。这样,科学观念与民主观念就实现了有机的融合。通过五四,科学才真正成为一面与民主并列的旗帜。由此产生了民主与科学的"五四精神"。

二

在道德革命与文学革命上,五四对戊戌的继承与超越更为直接明显。道德革命的口号是梁启超在1902年提出的,但实际进程要早于此。早在19世纪80年代,康有为就曾对"三纲"表示不满并有所批评。而谭嗣同在《仁学》中则对以"三纲"为核心的纲常名教作了空前猛烈的尖锐批判,其言论的激烈程度并不亚于五四时的文字。公开抨击以"三纲"为核心的封建旧道德,是戊戌的历史功绩之一,它充分显示了戊戌思潮的民主主义性质。五四的道德革命无疑是继承了戊戌,但后者不论在深度、广度上还是客观影响上都大大超过前者。

首先,五四对封建旧道德的本质,在理论上作了更为深刻的剖析。维新派对封建旧道德的揭露,我们可称之为"人为制造说"。谭嗣同认为,封建纲常名教既不是天理,也不是良知,而是封建统治者为了"钳制天下"而制造的"钳制之器",是"上以制其下"(《仁学》八)的工具。康有为也认为,"三纲"并非天经地义的神圣准则,而是"人之所为",它"创于强者",是强者"自便而凌弱者"(《大同书》甲部绪言)的工具。这种"人为制造说"否定了"三纲"的神圣,在当时无疑具有伟大的启蒙意义,但在理论上则显肤浅。而五四新文化运动的领导者从一开始便指出,"三纲"乃是封建等级制的必然产物。陈独秀说:"尊卑贵贱之所由分,即三纲之说所由起也。"(《宪法与孔教》)"所谓名教,所谓礼教,皆以拥护此别尊卑、明贵贱之制度者也。"(《吾人最后之觉悟》)就是说,三纲产生于封建等级制度,所维护的自然也是封建等级制度。因此,"尊上抑下,尊长抑幼,尊男抑女"乃是它的根本精神和宗旨。这就决定了它的本质特征是"不平等之道德",它必然使臣、子、妻、卑、幼成为君、父、夫、尊、长的附属品,丧失独立自主的人格。陈又进一步指出,由"三纲"所派生的三种基本道德"曰忠,曰孝,曰节,皆非推己及人之主人道德,而为以己属人之奴隶道德也"(《一九一六年》)。无疑,陈独秀从封建制度产生封建道德的高度来剖析封建道德的本质,在理论上要比戊戌时的"人为制造说"深刻得多。后来,李大钊在初步接受了马克思主义后又指出,中国古代"孔门的伦理道德"乃是"中国二千余年来未曾变动的农业经济组织反映出来的产物"(《由经济上解释中国近代思想变动的原因》），这就对中国封建旧道德的性质作了更科学的说明。

由于陈独秀、李大钊、吴虞等人对中国古代特殊的社会结构作了初步分析，因此他们又对中国封建道德的总体特征作了更进一步的揭示。他们都认为，中国古代乃是一种"以家族为本位"的"宗法社会"，因而孝在中国旧道德体系中具有特殊重要的地位。吴虞指出，在中国古代社会是"君与父无异"、"家与国无分"的，"家族制度与专制政治"历来"胶固而不可分析"，而这两者"联结之根干"则是孝。中国古代统治者"立教"，是"以孝为起点"的。中国历代统治者之所以大力提倡孝道，是因为孝为"顺德"，"教孝"是为了"教顺"，让民众自幼养成一种绝对顺从的顺民性格（《家族制度为专制主义之根据论》）。既然孝为"德之本"，因此中国一切旧道德的根本宗旨都在培养顺民。稍后，李大钊也认为，在中国古代特殊的社会结构中，"君主专制制度完全是父权中心的大家族制度的发达体"，因此，"君臣关系的忠，完全是父子关系的孝的放大体"，忠与孝是一体的。他又指出，家族制度是中国古代社会的"基础构造"，由于"基础构造"的性质决定包括道德在内的"表层构造"的性质，因此中国古代道德都体现了"家族制下子弟对于亲长的精神"即顺从，这就严重压抑了人们的个性（《由经济上解释中国近代思想变动的原因》）。这些分析不仅揭示了君权与父权、忠与孝的内在联系，以及"三纲"一体的关系，同时又对中国旧道德的总体特征作了初步揭示。

新文化运动倡导者们所要建立的新道德，目标宗旨也与戊戌一脉相承，就大范围而言，所提倡的都是西方资产阶级的"合理利己"主义。戊戌维新派提倡"合理利己"主义是以西方的幸福论为基本理论依据的。严复、康有为等认为，"趋乐避苦"或"求乐免苦"乃是人类共同的天性，是支配人们一切行为的最终动力。这种人性论、伦理观在新文化运动期间受到普遍拥护。陈、李等人先后说："人之生也，求幸福而避痛苦，乃当然之天则。"（陈独秀：《新青年》）"避苦求乐是人性的自然。"(李大钊:《现代青年活动的方向》)"人生第一天职即在求避苦趋乐之方。"(高一涵:《乐利主义与人生》)和戊戌维新派一样,他们也同样没有把感性欲求、追逐感官快乐看做是人的唯一本质,而是对如何求乐作了理性的探索和说明。1915年《青年》杂志的一篇文章认为,求乐固是人的天性,但人们在求乐过程中又必须处理好各种关系:第一,为了将来的快乐有时不得不牺牲目前的快乐。第二,感性快乐是人类与其他动物所同具,而"智性快乐"为人类所独有,因此它更为重要。第三,追求个人快乐又"不可不兼顾社会公众之快乐"(李亦民:《人生唯一之目的》)。虽然对此戊戌维新派也曾论及,但不够集中、系统。《青年》杂志对此作了系统论述,就使这种人性论、伦理观更具理性主义色彩,使正在进行的道德革命能向比较正确、健康的方向发展。

由上述观念引出的则是"合理利己"主义。从"利己"是人的天性以及人的社会性观念出发,严复、梁启超等人力图对公私、群己、人我关系作"合理"解决。严的"两利"说,梁的利己—利群说,在五四时均有相当影响。但新文化运动的倡导者们对自戊戌以来所提倡的新道德从深层面作了更为明晰、更富时代精神的阐述。由于对西方社会和西方资产阶级道德有更深切的体认,他们更强调新道德的基本原则和根本精神是个人本位主义,而之所以提倡个人本位则是出于反对封建压制、实现个人独立解放的需要。陈独秀指出,之所以要提倡个人本位主义是为了以此取代古代的家族本位主义,改变"以家族为本位,而个人无权利"的状况(《东西民族根本思想之差异》),最终是要变"以己属人之奴隶道德"为"推己及人之主人道德"。他又指出,个人本位主义实质是"个人独立主义",所追求的乃是实现独立人格、自由意志,所反对的则是依附人格和奴隶性。这就凸显了个人本位主义反封建的积极一面。对于公私、群己、人我关系,他们作了更为深入的探讨,在康、梁的基础上更深入地说明了"群己相维"之理。他们一方面认为,"个人独立自主之人格"和"独立自主之权",乃是提高"国家之人格"、增进"国家之权"的前提,因而重个人;一方面在强调个人价值、权益的同时,又对个人的社会责任作了更多富有理性精神的说明。陈独秀认为,人在一生中应"内图个性之发展,外图贡献于其群"(《新青年》),这反映了他们既要激发个体活力又要激发群体活力,既要实现个人解放又要求得民族解放的愿望。此外,随着道德革命的深入,陈独秀等人又对西方资产阶级道德有所不满。陈曾公开谴责"独占心、利己心、私有心",而提倡"同情心、利他心、公共心"(《随感录·调和论与旧道德》)。这说明,他们所要建立的新道德又试图对西方有所超越。

五四文学革命与戊戌的联系同样很明显、直接。1899 年梁启超提出了"诗界革命"的口号,而在这之前,他与黄遵宪、谭嗣同、夏曾佑等人即已从事"诗界革命"的实践。1902 年他又提出"小说革命"的口号,并创办了《新小说》作为小说革命的阵地。此外,维新派又提出了废除文言文、提倡白话文,以至推广"官话"等主张。五四文学革命正是对这些的继承与超越。

三

五四的批儒反孔同样可以追溯到戊戌。诚然,康有为在发动变法维新之初,出于"因中国人之历史习惯而利导之"(梁启超语)的考虑,以及现实力量对比的考虑,他所采取的是托古改制的手法,即借孔子改制之名鼓吹变法。但是,康有为及其同道(如谭嗣同、宋恕)对孔子和儒学是存其名而变其实,以孔、儒的旧瓶装西学、新学的新酒。在所谓"孔教复原"的旗号下,他们对后儒之学也就是流行儒学作了严厉批判。谭嗣同认为,以荀子为代表的后儒之学的根本宗旨是"尊君统"、"严等差"、"重纲常",这实际是对整个儒学所存在的问题的概括。他们不仅站在今文经学的立场否定古文经,又对公认的儒家原典有所指责(典型的如康有为对《论语》的不满和贬低),这更可看出他们对孔、儒的真实态度。而且,从一开始严复的态度即与康有为等人有所不同。在1895年他即公开指责"六经五子",认为"嬴、李以小人而陵轹苍生,六经五子以君子而束缚天下"(《救亡决论》)。更值得我们注意的是,到20世纪初,梁启超又公开指明道姓地指责孔孟、批评儒学。他说:"孔学则严等差、贵秩序,而措而施之者,归于君权……于帝王驭民,最为适合。""儒教之所最缺点者,在专为君说法,而不为民说法。"(《论中国学术思想变迁之大势·儒学统一时代》)1902年4月,他又给康有为写信表示:"孔学之不适于新世界者多矣","思以数年之功著一大书,揭孔教之缺点"(《梁启超年谱长编》第277—278页)。可惜由于种种原因,这一"大书",最终并未写出。

而五四则把这篇大文轰轰烈烈地做出来了。当然,全面、深入地清理孔学是一项历史任务,五四所做的文章并非十全十美,但一一皆作了科学总结。五四批儒反孔的历史功绩在于,它揭示了孔学的时代性、阶级性,系统说明了当时中国之所以必须批判清理孔学的原因:①传统儒学历来维护封建等级制度和君主专制,因此,要反对和防止帝制复辟,捍卫民主共和,就必须批判孔学。②三纲"为孔教之根本教义","孔门伦理"的根本宗旨是"损卑下以奉尊长",因此,要推翻封建旧道德,实现人的自由解放就必须批判孔学。③孔子和儒学定于一尊,严重阻碍了思想学术自由,为实现思想解放、学术自由也必须批判孔学。④最根本的原因是,"孔子生长封建时代",所提倡、垂示、主张的道德、礼教、政治、"生活状态"都是封建性的,它完全不适合"今世之生存",为了在中国建立新国家、新社会、新信仰,就必须批判孔子,清算儒学。后来,李大钊在初步接受了马克思主义之后又进而指出,"孔子的学说"乃是中国古代农业经济的产物,"是中国大家族制度上的表层构造"。今天,中国的社会经济既已发生变动,家族制度也已"入了崩颓粉碎的运命"(《由经济上解释中国近代思想变动的原因》),孔学受到清算、批判,从根本上发生动摇乃是必然之势。这就对五四的"打倒孔家店"作了更接近科学的说明。

有人以为,清算"国民性"始于五四,这个印象是不准确的。在这个问题上,五四与戊戌有更直接的渊源关系。自从严复介绍斯宾塞社会有机体学说后,这种"一"之性、个体之性决定群之性的理论很快被多数维新派思想家所接受。严复认为,西方之所以强盛,是由于西方国民德智体三者皆优,中国之所以衰微,是因为中国"民力已茶,民智已卑,民德已薄",三者皆劣。中国欲图振兴,就必须立即着手"鼓民力,开民智,新民德"(《原强修订稿》)。对于中国的变革与振兴来说,实现德智体"三强"乃是治本之策。这种理论经过梁启超的宣传,在20世纪初的中国曾产生过重大影响。于是,提高国民素质,实现人的近代化的问题引起中国思想界的普遍关注。为提高中国国民素质,梁启超对中国"民性之弱点"作了一番清理、揭示。在《中国积弱溯源论》一文中,他将这些归为"奴性"、"愚昧"、"为我"、"好伪"、"怯懦"、"无动"等六种。他认为,民众自觉地"自新",改造旧我,成为"新民",乃是建立新制度、新社会、新国家的前提。梁的上述主张在20世纪初的中国曾产生过很大影响,由此引出改造国民性的问题。

在新文化运动之初,李大钊、陈独秀等人在一些文章中所讲的,仍然是十多年前梁启超的话题。李大钊曾这样号召国人:"革我之面,洗我之心,而先再造其我。弃罪恶之我,迎光明之我;弃陈腐之我,迎活泼之我。""俾再造之我适于再造中国之新体制。"(《民彝与政治》)这段话从基调到语气均与《新民说》相似。而且,他们之所以关注国民性改造,在开始阶段的理论依据仍然是严复所介绍的社会有机体说。李大钊说,一国"政治之良窳,视乎其群之善良得否"(同上)。陈独秀也说:"立国今世,能存在与否,全属国民程度问题。"(《驳康有为〈共和平议〉》)"今日之危亡也,亡之者虽将为强敌、为独夫,而所以使之亡者,乃其国民之行为与性质。欲图根本之救亡,所需乎国民性质行为之改善。"(《我之爱国主义》)这些正是当年严复、梁启超等人的看法和主张。

但是,就改造国民性而言,五四同样明显地超越了戊戌。这主要表现在以下两方面:其一,维新派所信奉的社会有机体说,理论上的一个重要缺陷是,它单方面强调国民素质、程度对民族兴衰的决定关系,最终势必要导致对社会制度改造的忽视。所以,梁启超在《新民说》中只让人民"自责"、"自新",而反对人民把矛头指向清朝政府。而随着新文化运动逐步走向深入,陈独秀等人认识到,人的改造、国民素质程度的提高与社会制度的改造乃是一种"互为因果"的双向互动关系。他指出:"人民程度与政治之进化,乃互为因果,未可徒责一方者也。"(《四答常乃惠》)这种明确反对"徒责一方",而强调同时进行、促成双向互动的辩证认识,就为国民性改造指明了正确方向。其二,从严复到梁启超,他们都指望通过清朝政府实行三五十年的开明专制来改造国民性、提高国民素质。而陈独秀断言:在"非共和政体之下,欲其民尽成共和之民,是南辕北辙,万无达到之理也"(同上)。他们断然否定一切形式的专制,而坚持了边建设民主共和、边改造国民性的方针、途径。

四

五四新文化运动之所以能超越戊戌时期的思想启蒙和文化革新,是由于以下的一些基本原因:其一,中国弱小的民族资本主义经济在戊戌之后逐步有所发展,特别是在辛亥革命之后、第一次世界大战期间,发展还比较显著。以五四与戊戌相比,新文化、新思潮赖以发展的社会经济基础相对扩大了。其二,自从20世纪初废除科举、兴办学堂后,在中国社会出现了一支新型知识分子队伍,这是五四与戊戌大不相同之处。以五四与戊戌相比,新文化运动有了一支相对壮大的骨干队伍和相对深厚的社会基础。其三,随着"西学东渐"的深入,到五四时期西方的思想学术在中国更加广泛地传播,其内容要比戊戌时丰富得多。而帝制被推翻也使国家政权对思想文化的控制削弱,造成了思想文化相对自由发展的可能。这就使中国思想界更加活跃,使新旧思潮、新旧文化的交战能在更大规模、更深层面上展开。其四,中国的旧民主主义革命在经历了几个历史阶段之后,已经山穷水尽,行将终结,对它进行总结的条件已日趋成熟。辛亥革命后政治的黑暗,人民的苦难,封建势力的疯狂挣扎与反扑,原先革命派队伍的涣散,人们的思想混乱,这一切都激发新一代的思想战士对中国的前途命运作一番新的求索。其五,在五四新文化运动深入进行之际,中国旧民主主义革命山穷水尽之时,1917年俄国爆发了十月革命。受到十月革命胜利的鼓舞,五四的先进分子接受了马克思主义。这是五四新文化运动最终在一些基本方面超越戊戌的重要原因。

五四对戊戌的超越,除前三题所述外,就总体而言还表现在以下几方面。

社会批判意识与创新精神是戊戌思潮的根本精神,也是它留给后人的宝贵精神遗产。它不仅被五四继承,而且被高度弘扬并超越了。为了实现社会变革,维新派高举起批判的旗帜,引起了巨大的社会震动,但在理论上尚未达到高度理性自觉的程度。和戊戌笼统号召"冲决"与"破坏"不一样,五四新文化运动从一开始即提倡自主理性,进而号召人们以自主理性"重新估定一切价值"。胡适要求人们"对于习俗相传下来的制度风俗","对于古代遗传下来的圣贤教训","对于社会上糊涂公认的行为与信仰",都要想一想、问一问它是否有存在的价值,是否不错。他认为,这种"评判的态度"乃是新思潮的根本意义(《新思潮的意义》)。这表明了五四批判精神的理性自觉。由于戊戌尚未摆脱权威主义的阴影,这就使它的批判精神受到限制。而五四明确否定权威主义,主张对一切评判均应"一遵理性",由"验察而寻其真",这就真正做到把旧的一切都推上理性的审判台。因此,五四所作的乃是总体的理性批判,使封建意识形态受到最严重的打击。对于创新,戊戌尚停留于对"开新"的讴歌赞美,而五四新文化运动则明确提倡创造精神。李大钊认为,古代的圣哲之所以值得崇敬,不在于他们留下了什么万古不变的"法制典章",而在于他们"示人以创造之力也",今人若"局于古人之成规",一无创新,乃是祖先的不肖子孙。由此他提出了"太上创造,其次改造,其次顺应"(《民彝与政治》)的名言。陈独秀也认为,"创造就是进化",社会的进化是通过人类自觉的创造活动实现的,"离开创造便没有进化"(《新文化运动是什么?》)。对于创新,五四新文化运动在理论上也是高度自觉的。经过五四的弘扬,批判与创新进一步成为新的时代精神。

戊戌所进行的启蒙与文化革新,具有明显的意识决定论和文化决定论的倾向。梁启超等人片面夸大了观念变革的作用,并由此又走向文化决定论,以为某一文化部门、领域的"革命"乃是解决中国问题的突破口,可以带动整个中国的社会变革。在五四新文化运动前期,陈独秀等人也以为单靠观念的变革、文化的革新便可建立起新社会、新国家。但在初步接受马克思主义后,他们的认识迅速发生变化。依据那时所掌握的马克思主义原理,李大钊认识到,"生产关系的总和构成社会经济的构造,这是社会的基础构造";而政治、法制、伦理、哲学等"精神构造"乃是"表层构造",它们"都是随着经济的构造变化而变化"的(《我的马克思主义观》)。所以,经济问题的解决,"才是根本解决"。不过李大钊并未由此而忽视观念变革、文化革新的重要意义。他又说:"不改造经济组织,单求改造人类精神,必致没有效果。不改造人类精神,单求改造经济组织,也怕不能成功。我们主张物心两面的改造,灵肉一致的改造。"(同上)这就对思想文化革新与社会经济结构改造的关系,有了初步的科学认识。

在近代"东渐"的西学中,进化论是势力和影响最大的一种。和戊戌一样,五四新文化运动前期也是以进化论为武器观察自然和社会,论证社会变革和思想文化革新的必然性与合理性的。但是,以生物进化的规律来说明与之异质的人类社会的发展,毕竟是不科学的。李大钊、陈独秀等人在初步接受了马克思主义之后,立即放弃了进化论而接受唯物史观。依据马克思主义学说,李大钊指出,人类社会自身的生产力才是社会发展的"最高动因"(《我的马克思主义观》)。这就对人类社会的发展作出了科学说明。稍后,陈独秀对此也作了相似的论述。唯物史观一经李大钊等人介绍,便迅速为中国先进的青年知识分子广泛接受。以唯物史观取代进化论,乃是五四对戊戌的更大超越。

批判与创新：
五四与戊戌的共同精神

继去年纪念戊戌维新运动 100 周年之后，今年又逢五四运动 80 周年。稍加梳理不难发现，五四新文化运动实滥觞于戊戌思潮，而批判与创新则是戊戌与五四的共同精神。

一

当年，戊戌维新运动试图要解决众多的社会问题，因此，戊戌思潮具有多重属性，产生了多方面的影响。但就整体而言，批判与创新则是它的根本精神。这既是它整体价值之所在，也是留给后人的最主要的精神遗产。

戊戌维新旨在变革，维新派是一批热忱、坚定的变革者。他们坚信，当时的中国欲救亡、御侮、图存、振兴都必须通过社会变革来实现；中国"能变则全，不变则亡"，"不由此道"而欲实现上述目标，如同"磨砖作镜，炊砂为饭"，是注定行不通的。他们的共同结论是："非变革不足以救中国。"(梁启超:《释革》)虽然自鸦片战争后,在少数精英分子中即萌生了"中国当变"的观念,但在维新派的心目中,当时中国应进行全面、总体的变革。中国近代的社会转型历程,正规说来是从戊戌全面开始的。正是社会转型时期的需要,引发了戊戌思潮的批判与创新精神。

社会变革者势必是旧制度的批判者。维新派倡导社会变革,势必要首先说明变革的必要性、合理性;而要说明变革的合理性,自然首当揭示封建旧制度的不合理性。因此,戊戌思潮的本质,首先在于批判性。对于批判,维新派是相当自觉的,并从理论上作了说明。值得我们重视的是梁启超在20世纪初所鼓吹的"破坏主义"。通过对西方资本主义变革史的了解,梁启超认为,"破坏与建设,相倚而不可离"(《新民说·论私德》)。建设之先,必行破坏,"不破坏之建设,未有能建设者也"(《新民说·论进步》)。只有先破坏、否定旧的,清除障碍,方能建设新的,走向进步。以西方近代学术文化史的变革与进步为例,"路德破坏旧宗教而新宗教乃兴,倍根、笛卡儿破坏旧哲学而新哲学乃兴,斯密破坏旧生计学而新生计学乃兴,卢梭破坏旧政治学而新政治学乃兴,孟德斯鸠破坏旧法律学而新法律学乃兴,哥白尼破坏旧历学而新历学乃兴。推诸凡百诸学,莫不皆然"(《新民说·论进步》)。可见,"破坏主义者,实冲破文明进步之阻力"的"下手第一著也"(梁启超:《十种德性相反相成义》)。诚然,梁所说的"破坏",内容相当宽泛,但他一再声明,所主张的是一种"有意识"的"无血破坏",可见,他所提倡的"破坏",主要内容是批判。而他所列举的路德等人的"破坏",更明显是指批判。梁启超鼓吹"破坏主义",重要目的之一是要说明,批判乃是建设和立新的下手处,是必不可少的前提。

因为充分认识到批判的重要,维新派对旧物作了颇为广泛的批判、清算。在政治上,他们抨击君主专制,批判封建等级制度。在经济上,他们对重农抑商、闭关锁国,以及只重节流、一味崇俭的保守经济观念作了清算。在思想文化上,他们批判旧道德、旧礼俗、旧文学、旧哲学、旧史学，将矛头直指以程朱为代表的流行儒学，而到20世纪初又直接指名道姓批评孔孟。他们的抱负和理想是要通过批判，"变数千年之学说，改四百兆之脑质"（梁启超：《中国积弱溯源论》），进而"从根柢处推翻"旧制度。虽然他们在实际运动中远未达到这一程度，但是在思想层面上他们的确对中国古代社会的一套大经大法作了程度不同的清理、清算。概言之，中国古代社会的最高权威是天命（天理）、经训、祖制。这三者彼此相互依托、支撑，成为封建制度赖以存在的政治、精神支柱。戊戌思潮的深刻性就在于，它将这三者连同由它们所派生的君权、父权、夫权，都推上了理性审判台，初步否定了它们的神圣性。由此引发了国人对它们的怀疑、不满，以至憎恶、对抗，这就从根本上触动了封建制度的根基。从此，"天不变道亦不变"的信条开始动摇。

维新派之所以批判旧制度是为了建立新制度。维新派的弃旧与图新是紧紧相连的，开新、创新才是他们的最终目的。维新派提倡变法维新的理论武器是达尔文的进化论。他们由生物进化论引出社会进化论，坚信"世道必进，后胜于今"（严复：《天演论》导言十八案语）。这种社会向善论使他们对未来充满信心，无比乐观。由此则引发出他们推动中国社会新陈代谢的高度自觉。正是进化论、社会向善论与当时中国的时代需要相结合，产生了戊戌时期的求新意识、创新精神。基于"世道必进，后胜于今"的信念，他们对"新"无限向往，对开新、创新、革新事业作了热情的讴歌赞美。康有为说："夫物新则壮，旧则老；新则鲜，旧则腐；新则活，旧则板；新则通，旧则滞，物之理也。"（《上清帝第六书》）谭嗣同说："夫善至于日新而止矣，夫恶亦至于不日新而止矣。天不新，何以生？地不新，何以行？日月不新，何以光明？"（《仁学》十八）这些都是要说明，新陈代谢是宇宙间的普遍规律，任何事物只有不断由旧而及新才有前途，新乃是生命力的源泉，希望之所在。对于开新与守旧所产生的两种截然相反的结果，他们作了强烈对比。谭嗣同指出，"欧美二洲，以好新而兴"，"亚非澳三洲，以好古而亡","中国动辄援古制",衰微是必然的(《仁学》十八)。梁启超也说,"开新者兴,守旧者灭";"开新者强,守旧者弱",不独"天道然也","人道"也是如此(《经世文新编序》)。他们一再说明,开新、创新、革新乃是人类最伟大的事业,因此一切有志之士都应自觉投身、献身于此。这些言论,充分反映了他们对旧制度、旧世界的憎恶,对新制度、新世界的向往,反映了新兴的中国资产阶级政治代表对历史使命的自觉。

在戊戌时期,维新派所追求的乃是根本制度、大经大法、基本价值观念的革新。他们是要在中国创建新政治、新道德、新风尚、新技艺、新器物、新经济、新宗教、新学说,以至新哲学、新诗、新小说、新史学……这实际上是要实现从器物层面到制度层面直到文化心理层面的全面近代化。为此,他们做了不少具体工作,并收到一定的实效。更重要的是,他们初步焕发了国人的开新意识和创新精神,冲击了千百年来强大而顽固的保守惰性,开了弃旧图新的新风气。

二

戊戌与五四的两代人都是大无畏的"精神界之战士"。五四明显继承了戊戌的批判精神。康有为疑经、疑古的怀疑精神,谭嗣同"冲决网罗"的战斗口号,以及梁启超所鼓吹的"破坏主义",都曾对五四产生过直接影响。但是,五四的批判精神既是对戊戌的继承又是对它的超越,在深度、广度上明显高于戊戌。

由于经历了从戊戌到辛亥的一系列历史事变,特别是目睹了辛亥革命流产后的中国社会现状,五四新文化运动的倡导者们对于社会变革、文化批判、观念更新的必要性与紧迫性有更深刻的认识。作为新文化运动开场锣鼓的《敬告青年》一文,其基调即是号召青年与一切"陈腐朽败者"彻底决裂,做勇敢的革新者、批判者,成为"日新求进"的一代新人。陈独秀指出:"世界进化,骎骎未有已焉。其不能善变而与之俱进者,将见其不适环境之争存,而退归天然淘汰已耳。"可是,中国"固有之伦理、法律、学术、礼俗,无一非封建制度之遗",它根本不"适用生存于今世",若因循不变,必将"驱吾民于20世纪之世界以外"(《敬告青年》)。他认为,对于这些"陈腐朽败者"能否及时变革,直接关系到中华民族能否生存,问题极其尖锐,对此不容有丝毫的游移动摇。事实证明,以孔教为代表的中国旧文化已明显成为"文明改进之大阻力"(《再答俞颂华》)、"社会进化的最大障碍"(《孔教研究》),不对它进行批判、清算,社会就无法前进。他写道:"我们要诚心巩固共和国体,非将这班反对共和的伦理文学等等旧思想,完全洗刷得干干净净不可。否则,不但共和政治不能进行,就是这块共和招牌,也是挂不住的。"(《旧思想与国体问题》)他反复强调,"洗刷"旧思想乃是当时中国的当务之急。他主张,对于阻碍社会进步的"陈腐朽败者",要"视之若仇敌,若洪水猛兽,而不可与为邻",要以"利刃断铁,快刀理麻"(《敬告青年》)的手段与之果断决裂。显然,五四新文化运动对批判是高度重视、高度自觉的。

和戊戌相比,五四的批判更强调多数国民的积极参与。由于总结了辛亥革命流产的经验教训,陈独秀强调真正的民主共和应建立在"多数国民之自觉与自动"的基础上,否则"皆伪共和也"。他深刻指出,"多数人之觉悟,少数人可为先导,而不可为代庖"(《吾人最后之觉悟》)。因此,批判不应由少数"先觉者"包办,而应使更多人具有自觉的批判意识,加入批判者的行列。他更寄希望于青年一代。《青年》杂志一创刊,他即号召中国青年首当自觉分辨"孰为新鲜活泼而适于今世之争存,孰为陈腐朽败而不容置于脑里",作出选择判断。而后,"奋其智能,力排陈腐朽败者以去"。正因为五四新文化运动以造就一代新青年为己任,它始终期望中国青年成为批判与创新的一代,因此,五四的批判有更广泛的社会基础,造成了巨大的声势和影响,从而真正形成了一场新旧思潮、新旧文化的"大激战"。

与戊戌相比,五四的批判精神更加理性化。五四所提倡的乃是一种建立在思想自由、独立思考基础上的自主理性,它是由民主与科学精神直接派生出来的。新文化运动一开始,陈独秀便号召青年"一遵理性","以科学说明真理",反对"无理由之信仰"(《敬告青年》)。稍后,胡适又进一步提出以自主理性"重新估定一切价值"的口号。他呼吁:"①对于习俗相传下来的制度风俗,要问:'这种制度现在还有存在的价值吗?'②对于古代遗传下来的圣贤教训,要问:'这句话在今日还是不错吗?'③对于社会上糊涂公认的行为与信仰,都要问:'大家公认的,就不会错了吗?'人家这样做,我也该这样做吗?'"(《新思潮的意义》)总之,对于一切都要问一问、想一想,看它是否正确,是否"还有存在的价值"。这种理性评判的前提是不盲从、不迷信,由此而怀疑、求证、判断,作出选择、取舍。他认为,这种"评判的态度"乃是五四"新思潮的根本意义"、"新思潮运动的共同精神"(《新思潮的意义》)。这实际上是宣告,批判乃是五四新文化运动的根本精神。

批判精神与权威主义无疑是对立的。在戊戌时期,维新派对旧物的批判,言辞文字有时虽然也十分尖锐激烈,但实际上并未完全摆脱权威主义。在政治上,他们始终试图利用君主至上的权威推行变法,以获成功。在学术上,多数人依然在利用孔子和儒家今文经的权威(虽然作了一番改造和重塑)。而五四则提倡"破坏偶像",不承认权威。依据进化论,他们认为,"世界上定没有万世师表的圣人,推诸万世而皆准的制度和包医百病的学说这三件东西"(陈独秀:《马尔萨斯人口论与中国人口问题》)。因为强调对一切都要按自主理性作评判而否认一切旧权威,五四真正做到把一切都推向理性的审判台。概言之,五四所作的是总体的理性批判,因此,在五四时期才能掀起新旧思潮的大激战,才能给封建意识以更为沉重的打击。五四的道德革命、文学革命、反孔批儒斗争和对国民性的改造,虽然发端于戊戌但却高于戊戌,原因正在于此。

开新、创新是批判的逻辑延伸,两者是有机地紧密相连的。戊戌的开新、创新精神同样被五四所继承。但与戊戌相比,五四的创新更具理性色彩,更显自觉。如果说戊戌时尚只是笼统歌颂、赞美开新和创新,而五四则明确提倡创造精神,进一步从理论上阐述了创造的价值意义。

陈独秀说:"人类生活之特色,乃在创造文明耳。"(《一九一六年》)李大钊说:"人类最高的欲求,是在时时创造新生活。"(《新纪元》)他们都认为,由于人是有理想、有追求的高级动物,因此创造乃是人的本能,是人之所以为人的特质。人之所以超然于万物之上,原因正在于此。他们又指出:"创造就是进化,世界上不断的进化只是不断的创造,离开创造便没有进化。"(陈独秀:《新文化运动是什么?》)人类社会的进化是通过人自觉地创造实现的,人类历史乃是一个"时时创造,时时进化"的过程(陈独秀:《当代二大科学家之思想》)。通过对西方资本主义发展史、文明进步史的观察,他们认为,二百年来欧美之所以迅猛发展,是因为它们在各个领域进行了一系列的革新、创新,具有强烈的求新意识。由此他们指出:"人身遵新陈代谢之道则健康","社会遵新陈代谢之道则隆盛";"笃古不变之族,日就衰亡;日新求进之民,方兴未已"(陈独秀:《敬告青年》)。富于创造精神,自觉求新,勇于创新、革新的民族才是最富活力、最有前途的民族。正是基于上述认识,李大钊提出了"太上创造,其次改造,其次顺应而已"(《民彝与政治》)的名言,认为创造精神乃是最宝贵的精神。他说,古代的圣人之所以伟大,并不是由于他们留下了一套"法制典章","示人以守成之规","而在其卓越天才示人以创造之力也"(《民彝与政治》)。作为后人,正确的态度应是继承、发扬古人的创造精神,"以创造新国民之新历史",而不应"震于先民之功德,局于古人之成规"。取后一种态度实则是"堕其自我之本能",成为先人的不肖子孙。

陈、李等人遗憾、沉痛地指出,当时中国所缺的正是最宝贵的创造精神。李大钊说,由于统治者及其思想家长期以来"以历史之陈死人,制服社会之活心理",千方百计"锢蔽"、"桎梏"民众的"聪明"、"灵能","示以株守之途,绝其迈进之路",于是多数国人除"风经诂典而外,不复知尚有国民之新理想也"。他们业已"神衰力竭,气尽能索",

"死灰槁木,奄奄待亡"(《民彝与政治》)。而且,中国自古以来,"求治在使政象静止,维持现状,形成一种死秩序"(《东西文明根本之异点》),更使中国社会日趋僵滞,毫无生机。陈独秀也说,由于国人"尊重廿四朝之历史性,而不作改进之图"(《敬告青年》),故步自封、墨守成规的保守性已成为一种国民性。他们认为,这乃是中国之所以衰微不振、削弱危亡的重要原因。中国欲图自强振兴,当从激活创造精神入手。后来,他又号召国人"以新人格,以新国家,以新社会,以新家庭,以新民族",实现"民族更新"(《一九一六年》)。李大钊也一再号召青年"打起精神,于政治、社会、文学、思想种种方面,开辟一条新径路,创造一种新生活"(《新的!旧的!》),"以青春中华之创造为唯一之使命"(《〈晨钟〉之使命》)。他激励青年一代,"惟知跃进,惟知雄飞","以创造环境,征服历史"(《〈晨钟〉之使命》)。这些议论无疑大大激发了中国青年一代的创造、求新精神。

三

戊戌维新运动与五四新文化运动的历史功绩与影响是多方面的,但就它们留给后人的精神遗产而言,值得珍视的首先当属它们所提倡的批判与创新精神。而且,戊戌与五四所取得的多方面的功绩与影响,也是批判与创新精神所带来的成果。

对一个国家、民族来说,批判与创新精神是最可宝贵的,它是社会生机、活力的源泉。早在古老的《周易》中,中国的先哲便曾提出"革故鼎新"的观念(《杂卦传》:"革,去故也;鼎,取新也"),这一古老的观念便包含了批判与创新的意识。在封建制取代奴隶制的过程中,这一观念对于推动中国古代的社会变革曾起了积极作用。可是,在封建制度确立之后,它只是存留在经书之中,实际上被搁在一边了。在此后的漫长历史岁月中,批判与创新精神一直受到中国统治者的摧残、扼杀,逐渐被消磨殆尽。为了维护封建专制统治,历代统治者及其思想家极力将封建制度说成是神圣永恒、唯一合理的制度和秩序,是天经地义、尽善尽美的制度和秩序。他们千方百计教人顺应和服从它,不允许对它有任何怀疑。他们从天尊地卑、阳尊阴卑推导出君尊臣卑、父尊子卑、男尊女卑,以这种荒唐的比附得出了封建等级秩序神圣永恒的结论。这便是所谓"天不变,道亦不变"。经过千百年来的思想专制、思想束缚,中国民众已自觉不自觉地将封建专制制度视若天经地义,不仅不敢违拗,而且从内心深处不敢怀疑,自甘屈从于封建重压之下,早已麻木不仁。此外,封建朝廷又采取严厉的行政、法律手段,严禁人民议政,这就进一步扼杀了民众的批判精神。所谓"田野之人,不得谋朝廷之政"(朱熹:《朱子语类》卷三十五)乃是中国古代的定规,谋之则招祸。正如严复所说:"中国自秦政以降,大抵以议法为奸民"(《原富》部戊篇一案语),"民而图治社会之事,斯为不安分之小人,吏虽中之以危法可也"(《法意》十九卷二十章案语)。不只是国家朝廷,许多家族的家规、族规也严禁家人子弟议论国家大事。这更使民众对国事冷漠。至于各级官吏,他们作为"在位者"原本应在其位而谋其政,有所作为。可是,由于在实际当中,"天下无巨细,一束之于不可破之例,虽以总督之尊而实不能以行一谋、专一事"(龚自珍:《明良论》四),结果他们大都按成规旧例办事,无法开新,难以有什么建树。由于恪守祖训、严遵祖制是历朝历代的一贯精神,结果上自朝廷下至州县便都一切"率由旧章",守旧不变成为一种极为顽固的惰性、惯性。

总之,在中国古代社会,从底层民众直到士大夫,普遍缺乏自主理性和主观能动性,缺乏批判意识和创新精神。龚自珍说,那时的士人们乃是"缚草为形,实之腐肉,教之拜起,以充满于朝市"的一群行尸走肉(《与人笺》五),语虽尖刻但实在是入木三分。于是,整个社会也就像龚氏所描绘的那样,"不闻余言,但闻鼾声","万马齐喑","灯烛无光",一片死寂。它既然丧失活力,自我调节功能日益削弱,就势必越来越僵化停滞,一步步走向衰微。

在日益严重的民族危机与社会危机的刺激下,批判与创新的意识在鸦片战争前后时期开始表现出复活的迹象。那时,以龚自珍、魏源为代表的地主阶级革新派试图开议论时政的风气便是标志。但由于那时历史条件尚不成熟,影响是不大的。那时中国封建社会虽已进入"衰世",陷入不可解脱的危机,但新的经济、政治力量尚未出现,因此,龚自珍等人的主观愿望尚只在"补天",他们所提倡的改革是在封建制度范围内进行的。他们的批判虽然触及了封建制度的一些疮疤,但并未触动其本质和要害。他们的改革措施只是封建制度范围内的损益调整、补偏救弊,缺乏新内容。正像龚氏自己说的,他"医国"的"药方"依然是"古时丹"。这些都注定了他们的微弱呼声虽然可贵,但未能引起多大的社会震动。而到戊戌、五四时期,中国出现了新的经济、政治力量,社会发生了新的巨大变动,情形就明显不同了。

由于康、梁、陈、李诸人是新兴阶级和社会力量的政治代表,他们能认清历史前进的方向,把握时代的精神脉搏,他们登上历史舞台即以社会变革、批判创新为己任。对长期存在于国人中的惰性、奴性、保守性进行了无情的清算。对旧的一切,则以新的立场、观点重新评估其价值。同时,又对破旧与立新的价值意义以及两者的关系,在理论上作了反复说明。这就大大激活了国人的批判意识与创新精神。从此,中国人心思变,弃旧图新、"日新求进"、批判创新逐渐成为社会风尚和时代精神,所产生的影响是巨大的。说到启蒙,人们往往只看到自由、平等、博爱、民权、民主等新的观念意识的宣传灌输;其实,更根本的应是批判与创新精神的激活和自主理性的建立。正是经过戊戌与五四、特别是五四时期的启蒙,一批先进的中国人开始养成自主理性和批判创新精神。于是,他们一方面对现存的半殖民地半封建制度作更深入的理性审视,对它有越来越深入的认识;另一方面自觉产生了求新、开新、创新的冲动和对新制度、新社会的热切向往。从此,长期存在于国人中的无比巨大而可怕的历史惰性遭到沉重的打击,古老的中国社会再也无法继续维持那僵滞的旧秩序了。可以说,近代中国人的伟大觉醒归根到底是由批判创新精神唤起的,近代中国的社会变革、社会转型归根到底是由批判创新精神推动的。由此,激活了中华民族的生机,推动了中国近现代社会新陈代谢,亦即近代化和现代化的进程。批判与创新精神是先辈们留给我们的珍贵的精神遗产,是中华民族自强、振兴、腾飞的重要精神支柱和保证。在新的历史条件下发扬光大这一精神,是我们这一代人义不容辞的责任。

《中国近代思想文化史稿》绪论

一

中国是在西方列强的侵略下步入近代的。而且,列强的侵略贯穿于中国近代的全过程。从第一次鸦片战争开始,列强一再向中国发动侵略战争,强迫中国签订了一系列不平等条约,给中国套上了一重重沉重的枷锁。他们通过一切军事的、政治的、经济的、文化的侵略手段,控制了中国。于是,从 1840 年起,中国逐步丧失政治独立,最终沦为世界各主要帝国主义列强控制、主宰的半殖民地,处于被压制、欺凌的屈辱地位。

帝国主义列强的侵略,客观上也促使中国的社会经济发生重大变化。帝国主义侵略者的本意,是要把中国变为他们的商品市场、原料产地和投资场所,而不是要把中国变为一个发达的资本主义国家。但是,他们的商品、资本输出,即他们的经济侵略,客观上势必要破坏中国的自然经济,刺激中国商品经济的发展,从而"给中国资本主义生产的发展造成了某些客观的条件和可能"。具体来说,"因为自然经济的破坏,给资本主义造成了商品的市场,而大量手工业者的破产,又给资本主义造成了劳动力的市场"①。于是,在19世纪70年代中国出现了资本主义经济,产生了资产阶级。资本主义经济的出现,是中国社会进步的表现,从此中国不再是完全的封建社会。可是,在帝国主义、封建主义的压制、束缚下,中国的资本主义经济又无法得以发展,始终没有在中国社会经济中占据主导地位,显得十分微弱。因此,在近代,中国并没有进入资本主义社会,而是一个半封建社会,社会经济长期处于落后状态。

近代的中国社会,就是这样一个外有帝国主义压迫、内有封建主义统治的半殖民地、半封建社会。帝国主义和封建主义是阻碍中国社会进步,陷中国于危亡、陷人民于苦难的两大反动势力。"帝国主义和中华民族的矛盾,封建主义和人民大众的矛盾,这些就是近代中国社会的主要矛盾",而帝国主义和中华民族的矛盾,又是"各种矛盾中的最主要的矛盾"。② 因此,推翻帝国主义、封建主义的压迫、统治,使中国获得独立,使人民获得解放,使中华得以振兴,这是近代中国人民的共同愿望和历史任务。为此,中国人民进行了顽强不懈的斗争。

从1840年到1949年,中国社会都属于半殖民地半封建社会,中国的革命都属于反帝反封建的资产阶级民主革命。但中国近代的民主革命以1919年的"五四"运动为界,以领导权的转移为标志,又分为新旧两个时期。本书所讲的近代,只指旧民主主义革命时期,实际上只是半殖民地半封建的近代中国社会的前半期。这是必须首先说明的。

---

① 毛泽东:《中国革命和中国共产党》,《毛泽东选集》第2卷,人民出版社1991年版,第626~627页。
② 毛泽东:《中国革命和中国共产党》,《毛泽东选集》第2卷,人民出版社1991年版,第631页。

二

通过与西方侵略者交手,中国的有识之士很快认识到,中国所面对的外敌比历史上任何外敌都要强大、可怕。他不仅船坚炮利,武器装备远胜中国,而且总体文明程度也高于中国。试图染指中国的乃是欧美的各强国,后来又增加了日本。他们并不以割取土地、勒索赔款、强行通商,传教为满足,而且包藏着试图全面宰制中国的祸心。当时的中国,不仅面对"千古未有之强敌",而且又面临"千古未有之变局"。当清醒的中国人睁开眼睛看世界,就立即发现中国已大大落后于西方,自己的国家在这个世界乃是弱者、落伍者。可是中国又不得不面对这个世界,而且随着中国逐步被卷进世界资本主义的漩涡,中国已不可逃避地与西方纠缠在一起,再也无法摆脱,再也不可能与世隔绝,闭关独治。

中国的有识之士越来越清醒地认识到,当时中国所面临的外患远非中国自古以来一直存在的边患可比。中国所面临的已不是历史上常见的那种改朝换代前的社会危机,而是关系到中华民族生死存亡、能否立足于世界民族之林的严重民族危机。随着列强的侵略日益加深,"世变日亟",中国人的民族危机感越来越深,中国的有识之士陷入深深的忧患之中。

中国自古以来有自己的立国之本,有自己的一套治国平天下的"大经大法"。古老的中国在自己数千年的历史中并非没有内忧外患,并非没有遇到过难题。但是,中国固有的大经大法足以解决这些内忧外患,使中国由乱而治,所需要的只是如何因时制宜地运用这些大经大法作损益调整而已。它足以能以不变应万变,使中国长期雄踞东方。可是,这时中国人发现,面对新的世界格局,这套数千年行之有效的大经大法已无能为力,解决不了新问题,中国必须另寻出路。数千年来,中国始终独立地走自己的路,不曾徘徊、彷徨。而面对这"千古未有之变局",中国人却不得不反复考虑、求索"中国向何处去"的问题。这是一个中国人从来不曾考虑过的新问题,而到近代它乃是使几代中国先进分子苦苦求索的头号问题,是中国近代的时代中心课题。中国近代思想史、文化史正是紧紧围绕这一中心课题、回答这一中心课题展开的。

中国究竟应当向何处去？前途出路何在？各阶级、阶层、政治派别的回答是各不相同的。各个不同时期的中国人,站在各自不同的立场,从不同角度观察问题,他们曾对中国的"病症"作了种种不同的诊断,开出了一服又一服不同的"药方",提出了各不相同的变革方案,为未来的中国设计了一幅又一幅的蓝图。一部中国近代思想史,形象一点说,可以称得上是一部先辈们寻找中国前途出路的"寻路记"。这是他们留下的宝贵的思想遗产,它将使我们后人从中受到多种启发,获得宝贵的教益。

中国近代这一艰难曲折的"寻路"历程,大致经历了鸦片战争、太平天国、洋务运动、戊戌维新、辛亥革命、"五四"前的新文化运动等六个历史阶段。相应出现了六种社会思潮,即地主阶级革新思潮、太平天国农民革命思潮、洋务思潮、资产阶级维新思潮、资产阶级革命思潮、新文化运动中的激进民主主义思潮。这六种思潮乃是六种不同的社会设计和选择,它们代表了六个不同阶级、阶层、政治派别的利益、愿望,反映了几个不同历史时期的时代要求,同时又对时代产生了程度不同的影响。

从鸦片战争到"五四"运动只有79年。在短短的七八十年间竟相继出现了六种对社会影响甚大的社会思潮,这在中外思想、文化史上实属罕见。各种社会思潮如此快速地一个被另一个取代,中国思想界如此快速地不断作新的选择,这固然反映了中国的先进分子急于为灾难深重的祖国寻找更好、更正确的出路的急切心情,但从根本上说,是由"日亟"的"世变"、中国近代的时代特点所决定的。中国近代是一个大动荡、大变革、大转折的时代,中国社会的各个方面都发生了急剧、深刻的变化,社会的新陈代谢在这一时期是加速进行的。中国近代社会思潮的更迭、起伏如此之迅速,正是中国近代社会急剧变化的表现。自然社会思潮的更迭起伏,也加速了中国近代社会新陈代谢的进程。

这一时代特点又决定了中国近代思想史、文化史较之古代内容更显丰富多彩,斗争也更显尖锐激烈,复杂多样。为了挽救民族危机和社会危机,改造和振兴中国,先进的中国人不仅从西方引进各种思想、学说、理论,大力介绍传播,而且又从中国传统文化遗产中挖掘各种可资利用的思想资源,作宣传鼓吹。于是,在中国近代思想、文化领域,不仅是各色西方学说思想广泛流行,而且沉寂多年的先秦诸子学、今文经学、佛学、陆王心学以及明清之际诸大家的学说也盛极一时,先后复兴。中国近代思想文化领域的中西交汇,古今交错,异彩纷呈,思潮迭起,足以令人眼花缭乱,目不暇给,实在称得上是百花齐放、百家争鸣。这样的时代,在中外思想、文化史上是罕见的。

中国近代思想领域的斗争也比中国历史上任何一个时期都要尖锐激烈、错综复杂,所涉及的问题也空前广泛。一部中国近代思想、文化史,充满了变与不变之争,"变事"与变法之争,"用夏变夷"与"用夷变夏"之争,民主与专制之争,改良与革命之争,君主立宪与民主共和之争,体用本末之争,以农立国与工商立国之争,崇俭与"尚奢"即重节流与重开源之争,尊孔与反孔之争,新道德与旧道德之争,新文学与旧文学之争,新史学与旧史学之争,学校与科举之争,"心力"说与天命论、命定论之争,经验论与先验论之争,历史进化论与不变论、循环论、无神论与有神论之争……所有这些,归结起来主要是新与旧、中与西、古与今之争,亦即传统与近代化(现代化)之争,资本主义与封建主义之争。中国近代思想领域的斗争,是紧紧围绕这个历史时代反帝反封建的总任务展开的,是这一伟大斗争的重要组成部分。近代是我们的"昨天"。昨天思想领域的斗争同今天思想领域的斗争是息息相关的,中间有着割不断的联系。因此,今天我们研究中国近代思想史,其现实意义是不言而喻的。

三

在近代,向中国发动侵略的西方列强,是一些社会发展阶段、文明程度高于中国的异族。对中国而言,他们具有双重身份。他们既是侵略者,又是先进者;既是敌人,又是老师、样板。他们在侵略中国的同时,又带来了一种对当时的中国人来说是完全陌生的新文化——西方资本主义文化。这种外来的新文化明显不同于并高于中国的传统文化。它受到中国顽固守旧势力的排拒,但却很快吸引了先进的中国人,为他们所欢迎、接受。因此,在近代,先进的中国人寻找救国救民的真理,寻找中国的前途出路时,眼睛是盯着西方的。从西方那里,他们看到了中国的前途、未来、希望。从鸦片战争到"五四"运动,中国思想界的主流是学习西方。从某种意义上说,一部中国近代思想文化史乃是"西学东渐"史,中西文化由冲突而融会的历史。西学乃是中国近代新学、新文化的重要源泉;中国近代的社会变革、近代化乃是一场学习西方的运动。

在近代,先进的中国人无不向西方寻找真理,这是历史的必然。当19世纪中叶,西方资本主义侵略者的洋枪洋炮打开中国大门的时候,中国的封建社会已经僵死、停滞,丧失活力。统治中国的清朝,已结束了"康乾盛世",正无可奈何地走向衰败。在当时,不仅偌大的中华帝国在走向没落,而且整个古老的东方都处于衰败之中。与此相反,西方正处于资本主义发展时期。虽然,资本主义制度的内在矛盾业已暴露,但是,比之东方的封建制度,它仍然是优越、先进的。"资产阶级在它的不到一百年的阶级统治中所创造的生产力,比过去一切世代创造的全部生产力还要多,还要大。"①西方的财力、物力、兵力,西方的工艺技术、科学文化、学术理论、政治经济制度,总之它们的物质

---

① 马克思、恩格斯:《共产党宣言》,《马克思恩格斯选集》第1卷,人民出版社1972年版,第256页。

文明和精神文明,使中国人、东方人惊羡不已。西方与东方,资本主义与封建主义,一兴一衰,一强一弱,一富一贫,一治一乱,对比实在太鲜明、太强烈了。这鲜明强烈的对比,使一代又一代的中国人不得不放弃对中国"圣人之道"的崇敬与迷信,转而向西方寻找真理。在这期间,1868年日本成功地进行了"明治维新",学习西方取得显著成效,这就更坚定了近代中国人学习西方,向西方寻找真理的信心和决心。

随着"西学东渐"的深入和中国人对西方和西方文化认识的深入;随着中国的内外危机日益深重,旧制度的腐朽性、反动性日益暴露;特别是随着中国资本主义经济的产生,资产阶级登上历史舞台。近代中国人学习西方是由表及里,逐步深入的。

在开始一个时期,由于中国人刚刚从与世隔绝的状态中惊醒,刚刚睁开眼睛看世界、看西方,他们对西方资本主义文明的了解是很肤浅的。那时,西方给中国人留下深刻印象的主要是"船坚炮利"、"工艺精巧";中国人所看到的自己的不足,也仅在于此。更重要的是由于那时的中国尚未出现新的经济、政治力量,所以这一时期地主阶级革新派、太平天国农民领袖和洋务派学习西方,主要是学习西方的工艺技术,特别是军火武器制造,即从物质层面学习西方,进行变革。19世纪70年代中国出现了新的资本主义经济和资产阶级后,中国人向西方学习便开始进入了一个新的阶段。从早期维新派开始直到资产阶级革命派,他们都公开承认西方资本主义制度比中国封建制度优越。他们认为,西方之所以富强,其根本原因并不在"船坚炮利",而是由于在经济上"以工商立国",奖励支持资本主义经济自由发展;在政治上实行了"议院之法",建立了民权民主制度。中国要想独立富强,就必须从政治、经济制度上学习西方,进行全面的变革。起初,维新派是以英、日为榜样,试图在中国建立君主立宪制度;后来,革命派又认为民主共和为"最美最宜之政体",他们要求效法美、法,通过革命在中国建立资产阶级共和国。为此,他们先后领导了戊戌维新和辛亥革命,而后者终于推翻了封建帝制,建立了共和政体。但是,辛亥革命后假共和的严峻现实使人们认识到,共和政体、代议制度固然重要,但仅靠这些并不就能真正实现民主。要想在中国建立名副其实的、真正的民主共和制度,一项极为重要的工作是彻底"洗刷"存在于中国人之中的各色封建主义旧思想,树立民主主义新思想,在思想领域进行一场"大激战"。他们的眼睛不再仅仅盯住一个政体问题,而是猛烈批判封建主义旧文化、旧思想、旧观念,大力提倡民主主义的新文化、新思想、新观念。他们更深入地进行中西文化异同的比较,更自觉地介绍西方的价值观念、思维方式,把注意力更集中于中国文化心理结构的改造。

对于中国人学习西方的历程,后来陈独秀、梁启超等人曾先后作了回顾、总结。陈独秀将这一历程分为七个阶段,梁启超则分为三个阶段。相比之下,梁的概括更为精当。他说,中国人认识到自己的不足,因而要求学习西方,其"第一期",是"先从器物上感觉不足","第二期,是从制度上感觉不足","第三期,便是从文化根本上感觉不足"(《五十年来中国进化概论》)。八十多年前梁氏的这一看法,今天已为多数学者所认同。

需要说明的是,这三个阶段的划分,只是就主流侧重而言,对此不可作机械割断,以为在每个阶段所学、所变的内容是单一的层面。其实,在第一阶段,从魏源、徐继畬直到洋务派的某些成员,业已注意到西方的政治、经济制度,并程度不同地表现了向往之情;在第二阶段,严复、梁启超等人业已介绍西方的价值观念,关注对中国文化心理结构的改造。而在此阶段,仍然继续从物质层面学习西方;在第三阶段,仍然继续从物质、制度层面学习西方。这是因为,文化系统是一个整体,它的影响也是整体性的,中国人对它的认识就不可能是单一的。

虽然,在近代,先进的中国人是学习西方,向西方寻找真理的。但是,他们中的许多人并没有把西方资本主义看做尽善尽美、一切皆好,而是以比较清醒、理智的态度来观察、认识西方的。他们既看到了西方资本主义比之中国封建主义的优越性,又看到了它的弊端,看到了它内在的矛盾和危机。他们既看到了封建主义将被资本主义所取代的历史趋势,又对资本主义的命运前途表示担心。因此,他们对西方资本主义既向往,又不尽满意,既有赞美讴歌,又有揭露批判。大致说来,随着中国人对西方的观察认识一步步深入,随着他们中一些人程度不同地接触了西方的各派社会主义学说,他们对西方资本主义的种种弊端、矛盾和危机的认识也越来越深。在中国近代资产阶级思想家的论著中,我们可以找出不少对西方资本主义揭露批判的言论,其内容涉及到资本主义制度的各个重要方面。

在政治上,一些中国资产阶级思想家对西方资产阶级民主的象征——代议制曾作过尖锐的揭露批判。对此,康有为、章太炎、孙中山都曾发表过一些议论。章太炎指出,西方的代议士名为选举产生,实则"营求人选所费金无虑巨万"(《官制索隐》),结果"选充议士者大抵出于豪家"(《五无论》)。他的结论是:"民权不藉代议以伸,而反因之扫地"(《代议然否论》);西方的共和政体并非"政治极轨"(《太炎先生自定年谱》),只是和君主制相比"于祸害为差轻,固不得已而取之矣"(《五无论》)。

在经济上,一些资产阶级思想家指出,垄断的形成以及由此而产生的严重的贫富不均乃是西方资本主义的根本病症。严复说:"垄断既兴,则民贫富贵贱之相悬滋益远矣。……夫贫富不均如此,是以国财虽雄而民风不竞,作奸犯科、流离颠沛之民乃与贫国相若,而于是均贫富之党兴。"(《原强》)谭嗣同也指出:西方"富者日盈,往往埒于国家,甚乃过之……其富而奸者……把持行市……其力量能令地球所有之国,普受其损,而小民之隐受其害,自不待言,于事理最为失平,于是工与商积为深仇,而均贫富之党起矣"(《报唐佛尘书》)。孙中山对此有更深入的观察和了解,他指出:"欧美强矣,其民实困"(《民报发刊词》),由于贫富极端悬殊,在西方"社会革命其将不远"(同上)了。

在伦理道德上,一些资产阶级思想家一方面称赞西方资产阶级"自由、平等、博爱"的道德原则和理想,另一方面又揭露了西方资本主义社会的道德堕落,并指出了"自由、平等、博爱"在西方并未能真正实现的事实。

总之,中国近代一些影响较大的资产阶级思想家都认为,西方资本主义制度并非尽善尽美,西方社会并非桃源乐土、人间天堂。

严复、章太炎、孙中山等人作为资产阶级的思想家,却能揭露资本主义制度的矛盾、弊端,甚至得出资本主义前景黯淡的结论,从表面看这是不好理解的。但是,如果把这一现象放在当时的历史环境中去考察,则是不难理解的。

第一,中国的资产阶级和西方的资产阶级相比,他们是晚辈。当中国资产阶级登上历史舞台的时候,西方资本主义所固有的矛盾已暴露无遗,国际共产主义运动正在西方蓬勃兴起。这样,中国的资产阶级思想家们就不仅看到了西方资本主义比中国封建主义的优越性,同时又看到了它的危机和可忧的前景。

第二,19世纪末20世纪初,中国资产阶级刚刚登上历史舞台,他们是革命者、先进者。他们的思想家和18世纪欧洲资产阶级的启蒙思想家们一样,"标榜自己不是某一特殊的阶级的代表,而是整个受苦人类的代表",他们"不是想解放某一个阶级,而是想解放全人类"。①他们以改造旧世界、建设新世界为己任,自以为能解决人类社会的一切弊端。因此,他们较少偏见,较能面对现实、正视矛盾。

第三,当中国资产阶级登上历史舞台的时候,科学社会主义早已诞生,各色社会主义正风行于欧美。中国一些资产阶级思想家曾程度不同地接触到西方的各派社会主义学说(其中既有空想社会主义、无政府主义,又有科学社会主义),受到程度不同的影响。这种情形也使他们能够看到西方资本主义的弊端和危机。

第四,中国的资产阶级,是被侵略的半殖民地国家的资产阶级,他们在学习西方的过程中,时时为"为什么先生老是侵略学生"(毛泽东

---

① 恩格斯:《反杜林论》,《马克思恩格斯选集》第3卷,人民出版社1973年版,第57~58页。

语)这个问题所折磨和苦恼。西方列强对中国的疯狂侵略,必然要刺激中国的资产阶级思想家去更清醒、全面、深入地观察资本主义制度,认识西方资本主义文明。

总的说来,在近代,中国的资产阶级思想家们是以复杂的矛盾心情向西方学习的。他们既然看到了西方资本主义的弊端、矛盾、危机,因此,他们中一些人试图对资本主义进行改良。孙中山主张,在反清革命的同时,通过"平均地权"来"改良社会经济组织",避免革命成功后出现贫富不均的问题,使"少数富人把持垄断的弊窦"在中国"永绝"。为了防止政治上的种种"流弊",他又主张改西方的"三权分立"为"五权分立"(《在东京〈民报〉创刊周年庆祝大会的演说》)。章太炎也曾提出过"均配土田,使耕者不为佃奴"、"官立工场,使佣者得分赢利"、"限制相续,使富厚不传子孙"、"公散议员,使政党不敢纳贿"(《五无论》)等四项除弊、改良的措施。但是,指望通过这些来消除资本主义的固有矛盾,使贫富相安,是不可能的。还有一些人指望通过发扬道德心、发扬抽象的人类之爱来消除资本主义的黑暗、丑恶,这更是幻想。

另有一些人则干脆主张重新选择道路。其中,有的人转而鼓吹无政府主义。他们认为,在西方,资本主义取代封建主义只不过是"以暴易暴"而已,"未尝有利于多数人民"。因此,中国断不能走西方老路,而必须"另筹革命之方",走新的即无政府主义的道路。有些人则走了回头路,忏悔自己先前不该提倡学习西方,进行资本主义变革,走向了全面的保守主义。而章太炎则因看到西方资本主义社会的一些丑恶、苦难更甚于古代,因而否定进化的意义,宣扬"五无",鼓吹全面倒退,走向极端的虚无主义、悲观主义。

总的说来,在中国近代,资产阶级思想家们虽看到了资本主义的矛盾、弊端,却无力克服、消除它。他们中的一些人所重新选择的道路也都不是中国的出路。

可以这样说,一部中国近代思想史就是苦难的中国人不断选择、不断觉醒的历史。在西方侵略者的炮声中,先进的中国人痛感自己的落后,因而要求学习西方,进行变革,这标志着近代中国人的初步觉醒。进而,他们在学习西方过程中又看到了西方资本主义的种种矛盾和弊端,并试图对它进行改良,使之完善,这标志着近代中国人的进一步觉醒。可是,他们试图改良资本主义或是另寻路径的种种方案并未能给苦难的中国指明正确道路。正是在这种历史背景下,中国人民接受了马克思主义,选择了社会主义道路。于是,中国的民主革命进入了一个新的历史阶段。

四

"自强"是一百多年来中华民族谋求解放与振兴的基本对策和基本出发点。鸦片战争后,魏源呼吁国人"发愤",所要激发的便是自强精神。而从19世纪60年代起,自强一语频频见诸皇帝的谕旨,大臣的奏折,报刊的文章和私家的论著,成为举国上下的共同呼声和愿望。19世纪90年代,社会达尔文主义传入中国。这种主义告诉中国人:在残酷的生存竞争中,只有强者方能生存、发展,弱者迟早要被淘汰、消灭。于是,自鸦片战争后被提倡的民族自强精神因受这一刺激而进一步高涨,"自强保种"成为一个相当长时期的流行口号。"自强者,强自而已矣……论其至要,亦惟求诸己而已矣。"(谭嗣同:《仁学》四十四)所谓自强,就是通过自身的努力奋斗,使中华民族由弱变强,跳出落伍者的行列。它乃是中华民族渡过近代民族难关的精神支柱。

鸦片战争后,自强乃是诸多政治派别的共同口号,即使是顽固、守旧势力也呼吁自强。但他们认为,只要朝廷一意"整纪纲"、"尚礼义"、"兴政教"、"正人心"、"饬吏治"、"重农商",恪守"祖宗成法",便可自强。而几代改革者则认为,中国古代的一套大经大法在历史上虽然行之有效,但在今天已不能使中国恢复治平。面对"千古未有之强敌"与"千古未有之变局",只有"师夷"变法,即学习西方,进行资本主义变革方能使中国由弱变强。他们越来越自觉地认识到,中国只有自身实现近代化,才能有效抵御业已近代化的外敌,才能在近代世界立足;通过变革实现民族进步乃是谋求民族独立的前提。离开民族的进步即近代化,民族的独立与振兴乃是空谈。

早在鸦片战争前,龚魏即发出希望朝廷"自改革"的微弱呼声。由于对变化了的客观环境(即所谓"变局")有了初步认识,洋务派公开要求朝廷"稍变成法"并采取了一些实际措施,这便是所谓的"自强新政"。而当中国的资产阶级登上历史舞台后,他们的代表人物更是越来越明确地呼吁在中国进行资本主义变革。由于有了进化论这个新的理论武器,维新派思想家对变革的必要性、合理性、紧迫性作了充分论证。他们指出,要救亡振兴,就必须学习西方,进行资本主义变革。及时变革乃是当时中国的唯一出路,"不由此道而欲以图存,欲以图强,是磨砖作镜、炊沙为饭之类也"(梁启超:《释革》),是注定行不通的。从此,变革的观念在中国深入人心,要求变革成为近现代中国不可抗拒的历史潮流。

维新派思想家又强调,当时中国所应进行的变革,不应是枝枝节节的"小变",而应是全盘的"大变"。所谓"大变"、"全变"就是实现社会转型,即使中国由农业文明向工业文明转型,由专制政治向民主政治转型。一些维新派思想家又对中国的社会变革、近代化作了比较全面的设计规划。他们开始注意到,在社会转型即近代化的过程中,人的近代化至关重要。从根本上说,没有一代"新民"即近代化的新人,便不可能真正实现近代化。由此,他们又提出了提高全民素质、改造国民性的任务。中国艰难曲折的近代化历程虽然不是起步于戊戌维新,但是中国的社会变革和近代化的全面启动则是始于戊戌维新。作为一次要求社会变革的政治运动,戊戌维新是失败了。但是,它所提出的"别构新厦"、全面改造中国的宏伟目标却深深植根于中国先进分子的心中,成为后起的改革者的共同奋斗目标。在此之后,后起的改革者所追求的是更全面、更大程度的变革,对"新厦"作了更新的设计。革命派不仅主张以革命手段实现变革,而且要求在中国建立美法式的民主共和制度。"五四"新文化运动的倡导者们鉴于辛亥革命并未能改变封建专制的现实，他们不再仅仅关注共和的政体，又进一步提出了如何实现真正的民主共和的新设想，对于文化革新，对于人的近代化给予了更大的关注。

一部中国近代史，从某种意义上说乃是步步深入的社会变革史。而思变、促变、论变则是中国近代各个时期思想领域的共同话题和主要话题。近代思想领域的各种争论，都是紧紧围绕要不要变、如何变，变革的目标、方向和方法、途径、手段等问题展开的，中心是一个"变"字。中国近代相继出现的六种社会思潮，都是社会变革的不同方案、蓝图，而其起伏更迭则标志着中国近代社会变革的步步深入。

但是，正如一些学者所说，近代中国的社会变革，主要不是由中国社会经济自身演变的内在趋势所引发的；中国的近代化，也并不全是内部近代化因素积累的结果；而主要是出于外力的压迫、刺激，是日益严重的民族危机催逼出来的。在中国近代历史上，几次变革的浪潮都是出现在民族危机爆发、深化之后。明显的事实是，没有第二次鸦片战争的失败，洋务运动便不会在19世纪60年代初出现。没有包括中法战争在内的全面边疆危机，便不会有19世纪七八十年代日趋强烈的变革呼声。没有甲午战争的惨败、《马关条约》的签订，维新思潮便不会迅速高涨，并发展为一场政治运动。没有八国联军攻陷北京，签订空前可耻的《辛丑条约》，革命风潮也不会那么快地兴起，吸引了那么多的青年知识分子。中国近代的社会变革大体是与民族危机相伴而生的。

在中国近代，民族危机虽然也有相对缓和之时，但总体而言它是日趋严重、不断深化，这种情形就造成了中国近代思想领域激进主义的昂扬。而中国近代社会变革、近代化进程步履维艰、实效难见，民族危机与社会危机有增无减，则造成了中国的改革者们越是不见成效便越想以更激进、更"彻底"的方式、手段求之的急躁心态，这更促成激进主义的昂扬。此外，不断传入中国的各种西方新学说、新思潮也为中国的激进主义提供了思想资源、理论依据。激进主义对于打破旧制度、旧秩序的千年坚冰,冲破社会变革的重重阻力和中国人巨大的历史惰性,激发国人批判与革新、创新精神曾产生了积极影响。但是,它急于对错综复杂的中国社会问题作通盘解决,以期一了百了,并使中国迅速步入世界先进行列,是不现实的。因急于改变中国的面貌,它所提出的变革目标往往忽略中国的社会历史条件,超越历史任务。而在变革手段上则往往简单化。这些并不利于当时的社会变革。

与激进主义相伴而生的则是以为中国可以在短期内迅速富强的速成论。从康有为到孙中山,他们都曾乐观、天真地以为,中国可以在一二十年内赶上甚至超过西方。由于当时国人急切希望中国能迅速由贫弱而富强,这种速成论在中国近现代的影响始终是不小的。但是,这种速成论无疑是改革者对中国的国情,对中国社会变革与近代化进程的艰巨性、长期性、复杂性认识不足的表现,它只能干扰中国社会变革、近代化的进程,带来负面影响。

五

在中国文化史上,近代是一个文化革新、文化转型的时代。在短短的几十年时间里,中国的文化结构、文化格局发生了巨大变化,出现了"新学"、新文化。之所以如此,首先是"西学东渐"的结果。西方近代文化与中国传统文化存在明显的时代差,它使中国传统文化相形见绌。鸦片战争后西学的传入,给中国传统文化带来猛烈冲击,使之面临严重挑战。与日俱增的文化危机势必要刺激中国的先进分子寻求中国文化的出路,引发文化革新的要求。但是,中国近代的文化革新与转型,归根到底是近代社会变革的需要和反映。毛泽东曾说:"一定的文化是一定社会的政治和经济在观念形态上的反映。"①马克思、恩

---

① 《新民主主义论》,《毛泽东选集》第2卷,人民出版社1991年版,第694页。

格斯曾说:"旧思想的瓦解是同旧生活条件的瓦解步调一致的。"①这些论断都不过时。随着中国近代的政治、经济逐步发生新的变化,社会变革渐次展开,在文化领域产生革新的要求,进而出现文化转型乃是必然之势。

中国近代的文化革新是逐步深入的。大致说来,在戊戌维新之前,改革者们主要是接受西方文化,并没有对中国传统文化的根本方面作触动。而从戊戌维新开始,文化革新明显触及中国传统文化的根本方面,由此开始了正面的文化批判。

在鸦片战争前后,伴随着要求改革的微弱呼声的是要求转变学风的强烈呼吁,经世致用之学得到大力提倡。经世致用这一优秀的文化传统为鸦片战争后中国的先进分子接受西学,由此而引发文化革新,提供了良好的条件。正是在这一学风的影响下,魏源提出了"师夷之长技"的口号,冯桂芬提出了"采西学"的建议。中国的先进分子在接触西方不久,就作出了"采西学"的回应,这反映了中国的文化传统具有开放性的一面。当然,在开始的一段时间里,由于历史条件的限制,中国人所要采的西学,主要限于物的层面,而对其核心层面既不了解,也有保留和排拒。那时,中国的改革者们之所以采西学,是因为看到中学在"用"的层面已难以"应世变",面对"千古未有之强敌"与"千古未有之变局"就不得不采西学以补充中学,增强应变能力。但是,他们又认为,中国传统文化的核心——"尧舜禹汤文武周公孔子之道"、传统的纲常名教是神圣而永恒的,它不能触动也不应触动,中学的固有权威与主导地位也是不可动摇的。之所以"采西学"是为了捍卫中学而决不能损害、削弱它。"中学为体,西学为用"纲领的提出,就是要让人们摆正两者的关系,不致因采西学而损害中学的主导地位。不过,"为用"即因其有用。这个纲领既承认西学有用,并以之"为用",就在

---

① 《共产党宣言》,《马克思恩格斯选集》第1卷,人民出版社1972年版,第271页。

一定范围内承认了西学的合法地位。它既认为面对新的历史环境,中学需要西学作补充,实际上也是承认了中学在新形势下已显露了它的不足。这些又有利于接纳西学和文化革新。

在这一时期流行的尚有"西学中源"说。那时,一批有影响的学者、思想家都宣称,西学源于中学,是中学在西方的流传和发展。因此,今天"采西学"乃是"礼失而求诸野",是光复旧物。这种缺乏事实根据的文化观固然是抬高中学、贬低西学,旨在维护本土文化的地位、尊严,但它又曾起了消解中学与西学的对立与紧张的作用。它将西学等同于中国的古学,视之为中国古学的发展,这在客观上也有利于人们接受西学。

概言之,从鸦片战争到洋务运动,改革者们主要是要求学习西方文化,他们虽对中国传统文化的某些方面有所批评,并表现出要求文化革新的意向,但直指中国传统文化核心层面的正面的文化批判尚未展开。

真正意义的文化批判与重建,正规说来始于戊戌。这是因为,戊戌维新的最终目标是欲实现社会转型,它自然要引发文化转型。在戊戌时期,一批维新派思想家开始触及中国传统文化的核心层面。而随着戊戌思潮在"百日维新"失败后进一步深化,到20世纪初,梁启超等人又公开提出文化革命的口号,明确主张清理批判旧文化以建立新文化。

早在19世纪80年代,康有为在其论著中即已触及"三纲"。甲午战争后,谭嗣同对"三纲"作了更为尖锐、猛烈的抨击。1895年,严复刚从海军界闯入思想界,便对儒学作正面批评。他认为,中国之所以积贫积弱,败于日本,根本原因在于长期以来"教化学术之非",对此"六经五子"难辞其咎(《救亡决论》)。因此,"苟求自强,则六经且有不可用者"(《辟韩》)。这些极为大胆的言论是前所未见的,它明显触动了中国传统文化的核心层面。

虽然,在戊戌时期,康有为等人仍继续尊崇,甚至神化孔子,但是,他们所尊崇的乃是被他们重新塑造、解释后的孔子。他们在尊孔的同时，又对孔子和儒学作了近代化的改造。其具体做法便是利用原始儒经中的某些"微言"来表述资产阶级的新意，利用其中的片言只语来附会西学、西政。为此，康有为曾对儒家的重要经典《论语》、《孟子》、《中庸》、《礼运》等作了重新整理、注释。这些新注、新解具有明显的近代色彩。固然，康有为的这些改造，多属外在的、形式的，带有重新包装、打扮的意味，但他们主观上试图改造儒学、使之近代化则是事实。他们所做的改造工作虽不成功，但这种试图实现儒学自我革新的努力却是可贵的。显然，他们所崇尚、宣传的已不是传统儒学。更值得注意、重视的是，在所谓"孔教复原"的旗号下，他们宣称，荀子以来，特别是叔孙通、董仲舒、刘歆、程朱以来的"后儒"乃是败坏孔子学说的罪人，因此对他们进行了严厉批判。这就使当时的流行儒学遭到前所未有的沉重打击。总之，在戊戌时期，一些著名的维新派思想家明显表现了与传统儒学的决裂，这在中国思想、文化史上具有重要意义。

在中国近代，文化革新的进程与社会变革的进程一样，发展速度往往是惊人的。到20世纪初，梁启超已不以批判"后儒之学"为满足，又进而对孔子和整个儒学作公开批评。这道闸门一经打开，便越发不可收拾。继之而起的则是一些革命党人的公开批儒反孔，而这场思想斗争到"五四"新文化运动期间发展到高潮。

由此而引发的，又是对中国传统文化作全面的清理、清算。梁启超在公开批评孔子的同时，又先后提出、发动了"诗界革命"、"小说界革命"、"道德革命"、"史界革命"，拉开了中国近代文化革命的帷幕。对中国的旧道德、旧文学、旧史学、文言文等等先后发动"革命"，标志中国近代的文化革新走向了更加自觉的阶段。同时也说明，中国近代的文化革新已从提倡、呼吁到进行具体、切实的工作。

所谓"革命"，这是借用当时流行的政治用语，"其本意实变革而已"（梁启超：《释革》）。中国近代的文化革命是一场旨在使中国文化近代化的文化革新、文化转型运动。它的目标、宗旨，是通过批判创新，建立一种符合时代需要、历史潮流的新文化。这场文化革新运动，发端于戊戌，中经辛亥，到"五四"新文化运动发展为高峰。中国近代资产阶级各派别的政治主张虽存在严重分歧，但在文化革新上却取得基本一致。这说明，批判旧文化、建设新文化，乃是他们的共同要求。由于这场文化革新从戊戌开始不仅不曾间断，而且是步步深入、持续高涨，因此它取得了明显的实效。

梁启超不仅先后提出、发动了文化领域的各种革命，而且为这场文化革新提出了比较正确的指导思想。依据"建设之前必先破坏"的理论，他认为，欲建设新文化，必先"取数千年腐败柔媚之学说，廓清而辞辟之"（《新民说·论进步》），即对中国传统文化中落后、过时、陈腐的部分予以批判，肃清其影响。至于立新，则应从两方面着手："一曰淬厉其所本有而新之，二曰采补其所本无而新之。"（《新民说·释新民之义》）①这就是，一方面要对中国传统文化中有价值、可作继承的精华部分作加工提炼、充实改造，使之日益光大；一方面又要博取各国各民族文化的优长，"以补我之所未及"。所以，在这一时期，他又曾提出过中华文明与泰西文明"结婚"的理想。因此，他既反对那种只知"墨守故纸"，排拒西方文化的排外主义，又反对那种"心醉西风"，"蔑弃"中国传统文化，以"求伍于他人"的媚外态度和民族虚无主义。既要求人们摆脱"崇拜古人之奴隶性"，又要求人们摆脱"崇拜外人，蔑视本族之奴隶性"。

在这一时期，严复也认为，对于文化的中西新旧，正确的态度应是"统新故而视其通，苞中外而计其全"（《与〈外交报〉主人书》）。应该说，梁、严先后提出的这一文化革新方针是比较正确、稳健的。因此，继起的革命党人，大多数也是这一方针的拥护者。他们也主张，新文化应"合古今，贯东西"，使中西"熔铸于一炉"。他们也对梁启超所批评的那两种错误倾向持批评态度。所以我们看到，在戊戌、辛亥时期，

---

① 这原本是梁启超"新民"的方针，但实际上也是他建设新文化的方针。

改革者们在广泛介绍、传播西学的同时,又大力挖掘中国传统文化中一切可资利用的资源,对中国传统文化遗产多有继承。

中国近代的新文化、新学说,那时人们通常称之为"新学"。所谓新学,固然大量吸取了西学,但它同时又继承、吸收了中国传统文化的精华,乃是对古今中外文化作综合创新的产物。作为中国近代文化革新、文化转型的成果,它无疑是中国的新文化,而并非是对西方文化的简单移植、原样照搬。因此,将中国近代的新学简单等同于西学是不正确的。

在文化革新方面,同样存在激进主义昂扬的现象。正如有的学者所说,和欧洲"由启蒙而现代化"不同,中国是"为现代化而启蒙"。中国近代的启蒙始终受民族救亡的驱策,以实现国家富强、民族振兴为动力,带有明显的功利激情①。这种功利激情不仅造成文化选择上的泛政治化倾向,而且势必导致文化上的激进主义,对传统文化采取全盘否定的激烈态度,在文化革新过程中时时激情压倒理性。

在文化批判之初,激进主义便有所表露。出于对封建专制主义的憎恶,谭嗣同不仅认为中国"二千年来之政"皆"秦政也,皆大盗也",而且认为中国"二千年来之学",皆"荀学也,皆乡愿也"(《仁学》二十九),对中国传统学术文化予以全盘否定。在继起的革命派中,也曾有人称中国历朝为"伪朝",其学为"伪学",得出与谭类似的结论。到"五四"新文化运动时期,文化激进主义表现得更为明显。陈独秀等人对中国传统文化评价甚低。有人甚至全盘否定,将其看做是一堆亟待清除的"毒物"。此外,有人又否认中西文化有"调和"融会的可能。有人又将中西简单等同于新旧。因此,他们认为,对中西文化只能是"存其一而废其一"。这样,最终势必得出全盘西化的结论。文化激进主义曾使"五四"的文化革新具有一种前所未有的坚决的气势,并进行

---

① 参见高力克:《躁动的现代化之梦——文化激进主义思潮述评》,载高瑞泉主编:《中国近代社会思潮》,华东师范大学出版社 1996 年版,第 253、274 页。

得相当彻底,从而使旧思想、旧观念、旧文化遭到巨大、猛烈的冲击。但它同时也滋生了文化上的民族虚无主义,这对中国新文化的建设无疑会带来不良影响。

在中国近代,与文化激进主义并生的尚有文化保守主义。在近代民族危机与文化危机日益深重的历史环境下,这两种主义的出现与并存都是可以理解的。它们的出现,都是为了应对近代的民族危机与文化危机,为中国文化寻找出路。但如何应对,则存在明显分歧。与文化激进主义者贬低中国民族文化相反,文化保守主义者认为,中国民族文化(中学)乃是中华民族之根,是中国立国的"根本源泉"。"学"存则国存,"学"亡则国亡,因此"保国必先保学"。基于这一认识,他们极力维护中国民族文化、本土文化的主导地位,所表现的是一种文化自卫主义。

须作说明的是,保守主义是一个宽泛的概念,既有政治上的,也有文化上的。为使问题集中,这里所说的只是文化上的保守主义。我们所讲的文化保守主义者乃是改革派中的成员,并不包括那些对西方政治、文化,对新事物、新思想一概排拒、否定,反对任何变革的封建顽固派。

对于西学,文化保守主义者并非一概排拒,而是程度不同地承认其价值。但是,他们又对那些越来越多的青年知识分子"心醉欧风"的倾向心存忧虑,担心日盛一日的"欧风美雨"危及中国民族文化的主导地位,出现鸠占鹊巢的局面。他们主张在维护中国民族文化主导地位的前提下吸取、接受西学。而对中国民族文化的维护,也不是原封不动,不作任何触动、改造。他们也程度不同地承认,中国传统文化中存在某些陈腐、落后,不合时代精神与需要的东西,必须予以清理、革新。比如辛亥革命时期的国粹派即是如此。他们实际上是以改造传统的方式来维护传统。

大致说来,文化激进主义多强调文化的时代性和创新性而忽略文化的民族性和传承性;文化保守主义则多强调文化的民族性和传承性而忽略文化的时代性和创新性。文化保守主义对于文化激进主义曾起了纠偏、矫正的作用，但对西学的传播、文化革新以至社会变革的深入，也产生了一些消极影响。相比之下，20世纪初梁启超等人融会中西古今，反对两种倾向的主张，无疑比较正确、稳健。这种文化观，后来就发展为系统的综合创新论。

总的说来，中国近代的文化革新使中国的传统观念发生了深刻变化，初步形成了具有近代意识的文化形态，程度不同地实现了中国文化的创造性转化，使中国文化的面貌为之一新，在中国文化史上开辟了一个新的阶段。但是，在中国近代的文化革新中，始终存在重"破"轻"立"，重批判轻继承的倾向。因受意识决定论的影响，许多改革者又具有文化决定论的倾向，对文化与文化革新的作用作了片面夸大。此外，那种企求速成的急躁情绪、浮躁学风在文化革新过程中也很明显。这些都对近代的文化革新、新文化的建设带来不利影响。

六

处于大动荡、大变革、大转折之中的中国近代，是一个比以往更需要哲学的时代。刚刚登上历史舞台的中国资产阶级迫切需要新的哲学来指导自己认识世界、改造世界，为资本主义变革作哲学论证。正是在这一历史背景下，出现了中国近代的哲学变革，中国传统哲学开始超越古代形态，向近代形态跃进。

中国近代的哲学变革，首先是中国近代经济、政治新变化的必然反映，同时也是"西学东渐"过程中，中西文化融会的结果。中国哲学的近代化，是深受西学影响的。首先，是受西方近代自然科学的影响。它的传入，使中国知识分子增长了新知，扩大了视野，认识产生了飞跃。它为中国近代的哲学变革提供了科学基础，使中国哲学的物质观、天道观、变易观、认识论都发生了明显变革。它养成了中国人的科学精神、科学态度，并了解了科学方法，在这方面的影响就更大。

西方哲学和社会科学的传入，对中国近代哲学变革的影响更为直接。它给中国思想界带来了新的世界观、方法论,新的思想资料和思维方式,新的哲学意识和观念,以及新的哲学范畴、名词概念。这就为近代中国的哲学变革提供了武器和借鉴,给中国哲学输入了新的成分,带来新的生机、活力。

在中国近代,"介绍西洋哲学的,要推侯官严复为第一"(蔡元培:《五十年来中国之哲学》)。严复所介绍的,主要是英国近代哲学。他所介绍的进化论、经验论和西方逻辑学,立即受到当时思想、学术界的广泛关注。梁启超东渡日本后,也很重视学习并介绍西方哲学。他依据日本译文、论著所作的一批"西儒学案"和文章,涉及面甚广,"其意义有如给中国人提供一部西方近代哲学简史"。① 在20世纪初,王国维也曾对德国著名哲学家康德、叔本华、尼采的思想有所介绍。后来,革命派成员在介绍西学时,也常涉及西方哲学。对于西方哲学的介绍,中国近代新学家们是按中国社会变革的需要来作选择取舍的。比如,近代新学家们之所以普遍接受、拥护进化论,是为了以此为武器,从哲理上论证中国进行资本主义变革的必要性、合理性、紧迫性。不少人喜好、鼓吹唯意志论,则是为了给正在进行中的社会变革寻求精神动力,并提倡意志自由。至于经验论和逻辑学受到重视,主要是出于清理、改造"旧学"建立"新学",实现文化革新的需要。

中国近代的哲学变革,是中国哲学的自我更新。因此,对中国传统哲学作清理改造、批判继承是近代哲学变革的中心一环。

在中国哲学史上,天命论影响至深,因此,它成为近代思想家们批判的重点。从龚自珍的"自我创世"说,魏源的"造命"说,到维新派的"心力"说、革命派的"革天"说,直到陈独秀、李大钊对神秘"大主宰"的否定,矛头都是针对天命论。经过几十年的持续批判,"天命"信仰终于基本打破,与此同时,种种世俗的鬼神迷信也遭到沉重打击。由于程朱理学长期以来乃是官方哲学,它越来越成为社会变革和新思想

---

① 贺麟:《康德黑格尔哲学东渐记》,《中国哲学》第2辑。

传播的障碍,因此,它自然成为新学家们的又一主要批判对象。程朱的理在气先说、道本器末说、唯心主义先验论,以及"去欲存理"的理欲观和空疏学风,均遭到程度不同的批判。程朱理学至高无上的地位基本动摇。而随着文化批判的矛头从程朱扩展到孔子和儒学,中国哲学遂摆脱经学形式。

在近代哲学变革中,新学家们对中国古代哲学是既有批判又有继承的。在中国古代哲学中受到重视,对中国近代哲学影响甚大的主要是朴素辩证法思想和变化发展的历史观以及佛学和陆王心学。近代新学家们对古代哲学的选择取舍,依然是出于时代的需要。中国古代的朴素辩证法思想和变易史观之所以受到近代新学家的普遍重视,乃是出于论证社会变革必要性、合理性的需要。近代新学家们之所以大都崇信、鼓吹佛学和心学,也是时代需要的曲折反映。在中国近代,为了救亡图存,振兴中华,进行变革,实现近代化,就需要充分调动、发扬国人的主观能动性,激发人们的高度热忱。这就使许多新学家高度重视"心力",特别是"志士仁人"心力的大发扬。他们还认为,要想救亡与变革,改革者们还必须破除生死利害之念,激发舍身救世、不怕牺牲的精神;破除奴性,培养"自尊无畏"的气概。在他们看来,这些都能从佛学和心学中找到源泉、养料,都必须经由佛学、心学去培养。于是,他们便不约而同地成为佛学和心学的崇信、鼓吹者。

中国近代的哲学变革,自然要引发中国哲学范畴的变革,而这一变革乃是中国哲学从古代形态向近代形态转型的重要标志。中国近代哲学范畴的变革,大致表现在以下几方面:

其一,以新的范畴、概念取代旧的。比如,星云、以太、阿屯(原子)先后取代气,作为表述物质始基的范畴;"六十四元质"(元素)取代五行,说明最基本的物质要素,便是显例。这些取代,无疑标志着中国哲学物质观的变革与进步。其二,对旧范畴进行改造、充实,赋予新意。这可举理与心这两个古代重要哲学范畴为例。在近代,理这一范畴虽继续被使用,但新学家们彻底否定了程朱之理的先验性,而将其还原为事物之理。他们又认为,理即是事物内在的规律,而规律具有普遍性,为大家所公认,所以,他们常使用的乃是"公理"这一概念。他们强调,公理不是靠体悟,而是靠实证而得的。此外,由于理气关系已不是近代哲学争论的主要问题,所以,理在中国近代哲学中已不再是重要范畴。在古代,陆王是在"心即理"的大前提下论心的。因此,他们所讲的心,其形式是主观的,但其内容则带有明显的客观性。而近代新学家中主观唯心论者所讲的心,从形式到内容都是主观的,它不再是与天理等同的"天下之同心",而是真正的自心。他们所强调的乃是心的个性、差异性,由此而引发的则是个人的自由意志。此外,他们所强调的不再是心的伦理道德属性,而是"心之力量"。因此,他们论心,更重视的是"心力",而不再是良知。其三,新的范畴、概念的引进。这类事例为人们熟知,不一一列举。

近代哲学变革的结果,便是产生了中国的近代哲学,它的优点与不足都比较明显。在近代,中国的进步思想家始终把回答"中国向何处去"的问题,指导中国的社会变革,当做自己的任务。近代的哲学,正是要从哲理的高度来说明中国应向何处去的问题,为指导中国的社会变革,实现近代化,提供理论武器。它是紧紧为救亡图存、振兴中华,实现社会变革的伟大事业服务的。它对推动中国近代的社会变革,诸如呼唤变法维新的风雨、激发革命风潮,曾起了重要作用,对于指导、推动中国近代的文化革新也起了重要作用。

以上是中国近代新哲学的优点,而粗浅、庞杂、不成熟则是它的不足。之所以如此,是由中国近代特殊的国情所决定的。

中国资产阶级呱呱坠地之日,正是中国民族危机、社会危机日益深重之时。严峻的客观形势迫使中国资产阶级刚刚出世就不得不立即投入紧迫的政治斗争。为了紧迫斗争的需要,他们的政治代表、思想家曾紧张地从古今中外的思想资料中吸取养料,来不及细致消化、整理、提炼、创造,就匆促地建构自己的理论体系,提出自己的方案主张。客观环境不允许他们有一个较为充裕的理论准备阶段,这同当年西方资产阶级思想家是不一样的。正像后来梁启超说的那样,他们大都是"未能自度,而先度人"(《清代学术概论》二十六)。那时,大多数新学家对西方哲学的了解是皮毛、肤浅的,对其中的深邃思想仅有初步接触,往往未得其精义,更谈不上作创造性的吸收,有机地融入自己的体系。而对"中学",他们虽然比较熟悉,但是,对它用新的立场、观点、方法进行清理、再认识也刚刚开始,尚未深入。从总体上说,那时他们还来不及对自然、社会、历史作比较全面深入的观察、认识、反思,这就很难作出有深度的哲学概括。此外,因强调哲学为现实斗争服务,一些新学家又滋长了一种急功近利的情绪。有人建构新哲学,往往主要不是出于哲学的热情,而是出于政治的热情。这种情形也妨碍中国近代哲学变革的深入和新哲学的成熟。

概言之,中国近代的新哲学,是一种"不中不西,即中即西",新与旧混杂的哲学,是一种正从古代形态向近代形态过渡的哲学。它既未形成影响巨大的学派,也未留下足以千古流传的名著,远未达到西方近代哲学那样成熟的水平。

七

中国近代是一个社会变革、社会转型和文化转型的时代,因此,批判与革新、创新自然成为中国近代的时代精神。批判与革新创新精神在近代被激活是时代的需要,同时它又成为推动中国近代社会变革和近代化进程的动力。一部中国近代思想史、文化史,给人以深刻印象和强烈震撼的正是这种批判与革新、创新精神。

对于一个国家、民族而言,自觉的批判意识与革新、创新精神是最可宝贵的,它是社会生机与活力的源泉。早在古老的《周易》中,中国的先哲便曾提出"革故鼎新"的观念。这一古老的观念便包含了可贵的批判与革新、创新意识。在封建制取代奴隶制的过程中,这一观念对于推动中国古代的社会变革曾起了积极作用。可是,当封建制度确立、稳固之后,它只是存留于经书之中,实际上被搁置、冷落一边了。

代之而起,在思想界占统治地位的乃是"天不变,道亦不变"的不变论。在此后的漫长岁月中,批判与革新、创新精神一直受到封建统治者的摧残、扼制,渐渐消磨殆尽。为维护封建专制统治,历代统治者及其思想家极力证明封建制度是神圣永恒、唯一合理的制度和秩序。他们千方百计教人顺应服从它,不允许对它有任何怀疑、不满。经过千百年来的政治专制、思想文化专制,中国民众已自觉不自觉地将封建制度视若天经地义、无可替代,不仅不敢违拗,而且不敢怀疑,自甘于卑屈地位,早已安之若素、麻木不仁。而广大知识分子则"咸以孔子之是非为是非"(李贽:《藏书·世纪列传总目前论》),视儒家经典为神圣,一字不敢怀疑。而自科举制度确立后,知识分子能熟读四书五经及朱熹注疏,善作八股文,"便足以取富贵、弋名誉",于是,"举国靡然化之,则相率于不学,且无所用心"。"其极也,能使人之心思耳目皆闭塞不用,独立创造之精神,消蚀达于零度。"(梁启超:《清代学术概论》三)由于在封建专制制度下,"天下无巨细,一束之于不可破之例,虽以总督之尊而实不能以行一谋、专一事"(龚自珍:《明良论》四),这样,各级官吏就只能按成规、祖制办事,无法开新,难有作为、建树。至于众多的士人,用龚自珍的话说乃是一群"缚草为形,实之腐肉,教之拜起,以充满于朝市"(《与人笺》五))的行尸走肉。既然社会各色人等全部如此,于是到封建末世,整个社会也就像龚氏描绘的那样,"不闻余言,但闻鼾声","万马齐喑","灯烛无光",一片死寂。批判与革新、创新精神的黯淡以至消失,必然使中国的封建社会丧失活力,削弱自我调节功能,越来越僵化停滞,走向没落衰微。

在严重的民族危机、社会危机的刺激、震撼下,批判与革新、创新意识在鸦片战争前后开始呈现复苏迹象。龚自珍不仅"讥切时政",作社会、文化批判,同时又提出"天地人所造"的命题,魏源呼吁"变古",提倡"造命",所体现、所呼唤的正是这种精神。虽然,他们只是揭了封建制度的一些疮疤,并未触及本质;他们所主张的变革只是在旧制度的范围内补偏救弊、损益调整,但这种新的风气、迹象本身就是可贵的。

自从中国诞生了资产阶级,其代表人物登上政治舞台,发动资本主义变革之后,批判与革新、创新精神被明显激活。正规说来,这是从戊戌维新开始的。社会变革者势必是旧制度的批判者、新制度的建设者。维新派呼吁社会变革,势必要首先说明变革的必要与合理。而要说明变革的合理性,自然首当揭示旧制度的不合理性,予以批判。对于批判,维新派相当自觉,并从理论上作了说明,这便是梁启超的"建设之前必先破坏"说。他们的批判,也是比较全面的。在政治上,他们抨击君主专制,批判封建等级制度。在经济上,他们对闭关锁国、重农抑商,以及只重节流、一味崇俭的保守经济观念都作了批判。在思想文化上,他们批判旧道德、旧礼俗、旧文学、旧史学,将矛头直指程朱理学,后来又指名道姓地批评孔孟。他们的批判直接触及中国传统的大经大法,由此引发了人们对旧制度、旧文化的怀疑、不满,使变革观念逐步深入人心。

自从中国人接触新的西方资本主义文明之后,在古老的中国便渐渐出现了一种趋新的动向。随着人们对旧的逐渐不满和对新的日益向慕,这种不甚自觉的趋新动向便发展为稍具自觉的求新意向。而到戊戌维新时期,在批判旧制度,实现社会转型的过程中,这种求新意向则发展为更为自觉的革新、开新精神。维新派批判旧制度是为了建立新制度,他们的批判是与革新紧紧相连的。依据进化论,他们坚信一切都不是一成不变的,任何事物只有不断地由旧而新才有前途,日新不已乃是生命力的源泉,希望之所在。因此,他们对推动社会的新陈代谢表现了高度自觉,对开新、革新作了热情的讴歌赞美。这些宣传,初步焕发了国人的开新意识和创新精神,使人相信"开新者兴,守旧者灭;开新者强,守旧者弱"(梁启超:《〈经世文新编〉序》),乃是必然规律。

到"五四"新文化运动时期,批判与创新精神被高度弘扬,造成了更大的社会影响。新文化运动的帷幕刚刚拉开,陈独秀便在《敬告青年》一文中号召青年与一切"陈腐朽败者"彻底决裂,做勇敢的批判者、革新者,成为"日新求进"的一代新人。从一开始,新文化运动便高举批判的大旗,明确昭告世人,这场运动的目的在于批判创新。与戊戌相比,"五四"的批判精神更加理性化,更显自觉。新文化运动一开始,陈独秀便号召青年"一遵理性",反对"无理由之信仰"(《敬告青年》)。后来,胡适又进一步提出以自主理性"重新估定一切价值"的口号,要求人们对一切都要通过自主理性,想一想、问一问它是否合理,是否"还有存在的价值"(《新思潮的意义》),切不可盲从、迷信。与戊戌相比,"五四"的批判精神也更彻底。批判精神与权威主义无疑是对立的。在戊戌,维新派尚未摆脱权威主义,而"五四"新文化运动的倡导者则不承认任何权威,主张"破坏偶像"。正因为自主理性得到高度弘扬,"五四"才有可能把一切都推向"理性的法庭"。由于"五四"注重、强调多数国民的自觉,因此它更注重批判意识的普及,所造的社会影响更大。

此外,由于开新、革新的观念已为一般新学家和青年知识分子所认同、接受,在"五四"时期,新文化运动的倡导者们又在此基础上进而鼓吹、提倡创造精神。为在国人中培育并普及创造精神,他们首先从理论上阐述了创造的价值、意义。他们强调,创造、创新是人类的本能,喜新图新是人们的普遍心态。创造、创新与进化是一体的,"离开创造便没有进化"。因此,他们极力赞美并提倡创造、创新精神。李大钊说:"太上创造,其次改良,其次顺应而已。"(《民彝与政治》)创造精神是最可贵的。陈独秀指出:"笃古不变之族,日就衰亡;日新求进之民,方兴未已。"(《敬告青年》)富于创造精神,自觉图新,勇于创新的民族才是最富活力,最有前途的民族。他们都希望中华民族由"笃古不变之族",变为"日新求进之民"。

尚须说明的是,中国近代思想家所从事的批判是相当深刻的。他们不仅对必须推翻的封建制度作了全面批判,而且对自己所向往的西方资本主义制度的消极面也作了涉及面甚广的批判。他们在追求近代化(现代化)的同时又看到了它的负面效应。他们真的做到了把一切都推向理性的审判台。这种批判的彻底性势必使革新、开新、创新精神进一步弘扬、深化。

经过几代人的呼吁提倡,特别是经过几十年社会变革、文化革新的实践,批判创新逐渐成为时代精神,这是值得我们重视的。说到启蒙,过去人们往往只看到自由、平等、博爱、民权、民主观念的宣传、灌输,其实更根本的应是批判与革新、创新精神的激活和自主理性的建立。正是这一精神的激活,长期存在于国人中的无比巨大的历史惰性才遭到猛烈冲击,古老的中国才再也无法继续维持那僵滞的旧秩序。由此,激活了中华民族的生机、活力,推动了中国近现代社会的新陈代谢,亦即中国近代化、现代化的进程。至于在批判与革新的实践中所出现的偏颇,前面业已述及,这里不作重复。

尚公·重礼·贵和：
中国传统伦理道德的基本精神

尚公、重礼、贵和是中国传统伦理道德的基本精神。通过这三者，便可从总体上把握中国传统的伦理道德。

一

尚公，它是中国传统伦理道德最基本的价值取向。从某种意义说，重礼、贵和也是由尚公派生的。

中国古代尚公，首先是由中国古代特殊的社会结构所决定的。中国是在没有彻底破坏氏族血缘关系的情况下由野蛮走向文明，建立国家的。中国古代的奴隶制是一种宗族奴隶制，中国古代的社会结构是一种家（宗）族本位的社会结构。在这种社会结构中，家是国的基础，国是家的扩大（西周最典型）。这便是孟子说的天下之本在国，国之本在家。这也正如"五四"时期反孔骁将吴虞所说，中国古代是"君与父无异","家与国无分"的。由家族本位所引发的则是整体主义。这是因为,在中国古代,家族的整体利益直接关系到每个家族成员的切身利益,个人的社会地位是由家族的地位所决定的。家荣则一人得道鸡犬升天,家败则满门抄斩,株连九族。这样,人们自然要把家族整体利益置于首位。

中国古代重整体的观念又是产生于先哲对人的社会性的深刻认识。荀子早就说,人"力不若牛,走不若马,而牛马为用,何也？曰：人能群,彼不能群也"(《荀子·王制》)。人之所以优于、高于万物且主宰万物,就在于人能组成群体,从而形成巨大的合力。荀子又从社会分工来说明个人对社会群体的依赖。他指出,由于任何一个人都"不能兼技",因此人类只能通过分工协作而共谋生存(《荀子·富国》)。所以,他一再强调："人生不能无群。"(《荀子·王制》等)在此之前,《孟子》关于"百工之事固不可耕且为也"(《滕文公上》)的说法,以及对许行学说的驳斥,其实也是要通过分工来证明人对社会群体的依赖。这些都是要说明,由人的社会性所决定,任何个人都不可能离开社会群体而孤立生存。荀子又指出,只有群体"和一",个人才能安乐；若群体因争而乱,因乱而离、而弱,个人便无法安生。这就又强调了个人利益与群体利益的一致性。这种起源甚早的古老的社会学理论,就使家族整体主义发展扩大为重群的社会整体观念。于是,整体重于个体,整体利益高于个体利益,个人应服从整体,就成为中国传统伦理道德的基本价值取向。在中国古代,整体通常是用"公"来表达的,因此"尚公"便成为中国传统伦理道德的基本精神,它体现于各个方面。

在中国传统道德中,仁是四德、五常之首,是百善之源,全德之称。而仁的根本精神即是爱人利他,其下手处是"克己",即克服自己的私心、私欲。到后来,宋儒则直接以公释仁,以去私作为仁之方。程朱曾一再说："公而无私便是仁。"(《朱子语类》卷六)"人能至公便是仁。"(《河南程氏外书》卷十二)"少有私意,便是不仁。"(《河南程氏遗书》卷二十二)这些看法等于是说,尚公乃是百善之源、之首。

从春秋时代起,中国古人便特别重视义利之辨,将它看做是应事接物、处理种种利益关系、实践道德的头等大事。而在义利这对范畴中,义即是公,利即是私。正如宋明儒者所说:"义与利,只是个公与私也。"(《河南程氏遗书》卷十七)"公私其实即义利也。"(《陆九渊集》卷二,《与王顺伯》)"义也者,天下之公也;利也者,一己之私也。"(刘宗周:《证人社约言》之五)这就是说,明义利即是别公私,正确处理义利关系即是正确处理公私关系,重义即是尚公。先哲一再教人"以义致利"、"见利思义"、"义以导利",实际上即是教人以公制私、尚公克私,在重整体利益的原则、前提下,谋求、满足个人利益。

"去人欲存天理"乃是宋明理学的共同宗旨。而在这里,天理为公,人欲为私,所以这一宗旨的基本精神依然是尚公去私。作为"三纲"之首的君为臣纲,其道德要求是忠,它始终被封建统治者提倡,但忠奸之别即在于是否以公心事君。所以古人曾一再说:"无私,忠也。"(《左传》成公九年)"忠者中也,至公无私。"(《忠经·天地神明章》)由上可见,中国古代重仁、重义、重忠,要求存天理,都明显渗透着尚公精神。可以这样说,尚公、重整体是贯穿中国传统伦理道德的一条主线。

二

一定的秩序是群体赖以存在的前提和根本保证。对群体而言,无序状态是最可怕的。中国古代重整体的观念以及对人的社会性的深刻体认就势必要引出重秩序的观念。在中国古代等级制社会,社会秩序乃是等级制秩序,而维护等级秩序的则是礼。因此,重礼是中国传统伦理道德的又一基本精神。

中国自古号称"礼义之邦"。礼在中国传统道德中占有重要地位。礼为四德、五常之一,且是"四维"之首。孔子在尚仁的同时也重礼,认为仁应以礼为表现形式。荀子则明确提倡"隆礼"。在儒家的伦理道德中,仁虽始终居于首位,但儒家的仁爱是以"爱有差等"为原则的,而规定、反映这差等的即是礼。所以在儒家的伦理道德中,仁与礼是密不可分的。在"三纲"形成后,贯穿于"三纲"的根本精神其实便是等级之礼。故后来中国的道德教化通称为"礼教"。所谓"道德仁义,非礼不成"(《礼记·曲礼》),正表明了礼在传统道德中的重要地位。据一位韩国学者统计,在"十三经"中礼字共出现了2036次,其使用率高过于仁,这一统计是很能说明问题的。

在中国古代,礼有广义、狭义之分。广义的礼泛指典章制度,一切社会规范以及相应的仪式节文。狭义的礼主要是指礼仪、礼貌、节文。但不论是广义或狭义之礼,其根本精神、原则都是"分"、"别"、"序"。对此,古籍有这样一些解释:"贵贱有分……礼之经也。"(《管子·五辅》)"夫礼,所以别尊卑、异贵贱。"(《淮南子·齐俗训》)"礼只是个序。"(陈淳:《北溪字义·礼乐》)可见,礼的功能作用在于辨别规定等级区分,使等级关系有序化。在中国古代,这等级之礼深入到社会生活的一切方面。它要求人们从饮食、衣服、居室、车马、器用,直到待人接物、举手投足均要符合礼的规定。"非礼四勿"乃是否君子的唯一标准。礼对中国古代社会的影响实在是极其深广的。

对于礼亦即秩序(当然这里是指等级秩序)的必要与重要,荀子曾作过深刻阐述。他指出,人们无限的物质欲望与社会物质财富的有限性是矛盾的,人们的欲贵之心与权位的有限性更是矛盾的。如果人人都要满足这两方面的欲求,显然是"势不能容,物不能赡"的。这一矛盾势必要造成人与人之间的无穷争斗。可是,"争则乱,乱则离,离则弱,弱则不能胜物",终将削弱、破坏人群、社会的整体力量。为了社会的整体利益,就不得不规定各种"度量分界",也就是礼、秩序,来平衡各种利益关系,这才是"群居和一之道"(见《荀子》的《王制》、《礼论》、《荣辱》诸篇)。诚然,荀子是站在维护封建统治的立场来作论证的,但是他从人的社会性、从社会整体利益的需要来说明社会秩序、礼的必要,这在理论上是深刻的。

先哲曾反复论证无礼无序乃是人之大害、国之大害、天下之大害,而把礼看做是"经国家,定社稷,序民人"(《左传》)隐公十一年)的大宝。因此,新的朝代一建立便着手修礼、制礼,以至太平天国在金田起义的当年便颁布了《太平礼制》。

三

群体赖以存在和发展,除秩序外尚需要协调、和谐。对社会整体而言,秩序与和谐是相互促进的。一方面,建立秩序是为了保证协调和谐;另一方面,协调和谐的实现自然会促进社会秩序的稳定、安宁。诚然,中国古代的礼所维护的是一种特定的社会秩序,即封建等级秩序。但是,礼在维护封建等级制上是从两个方面来体现的。即一方面严格等级区分,一方面又力图协调等级关系,调和等级对立。所以,"分与别"固然是礼的精神、原则,而"和"同样也是礼的精神原则。所谓"礼之用,和为贵"(《论语·学而》),这是人所熟知的。这里的"和",本义固然是无过无不及的适中、恰到好处;但是,礼之用之所以要适中、恰到好处则是为了实现人际关系的协调和谐。对于和的重要性,荀子同样作了深刻说明。这便是:"和则一,一则多力,多力则强,强则胜物。"(《荀子·王制》)既然和是使社会群体得以"一"、得以"多力"而强的保证,所以,中国古人认为"德莫大于和"(董仲舒:《春秋繁露·循天之道》)。贵和是中国传统伦理道德的又一重要精神。

中国古代贵和乃是在不平等的人际关系中求和,实则是在不和中求和。为了实现这一目标,中国古代思想家首先要求人们由明分而安分,自觉安于各自所处的等级地位。这便是所谓"君君臣臣,父父子子,兄兄弟弟,夫妇朋友各得其位,自然和"(《朱子语类》卷二十二)。但除此而外,他们又对尊卑、贵贱、上下双方各自提出了道德要求。在对居下位的卑贱者提出种种要求的同时,也要求在上位者不骄,不以贵凌贱,不损下益上等。比如,君主应"敬大臣"(《礼记·中庸》),而且"凡处尊位者,必以敬下"(刘向:《说苑·君道》)。作为贵者、长者应力求做到"见贱如贵,视少如长,其礼先入,其言后出"(王符:《潜夫论·交际》)。在古代,狭义之礼的基本精神、要求是恭敬与谦让。而敬让是对一切人的,对于地位低于己者,自己也要"辞尊居卑"。与之相联系,自古以来受到重视的谦德,也是着重告诫在位者、贵者不骄,要"辞尊居卑"。之所以如此,都是为了实现人际关系的和谐。

孟子说:"天时不如地利,地利不如人和。"(《孟子·公孙丑下》)这句话在中国历史上实在可以称得上是深入人心,影响深远。贵和是中国的民族精神,它表现在诸多方面。就国际关系而言,它主张"协和万邦";就国家治理而言,它期望"政通人和";就人际关系而言,它要求和睦相亲、和衷共济,认为"和气致祥";就家庭关系而言,它告诫人们"家和万事兴";就经营之道而言,它又告诫人们"和气生财";至于所谓"大程先生春风和气",则是令人景仰的圣贤气象。中国人始终认为,祥和之气是最可贵、最美好的。在中国历代的年号中,和字的使用率甚高,这也从一个小侧面反映了古人对和的重视。

四

中国传统伦理道德中的尚公、重礼、贵和精神,既有鲜明的时代性、阶级性,又有程度不同的超越性和普遍性的价值。它在历史上所产生的客观影响是复杂的。产生并流行于古代的中国传统伦理道德,它的局限、缺陷是明显的。在"人有十等"的时代,古人心目中的整体实际上是那座以君主为顶端的庞大的等级金字塔。其秩序是这座等级金字塔内的等级秩序,其和谐是这座等级金字塔内不同等级间的和谐。古代的整体主义,实际上是让个人消溶于其中,成为这座金字塔的一砖一瓦,自觉承受等级压迫的重负。统治者及其思想家所标榜的公,往往是指封建国家、统治集团以至君主一人一姓的利益,具有明显的虚幻性。从根本上说,古代的尚公、重礼、贵和,均是要求广大底层民众安于自己低下的等级地位,自觉牺牲自己的利益。由于它轻视个人权益,压抑个性,最终势必抑制社会群体的活力,造成社会的僵化、停滞。此外,在古人心目中,封建等级秩序乃是人类唯一的、永恒的秩序,因此他们始终教人遵守、适应这种秩序,而不允许对它作反思、批判。而古人的和谐论视既有的均衡为神圣,最终势必消极维护旧的均衡。这些都不利于社会的发展变革。

但是,中国古代尚公、重礼、贵和精神在中国历史上所产生的积极影响我们同样是不能忽视的。

中国古代尚公、重整体的观念,对于维护中华民族的团结、统一、稳定,无疑起了巨大作用。由尚公精神派生的国家民族公众利益高于个人利益的观念,以及人生的价值意义在于为国家民族公众作奉献的观念,在中国历史上曾产生过持久深入的积极影响。从《左传》的"苟利社稷,死生以之"到林则徐的"苟利国家生死以,岂因祸福避趋之";从贾谊的"国耳忘家,公耳忘私"到诸葛亮的"鞠躬尽力,死而后已";从上古"利天下"的禹墨精神到范仲淹的"先天下之忧而忧,后天下之乐而乐";从吕坤的"世道、人心、民生、国计,此是士君子四大责任"到麦孟华、梁启超的"天下兴亡,匹夫有责",这些始终是中国历代仁人君子的座右铭和人生信条。由尚公精神又引出了对人对事公正无私、公平公道的态度和准则。以上这些,就凝结为一股横贯古今的浩然正气,培育了无数代利济天下苍生,以济世安民为己任,不茹不吐、维护社会公正的志士仁人。这股浩然正气是中华民族的精神支柱,这批志士仁人则是中华民族的脊梁。由古代的尚公到近代的利群,乃是今天集体主义道德原则的重要源泉。

古代重礼、重秩序的观念,对于社会的稳定与安定,保证社会有序地正常运转,无疑产生了积极影响。礼所要求的恭敬、谦让、文明礼貌,对于协调人际关系,增进社会公德,提高社会文明程度和道德水准,都起了不可忽视的作用。而贵和精神对于调节人际关系,缓和社会矛盾,避免社会发生过大的动荡,维护社会生产正常运行曾起了相当作用。由贵和精神而引出的同心同德、相亲相睦的团结精神,又形成了中华民族强大的向心力、凝聚力。

更值得我们注意和重视的是,中国古人尚公、重礼、贵和,是建立在对人的社会性有深刻体悟的基础上的。这三者都蕴涵了人类最基本的伦理原理,体现了人际关系的最基本的原则,因而具有超越时代和阶级局限的普遍价值。虽然,随着古代社会的瓦解,它的具体内容与要求多已过时,但它所蕴涵的基本伦理原理,不仅在现在而且在将来都将有其价值。

中国传统的贵和精神与和谐社会构建

"贵和"既是中国传统道德的基本精神也是中华民族的民族精神,它表现在诸多方面。就国际关系而言它主张"协和万邦";就国家治理而言,它期望"政通人和";就人际关系而言,它要求人们彼此间和睦相亲、和衷共济,认为"和气致祥";就家庭关系而言,它告诫人们"家和万事兴";就经营之道而言它又告诫人们"和气生财"。至于孟子说的"天时不如地利,地利不如人和"在中国历史上更是深入人心,影响深远。中国古人始终认为,因人际关系的和谐而形成的祥和之气是最美好、最可贵,因而是最值得珍视的。党的十六届四中全会提出了构建社会主义和谐社会的目标和任务。在构建社会主义和谐社会的进程中,重新梳理中国传统的贵和精神,无疑可以从中找到不少可资利用的思想资源。

一

中国古代的贵和精神含义是多方面的,概言之,集中表现为以下三方面:

其一,人与大自然的和谐。中国古人很早就认识到,大自然是人类赖以生存的环境,没有大自然也就没有人,因此,人与大自然首先应保持和谐。而且,中国古代思想家通过对大自然的观察,又认识到天地之所以运行不息,周而复始;大自然之所以万物并生,千姿百态,生机蓬勃,也是由于其自身的高度和谐。既然人生活于天地之间应"循天之道",就更应与大自然保持和谐。这乃是中国古代"天人合一"思想的宗旨之一,它使生态维护的问题很早就受到中国古人的重视。中国古人主张"斧斤以时入山林""数罟不入洿池"(《孟子·梁惠王上》),"钓而不纲,弋不射宿"(《论语·述而》),秋冬狩猎等等,正是今人所说的生态伦理。

其二,人际关系、个人与社会群体的关系要保持和谐。早在先秦荀子便深刻指出,人"力不若牛,走不若马,而牛马为用,何也?曰:人能群,彼不能群也"(《荀子·王制》)。就是说,人某些方面的能力虽不如动物,但却能宰制它们,就在于人"能群",能组成社会群体。社会性是人类独具的特点和优长。荀子在同一篇文章中又说,"人生不能无群",就是说,人既是社会性动物,因此,任何人都不可能离开社会而孤立生存,人对社会具有无可摆脱的依赖性。可是,在社会群体中,每一社会成员的个体利益又是相互矛盾的,这种不可避免的矛盾如得不到合理的协调解决,势必要造成无穷的纷争,最终导致群体力量的削弱,以至社会的瓦解。因此,建立相应的社会准则,使社会内部保持协调和谐至关重要。中国自古贵和,正是基于这一认识。

其三,个人自身的身心和谐。早在先秦,一些思想家即已指出,人既有自身的生理构造,则势必要产生种种生理需求和欲望;而且这种欲望、追求是没有限度的,虽"贵为天子,富有天下"也是人之所"同欲"。可是，如果人人都要充分满足自身无止境的欲求是"势不能容，物不能赡"(《荀子·荣辱》)的。就是说，不仅客观形势不容许，而且有限的社会财富也无法满足所有人的无穷欲望。此外，人若纵欲无度，不仅有害于身体健康，也会使自己走向堕落。因此，一个有理性的人，应以自心的道德理性为指导，对自身的欲望作合理节制，在社会准则允许的范围内求其满足。一旦循此而行，便可实现自身的身心和谐。中国古代思想家之所以高度重视对理欲关系作合理解决，所要实现的正是个人自身的身心和谐。

在上述三方面的和谐中，中国古代思想家无疑更重视人际关系的和谐、个体与社会群体的和谐，对此所作的论述也更多。在他们看来，这一和谐直接关系到社会群体、国家、民族的治乱兴衰，更应受到高度关注。对此，古代思想家的以下两句名言是相当精辟、深刻的。其一，《荀子·王制》曰："和则一，一则多力，多力则强，强则胜物。"就是说，对一个社会群体而言，只有人际关系协调和谐，才能形成合力，使群体变强，从而战胜外物、外敌。其二，东汉末的思想家仲长统在其所著《昌言》的《法诫》篇中说："和谐则太平之所兴也，违戾则荒乱之所起也。"虽然在仲长统之前不久，东汉的著名经学家郑玄即曾使用过"和谐"一词，但据笔者所见资料，明确将和谐看做是"太平之所兴"的原因、条件、前提，而把人际关系的冲突、对立、紧张、恶化（即所谓"违戾"）看做是社会动乱、衰退的原因，这是第一次。仲长统生活在东汉政权业已名存实亡的献帝时代，那时，群雄割据，战乱频仍，不仅汉室自身国将不国，而且广大民众饱受战乱煎熬，处于水深火热之中。正是这种极度不和谐的"违戾"时代，才产生了这一深刻认识。遗憾的是，长期以来这一名言未曾受到人们的关注，今天我们应该记住它，因为它对今人仍有警示、启发意义，让人们懂得社会和谐的重要。

二

中国古代思想家贵和，并未停留于理想层面，更不是一句空洞的口号,而是采取了一系列实际措施以求其实现。中国传统道德中的许多德目,均含有追求人际关系协调和谐的内容,被古人看做是实现和谐的方法、途径。这些德目甚多,限于篇幅,仅举几例如下。

首先是恕道。恕道的基本内容与要求的高度概括便是"推己及人"。展开说便是通过将心比心的体验去待人,即由自心去理解、推知他人之心,以自身的感受去推知他人的感受,设身处地地为他人着想,从而善待他人。这种"由己知人"的恕道,不仅要求从自己想到他人("己所不欲,勿施于人"、"己欲立而立人"),同时又要求从他人想到自己,从而严格要求自己。《大学》说:"所恶于上,毋以使下;所恶于下,毋以事上;所恶于前,毋以先后;所恶于后,毋以从前……"《中庸》也有类似的表述,但又加了"所求乎子,以事父"、"所求于弟,以事兄"等内容。意思是说,我憎恶上级对己傲慢无礼,我则推知下级也同此心,因而不对下级傲慢无礼。我憎恶下级抗上或阳奉阴违,那么,我推知上级也同此心,因而服从上级领导、认真执行上级指示。我希望儿子孝顺,则将心比心,以对儿子的要求去孝顺父母,等等。总之,自己所希望得到的,也以同样的心情让他人也得到。概括说便是:"恶诸人则去诸己,欲诸人则求诸己。"(《尸子·恕》)如果社会的多数成员都能做到将心比心,善待他人,并严格要求自己,那么,这个社会无疑是一个和谐的社会。今天的社会,之所以存在种种不和谐之处,原因固然是多方面的,但一些人从不设身处地为他人着想,善待他人,无疑是原因之一。因此,发扬传统道德中的恕道显得十分重要。

再说宽厚、礼让。前些年,学界曾对中华民族精神有过讨论。在讨论中,认识虽存在分歧,但多数人认为"自强不息"与"厚德载物"应是中华民族精神中的两大基本点。"宽厚"一词在先秦典籍中即已出现,此后一直受到古代思想家的重视、提倡。中国古人所讲的宽厚之道,首先是要求人们应有容人的大度,这便是人们常说的宽宏大量、宽宏大度。一个人只有做到能容人、容物,才能善待他人、善处诸事,协调好人际关系。就此而言,宽厚之道与恕道是相通的。宽厚之道的具体要求包括不苛求他人、不对他人求全责备,做到"严于律己,宽以待人"。宽以待人不等于不批评、纠正他人的缺点、失误,但批评当出于爱心、善意,而且尽量注意方式方法,不损伤他人的自尊。至于对人与人之间不可避免的恩恩怨怨,则应尽量念恩忘怨。特别是当自己得势之时,不利用职权公报私仇,则更显宽厚大度。古人论宽厚,还包括自我克制、不计较琐事、善待弱者等内容。这些对于协调人际关系,实现社会和谐,无疑都有积极意义。

中国自古号称"礼义之邦",中国上古文化被称之为"礼乐文化",因此,重礼也是中国传统道德的基本精神之一。固然,中国古代的礼,其根本宗旨在于维护等级制的社会秩序,但是,礼对等级制的维护,是从两个方面来体现的。即一方面严格等级区分,一方面又力图调和等级间的对立。所以"分"、"别"固然是礼的精神原则,而"和"同样是礼的精神原则。《论语·学而》的那句话"礼之用,和为贵"是人们所熟知的。显然,中国古代思想家们所向往的是一种和谐的等级秩序。礼有广义、狭义之分。狭义的礼(即五常之一的礼),其基本要求是对人谦让、恭敬。古代所要求的谦恭是相互的,即不仅卑者、贱者应对尊者、贵者恭敬,同样,尊者贵者对卑者贱者也应谦恭。儒家经典《礼记》先后说"君子贵人而贱己"(《坊记》)、君子"卑己而尊人"(《表记》),它甚至要求君主应"敬大臣"(《中庸》)。对此,汉代思想家刘向作了这样的概括:"凡处尊位者必以敬下。"(《说苑·君道》)在中国古代,有德的君子的确是按这一准则去做的。正如有的学者所说,中国古代重礼,是要建立一种非法律维持的文明秩序,使社会有序而和谐。在漫长的中国古代,这种礼让精神对于促进社会文明、维护社会和谐曾起了积极作用。

在中国古代,贵和精神又表现为对公正的高度重视。中国自古以来即视公正为美德,在先秦典籍如《诗经》、《尚书》、《左传》、《管子》、《荀子》等书中即已多次出现"公正"、"公平"等词语。公正的基本要求是不偏私,对人对事均应以法律、道德、情理为准则,一视同仁,不偏袒任何一方。同一情况下用同一标准、尺度。公正不仅要求不可心存偏见，而且还应不受外界势力的挟持、左右。《诗·大雅·烝民》说"柔亦不茹，刚亦不吐，不侮矜寡，不畏强御"，即是此意。意思是说，要想处事公正，就应不屈从于强者，不损害、欺凌各种弱者。古人一再强调，公正应广泛体现于选才、用人、治狱、赏罚、褒贬、分配等各个方面。公正不仅是一般的为人处世之道，更应是为政之道、"为政之要"。因此，古人讲公正，更多是针对执政者、统治者而讲的。明代著名思想家吕坤曾说："公正二字是撑持世界的，没了这二字便塌了天。"（《呻吟语·治道》）就是说，社会秩序要靠公正来维护，一旦失去公正，复杂的人际关系便无法协调，特别是那些无权无势的弱势群体的基本利益势必更加得不到保障。如果一个社会所弥漫的不是祥和之气而是不平之气、怨恨之气，社会秩序将不可收拾。认为失去公正必将"塌天"，说得实在是生动而深刻。这一至理名言在今天仍有警示作用，值得我们深思。

中国传统道德的基本原则是"三纲"，随着中国封建专制制度日益强化，"三纲"也日益严酷。不过，由于贵和是中国传统道德的基本精神之一，中国传统道德具有较强的协调功能，因此，中国古代在提倡三纲的同时又提倡谏诤。早在先秦，荀子便提出了"从道不从君，从义不从父"的原则（《荀子·子道》），明确主张当君、父的言行背离道义时，当臣、子的不应盲目顺从君、父，而应服从道义，并向君、父作谏诤。在后世，古人始终将能否向君、父谏诤看做是真忠、真孝的重要内容，而将"非道媚君"、"非道悦亲"视为不忠、不孝的表现。这对协调君臣、父子关系，缓解等级金字塔内部的矛盾，曾起了一定作用。在树立"三纲"的同时又提倡谏诤，再次说明了中国古人对社会和谐的重视。

三

中国古代贵和，并非是无原则的调和。古人在讲和为贵的同时又强调"和而不同"、"和而不流"。这就使中国古代的和谐思想具有更全面、深刻的内涵。"和而不同"是中国古代和谐论的一条极为重要的原则。它认为,和乃是不同事物、不同个人之间的协调、和谐。其前提是承认事物与事物之间、人与人之间的差异、矛盾,是以承认个性、差异性为基点的。之所以要和,并非要求抹杀、取消个性,正是为了更恰当地显现个性,发挥个性的作用。因此,先哲们在贵和、倡和的同时又反对绝对的同一。

"和而不同"一语虽出自《论语》,但早在西周末,史伯便对和与同的根本区别作了深刻说明。后来略早于孔子的晏婴,也对和与同的区别作了类似说明,进一步划清了和与同的界限。他们都以日常生活中的常识为例指出,五味之所以能调制出美味,正是因为它们各有自己独特的味道;五音之所以能谱出美妙的乐章,也正是因为它们各有自己独特的声调。五味、五音之所以调和,正是因为它们各自发挥了自己的特性。和原本是建立在不同的前提之上的。如果一味求同,世界上就只能有一种味道、一种声音,这个世界就是一个无法生存的可怕世界,也就不成为世界了。他们之所以讲这番道理,是为了说明理想的、最佳的君臣上下关系,不应是求同,而应是求和。如果臣下事事顺从君主,一味与君主求同,以致君主听不到不同的声音,那么政治必将十分糟糕。反之,如果君曰可,"臣献其否";君曰否,"臣献其可",君臣共商国家大计,彼此互补,必将能制定较为正确的国策,使政治清明。先哲们对于媚君、媚上者一味与君、与上保持同一是坚决反对、极度憎恶的。所以,孔子才说出"君子和而不同,小人同而不和"(《论语·子路》)的话。

儒家经典《礼记·中庸》又提倡"和而不流"。所谓"流",就是无原则地随波逐流,为追随世俗潮流而盲目从众,为求与世俗潮流相同而丧失自我。我们知道,世俗潮流亦即一时流行的价值取向与习尚,未必尽合道义与理性,未必都积极健康。人们不作理性的判断与选择,盲目地随波逐流,与众求同,显然是不可取的。儒家之所以在贵和的同时又痛斥"乡愿",就是因为乡愿"同乎流俗,合乎污世"(《孟子·

尽心下》),一味与污世的流俗求同。这再次说明,儒家贵和是有原则的,并非求同。此外,这两项原则还包含这样的意思,即和谐的实现有时要通过必要的斗争,这一思想对我们今天全面认识社会和谐也有启发意义。

四

在党的十六届四中全会上,中央提出了"和谐社会"的概念。2004年12月,胡锦涛同志又明确提出了"坚持以人为本,努力构建和谐社会"的战略目标。2005年2月,他又具体阐明:"我们所要建设的社会主义和谐社会,应该是民主法治、公平正义、诚信友爱、充满活力、安定有序、人与自然和谐相处的社会。"这是对社会主义和谐社会所作的完整表述。以此来审视中国古代的社会和谐观,两者在一些基本点上无疑存在质的差别。社会主义和谐社会远远优于中国古人所向往的社会和谐,这是不言而喻的。

产生于中国古代的社会和谐论,不仅不可能具有民主平等等内容,而且它所要维护的正是等级不平等,它是要协调等级金字塔内部的人际关系。因此,中国古代思想家们始终将人人自觉安于自己所处的等级地位看做是实现社会和谐的基础。这对广大底层民众而言,就是要求他们安于受压迫的屈辱地位。虽然,为了缓和矛盾、对立,中国古代思想家们也曾要求尊者、贵者"卑己尊人"、"见贱如贵",但这并不能改变等级不平等的基本格局。既要维护森严的等级制度,又欲求得彼此间的协调和谐,这就使中国古代的和谐论带有一相情愿的理想主义色彩。与之相联系,中国古代思想家虽然十分重视社会公正的重要性,可是,他们所讲的公正其准绳乃是中国古代的法律、道德。然而,古代的法律、道德所维护的自然是封建等级制度,这就决定了中国古代思想家乃是在维护封建等级制的大前提下追求、实现公正的。法律面前人人平等乃是社会公正的基础;既然缺乏这一基础,那么,中国古代思想家所追求的实际上是大不公正中的小公正,具有明显的相对性、局限性。此外,由于中国古代封建专制制度漠视个体权益,它很难使个体充满活力。因为动力机制不足,这也使社会协调和谐难以实现。

社会和谐是一历史范畴,具有明显的时代差别,因此,中国古代的贵和思想存在种种问题是不难理解的。但是,我们并不能因此而忽视它所包含的一些至今仍有价值的合理因素。其一,中国古代的贵和思想是建立在对人的社会性深刻体悟的基础之上的。早在先秦思想家们即认识到"人生不能无群",而人既只能生活于社会群体,为使社会有序运行,使社会群体利益得以保障,就必须实现人际关系的协调和谐。视和谐为社会的生命,这一思想是深刻的。其二,中国古代的贵和思想从一开始便是一种比较全面的和谐论。它既强调人际关系的和谐,又重视人与自然以及人自身的身心和谐。在人类与大自然越来越不和谐的今天,在中国现代化进程中不少人身与心的不和谐日益成为突出的社会问题的情况下,中国古代全面和谐论的积极意义无疑更显突出。其三,中国古代的"和而不同"说与"和而不流"说清晰划清了和与同的本质区别,正确说明了社会和谐与个体个性的关系,一再强调实现社会和谐并非取消个性,这对今天更全面地认识和谐社会也是有益的。其四,古人为实现社会和谐而采取的一些措施,所提出的一些具体主张,所提倡的一些道德精神,对今天建设社会主义和谐社会也具有程度不同的借鉴意义。

儒家义利观再评析

道德与利益的关系乃是伦理学的基本问题。对此,儒家是高度关注的。正如朱熹所说,辨明义利乃是"儒者第一义"。自先秦以来,历代儒者对此所作的论述可谓多矣,这无疑是一份丰富的历史遗产。自从中国近代社会变革启动之后,人们开始对它作再认识、再评价。近20年来,它又成为学术界的一个热点话题。这一现象表明,义利关系乃是任何一个历史时期(特别是社会变革时期)的人都必须面对并加以解决的大问题,同时也表明,儒家的义利观对中国人解决这一伦理学的基本问题具有重要影响。在社会利益关系日益复杂的今天,人们对儒家义利观的评价存在明显分歧,这是正常的,它反映了人们对如何处理复杂的利益关系存在不同的认识、主张。显然,这一争论还将会持续下去。无疑,弄清儒家义利观的根本宗旨及其复杂影响,对深化这一争论具有重要意义。

一

儒家义利观所探讨和说明的主要是道德与利益、特别是与个人利益的关系。此外,它还包括了对公利与私利、精神需求与物质需求等方面关系的认识。

多年来,有一种颇为流行的看法,即认为儒家的代表人物均排斥利,这一认识并不符合儒家的本意和宗旨。因为它影响不小,所以我们有必要先弄清这一问题。

众多史料证明,从孔孟起,历代儒者从不简单排斥、否定利。孔子曾说:"富与贵,是人之所欲也。"(《论语·里仁》)甚至表示:"富而可求也,虽执鞭之士,吾亦为之。"(《论语·述而》)他还主张"因民之利而利之"(《论语·尧曰》),这就更明确肯定了利的正当。孟子也曾说过与孔子类似的话,即富与贵皆"人之所欲",甚至对王侯们的"好货"诸欲,他也不简单否定,认为只要"与百姓共之"便不妨碍施行"仁政"、实现"王道"。孟子以后的两位儒家大师荀子和董仲舒都认为,人人皆有求利与求义之心,利和义一样,都是人生不可或缺的,它无法摈弃。荀子说:"义与利,人之所两有也,虽尧舜不能去民之欲利。"(《荀子·大略》)董仲舒说:"天之生人也,使人生义与利。利以养其体,义以养其心。"(《春秋繁露·身之养重于义》)这实际上是说,物质需求与精神需求乃是人类的双重需要,不可或缺。至于宋明的理学家,在不少人印象中似都排斥利,其实并非如此。试看下面资料:

才不利便害性。……人无利,直是生不得,安得无利?
(程颐:《河南程氏遗书》卷十八)

利者,众人所同欲。(程颐:《周易程氏传》卷三)

圣人岂不言利?……若说全不要利,又不成特地去利而就害。(朱熹:《朱子语类》卷三十六)

他们都认为,利乃是人生的基本需求,离开利,人"直是生不得",即使是圣贤也要讲利,断没有一个人"特地去利而就害"。可见,儒家从不否认人类生存所必需的利益追求,对于人类这种自然欲望的必然性,他们是肯定的。这是我们在探讨、评价儒家义利观时必须首先弄清的。

但儒家又强调,物质需要与精神需要不具有同等价值。物质需要虽是基础价值,但却不是最高价值。对主体而言,精神价值高于物质价值。所以,面对大是大非的严峻考验和事关大节的生死抉择,当生与义尖锐对立、无法兼得时,正确的态度和选择当是"杀身成仁"、"舍生取义",而偷生苟活是可耻的。自然,这种抉择与考验在日常生活中是极少见的,它并不是儒家论义利的重点。儒家义利之辨大量论述的乃是在日常生活中,如何正确处理道德与利益的关系,特别是当个人利益与道德准则发生冲突时,人们应取何种态度。儒家的基本认识和主张是,在任何时候,个人利益都必然要受制于一定的社会道德准则。对此,荀子曾作过颇为深刻、富于理性的分析。他指出,"食欲有刍豢,衣欲有文绣,行欲有舆马,又欲夫余财蓄积之富"乃是人之常情,甚至"贵为天子,富有天下",也是"人情之所同欲也"(《荀子·荣辱》)。这种欲望即对利益的追求,不仅永无满足之日,而且彼此相互冲突、矛盾、对立。要想人人皆满足这些欲望与利益,无疑是"势不能容,物不能赡"的(同上)。因不能满足,势必要发生争斗,而争斗的结果势必要造成社会无穷的动乱与灾难,社会终将瓦解。为避免这种对社会全体成员皆不利的结局,就不能不对人们的欲求作合理节制,对人们的利益关系作必要的规范、调控,制定必要的社会准则,对人们的求利之心作正确引导。荀子说:

> 人生而有欲,欲而不得,则不能无求,求而无度量分界,则不能不争。争则乱,乱则穷。先王恶其乱也,故制礼义以分之,以养人之欲,给人之求。(《荀子·礼论》)

他认为,要想维护社会群体的整体大利,社会成员的个人利益、欲望必须是、只能是有限度的。这个度便是义。后来,康有为曾说:"界限者,义也。"(《春秋董氏学》卷六)这一界定是准确的。儒家认为,只有以义节制、调控、引导利,才能使社会成员的利益得到相对合理的解决。义乃是处理人与人之间利益关系的准则。人们如果背义而求利,乃是取乱之道,如此则人类社会将不堪设想。对此,孟子曾作了颇为浅显的说明。他说,食、色固是人的天性、本能,是人的基本生理需求,可是,如果以"紾(扭转)兄之臂而夺之食"的方式求食,以"逾东家墙而搂其处子"的方式得妻(《孟子·告子下》),显然是不能被允许的。所以,孔子在讲"富与贵是人之所欲也"之后,紧接着说"不以其道得之,不处也"(《论语·里仁》)。这里的道即是义。在儒家看来,求利固是人的本能,但仅按本能去求,尚未脱离禽兽境界,只有循道义而求,才是具有道德理性的人。所以荀子说:"义则不可须臾舍也。为之,人也;舍之,禽兽也。"(《荀子·劝学》)

此外,儒家的义利之辨尚包括人们行为动机的道义性。举例说,"如赤子入井,是所当救而恻隐自生于中,便是义。若为内交要誉、恶其声而然,便是利"(陈淳:《北溪字义·义利》)。总之,儒家严义利之辨,是要人们严格分清两种不同的行为动机、出发点和手段。儒家从未简单认为利益与道义是对立的,而只是认为不正当的利益与道义是对立的。他是要求人们,对利要有正确的态度,求利要通过正当的途径、手段,处理利益关系要以道义为准则。

儒家认为,义乃是人们最高的价值追求。因此,个人利益必须限制在道德准则的要求之内,应以义作为衡量个人利益是否正当、合理的尺度,在义的指导、制约下求利、得利。面对利益,首先应考虑它是否符合于义,这便是"见利思义"、"见得思义"(《论语·宪向》、《论语·季氏》)。凡符合于义的正当利益方可取,做到"义然后取"。而当个人利益与道义发生矛盾冲突时,则应"不顾其利"。简言之即是"当取而取","无以利害义"。正如南宋陈淳所说,对于"货财","当营而营,当取而取,便是义。若出于诡计左道,不当营而营、不当取而取,便是利"。对于"名位爵禄","得之以道,非出于私意计较,是当得而得,便是义。若得之不以道,出于私意计较,是不当得而得,如鬻爵鬻举,左道图荐,章苞苴,营差遣等类,皆是利"(《北溪字义·义利》)。这是儒者对义利最通俗明晓的说明。因为义是人们必须遵循的正确行为准则,所以孟子说:"义,人之正路也。"(《孟子·离娄上》)

简言之,儒家义利观所反对的乃是人们的自私利己之心。陈淳说:"凡处父子、君臣、夫妇、兄弟、朋友之间,才有一毫自私之心,而不行乎天理之当然,皆是利。"(《北溪字义·义利》)在许多场合,儒家所讲的"利"往往是指自私利己之心。所以,宋明儒者多以公私释义利。在《朱子语类》中有这么一段对话:"或问义利之别,(朱)曰:'只是为己为人之分。'"(卷十三)儒家严义利之辨,重要目的之一是反对那种"求自益以损于人"的动机和行为,树立"与人同利无侵于人"的观念(程颐:《周易程氏传》卷三)。所以,孟子说:"人能充无穿逾之心,而义不可胜用也。"(《孟子·尽心下》)在他看来,不以不正当的手段侵犯、损害他人的利益乃是义的基本要求和起点。

儒家义利观的基本要求是,人们应以道义为准则,通过正当手段获取正当利益。由此,他们自然会得出义为利之本的结论。这种义利观在中国的影响是巨大的。即使古代那些具有功利主义倾向的思想家,也都反对离义言利,也都认为只有在义指导下才能实现正当利益。比如颜元,他虽尖锐批评那些"全不谋功计利"的儒者"是空寂,是腐儒",但又强调应在"正谊"、"明道"的前提下去谋利、计功。他的主张是:"正其谊以谋其利,明其道而计其功。"(《四书正误》卷一)直到近代仍是如此。比如严复,他一方面肯定功利的正当与合理("功利何足病"),但另一方面又强调谋利计功应有正确的"致之之道",认为"非明道则无以计功,非正谊则无以谋利"。所以,他一方面不否定"自营",但又主张"开明自营",认为"开明自营于道义必不背也"(《天演论》论十六按语)。在中国近代,一批新学家们所鼓吹提倡的乃是"合理利己"主义而不是纯粹、极端的利己主义,这是值得我们注意的。可以这样说,反对离义而言利乃是中国自古以来义利观的主流。

二

儒家讲义利之辨,不只是向民众说教,也是向统治者(特别是君主)说教。所以,重义论又是儒家的治国之道。他们认为,对于个人来讲,富与贵虽是"人之所欲也",但"不以其道得之,不处也";而对于国家来讲,富强虽是君相之所欲,但同样也应是"不以其道得之,不处也"。这两者的基本精神、原则是一致的。因此,他们主张,君主治国当"以仁义为先,而不以功利为急"(朱熹:《送张仲隆序》,《朱文公文集》卷七十五)。这一主张最极端的表述,便是董仲舒的那句名言:"正其谊不谋其利,明其道不计其功。"(《汉书·董仲舒传》)作为治国之道的义利关系,主要是指道义与功利、事功的关系,以及国家长远根本利益与近期暂时利益的关系。

因为董仲舒明确发表过"不谋利、不计功"的言论,再加上孟子说过"王何必曰利"、朱熹说过"不以功利为急"的话,于是有人以为儒家主流派在治国方略上不讲事功,漠视国家富强。今天,一些学者往往是从这个角度批评儒家的。固然,儒家的义利观既以道义为本,势必要将富强、事功视之为标。但是,如果以为儒家主流派论治国只讲义而不顾利,以至摈弃利,则又失之于简单化、表面化,结论是片面的。其实,儒家关于"内圣外王"、"治国、平天下"的理想追求,就说明了他们不可能不计事功,不讲治平的实效。就事实而言,孔子关于既庶应富的议论便反映了他对国富的重视。孟子虽曾说过"王何必曰利"的话,可是我们知道,孟子乃是一位自以为身受天所降之"大任",因而以天下为己任的人,是一位自称"如欲平治天下,舍我其谁"的大豪杰,这样的人哪能漠视事功、不讲实效呢?从《孟子》一书中可见,对于如何"平治天下",他是有一套具体规划的。至于朱熹,他虽主张"以仁义为先,不以功利为急",但并非全然漠视富强。他曾说"民富则君不至独贫,民贫则君不能独富"(《四书章句集注·论语集注》卷六),强调民富为国富之本。可见,他对民富与国富都是关注的。他在任地方官时,曾写过《劝农文》,提出了改良土质、兴修水利、奖励垦荒等许多有效措施。这类事例尚可举出许多,兹不赘述。儒家关于治国当"以仁义为先,不以功利为急"一类话,看上去确显迂阔,但他们的着眼点,他们所考虑、谋求的乃是封建国家最长远、最根本的大利。朱熹曾说:"国手下棋一着,便见得数十着以后之着。"(《朱子语类》卷一〇九)他们认为,之所以应以仁义为先,而不以功利为急,所考虑的正是"数十着以后之着"。

儒家主流派认为,封建等级制的稳定,封建统治秩序的安宁,封建皇权的稳固,进而上下彼此相安,乃是封建国家的根本大利。《礼记》说:"贵贱明,隆杀辨,和乐而不流,弟长而无遗,安燕而不乱;此五行者,足以正身安国矣。"(《乡饮酒义》)所讲的正是这个意思。为实现这一大利,就要求:(一)人人自觉安于自己所处的等级地位,并自觉地尽职尽责;(二)人们按照封建道德准则协调、处理彼此间的利益冲突,建立和谐的人际关系;(三)君主应自觉意识到自己是统治阶级和国家的最高代表,应按照"正道"治理国家,尽到君责。为此,自君主至庶民,人人都必须重德尚义。儒家主流派认为,统治者治理国家,如果不明义利之辨,重利而轻义,一味逐利,这是很危险的。众所周知,《孟子》中有这么两段著名的议论:

> 孟子见梁惠王。王曰:"叟不远千里而来,亦将有以利吾国乎?"孟子对曰:"王何必曰利,亦有仁义而已矣。王曰何以利吾国?大夫曰何以利吾家?士庶人曰何以利吾身?上下交征利而国危矣。……苟为后义而先利,不夺不餍。"(《梁惠王上》)

> 为人臣者怀利以事其君,为人子者怀利以事其父,为人弟者怀利以事其兄,是君臣、父子、兄弟终去仁义,怀利以相接,然而不亡者,未之有也。(《告子下》)

对于第二段文字,朱熹在《四书章句集注·孟子集注》中发表了这样的议论:"其心有义利之殊,而其效有兴亡之异。"更突出地强调了重义对治国的重要。在孟子等人看来,君主治理国家若以利为先、一味逐利,那么国中上下人等也必将热衷于求利。人皆逐利而不顾义,必然要不安于自己的等级地位、不满足于自己的等级利益,出现无休止的争夺,以至篡弑。显然,一旦人皆弃义而逐利,最终必将损害上层利益,危及国家的根本大利。对此,君主们是有深切体会的。齐景公在听了孔子"君君、臣臣"的议论后,感慨说:"善哉!信如君不君、臣不臣、父不父、子不子,虽有粟,吾得而食诸?"(《论语·颜渊》)可见,对最高统治者而言,等级秩序重于物质财富。所以,他们把封建等级制的稳定、封建统治秩序的安宁,视为根本大利。正是基于上述认识,孟子说:"城郭不完,兵甲不多,非国之灾也;田野不辟,货财不聚,非国之害也;上无礼,下无学,贼民兴,丧无日矣。"(《孟子·离娄上》)

儒家主流派认为,治国只有以义为本,民众才能自觉安于自己的等级地位,在等级身份许可的范围内谋利,这样才能保证社会秩序的安宁、协调,这对统治者和国家来讲,才是最大的利。孟子说:

> 为人臣者怀仁义以事其君,为人子者怀仁义以事其父,为人弟者怀仁义以事其兄,是君臣、父子、兄弟去利,怀仁义以相接也,然而不王者,未之有也。(《孟子·告子下》)

他认为,治国者若以仁义为本,人们也将会"怀仁义以相接",这样,大利自然会到来。所以,统治者"何必曰利"——不必专门去提倡求利。这一思想后来被《礼记·大学》概括为"国不以利为利,以义为利也"。再往后,董仲舒与朱熹等人的主张,均是对这一思想的进一步发挥。他们的共同意图,都是为了让君主们辨明什么才是国家长远的、根本的大利。对维护封建制度而言,他们属于更强调治本的一派。

三

儒家重义的义利观在中国历史上所产生的影响是复杂的。它的合理因素和积极影响主要是:

其一,儒家义利观的根本宗旨在于协调人类社会复杂的利益关系,所追求的是社会利益分配的合理性。儒家既肯定求利是人的自然欲望和本能,又强调对它必须予以正确的节制、引导、改造。他们主张以社会道德准则、道德理性去协调、制约个人利益与他人利益、社会整体利益的矛盾冲突,这无疑是合理的。这种义利观所反对的是损人利己的私心,为谋取个人利益而不择手段的行为,要求人们"无侵于人",尊重他人和社会群体的利益,以公为重,提倡利他,其大方向是正确的。这些都反映、体现了人类社会存在和发展的必然要求。今天,社会成员利益的交叉关系更显复杂,个人利益与他人利益以及社会整体利益的矛盾冲突更加尖锐,极端利己主义可谓恶性膨胀。只顾眼前近利,谋利而不择手段的经济观已严重影响社会主义市场经济的正常、健康发展。如何建立正常、健康的经济秩序,实现利益分配的合理与社会公正越来越受到人们的关注。在逐步解决这些复杂而严重的社会问题过程中,儒家关于义利关系的某些议论分析,对今人无疑仍有参考价值与启发。

其二,儒家义利观又回答了精神需求与物质需求孰轻孰重的问题。他们认为,人禽之别的重要标志之一,即在于人类具有精神需求、精神生活。因此,就主体的两种价值而言,精神价值高于物质价值。他们强调,利虽是人生的基本需求,但却不是最高价值,人应有超乎利之上的更高追求,不应丢掉、忘记人之所以为人的崇高与尊严。这种人生价值论无疑也具有合理因素。

其三,儒家讲义利之辨,也具有约束统治者私利、贪欲的意义。其实,在社会现实生活中,贪利而忘义的人,往往是那些富者、贵者。孟子曾引阳虎的一句话:"为富不仁矣,为仁不富矣。"(《孟子·滕文公上》)在阳虎看来,欲为仁势必害富,欲为富势必害仁,仁与富存在矛盾。"为富不仁"差不多成了自古以来中国人的共识。董仲舒曾说:"富者愈贪利而不肯为义,贫者日犯禁而不可得止,是世之所以难治也。"(《春秋繁露·度制》)他认为,富者"贪利而不肯为义"乃是社会难以治理、安定的重要原因。所以,儒家反复强调见利、见得要思义,往往是针对这些人而发的。个别儒者甚至公开指责君主好利弃义。陈淳说,在上古,圣王们"凡事皆公天下之大义而为之","无一毫私取以为己有"。他们"此心纯是义,无一点利底意思",所以天下太平。而后世帝王则"以天下为己私","做一切事都是利"。比如,"民自买田为生,官司又取他牙税。及秋夏取税,名色至多。至茶盐酒沽,民生公共急切之用,尽括为己有。凡此等大节目处,都是自利之私,无一点义"(《北溪字义·义利》)。这乃是社会动荡不安的重要原因。将矛头直指君主朝廷,不可不谓之尖锐。关于儒家义利之辨这方面的含义,过去人们往往忽视,极少提及,今天应予以说明。

其四,就治国之道而言,儒家反对统治者好利,要求他们以"正道"致富强,这对反对、遏制君主"流连荒亡",好大喜功,急功近利,穷兵黩武,穷奢极欲,无限榨取,损下益上,与民争利,激化社会矛盾,客观上也有一定的约束作用。其中也包含了防止国富而民贫、求近利而招远祸的深意。

但是,儒家义利观在理论上的偏颇、历史的局限,以及所造成的消极影响也是明显的。

其一,儒家用以调节利益关系的义,其根本精神乃在于维护封建等级制度,具有鲜明的时代性、阶级性。对等级区分、等级权益的自觉维护,乃是义的最初含义的重要内容。孟子说"敬长,义也"(《孟子·尽心上》),"义之实,从兄是也"(《孟子·离娄上》),所表述的正是这个意思。后来,这一含义更进一步明确,如:

贵贵、尊尊,义之大者也。(《礼记·丧服四制》)

大小不逾等,贵贱如其伦,义之正也。(董仲舒:《春秋繁露·精华》)

立义以明尊卑之分。(董仲舒:《春秋繁露·盟会要》)

显然,义乃是处理等级关系的道德。虽然,儒家重义的基本出发点是为了维护社会整体的大利,但在中国古代社会,这种整体大利具有明显的虚幻性,它实则是封建统治者的根本利益。儒家所讲的正当利益,系指人们按其阶级、等级地位所应得的利益。对于下层民众、劳动者而言,只能是被剥削、剥夺后剩余的有限利益,它往往连最基本需求也不能满足。早在《尚书·吕刑》中便有"维齐非齐"的话,意思是说,要做到齐就必须是不齐;要想使社会整体齐,就必须有等级差别。对此,荀子作了理论阐释,他说:

> 势齐则不一,众齐则不使……夫两贵之不能相事,两贱之不能相使,是天数也。势位齐而欲恶同,物不能澹(赡)则必争,争则必乱,乱则穷矣。先王恶其乱也,故制礼义以分之,使有贫富贵贱之等,足以相兼临者,是养天下之本也。《书》曰"维齐非齐",此之谓也。(《荀子·王制》)

龚自珍曾以饮酒作比,形象地说明了这种等级制的利益分配原则,这就是:"君取盂焉,臣取勺焉,民取卮焉。"(《平均篇》)其不平等性是显而易见的,而在儒家看来,这种饮法便是义。儒家教人在义的指导下、界限内得利,对下层民众说,实际上是让他们安于被压迫、剥削的地位,不作非分之想。总体而言,这种义利观是建立在牺牲下层民众利益的基础上的。

其二,儒家在肯定精神价值高于物质价值时,却对前者建立于后者之上缺乏重视。道德不能离开利益而存在。可是,不少儒者往往只看到利可能导致恶的一面。鉴于"利字是个监(原注:平声)界麁糟的物事","最难言"(《朱子语类》卷三十六),具有危险性,于是,他们大讲利不离义而少言义不离利,大讲"尚德"而少言"兴利",这就导致了将道德与利益对立的倾向。为反对人们弃义求利、因利害义,他们一再教人只知有义不知有利。王守仁甚至说:"一有谋计之心,则虽正谊明道亦功利耳。"(《王阳明全集》卷四,《与黄诚甫》)在他看来,对于功利只有不谋不计方是正道。这些思想发展下去遂成为讳言利、耻言利、不言利。这就势必导致在实际当中对利的轻视。

其三,就治国之道而言,儒家的"利在义中"、"义便兼得利"、"以义为利"诸说走向极端,就变成了富强自然会随道义而来的偏说,走向唯心主义的道德决定论。这必然要导致统治者忽视发展经济,兴利理财,富国强兵,也必然会导致统治者轻视科学技术。到近代,在中国的科学技术、社会生产力远远落后于西方,因而屡遭列强侵凌的形势下,顽固守旧势力依然高唱:"立国之道,尚礼义,不尚权谋;根本之图,在人心,不在技艺。"(同治六年二月十五日倭仁奏折,见《洋务运动》第二册第30页)这种"以忠信为甲胄,礼义为干橹"的主张,实在是"视国事如儿戏"的误国之言。这一思想也为那些尸位素餐、庸碌无能、毫无作为和建树的封建官僚提供了堂皇的借口,使中国社会越发停滞不前。此外,这种把"尚德"与"兴利"对立的思想,不谋利不计功的主张,也使一些儒者对改革持反对态度。其消极影响在中国历史上的几次变法中是很明显的。

试论儒家的"教化"思想

所谓"教化",就是古人所说的"以教道民"、"以教化民",即通过道德教育来感化人民,转移世间的人心风俗。儒家既提倡德治,势必注重教化。对于教化,儒家曾建立了一套比较系统的理论,并在长期的教化实践中形成了一套行之有效的方式方法,其中包含了不少道德教育的一般规律,对今天的社会道德教育仍有重要的借鉴意义。

一

儒家高度重视教化工作,乃基于德善并非天生的正确认识。儒家一方面认为人人皆有可能成为圣贤,一方面又指出,世间并没有天生的圣贤,圣贤之所以为圣贤乃是后天磨炼的结果。这后天的磨炼,一方面要靠自身的修养,一方面则需外界的教化。从个人讲,要重修身;而对国家、朝廷、执政者来说,则应重视对民众的教化。

二者必须紧密配合,缺一不可。

从先秦时代起,人性问题就是中国思想学术领域的热门话题,更受到儒家的普遍关注。儒家反复讨论人性问题是为了正确认识人类自身,而认识自身则是为了更好地完善自身。可以说,儒家的人性论始终是同修养论、教化论紧密联系在一起的。人性论之所以受儒家关注,正是为了给修养和教化提供理论依据。儒家内部对人性的认识存在明显分歧,彼此间有过激烈争论,但是,对立的各派无不强调教化与修养的必要。各派从不同的视角去理解说明人性,正是为了从不同方面来论证教化和修养的必要。

荀子认为:"人之性恶,其善者伪也。"(《荀子·性恶》)他既认为德善是后天人为加工的结果,自然要强调教化的必要与重要。荀子说"不教,无以理民性"(《荀子·大略》),如果没有教化,便无法整治人们恶的本性。

与性恶论对立的性善论也并不轻视和忽略教化。以孟子为代表的性善论只是承认人们后天为善的内在依据和可能性。孟子认为,人们先天固有的恻隐、羞恶、辞让、是非之心,只是仁、义、礼、智四德的"端"而已。它第一有赖于存养,第二有赖于扩充、增长。孟子指出,多数人先天的善端是时时为后天的物欲所蔽而不断丧失的。如同原本茂盛的"牛山之木"一样,经过长期的斧斤之伐、牛羊之牧,它已所剩无几。要使它不受蔽、不丧失,就必须加意存养。"苟得其养,无物不长;苟失其养,无物不消"(《孟子·告子上》)。而更重要的则是使这善端不断扩充、增长。他说:"苟能充之,足以保四海;苟不充之,不足以事父母。"(《孟子·公孙丑上》)就是说,这"毫毛如也"的善端如不加以扩充,用来待奉父母都是不够的,它并不足恃。可见,人后天是否达到善,全靠存养与扩充;而这两者,都要靠修养与教化。所以,孟子一方面说"人皆可以为尧舜"(《孟子·告子下》),一方面又说:"人之有道,饱食、煖衣、逸居而无教,则近于禽兽。"(《孟子·滕文公上》)在他看来,一个自然人是与禽兽差不多的,只有通过教与养方能完善、超越自身,成为真正的人。

以董仲舒为代表的性三品论,着重探讨阐述了大多数人的所谓"中民之性"。董仲舒认为,就中民而言,性乃"自然之资",是需要进一步加工的原材料。它只潜存为善的可能性,却不可简单地说就是善,只有经过"王者"的教化,才能达到善。他说:

> 中民之性,如茧如卵。卵待复二十日而后能为雏,茧待缲以绾汤而后能为丝,性待渐于教训而后能为善。善,教训之所然也,非质朴之所能至也。(《春秋繁露·实性》)

为使人易于理解,他又举了"米出禾中,而禾未可全为米";"玉出于璞中,而璞不可谓玉"等例子。他之所以不厌其烦,打了这么多比喻,是为了说明"善出于性而性不可谓善"、"无其王教,则质朴不能善"(同上),只有通过教化,方能达到善。董又认为,对大多数人来说,性中除潜存"善质"外,又存在一种可怕的求利之心,它乃是世间罪恶的根源。为遏制、引导这求利之心,更需王者的教化。他又说:

> 夫万民之从利也,如水之走下,不以教化堤防之,不能止也。是故教化立而奸邪皆止者,其堤防完也;教化废而奸邪并出,刑罚不能胜者,其堤防坏也。古之王者明于此,是故南面而治天下,莫不以教化为大务。(《举贤良对策一》)

总之,在董仲舒看来,不论是培育性中的善质,还是遏制其中的利心,都需要教化。他的结论是"教化不立而万民不正"(同上),因此它是极其重要的。

儒家之所以重教化,又是出于对道德形成过程的正确认识。儒家始终强调"行为德之基"(《陆九渊集》卷三十四,《语录上》),认为实践性乃是道德的根本特征。重行乃是儒家修养论的优秀传统。但儒家重行并未得出轻知的结论。他们认为,人们只有获得道德知识,方能形成正确的道德认识,树立正确的道德观念,而后才能产生道德行为。行离不开知的指导,没有正确的道德认识,便不可能产生正确的道德行为。而道德知识、道德认识的获得,要靠自身力学,更要靠外界的教化。其中,力学是个人的责任,而教化则是"王者"的责任。所以,儒家一方面讲"玉不琢不成器,人不学不知道"(《礼记·学记》),一再教人重学,一方面又强调王者教化的重要。

儒家历来是将教与学并举并重的。但他们又认为,一般民众不仅缺乏学的条件,也缺乏学的自觉(这是他们的阶级偏见),因此他们对王者的教化更为重视。"善以教成",或者说"成善以教",这是大多数儒者的共同认识,也是儒家教化论的基本理论依据。基于这一认识,儒家认为教化乃是为政之本,他们要求朝廷将教化视为"大务"、"先务",予以高度重视。

二

在儒家看来,教化是治国平天下的重要方式、手段。重教化不仅是儒家伦理思想的重要内容,也是儒家政治、经济思想的组成部分。儒家认为,欲使民向善,服从统治,有两种方式手段,一是法律刑罚的强制,一是道德教化的诱导,两者不可偏废。但在儒家看来,教化手段具有治本的功效,因此对它更为强调、重视。孔子早就说:"道之以政,齐之以刑,民免而无耻;道之以德,齐之以礼,有耻且格。"(《论语·为政》)

孔子认为,以政治手段诱导民众,以刑罚来整治民众,民众可以暂时免于犯罪,但却不能使他们树立以犯罪为耻的羞耻心,一旦情况变化,依然有可能重犯。若以道德来引导民众,用礼来整顿民众,他们便能树立以犯罪为耻的羞耻心,从而自觉入于规范,服从统治者。"道之以德"《礼记·缁衣》解为"教之以德",它即是教化。在孔子看来,通过道德教化培养人们的知耻心,民众的服从才出于自觉,这更有效。因此,他主张"为政以德",大力提倡德治。孟子从另一角度说明了德教的优长和重要。他指出,使人服从可有两种方式方法,即"以力服人"与"以德服人"。以力虽也可使人服,但这只是无可奈何的屈服,而"以德服人者,中心悦而诚服也"(《孟子·公孙丑上》)。这种服从因出于内心的自觉自愿,它才是可靠的。由此,他引出了"善教"优于"善政"的结论。他说:"善政不如善教之得民也。善政,民畏之;善教,民爱之。善政得民财,善教得民心。"(《孟子·尽心上》)由于良好的道德教化可以使民心服,所以儒家对它高度重视。

战国后期,法家思想抬头。秦片面采用法家,专一任刑,崇尚暴力,结果不旋踵而亡。这一历史事实使汉儒不仅重提道德教化,而且更加重视道德教化。在孔孟自觉心服说的基础上,汉儒又对道德教化的功能和优长作了补充。其一,对于恶,法与刑只能制裁于"既形",而教化却能防之于未形,收到防患于未然的效果。《大戴礼记·礼察》说:"礼者禁于将然之前,而法者禁于已然之后。"《礼记·经解》也说:"礼之教化也微,其止邪也于未形,使人日徙善远罪而不自知也。"就是说,教化不仅是"止邪于未形",而且潜移默化地引导人们日趋于善。其二,法刑只能消极地诛恶,而教化除防恶外又能积极地劝善。陆贾说:"夫法令所以诛恶,非所以劝善。故曾闵之孝,夷齐之廉,岂畏死而为之哉?教化之所致也。"(《新语·无为》)就是说,世间的种种美德,并不是人们为了避免法律的制裁而被迫作出的,而是靠长期道德教化的熏陶,在正确的是非、荣辱观的指引下,自觉培育起来的。在汉儒看来,更重要的是,通过长期的教化,能在人们心中建立一道牢固的道德堤防,从而自觉约束自己的行动,使之合乎规范。这一作用是不可低估的。

但是,儒家重教化并非放弃法刑。事实上,儒家不仅重"五教",也重"五刑"。从孔子起,即未放弃法刑,而到汉代,儒家明确将德教与法刑看做是治国的两手,认为"刑以佐德助治"(《白虎通·五刑》),是不可偏废的。到宋代,理学家们对法刑的作用又作了不少补充说明,于是两手并举的思想更加完备。关于教化与法刑的关系,儒家也有很多有价值的议论,限于篇幅,这里只谈两点:

其一,教先于刑,反对不教而诛。孔子有句名言:"不教而杀谓之虐,不戒视成谓之暴。"(《论语·尧曰》)刑罚若不以教化、教诫为先导,便要成

为暴虐。后来的儒者也指出,对执政者来说,不教而诛乃是一种失职的行为,而就治本来说,这样做也是没有效果的。北宋李觏曾说:

> 未知为人子而责之以孝,未知为人弟而责之以友,未知为人臣而责之以忠,未知为人朋友交游而责之以信……是纳民于井也。虽曰诛之,死者弗之悔而生者弗之悟也。(《李觏集》卷十八《安民策第一》)

这里,他强调了通过教化使民众普遍树立正确道德认识的极端重要性。

其二,教化应以法刑为后盾。多数儒者虽重教化但并不认为教化万能,可以解决一切问题。他们认为,即使面对最良好的教化,也会有不听从的人。所以朱熹主张"教之不从,刑以督之"(《朱子语类》卷七十八),程颐则认为"刑罚立而后教化行"(《周易程氏传》卷一),刑罚乃是推行教化的有力后盾,离开这一后盾,教化是难以推行的。李觏说,教与刑是这样一种关系:"教以开其前,如得大路,终日行而弗迷失,刑以策其后,使不敢反顾。"(《李觏集》卷十三《周礼致太平论·教道第一》)应该说,这些认识是比较全面的。

在推行德治、提倡教化的过程中,儒家又探讨、阐述了教与富,亦即道德教化与经济发展的关系。这就使儒家的教化论具有更为丰富的内容。《论语·子路》中有这样一段记载:

> 子适卫,冉有仆。子曰:"庶矣哉!"冉有曰:"既庶矣,又何加焉?"曰:"富之。"曰:"既富矣,又何加焉?"曰:"教之。"

孔子认为,当一个战乱后的国家人口增长以后,应设法发展经济,使民众富裕起来;在民众富裕之后,则应重视道德教化。这段对话包含这样一些意思:其一,教化以富裕为前提。这一富而后教的思想与《管子·牧民》"仓廪实则知礼节,衣食足而知荣辱"的物质决定论有相似之处。其二,在人民生活富裕之后,道德教化更显重要,应紧紧跟上。孔子的富而后教说旨在说明富是教的前提,富后必教。而贾谊则认为,教可促富,教对富又起推动、保证作用。他说:

> 有教,然后政治也。政治,然后民劝之。民劝之,然后国丰富也。(《新书·大政下》)

良好的道德教化可使国政得以治理("政治"),在良好的政治下,民众皆相互劝勉为善,这样国家便能富足。认为良好的教化会促进国家经济的发展,这是很深刻的思想。贾谊的教可促富说可看做是对孔子富而后教说的重要补充。经此补充,儒家关于教与富关系的思想就更加全面、辩证了。

一些儒家学者又认为,对国家社会而言,富与教都是必不可少的,两者同为根本、同为基础,应并举并重。荀子和王符先后说:

> 不富,无以养民情;不教,无以理民性。……《诗》曰:"饮之食之,教之诲之",王事具矣。(《荀子·大略》)

> 夫为国者,以富民为本,以正学为基。富民乃可教,学正乃得义。……故明君之法,务此二者,以为成太平之基。(《潜夫论·务本》)

他们都认为,通过保护、发展生产,使民众解决衣食温饱问题固然重要,而通过道德教化,使民众知礼识义、崇尚道德也同样重要。这是因为,只有通过教化使民众知礼义,才能避免社会争乱。因此,解决温饱问题固然是社会安定的根本,而由教化使民知礼义也是使社会安定的根本。这些议论还包含这样的深意,这就是人不同于一般动物,除物质需求外尚有精神需求,因此,执政者既要使社会富足,又要使社会文明,既富足又文明才是真正的太平。荀子等人的富教并举论,可看做是古代儒家对两个文明一齐抓思想的一种原始的表述,值得我们重视。

通过教化与政刑的比较,以及对富与教关系的分析,就更进一步突出了教化的重要性。儒家之所以始终重教化,与上述思想是分不开的。

三

出于对教化的重视,为使教化取得更好效果,古代统治者在推行教化的过程中曾采取了各种方式方法。对于各种教化方式,儒家均作了专门探讨,形成了一套专门理论。

首先是乐教。在中国上古时代,音乐、舞蹈、诗歌三者是密不可分的。上古的乐,不只指音乐,还包括舞与诗。将这广义的乐作为道德教化的重要工具,并高度重视乐教的作用,这是中国古代教化论的又一特色。乐教起源甚早,相传舜时即曾命夔为乐官,专门"典乐"。儒家出现后,他们较前人更为重视乐教,并提出了一套专门理论(如《荀子·乐论》、《礼记·乐记》等)。乐教的基本点是寓教于乐,由美入善。儒家认为,乐是人们内心情感的艺术表现,同时它又能对人们的思想感情产生潜移默化的感染作用。人们如果将伦理道德精神渗透、体现于乐,那么乐就能成为推行道德教化的理想工具。荀子曾说:"乐中平则民和而不流,乐肃庄则民齐而不乱。""乐姚冶以险,则民流漫鄙贱矣。"(《荀子·乐论》)既然乐具有如此巨大的功能,因此,儒家主张用乐来"感动人之善心"(同上)。他们认为,和抽象、空洞的道德说教相比,乐"之入人也深,其化人也速"(同上),效果是显著的。所以,儒家有"移风易俗,莫善于乐"(《孝经·广要道章》)之说。

乐不仅因其为民众所喜爱,具有"入人深,化人速"的功效,而且它又是礼的必不可少的补充。对于礼乐的不同特征与功效,儒家作了一番深入探讨。其一,"乐以治心","礼以治躬";乐"动于内",礼"动于外"(《礼记·乐记》)。所以,"乐行而志清,礼修而行成"(《荀子·乐论》)。就是说,礼是通过行为规范来制约人们的外在行为,而乐则是通过感化的手段来陶冶情操,启发内心的自觉。礼能养成人们良好的德行,而乐则能培养人们高尚的精神,净化人们的心灵。其二,更重要的是,"乐合同,礼别异"(同上)。就是说,礼的作用在于划清等级界限,严格等级秩序,而乐的功能则在于使不同等级间的关系得以协调、和谐。荀子说:

> 乐在宗庙之中,君臣上下同听之,则莫不和敬;在族长乡里之中,长幼同听之,则莫不和顺;在闺门之内,父子兄弟同听

之,则莫不和亲。(同上)

在儒家看来,通过潜移默化的陶冶、熏染,使不同人得以和,这乃是乐的重要功能。我们知道,儒家是既要严格等级区分,又力图使不同等级之间和谐的。他们之所以既重礼又重乐,原因即在于此。总之,儒家认为乐能起到礼所不能起到的作用,只有礼乐并举才能收到更全面的效果。

需要提及的尚有"神道设教"。所谓神道设教,就是利用鬼神迷信来对民众施行教化。它的特点是让人们因畏惧神秘力量而不得不入于规范(即因畏而服),这种特殊的教化方式乃是上古神权时代神权政治的产物。

儒家创始人孔子原本"不语怪力乱神"(《论语·述而》),对鬼神始终取存疑的理性态度。但后来的儒者认为,通过神道来设教,能收到礼乐教化所不能起到的作用,于是便转而拥护它。《易·观·彖》始有"圣人以神道设教而天下服"之说。《礼记》又借孔子之名说:"合鬼与神,教之至也。……明命鬼神,以为黔首则,百众以畏,万民以服。"(《祭义》)"明则有礼乐,幽则有鬼神,如此则四海之内合敬同爱矣。"(《乐记》)在此之后,神道遂成为与礼乐并列的两手之一,成为历代统治者重要的教化手段。

汉儒董仲舒对原始儒学的改造,是使它神学化。他做的一大工作便是对封建制度作全面的神化。他的灾异谴告说明确要人由"省天谴、畏天威"而"修身审己"(《春秋繁露·二端》),便明显带有神道设教的意味。不过,就神道设教而言,在中国历史上影响最大的乃是佛家的因果报应、三世轮回说。佛家的因果报应说所要激发的并不完全是人们的羞耻心和好荣恶辱之心,而主要是调动、利用了人们的趋利避害之心。在利害心的驱使下,人们因畏惧恶报而不敢作恶,因追求善报而去为善。正如明人钱琦所说:

> 人知忠孝节义之有报,则人伦笃矣。知杀生之有报,则暴殄弭矣。知冤对之有报,则世仇解矣。知贪谋之有报,则吞并

者惕矣。(《钱公良测语下》)

在人们远未摆脱愚昧的古代,佛家因果报应说的威慑力与诱惑力显然是很巨大的。因此,它受到历代统治者的提倡,被大力宣扬,在广大民众中有着至深至广的影响。

儒家始终视佛家为异端,彼此处于对立地位。但鉴于佛家的因果报应说"有益世教",因此,不少儒者对它采取容忍、默认的态度,甚至也加以宣扬。近代大儒曾国藩曾说,佛家"轮回因果说","警世之功与吾儒略同,亦未可厚贬,而概以不然屏之者也"(《曾文正公全集·文集》卷一《纪氏嘉言序》)。他的这番议论是具有代表性的。尚需要说明的是,一些儒者是在对神道有比较清醒的认识下来维护神道设教的。明代吕坤说:"敬事鬼神,圣人维持世教之大端也,其义深,其功大,但自不可凿求,不可道破耳。"(《呻吟语·谈道》)"不可道破"一语,便表明了他是在清醒的情况下拥护神道设教的。这也说明,为了教化,他们真是煞费苦心。当然,这也反映了古代统治者和思想家,为了教化又是不惜愚民的。

四

道德教化是一项长期而艰巨的实际工作,因此,更为重要的是如何使它取得切实的效果。对此,儒家也作了深入探讨和总结。他们认为,欲使教化收到实效,一是靠教化者的身教,二是要持之以恒,常抓不懈。他们深深体会到,"以教道民,必躬亲之"(《礼记·月令》),故他们更重身教。

儒家重身教,其理论依据是被统治者的面貌完全取决于统治者的英雄史观。儒家认为,广大民众的理想追求、价值取向,以至社会的精神风尚,完全取决于统治者(特别是君主)。孔子早就说:"君子之德风,小人之德草,草上之风,必偃。"(《论语·颜渊》)后来荀子更认为:"君者,仪也,民者,景也;仪正而景正。君者,盘也,民者,水也;盘圆而水圆。"(《荀子·君道》)总之,"上者,民之表也"(《大戴礼记·主言》),他们的爱憎好恶、所欲所求对于民众具有价值导向作用。

曾国藩曾说:

> 风俗之厚薄奚自乎?自乎一二人之心之所向而已。……此一二人者之心向义,则众人与之赴义;一二人者之心向利,则众人与之赴利。(《曾文正公全集·文集》卷二《原才》)

总之,少数统治者乃是社会道德风尚的左右、决定者,而广大民众只是被动的趋附者。贾谊分析说,这种上对下的影响是一层及于一层的,这便是所谓"上行下效"。朱熹曾说:"上行下效,捷于影响。"(《四书章句集注·大学章句》)就是说,上对下的影响、下对上的仿效,比影之随形、响之随声还快。正是基于上述认识,儒家一再强调,执政者、教化者一定要重视自己在道德上的表率作用。诚然,英雄史观应予否定,但"上行下效"的效应则是客观存在,必须予以高度重视。

身教之所以重要,更主要的是由教化工作自身的特点、要求所决定的。教化是道德教育,它不同于知识教育。它的任务既是导人为善,这就决定了它必须是"以德服人",教育者自身的表率作用就显得极为重要。首先,教育者只有在道德上率先垂范,以身作则,他才能取得教化的资格。朱熹说:"'道之以德'是躬行其实,以为民先。如必自尽其孝,而后可以教民孝;自尽其弟(悌),而后可以教民弟。"(《朱子语类》卷二十三)又说:"有善于己,然后可以责人之善;无恶于己,然后可以正人之恶。"(《四书章句集注·大学章句》)这些都是强调:要想正人首先当正己,己身正方有资格正人。其次,与之相联系,教育者只有为民表率,他的教化工作才能取得效果。儒家认为,在教化过程中,言教固然不可缺少,但实际效果如何则取决于身教。孔子早就说:"其身正,不令而行;其身不正,虽令不从。"(《论语·子罕》)教育者如果"身无道德,虽吐辞为经,不可以信世"(魏源:《默觚上·学篇二》)。那种与自身道德表现脱节、相背的言教,是不可能有什么效果的。所以,他们的结论是:"明主统治,莫大身化。"(王符:《潜夫论·叙录》)儒家又特别指出,在上位者(特别是君主)如果自身无德,他所造成的负面影响是巨大的。荀子说:

> 上好权谋,则臣下百吏诞诈之人乘是而后欺。……上好

曲私,则臣下百吏乘是而后偏。……上好倾复(颠倒),则臣下百吏乘是而后险。……上好贪利,则臣下百吏乘是而后丰取刻与以无度取于民。(《荀子·君道》)

因此,他们始终期望执政者、教化者以道德自律,躬行仁义,维护自己"民之表"的形象。

从理论上讲,德治和教化是建立在贤人政治的基础上的。因此,儒家始终期望"有位之君子即有德之君子"(魏源:《默觚上·学篇九》),做到有位与有德相统一。但事实上这是不可能的。在现实社会,能够自觉修身、为民表率的统治者能有多少?恐怕为数始终不会很多。这就决定了古代教化的效果要大打折扣。不过,这并不影响身教说的理论价值。

对于教化,儒家又始终强调持之以恒,不可松懈。儒家之所以重持久,也是基于对教化工作客观规律的正确认识。道德教化是百年树人的长期工作,它不可能一蹴而就,难以收到速效。一个人道德品质的形成,不仅是长期的,而且势必要有反复,这就决定了教化工作应常抓不懈。至于社会风气的好转并巩固,更非一朝一夕之事,更须潜移默化、日积月累。正是有鉴于此,儒家强调教化乃是一项既急不得、更停不得的经常性工作,必须持之以恒。明代吕坤曾说:"化民成俗之道,除却身教再无巧术,除却久道再无顿法。"(《呻吟语·治道》)这是深刻的经验之谈,也是对儒家长期教化经验的概括总结。

在中国古代,儒家的教化是为了维护封建统治秩序,强化对民众的思想统治。从理论上说,有人对教化的重要性作了片面强调,因而带有程度不同的道德决定论的色彩,由此又轻忽了社会经济的发展。而在方式方法上,也有不可取处(如神道设教)。但是,儒家教化理论和方法中所包含的合理的、有价值的因素则是显而易见的,今天仍有明显的借鉴意义。这套系统的理论和方法,在世界伦理史和教育史中也是不多见的。对此,过去学术界的重视显然不够,今天有必要对它作更深的研究,进一步挖掘、清理这份宝贵的历史遗产,以为今用。

"三纲"漫议

"三纲"是中国传统道德的基本原则,是其他道德规范的总纲。自它产生后,便成为维系中国古代社会秩序的"天柱"、"地维",是中国古代社会"礼政之原本,人禽之大防"。以至于后来的卫道者们认为,"中国所以为中国,实在于此"。可见,它在中国传统道德、传统文化、传统社会秩序中的地位是多么重要。显然,要想对中国传统道德、传统政教、传统文化有深切了解,就必须弄清"三纲"。可是,由于长期以来人们将"三纲"视为不言自明的已知概念,因而对它的来龙去脉了解并不很深入。本文拟对"三纲"产生、确立、强化、崩坏的过程作一粗线条的梳理,以期引发人们对"三纲"以及中国传统道德的演变作更多关注。

一

"三纲"一语虽出现于西汉,但其雏形的出

现则在战国。

自中国传统道德萌生,伦理秩序初建后,先哲们便着手对各种人际关系进行梳理,从中找出最基本的伦理关系。在《左传》中,我们可以看到几种不尽相同的概括。到战国初,孟子提出五伦说,认为父子、君臣、夫妇、长幼、朋友是最基本的人际关系。而在五伦说出现后,古人又认为,在这五种人际关系中,君臣、父子、夫妻三者更为重要、根本。这一认识在《孟子》一书中便有反映。它一则说:"内则父子,外则君臣,人之大伦也;"(《孟子·公孙丑下》)再则说:"男女居室,人之大伦也;"(《孟子·万章上》)明确认为此三者为"大伦"。这也是那时不少人的共同认识,在战国末的一些著作中有这样的话:

若夫君臣之义,父子之亲,夫妇之别,则日切磋而不舍也。
(《荀子·天论》)

君臣、父子、夫妇六者当位,则下不逾节,而上不苟为矣。
(《吕氏春秋·处方》)

经过战国中后期的进一步整理,君臣、父子、夫妇三种关系便被突出出来。视这三者为最重要、最根本的人际关系,是符合那时宗法制、等级制的社会状况的。那么,这三对基本人际关系的双方,又应是一种什么关系呢?《仪礼》宣称:"父至尊也"、"君至尊也"、"夫至尊也",明确规定了君、父、夫至尊的地位。后来,韩非又认为,这三对关系中的双方,乃是一方事一方的主从关系。他说:

臣事君、子事父、妻事夫,三者顺则天下治,三者逆则天下乱,此天下之常道也。(《韩非子·忠孝》)

由于韩非明确提出了臣、子、妻事君、父、夫的原则,因此今人言三纲起源多指韩非。其实,在此之前《仪礼》业已将君、父、夫置于至尊地位,故康有为认为"《仪礼》特立三纲之义"(《万木草堂口说·孔子改制》),是有道理的。今天欲追溯三纲起源,不妨作这样的表述,即:从《仪礼》到《韩非子》,构建了三纲的雏形。

"君为臣纲,父为子纲,夫为妻纲"这三句话虽出现于西汉末的

《礼纬·含文嘉》,但三纲一语则始见于西汉中期董仲舒的《春秋繁露》。他说:"王道之三纲可求于天"(《春秋繁露·基义》)。他认为,三纲不仅是"王道",而且源于天,体现了天的意志。三纲既是王道,它就不只是道德原则,而且也是政治原则;它既源于天,因而具有天然合理的神圣性。自此三纲之说开始流行。而到东汉,官书《白虎通》不仅重申三纲,又作了进一步的补充阐释。经由东汉朝廷的认可和提倡,三纲的影响渐大。《白虎通》不仅讲三纲,又讲"六纪"。对于"纲纪"它作了这么一段概说:

> 纲者,张也;纪者,理也。大者为纲,小者为纪,所以张理天下,整齐人道也。……若罗网之有纪纲而万目张也。(《白虎通·总论纲纪》)

就是说,三纲如同网罗上的总绳,它具有纲举目张,带动并制约全局的作用。只有通过它,封建等级制下的人际关系才能得以协调,人们的行为才有规范,封建等级秩序才能得以安宁,封建制的政治才能得以施行。在漫长的中国古代社会,它的确起了这样的作用。

汉代相继出现的三纲、五常、六纪,对古代社会的人际关系及其应遵循的准则作了明确具体的规定,这对汉代的道德建设以至整个中国古代的道德建设曾起了重要作用。它们的出现,标志着中国传统伦理道德体系的初步形成,是中国古代社会文明发展的表现,和中国封建制度趋于定型的表现。自三纲出现后,古代的中国社会就不仅有历朝的种种律法来具体管束人们的行为,而且又有一个历朝相沿不变的伦理道德准则来调控、约束人们的行为,使人们从内心深处接受、认同现存的社会秩序。与历朝不断损益调整的律法不同,三纲是不可改变、神圣永恒的圣物,因此,它的调控、约束作用更为强大、持久。就此而言,三纲的确是中国古代社会的天柱、地维。中国古代社会所谓超稳定的结构,相当程度是靠三纲来维系的。

二

三纲在汉代虽已形成,但它的权威地位尚不牢固、稳定。之所以如此是不难理解的。这是因为，任何一种伦理道德体系从其产生到确立，为社会普遍认同、接受，植根于人心，是要经历一个历史过程的，三纲自不能例外。

三纲所维护的乃是君权、父权、夫权。但是，在汉代这三权尚未像宋代以后那样绝对化。三纲所表述的乃是三对关系中的主从、支配与被支配的关系，但在汉代，君、父、夫尚不完全具有绝对的支配权。与之相应，臣、子、妻的独立地位与人格也尚未完全丧失。在汉代，主流哲学是董仲舒的哲学。董的哲学一方面主张"屈民而伸君"，一方面又主张"屈君而伸天"，对君权并非漫无限制。而在汉代，民为邦本的观念影响仍很大。因此，在《春秋繁露》中竟有这么一段议论：

> 天之生民非为王也，而天立王以为民也。故其德足以安乐民者，天予之；其恶足以贼害民者，天夺之。（《春秋繁露·尧舜不擅移汤武不专杀》）

在同一时期，有人还提出过"王者以民为天"的观念（《汉书》卷四十三，《郦陆朱刘叔孙传》）。这些观念无疑限制了君权的绝对化。与之相应，那时一些人在君主面前尚能保持自己的独立地位与人格。比如，有人竟当君主的面否认君主可以决定自己的命运。樊英为东汉名士，朝廷屡征不至，后不得已到京，"强舆下殿，犹不以礼屈"。汉顺帝大怒，对他说："朕能生君，能杀君；能贵君，能贱君；能富君，能贫君；君何以慢朕命？"而樊英却说：

> 臣受命于天，生尽其命天也，死不得其命亦天也，陛下焉能生臣，焉能杀臣？臣见暴君如见仇雠，立其朝犹不肯，可得而贵乎？虽在布衣之列，环堵之中，晏然自得，不易万乘之尊，又可得而贱乎？陛下焉能贵臣，焉能贱臣？臣非礼之禄，虽万钟不受，若申其志，虽箪食不厌也，陛下焉能富臣，焉能贫臣？（《后汉书》卷八十二，《方术列传上》）

竟这样面对面地反驳君主，否认君主可以决定自己的命运，这在后世实在难以想象。而最后结局竟是"帝不能屈"，且"待以师傅之礼",这在后世更是难以想象。在汉代,这种保持个性而不屈从君主的例子尚能举出一些。如,高获少年时与光武帝刘秀"有旧",刘秀称帝后约见他,"谓曰:'敬公(高获的字),朕欲用子为吏,宜改常性'"。而高获竟说:"臣受性于父母,不可改之于陛下"(同上),说完后掉头便走。在东汉,还有一些"逸民"对君主"伏而不谒",只称名而"不称臣"。这在后世也是不可想象的。

在夫妻、男女关系上也有类似情况。虽然,男尊女卑、从一而终、妻以夫为天等观念在汉代更加流行并日益强化,但就总体而言,汉代女性的地位并不像宋以后那样低下。比如,在汉代,某些贵族夫人也有爵位(如萧何、樊哙夫人)。而在离婚事件中,固然多为夫休妻,但也有妻弃夫的。景帝王皇后弃原夫金王孙,武帝姐阳信长公主弃原夫曹寿,朱买臣妻弃朱买臣等便是几个著名的例子。这说明,在汉代妻尚未完全成为夫的附属品。

由三纲所派生的道德是忠、孝、节。随着三纲的出现,此三德在汉代自然较前强化。不过,总体而言,汉代的忠、孝、节尚缺乏宋以后的那种绝对的至高无上性。较明显的是贞节。虽然自秦始皇提倡、表彰贞节以来,它一直受到官方的提倡、表彰,也被人视为美德,但在汉代,"从一而终"的贞节观念尚不像后世那样强烈,为社会所普遍认同。一个基本事实是,在汉代,从贵族到平民,寡妇改嫁者甚多。再嫁的女性与娶改嫁者为妻的男性,均未以此为羞、为贱,社会亦视之为当然。这同宋以后众多女性将贞节视为比自己生命更重要、更宝贵的至高美德,因而宁死"不失节"的情形,显然是有差别的。至于对君主的忠德,也缺乏后世那种绝对的至高无上性。在汉代,有人公然主张"臣亦不能死无德之君"(《淮南子·主述训》),并认为:"养无义之君,害莫大焉。"(《淮南子·兵略训》)就是说,对君主是否尽忠应有选择,某些无德、无义之君不仅不应是被忠的对象,而且将他废黜、推翻乃是除害的义举。西汉中期,霍光废黜已即帝位的昌邑王,便是这一观念的实践。这同后世那种"君为独夫民贼,而犹以忠事之"的愚忠,无疑也是有差别的。此外，由东汉特殊的社会原因所决定，那时上下级之间往往视为君臣关系，于是遂出现忠德下移的情形，即下级对上级也讲尽忠。诚然，下级对上级尽忠并未否定对君主尽忠，但忠德下移势必要削弱对君主一人的忠。东汉末年，群雄割据、地方势力兴起后，人们各事其主、各忠其主，以致最后导致三国鼎立，便能看出忠德下移对统一君权的冲击作用。

种种事实证明，三纲在汉代虽已提出，并得到官方的确认和提倡，开始在社会流行，但它尚未像宋代以后那样拥有绝对权威。而在汉朝灭亡后的一个大的历史阶段，即魏晋南北朝隋唐五代时期，三纲的地位、影响又受到不同程度的冲击、削弱。在这一时期，三纲所受到的冲击，大而言之表现在以下两方面。

先说来自思想领域的冲击。三纲属于儒家伦理，而这一时期则是非儒文化大行其道，儒学的一尊地位明显动摇、削弱的时代。首先兴起的是玄学。玄学虽兼采道儒，但主流毕竟是道，其伦理观自然异于儒。玄学家们先是主张、强调"名教出于自然"，认为纲常名教应符合人的自然本性，反对名教对自然的束缚。进而他们又发出了"越名教而任自然"的呼吁，要求冲破纲常名教的束缚，纯任自然本真。这两个命题、口号势必使三纲受到冲击。继玄学之后佛学盛兴，从东晋南北朝直到唐代，时间长达五百余年。和儒家积极入世的态度相反，佛家主张消极的出世，教人摆脱一切世俗关系出家修行，其直接后果势必让人捐弃三纲。用正统儒家的话说，佛家实际上是让人"不父其父"、"不君其君"（韩愈语），"去君臣之礼，绝父子之亲，灭夫妇之义"（孙复语），它对三纲的冲击，力度更大。由于有资格谈玄的只是少数士族精英，因此玄学"越名教而任自然"诸说尚只影响社会上层；而佛教标榜"普度众生"，一直重视对民众说法，因此它的社会影响更大。从韩愈起直到宋代诸多理学家之所以大声疾呼，强烈排佛，原因正在于此。概言之，在这一漫长的历史阶段，思想领域的状况正如韩愈等人所说，是"不入于老，则入于佛"，在这种氛围下，三纲遭到冲击、削弱乃是必然之势。

再从现实层面来看三纲受到的冲击。从三国到五代,在长达740年的时间里,中国不仅曾长期处于分裂状态,而且战乱不断,朝代更迭频繁。在篡夺成风、江山频频易主的年代,君为臣纲、"忠臣不事二主"自然无从谈起。在残酷的战乱年代,广大民众无以为生,以至易子而食,人们势必以求生为第一义,孝道与贞节观念自然都会大打折扣。此外,这一时期又是一个民族大融合的时代。从"永嘉之乱"、西晋灭亡起,少数民族统治北中国长达二百多年之久。在这漫长的历史阶段,固然少数民族接受汉族文化是主流,但因少数民族在北中国居于统治地位,因此北方汉族接受少数民族礼俗的影响也是必然之势。因为隋唐两代皇室的祖先均是北朝高官、贵族,且有胡人血统,因此这种胡俗的影响又一直延续到隋唐。隋唐皇室屡有"乱伦"行为,以至在唐代竟出现了中国历史上唯一的女主,正是胡俗影响的表现。

由于上述原因,三纲的统摄、调控力在这一时期自然遭到削弱。所以,自古以来人们对这一时期的道德状况多有讥评。为说明问题,下面按时间顺序择要选取一些后人所作的评论。

六朝:"六朝无忠臣。"(康有为:《万木草堂讲义》)

隋初:"丧乱以来,缅将十载,君无君德,臣失臣道,父有不慈,子有不孝,兄弟之情或薄,夫妇之义或违,长幼失序,尊卑错乱。"(《隋书》卷二,《高祖纪下》)

唐:"唐之有天下数百年,自是无纲纪。太宗、肃宗皆篡也,更有甚君臣父子?其妻则取之不正。"(《河南程氏外书》卷十)"唐有天下,如贞观、开元间,虽号治平,然亦有夷狄之风,三纲不正,无父子君臣夫妇……君不君,臣不臣,故藩镇不宾,权臣跋扈,陵夷有五代之乱。"(《河南程氏遗书》卷十八)"唐源流出于夷狄,故闺门失礼之事,不以为异。"(《朱子语类》卷一三六)

五代:"孝于亲者,十无一二;忠于君者,百无一人。"(《吴越钱氏宗谱·武肃王遗训》)"干戈贼乱之世也,礼乐崩坏,三纲五常之道绝"，"君君、臣臣、父父、子子之道乖，而宗庙朝廷，人鬼皆失其序"（《新五代史》卷十七，《晋家人传》；卷十六《唐废帝家人传》）。"其臣子视事君犹佣者焉，主易则他投，习以为常。故唐方灭即北面于晋，汉甫称禅已相率下拜于周矣。"（《宋史》卷二六二，《李榖传》）

虽然，欧阳修、程朱等人的议论因出于卫道立场而带感情色彩，难免夸张，但基本事实不差。从这些概括性的议论、评价可见，在这一历史阶段，三纲的权威、影响力总的说来是削弱了。三纲的弱化，在承平时（如唐代盛时）有利于营造宽松、开放的社会环境，但长期"三纲不正"则不利于古代社会秩序的稳定。

三

正所谓物极必反，长期的乱局势必使人心思治，盼望恢复社会秩序。于是，经由残唐五代的大破坏，到宋代三纲终于重建其权威。从宋代起，三纲牢固树立其统治地位，乃是中国封建制度完全定型的表现。

为了收拾残唐五代留下的大乱局，宋初统治者进行了比较全面的拨乱反正。在政治上，大力强化君主专制的中央集权，改变了长期以来"君弱臣强"尾大不掉的局面。在思想领域则弘扬儒学，广兴教化，加强道德建设，以保封建制社会秩序的稳定。于是，自宋以来中国的封建体制更加完备。值得注意的是，在宋代的拨乱反正中，思想领域曾经历了一场总结残唐五代之乱，进而追究释老之害的大反思，这与西汉时清算暴秦和法家的大反思颇为相似。西汉反思的理论成果是确立了儒家的主导地位，构建了德法并举的格局，建立了三纲五常的伦理道德体系；而宋代反思的理论成果则是儒学在恢复自己权威地位的同时又实现了自身的超越，为自家的伦理学说建立了本体论的基础，进一步论证了三纲五常的神圣性，使之树立了不可动摇的权威地位。众所周知，宋代的这次反思，是由新儒家——理学家们完成的。

为建立协调有序的社会秩序而从理论上强化伦理纲常乃是理学

的共同宗旨。为使三纲神圣化,理学家们将纲常上升为"天理",赋予它以先验性。按朱熹等人的说法,因为虎狼也有父子,蜂蚁也有君臣,睢鸠也有夫妇,乌亦知孝,獭亦知祭,因此,纲常不仅是社会的最高准则,也是自然界的最高准则。这样,三纲以及由三纲所规定、维护的封建社会秩序就成了"天生自然,不待安排"(《朱子语类》卷四十),理当如此。因为"未有君臣而已有君臣之理,未有父子而已有父子之理"(《朱子语类》卷四十二),因此,三纲不仅是"人之所共由",也是"古今所共由",神圣而永恒。它是既不可"越"(如玄学家所言),也不可"逃"的(如佛家所主张)。自然,自宋以来,三纲不断神圣化并不仅靠理学家们的理论论证,从根本上说乃是君主专制的中央集权不断强化,封建制度日益完备,并由完备而僵滞,对人民的控制日益加强的必然结果。

经由宋以来历代朝廷和理学家的大力宣扬、提倡,视三纲为天然神圣、理所当然业已成为宋元明清时期的流行观念。试看下列议论:

> 三纲五常,圣人之名教,有国家者莫不由之,如天地之有日月也。(《元史》卷一四六,《耶律楚材传》)

> 纲常皆出于天而不可变。(《元史》卷一八七,《乌古孙贞桢传》)

> 天地间至大者,莫过于三纲五常之道。(《薛瑄全集·读书录》卷六)

> 三纲之重等于天地,天下共之。(吕坤:《呻吟语·品藻》)

由上可见,自宋以来三纲的地位业已不可动摇,拥有绝对权威。

三纲所维护的乃是君权、父权、夫权。因此,三纲的神圣化必然表现为这三权的绝对化。在这一时期,君权的绝对化尤为突出。这类事实人所共知,毋庸赘言,而最能说明问题的则是这一时期人对孟子的态度。孟子是儒家的"亚圣",地位仅次于孔子。可是,在宋明他却屡遭攻击。司马光便"不喜孟子",晁说之等对孟子亦有微词。而李觏则竟对孟子大张挞伐,以至斥之为"罪人"。到明初,朱元璋甚至一度下诏将孟子逐出孔庙,"罢其配享"。后来,他虽保留了孟子"配享"的地位,但还是命儒臣将《孟子》一书删去85条,压缩为《孟子节文》。宋明君臣之所以有人憎恶孟子,甚至取极端态度、极端措施,便是因为孟子说过一些妨碍无条件尊君、对君权绝对化不利的言论。朱元璋令人删《孟子》,所删的主要是这些内容。君权既已凌驾于圣权之上,可见它的确到了绝对化的程度。在这一时期,父权与夫权随君权的绝对化也走向绝对化。在宋代,竟出现了"天下无不是底父母"的观念(《宋元学案》卷三十九),这与先前"父母有常失,人君有常过"的观念相比,变化是十分明显的。在此之后,孝遂成为对父母无原则、无条件的绝对顺从,即使"父性乖戾",子女也应"左右承顺"。而夫权的绝对化,不仅表现为更强调"妇人以从为正,以顺为德",更表现为"从一而终"越发走向极端,改嫁被普遍视为可耻之事。

　　随着君、父、夫权绝对化,于是,君臣、父子、夫妻之间的双向道德要求遂成为对臣、子、妻的片面的单向要求。众所周知,在先秦虽已强调君、父、夫为"至尊",但仍主张君仁臣忠、父慈子孝、夫义妇顺。直到两汉南北朝,这些观念仍然流行。比如,在《颜氏家训》中仍有这类文字。而到宋明,社会的主流观念则是:"君虽不仁,臣不可以不忠;父虽不慈,子不可以不孝;夫虽不贤,妻不可以不顺。"虽然,这段完整的表述出自曾国藩(见《曾文正公全集·家训下·谕纪泽》),时间较晚,但在此之前,人们早有诸多不尽完整的表述。比如,朱熹便赞同"父有不慈,子不可以不孝;君有不明,臣不可不忠"(《朱子语类》卷七十九)。以抨击理学而著称的颜元也曾说:"君虽不君,臣不敢以不臣。""忠臣之心,不见其君之不君也,以为吾君圣明而已矣。"(《颜元集·颜习斋先生言行录·学人》)这些流行观念是要强调,因为臣、子、妻是君、父、夫的附属品,因此前者对后者的服从是绝对的,无条件的。

　　随着三纲神圣化,君、父、夫权绝对化,忠、孝、节遂被社会普遍视为至高无上的美德,地位更加突出。不仅历代朝廷大力提倡表彰,社会广大民众也以此三德为至荣。而三者一旦被普遍视为至高美德，于是许多人竞相以超常的、出格的行为表现自己比他人更忠、更孝、更贞节。这样，自宋代以来，各种愚忠、愚孝、愚贞、愚节行为便层出不穷，大有直线上升之势。就忠而言，像后世人说的那种"君为独夫民贼而犹以忠事之"（谭嗣同语）的愚忠已成普遍现象，"无违"与"死节"成为忠君之道的主要内容。至于死节，则由古代的"君辱臣死"发展为"君辱"民也死。在明代的"土木之变"和"甲申之变"中，京城内外不少普通民众竟因英宗被俘、崇祯帝自缢而自尽。就孝而言，不少孝子、孝女为疗父母之疾，不仅"刲股"和药，甚至"剖肝"、"凿脑"和药，个别人竟杀子祀神。为行孝道，有人常年"拊棺而卧"，有人竟随父母同死。就贞节而言，则更显极端、畸形。许多青年寡妇为坚持"守节"而采取"自刺其面"、"自割其耳"、"自髠其发"、"沸汤渍面"，弄瞎眼睛等极端方式毁容。一些人竟自杀殉夫，甚至殉未嫁之夫。因严守"男妇授受不亲"的训条，明代一少女竟因歹人"戏紾其臂"而"拔刀斫臂"。这些事例充斥于诸史的《忠义传》、《孝义传》、《列女传》，多得不胜枚举，其共同特征是愚昧、野蛮、残忍、反人道。在宋元明清时期，种种愚德之所以层出不穷、愈演愈烈，固然与朝廷的提倡、表彰、褒奖有直接关系，但它显然反映了在这一时期三纲业已植根于人心，为社会民众普遍视为美德。至此，三纲遂明显成为一副套在人们身上的无形的精神枷锁，使人心甘情愿地受其束缚、压制。

在宋元明清时期，随着三纲、三权的神圣化、绝对化，就势必要引发这样的观念，即既为人臣、人子、人妻，则"身非己有"。而这种观念一旦形成，则臣、子、妻不仅没有独立人格和自主权，实际上连自身的生命权也在丧失。上列种种愚德行为正说明了这一点。随着三纲牢固树立其统治地位，控制力日益强化，其严酷性亦暴露无遗。

四

在中国历史上，三纲受到初步挑战是在明清之际。随着商品经济的缓慢发展,在明朝中后期经济领域开始出现资本主义经济萌芽。这种社会经济的新变化反映到思想领域,便是在明清之际出现了耀眼的早期启蒙思潮。这股思潮之所以被后人称之为早期启蒙思想,重要原因之一是因为它曾将矛头指向了业已绝对化的君权和夫权。黄宗羲公然宣称"天下之大害者,君而已矣"(《明夷待访录·原君》)是人所熟知的。更显重要的是他们对君权神授的否定,这就使君权神圣失掉了理论依据。而他们对君主罪行的揭露并非单指某些昏暴之君,而是泛指一切君,这就否定了传统君臣伦理合道德的正当性的基础。这些议论对传统君权的打击是沉重的。他们的矛头所向,尚有男尊女卑观念和夫权。比如,唐甄便主张:"男女,一也。"(《潜书·备孝》)他认为:"夫不下于妻,是谓夫亢;夫亢,则室内不和,家道不成。"(《潜书·内伦》)显然,这是对夫权专制的否定。稍后,戴震关于"后儒以理杀人"的论断,则带有总体揭露、控诉的性质。不过,这些早期启蒙思想家在文字上并未正面否定三纲,而且在思想深处亦非要对传统社会秩序作颠覆。更重要的是,这些具有近代色彩、令人振聋发聩的议论那时对社会并未产生多大影响,即使在思想领域、知识阶层,他们也显孤立。因此,在那时,神圣的三纲并未因少数精英的挑战而有丝毫动摇。

三纲遭到全面、猛烈的抨击,进而动摇、崩溃是近代的事。近代之所以发生"道德革命",抨击三纲、否定三权,乃是近代社会变革的需要,是中国社会近代化进程的必然产物。在19世纪末,中国既然出现了新的资本主义生产关系、生活方式,则势必要建立与之相应的人际关系、生活方式;既然发生了资本主义的政治、经济变革,则势必要引发相应的文化革新、观念变革。既然颠覆传统的社会秩序已成时代的需要,于是,批判三纲,发动"道德革命"遂成必然之势。

早在1886年,康有为即对三纲有所质疑,但对三纲展开全面、猛烈的抨击则是在戊戌维新时期。谭嗣同指出,三纲既非"天理",也不是源于"良知",而是古代君主为了"钳制天下"而制造的"钳制之器",是君桎臣、官轭民、父压子、夫困妻的工具。康有为也认为,三纲"创于强者",是强者"自便而凌弱者"的工具。这些认识为继起的革命派人士所沿用、发挥。他们也说,三纲"出于狡者之创造",所保的乃是"君父等之强权"。这种人为制造说虽不科学,但却否定了三纲的天然神圣,揭示了它维护封建专制统治的本质,在当时无疑具有巨大的启蒙意义。相比之下,五四新文化运动的倡导者们对三纲作了更为深入的分析、揭露。陈独秀指出,三纲乃是封建等级制度的产物,他写道:

  尊卑贵贱之所由分,即三纲之说所由起也。(《宪法与孔孝》)

  三纲之根本义,阶级制度是也。所谓名教,所谓礼教,皆以拥护此别尊卑、明贵贱之制度者也。(《吾人最后之觉悟》)

三纲既产生于封建等级制度,它所维护的自然是不平等的等级制秩序。因此,严等差、别尊卑,维护等级特权乃是它的根本精神与宗旨,这就决定了它的本质特征是"不平等之道德"。这些无疑是更正确的结论。

对于三纲在中国历史上的负面影响,他们也作了深刻揭示。其中,陈独秀的议论最具代表性。他指出,三纲既是不平等的道德,它势必使臣、子、妻、卑、幼成为君、父、夫、尊、长的附属品,丧失自己的独立人格,"率天下之男女,为臣、为子、为妻,而不见有一独立自主之人者,三纲之说为之也"。由此,他进一步指出,由三纲所派生的三种基本道德,"曰忠、曰孝、曰节,皆非推己及人之主人的道德,而为以己属人之奴隶道德也"(《一九一六年》),正是这种奴隶道德,酿成了中国社会长期以来"君虐臣、父虐子、姑虐媳、夫虐妻、主虐奴、长虐幼"等"种种罪恶"(《答傅桂馨》)。而鲁迅、吴虞等人则更尖锐地得出了旧礼教"吃人"的结论。

对三纲的抨击自然要落实为对传统忠、孝、节的批判。更重要的是,持续抨击三纲的过程势必是持续宣传自由、平等、博爱等西方近代观念的过程。经由这一破一立,中国人的观念开始发生明显变化,于是,三纲的神圣地位、固有权威急剧削弱、动摇。下面的例子很能说明问题。1907年,江苏常(熟)昭(文)二县公立高等小学堂举行修身课考试。教师所出考题是:"三纲之说能完全无缺否?"显然,这一考题具有明显的挑战性,而学生的回答更为出格。有的试卷认为:"君为臣纲、夫为妻纲,其理甚谬","君为臣纲尤谬",而一张卷子说得更为干脆,曰:"三纲之谬,彰彰明矣。"① 这些"狂言"不是出于革命党人的宣传品,而是出自大清帝国公立学堂的试卷,实属惊人。这一事例说明,早在清末,三纲业已明显削弱,正在走向崩溃。辛亥革命推翻帝制,三纲被打掉一纲,明显残缺。而随着自由平等观念因帝制推翻而更加普及,其他二纲自然随之进一步动摇。经由五四的一番风雷激荡,"道德革命"进一步深入。不久,马克思主义开始在中国传播,中国历史进入一个新时代,三纲便无可挽回地走向消亡。

在中国近代,三纲由削弱、动摇而走向消亡,新学家们所发动的道德革命无疑起了重要作用,但将此简单看做是一批新学家们口诛笔伐的结果无疑不妥。从根本上说,三纲由削弱、动摇而走向消亡,乃是近代社会变革的必然结果,是封建专制制度遭到沉重打击的必然结果。离开中国近代的社会变革、转型,离开中国近代社会的新陈代谢、历史转折,三纲的迅速崩坏是难以理解的。概言之,三纲之所以在汉代出现,之所以从宋代起进一步强化、神圣化,之所以在近代由削弱、动摇而走向消亡,都是一种历史必然。

最后需要说明的是,在五四之后,三纲实际上是名亡而实未尽亡,它的阴魂并未在中国大地散尽。之所以如此,同样是因为在五四后中国的社会变革任务、民主革命任务并未完成。

---

① 丁守和主编:《辛亥革命时期期刊介绍》二,第306~307页。

论宋元明清时代的愚忠、愚孝、愚贞、愚节

自三纲在汉代出现后,忠、孝、节渐成为中国古代社会最受重视的三项道德。宋明理学家们将三纲上升为"天理",使之更加神圣,于是,忠、孝、节越来越被全社会视为至高美德,以至"忠孝节义"的实际地位与影响高于五常。在这一过程中,各种愚忠、愚孝、愚贞、愚节的行为在中国社会日益普遍,自元以后更是恶性发展,一些愚昧、野蛮行为达到骇人听闻的程度。这一社会现象无疑值得我们重视,本文拟对此作一简要的梳理与说明。

一

随着君主专制的中央集权不断强化,君权日益神圣,忠遂成为最高道德。这便是所谓:"天之所覆,地之所载,人之所履,莫大乎忠。"

(《忠经·天地神明章》)。① 忠既成为最高德行,于是在这一时期,对君主的忠遂由臣德扩展为普遍的民德。中国古代的观念是"主辱臣死",而在这一时期(特别是到明代)则发展为"主辱"民也死。不仅"食君之禄"的臣理当殉君,连未曾"食君之禄"的普通民众也自觉殉君。1449年发生了历史上著名的"土木之变"。在与塞北瓦剌的战争中,明英宗在土木堡被俘。事变发生后,"河州卫军家子"周敖闻变,失声大哭,竟"不食七日而死"(《明史·孝义传二》)。"军家子"纯系底层民众,但他竟因"主辱"而自尽。这类事例在明亡时更多。1644年李自成军攻占北京,崇祯帝自缢于煤山。北京的一位塾师汤文琼闻变竟自缢,并"书其衣衿曰:位非文丞相之位,心存文丞相之心"(《明史·忠义传七》)。一些京外民众也有殉君者。如苏州人许琰,"闻京师陷,帝殉社稷,大恸"。先是在胥门外投河,获救后又绝食。待"哀诏至","稽首号恸"而死(同上)。在这一时期,忠君观念业已深入于社会底层,普及于民间。至于后来谭嗣同所说的"君为独夫民贼,而犹以忠事之",在这一时期则更普遍。

与愚忠相比,种种愚孝行为更为常见。随着父权的强化,在宋代出现了"天下无不是底父母"(《宋元学案》卷三十九)的观念。于是,对父母"不论曲直"、绝对顺从遂成孝的基本要求。这种无条件绝对顺从的孝原本具有愚孝的性质,而随着这种孝被普遍视为至高美德后,不少人又竞相以惊人之举相互攀比,显示自己的孝行超过他人,于是愚孝更愚,越发畸形,出现种种怪诞、野蛮以至残忍的行为。有人为疗父母之疾而自残肢体;也有人为疗母疾,竟然杀子祀神;更有甚者,个别人为尽孝道,竟随父同死。上面说到的那个因明英宗"北狩"绝食殉君的周敖之子周路便是这么一位孝子。当他"闻父死,恸哭奔归",到家后竟"以头触庭槐"而死(《明史·孝义传二》)。

---

① 《忠经》旧题为汉马融撰、郑玄注,但清代学者周中孚考证,此书为唐宋人作品,见《郑堂读书记》卷三十六。这一说法是可信的。

二

在宋元明清时代,随着父权强化,夫权也同步强化。而随着夫权强化,"从一而终"的观念逐渐获得更广泛的认同,贞节被普遍视为与忠、孝并列的崇高美德,是女性的最高德行。从历史资料看,北宋与前代相似,"从一而终"的贞节观念尚不很浓。一个基本事实是,那时寡妇改嫁者甚多,社会舆论并不以此为耻。连一些有很高社会地位的家庭,年轻寡妇也有改嫁者,或娶寡妇为妻者。随着理学兴起,三纲上升为"天理",所谓"名教重丘山"的观念日益深入人心,这种情况逐渐发生变化。特别是程颐提出"饿死事极小,失节事极大"(《河南程氏遗书》卷二十二下)之说后,影响所及,寡妇本人以及社会舆论对贞节更加重视。在理学的正统地位确立后,纲常礼教的控制力更加强大,"从一而终"的贞节观念遂急剧强化。据统计,从元代起,贞女、节妇人数呈直线上升之势,其发展速度之快,达到惊人程度。

在上述大的社会环境下,首先是青年寡妇本人将所谓贞节看做是比自己生命更为宝贵的东西,以守节为最大荣耀。为坚持从一而终,无数年轻寡妇"守节"终生,足不出闺门,过着极端艰难凄凉的非正常生活。不仅寡妇本人以"守节"为荣,而且社会舆论也普遍以守节为荣、改嫁为耻。明代某位改嫁女子,好意赠人以"茶饼",竟被人当面抛弃(《明史·列女传二》)。甚至连亲生女儿也羞辱想改嫁的母亲。也是在明代,江宁黄氏女"父死,母欲改节"。"一日,母来省",黄氏女竟"闭门不与相见",使其母"惭去"(同上)。在这种社会氛围中,寡妇除终生守寡外几乎无路可走。此时由于荣辱观普遍畸形,社会上遂出现了越来越多的愚贞、愚节现象,其愚昧、野蛮、残忍、不近人情的程度更甚于种种愚孝行为。比如,许多青年寡妇为拒绝改嫁、坚持守节而采取各种方式毁容,如"自刺其面"、"自割其耳"、"自髡其发"等等。有人甚至以沸汤"渍面",再"以烟煤涂伤处",使自己"成疠恶状";有人竟以石灰弄瞎自己的眼睛(同上)。较之毁容更甚者则是自杀殉夫。

这类事也多得不胜枚举。

在元代,有几位女子在丈夫病危时即"命匠制巨棺","夫殁即自经死",与夫"同棺共穴"(《元史·列女传一》)。在明代,还有人因怕被迫改嫁,在夫死后"举火自焚"以殉夫(《明史·列女传一》)。到了清代,自杀殉夫的事例更多于元、明,不少人分别采取"绝食"、"吞金"、"仰药"、"自缢"、"投水"等不同方式殉夫。在个别家庭,甚至连妾也殉夫。如名臣张廷玉死,小妾冯珊儿才十几岁,竟也"仰药殉节"①。更有甚者,即使其夫不肖,也自杀殉夫。如明代宣氏女嫁张某,张"素狂悖",是个不肖之徒。张死,宣氏女却"誓身殉"。他人认为不必殉不肖之夫,苦劝她改变主意,而她却说:"予知尽妇道而已,安论夫之贤不贤。"(《明史·列女传一》)真是愚不可及。更不近人情的是,在这一时期尚有一些少女殉未婚之夫。如清代同安少女洪许娘,七岁时由父母做主许林某为妻。林某"未婚而殁","许娘闻讣,勺饮不入,卧五日而殁"②。虽然那时也有人指出"未嫁守节,非礼也",但仍有诸多少女"未嫁守节"终生。

与"从一而终"观念的畸形强化同步,在这一时期,"男女有别"、"男女授受不亲"、"贞女不出闺阁"、"义不见门外人"等观念也畸形强化,由此而引发的惨剧也很多。南宋初,抚州临川涂某妻陈氏为盗所掠,被"幽之屋壁",作为人质。数日后,家人以金帛来赎,盗得金释之,而陈氏却说:"吾闻贞女不出闺阁,今吾被驱至此,何面目登涂氏堂!"(《宋史·列女传》)竟自杀。明时,某地为避战乱,"乡人悉窜山穴中"躲藏。周某妻庄氏却认为,男女混杂同居一穴是"男女无别"的"无礼"行为,而"无礼不如死",竟"引刀自裁"(《明史·列女传三》)。还有人因坚守寡妇"不逾阈"的道德训条,以至在家中失火时宁肯被烧死也不出户(《明史·列女传一》)。更不近人情的是,明正统年间吴县

---

① 徐珂:《清稗类钞》第七册,第3097页。
② 徐珂:《清稗类钞》第七册,第3089页。

女子王妙凤,竟因歹人"戏紾其臂"而"拔刀斫臂",未断,"再斫乃绝"(同上)。

从明末到清初,中国曾经历了数十年的战乱。先是李自成、张献忠起兵反明,继而清兵入关,南下征伐,镇压各地的反清斗争,后来又爆发"三藩之乱"以及平定三藩的战争。在长期战乱的年代,更有不少女子为抗拒强暴或免遭强暴,维护贞操而自杀,或因受强暴而自杀,甚至为了坚守男女有别,"授受不亲"、"不可混杂"的原则而自杀。在这一非常时期所发生的这类惨剧则更多。

三

在宋元明清时代,各种愚忠、愚孝、愚贞、愚节行为之所以层出不穷,且呈直线上升的趋势,原因是多方面的,但以下几点更值得我们重视。

第一,这是三纲被进一步神圣化,君、父、夫三权进一步强化,臣、子、妻的地位更加卑下的结果。

从董仲舒提出三纲起,即对三纲予以神化。但董所作的论证具有明显的神学色彩,理论上显得粗鄙。待理学兴起,其理论体系日益成熟完备之后,三纲的神圣性终于获得精致的理论论证。理学的理论基点是"未有这事,先有这理"(《朱子语类》卷九十五),"有是理,方有这物事"(《朱子语类》卷十三),万事万物乃是这先验、永恒之理的显现、物化,是由它所规定的。就社会领域而言,"未有君臣,已先有君臣之理;未有父子,已先有父子之理"(同上),一切人际关系和社会秩序都是按这种先验之理建立起来的,是由它所规定的。他们又通过蜂蚁有君臣、虎狼有父子、鸦反哺、獭知祭等等自然现象来证明,以三纲为核心的一套道德准则,不仅是人类社会的最高准则,也是自然界的最高准则。它不仅是人类社会的"古今共由"之道,也是自然界的"当然之则"。三纲一旦被上升为"天生自然,不待安排"的"天理",它就更加神圣、永恒,统摄、控制力就更加强大。正如后来谭嗣同所说,这时三纲不仅"能制人之身",而且"兼能制人之心",使人"不敢涉想"(《仁学》三十、三十七)。这样,它的威力就更大了。理学家们不仅从理论层面神化三纲,又提出了一些具体的苛刻要求,如"委质为臣,身非我有矣","天下无不是底父母","饿死事极小,失节事极大"等等,这就使三纲落到实处得以保证。随着君主专制的中央集权不断强化和三纲的进一步神圣化,臣、子、妻的地位自然更加卑微,完全成为君、父、夫的附属品,失去了自己的独立人格。五四时陈独秀谴责体现三纲的忠、孝、节乃是"以己属人"的道德是有道理的。既然自身是从属于君、父、夫的,自然会作出上面所列举的种种愚昧、野蛮、残忍的行为。

第二,是这一时期封建教化空前强化与普及的结果。

这一时期对教化高度重视并收到实效表现在各个方面。首先是朝廷大兴学校,地方广建书院,并在乡镇广泛建立社学、村塾,将教化普及于广大农村。其二,乡规民约和家范、家训、家规普遍出现,使道德教化落实到基层乡里和众多家庭。其三,明初太祖朱元璋颁发《教民六谕》,清初康熙、雍正年间形成较六谕更为详备的《圣谕广训》,又使对民众的教化有了一个全国性的统一纲领,并通过官府运用行政手段有效地予以推行。其四,私人讲学之风大兴,遂使理学的伦理思想得以普及于社会。最后,更值得注意和重视的是,戏剧、小说、说唱艺术在这一时期的发展、繁荣,为传统道德在广大民间的普及开辟了更为广阔的通道。诚然,这一时期戏剧、小说的内容相当丰富、多样,其中包括了一些要求冲破礼教束缚、张扬个性等内容,但是,宣扬忠孝节义无疑是主题之一。即使是诸多宣扬鬼神迷信、因果报应的作品,也是要人相信善有善报、恶有恶报,旨在劝人为善,恪守纲常。自戏剧和说唱艺术兴起、普及后,广大目不识丁的底层民众也能时时受到传统道德的熏染,这是值得我们重视的。可以这样说,这一时期忠孝节义牢固树立统治地位,与这一时期戏剧、小说、说唱艺术的繁荣、普及是有一定关系的。概言之,宋元明清时代教化的加强与普及使以三纲为核心的一套传统道德对社会的影响大大增强。在此过程中,忠、孝、贞、节越来越被人们普遍视为至高美德,由此遂引发出种种愚德行为。

第三,是这一时期朝廷对忠、孝、贞、节大力表彰、提倡的结果。

诚然,在中国历史上,历朝历代无不表彰忠、孝、贞、节,但因宋元明清时代更重教化、更崇"名节",对此更显重视。比如,为了倡忠,清高宗竟将那些曾经帮助清朝打江山、有大功于清的明朝降臣、降将列入《贰臣传》,予以羞辱、谴责,便是此前未有的举措。为了倡孝,宋至明初朝廷对于不合正道的"割股刲肝"等愚孝行为亦予褒赏、表彰。为报父母之仇而杀人属于违法行为,但出于倡孝的需要,在这一时期这类行为亦受到朝廷与官府的宽容。如宋初李璘为报父仇而杀人后自首,宋太祖竟"义而释之"(《宋史·太祖本纪一》)。太宗时,甄婆儿为报母仇而杀人,"太宗嘉其能复母仇,特贷焉"(《宋史·孝义传》)。这种不合法律的宽贷一直延续到明代。如,崔鉴因护母而杀人,"下刑部谳",刑部尚书却认为"志在救母",故其杀人罪"难拘常律",主张宽贷。最后,"帝亦贷其罪"(《明史·孝义传二》)。明朝对贞、节的表彰也更甚于前代。不仅将其"著为规条",令地方官"岁上其事",而且"待遇"亦优于前代("大者赐祠祀,次亦树坊表")。有明一代"著于实录及郡邑志"的贞女节妇竟"不下万余人"(《明史·列女传一》)。在朝廷的表彰、"褒赏"、"宽贷"下,种种愚德行为自然日甚一日。早在北宋时苏轼就曾指出:"上以孝取人,则勇者割股,怯者庐墓。上以廉取人,则敝车、羸马、恶衣、菲食,凡可以中上意者无所不至。"(《宋史·选举志一》)统治者政策导向的作用在古代是十分巨大的。显然,这一时期愚忠、愚孝、愚贞、愚节现象之所以如此普遍且不断上升,与朝廷对忠、孝、贞、节的表彰有很大的直接关系。

概言之,由于三纲业已成为"天理",由于教化的加强与普及,以及朝廷的持续表彰,在宋元明清时代忠孝节义业已深入人心,被社会普遍视为至高美德。崇尚忠、孝、节既已成为社会风气,则势必相互攀比,竞相以"至奇至苦为难能",于是遂"忽庸行而尚奇激"(《明史·列女传一》),使愚忠、愚孝、愚贞、愚节现象日甚一日。

四

对宋元明清时代种种愚德行为的简单梳理,不禁使人想起孔子的那句至理名言:"过犹不及。"强调"无过无不及",要求人们把握"中",这是儒家的一贯思想主张。通过揭示这一时期的种种愚德,再次证明儒家反过求中的思想的正确性。所谓"中"即是适度。与任何事物皆有度一样,道德行为也有度。一旦过了度,就势必会使原有的道德宗旨、要求变质,甚至走向反面。古人云"天下事,过则有害"(《明儒学案》卷十四),这一结论是深刻的。在宋元明清时代,由于上题所说的种种原因,不少人以"至苦至难"的"奇激"行为为荣、为高,竞相做惊人之举,以为这样才算更忠、更孝、更贞节,实则是以过为高、以过为荣,其结果势必走向反面,成为畸德、愚德。即使按古代标准,那时所出现的种种愚德行为也并不符合基本道德原则。

即使在古代,也只讲国君死社稷、主辱臣死,并未要求主辱民也死。试想,如果一旦"主辱"(如明英宗被俘),广大民众也跟着死,那岂不是帮入侵外敌的忙吗?孝的基本要求是敬养父母。试想,通过割股、剖肝、探心、凿脑等野蛮的自残行为行孝,结果必然是首先使自己成为伤残者(甚至死亡),又怎能侍奉、赡养父母呢?而且,这些行为与"身体发肤受之父母不敢毁伤"的观念也是抵触的。至于自杀殉父、杀子祀神更是直接违背了"不孝有三,无后为大"的传统孝道。殉夫一类的愚节行为同样与一些传统道德相悖。首先,在父母公婆健在的情况下殉夫,乃是放弃奉养父母公婆的责任,无疑是有悖于孝道。其二,在已有子女的情况下殉夫,则放弃了对子女的责任,有悖于为父母者对子女当慈的道德。其三,在夫死后妻也自杀以殉,实际上是使家庭又多死一人,无疑会更增加其他家庭成员的哀伤,使业已残缺的家庭更加残缺。更重要的是,不论是哪一种自残、自杀行为皆有悖于仁的精神宗旨,实为大不仁。正因为如此,这类愚德行为在当时即受到有识之士的非议、否定。早在宋代,有人便指出割股剖肝行为"非孝道之正"。待明初发生杀子祀神事件后,更是引发一场争议。当时的礼部官员认为:"人子事亲,居则致其敬,养则致其乐,有疾则医药吁祷",是孝的正道;"至卧冰割股,上古未闻",假如父母只有一子,其子若因割股、刳肝、卧冰而死,"反为不孝之大"(《明史·孝义传一》)。这些看法是正确的。总之,通过梳理宋元明清时代的种种愚德行为,的确使我们加深了对"过犹不及"的理解。

通过对这一时期种种愚德行为的梳理、揭示,也自然会使人想起五四时期鲁迅、吴虞等人"礼教吃人"的论断。在鲁迅、吴虞等人生活的时代,种种愚德行为仍在中国盛行。对此,他们是亲眼目睹的。正是亲身经历了那个时代,目睹了那些愚昧、野蛮、残忍的行为,出于"道德革命"的需要,他们才作出了这样的揭露、控诉。他们对旧道德的批判,某些文字言辞虽有偏激、片面之处,但基本结论是正确的。一个最基本的事实是,一旦三纲绝对神圣,君权、父权、夫权随之而绝对化,则臣、子、妻势必成为君、父、夫的"附属品","而无独立自主之人格"(陈独秀语)。三纲一旦深入人们的心髓,身为臣、子、妻者势必认为自己是为君、父、夫而生,自己的最高价值即在为君、父、夫作牺牲,从而忘掉进而放弃自身的价值。臣、子、妻既认定"身非我有",则势必反复出现种种愚德行为。因此,鲁迅、吴虞等人揭示、控诉"礼教吃人"不为无因。今天我们可以批评他们的某些过激言辞,但不应轻易否定他们的基本结论。

"天理"、"人欲"小议

"去人欲,存天理"是理学人生论的根本宗旨。后来,当理学遭到质疑、冲击时,首当其冲的也是它的理欲观。直到今天,它依然是受到学界关注的话题。既然天理人欲之辨讲了几百年,那么,何为天理,何为人欲,其内涵应该是没有什么问题的。但深入思考、推敲,却又不尽如此。

长期以来,学界比较流行的说法是:"凡有普遍满足之可能,亦即必须满足的欲","最基本的欲","谓之天理"。而"那些没有普遍满足之可能,亦即不是必须满足的欲","非基本的欲","如食求味美,衣求华丽,不安于夫妇之道而别有所欢,则谓之人欲"[①]。概言之,人欲一词"专

---

① 《中国儒学百科全书》,中国大百科全书出版社1997年版,第121页。

指非基本的私欲而言"①。有的学者还说,朱熹的天理人欲之界,"是以'咬菜根'而不饿死为限度的","是以人勉强可以活命为限的","超过了这一限度就是'犯义犯分',倒向罪恶的一边了"②。因此,理学的"去人欲,存天理"说,"实际上是反对任何提高物质生活的要求"③,"教导人们放弃生活欲望"④。诚然,这些流行说法在理学家的著作中并非没有根据。在《朱子语类》中,朱熹及其弟子的确说过:"饮食者,天理也;要求美味,人欲也。"(《朱子语类》卷十三)"如夏葛冬裘,渴饮饥食,此理所当然,才是葛必欲精细,食必求饱美,这便是欲。"(《朱子语类》卷六十一)依据这些话,人们的确有理由作这样的界定,即人们最基本的欲求属于正当的欲,为天理;超过基本需求的则是非正当的,属于恶的人欲。

可是,深入思考便会发现,仅凭《朱子语类》中的这几条资料遂作如此界定,似不尽符合朱熹和整个理学的原意。《朱子语类》中所记录的朱熹言论,不少是"随时应答之语",未必句句周密,更不都具有结论或定义的性质。而且,早在南宋时,某些学者即曾指出,在《朱子语类》中,弟子们所"记录之语,未必尽得师传之本旨"(《池州刊朱子语录后序》,载《朱子语类》卷首)。显然,我们仅凭前引《朱子语类》中的几句话下结论似不妥帖。依据前引几句话所作的上述界定,至少存在下列两方面的问题:

其一,它与不平等的封建等级制的基本精神不符合。按上述界定,朱熹等理学家似乎对一切人都只允许满足最基本的、"不得不满足"的物质需求,过此则被视为恶的人欲,这显然不符合封建等级制的基本精神。在严格"别尊卑,异贵贱"的封建等级制社会,社会成员所

---

① 汤志钧:《近代经学与政治》,中华书局2000年版,第66页。
② 王育济:《天理与人欲》,齐鲁书社1992年版,第143页。
③ 北京大学哲学系中国哲学教研室:《中国哲学史》,北京大学出版社2001年版,第374页。
④ 《辞海》,上海辞书出版社1999年版,第3493页。

应得、可得的物质待遇是极不平等的,其差距不啻天壤。这便是《荀子·王霸》所说的"衣服有制,宫室有度,人徒有数,丧祭械用皆有等宜"。举凡衣食住行及诸般器用,均有具体而严格的等级之差。对帝王、贵族以至官绅而言,他们居则雕梁画栋,出则高车骏马,夏则细葛,冬则美裘,无日不食美味,这些在朱熹等理学家的心目中,难道乃是必须革除的恶的人欲吗?显然不是。这是因为,关于他们所应得的种种待遇、享受,在儒家经书和历朝的典章制度中是有具体规定的。依据等级制度,他们所应得的俸禄也足以保障他们的种种生活享受。在中国古代社会,这一切均被视为理所当然。《周礼》云:"凡王之馈:食用六谷,膳用六牲,饮用六清,馐用百二十品,珍用八物……以乐侑食。"(《周礼·天官冢宰》)这仅是王者的饮食一项,其余方面可想而知,兹不赘录。正史中的《舆服志》,对上自天子、贵族、公卿,下至百官的车马、服饰、仪仗,所应达标准、应具规模均有至为详细而严格的规定,其威武、豪侈是惊人的,而这些则都是国家"定制",不容减损逾越。显然,在理学家的心目中,这些断不是应予以谴责、革除的人欲。事实上,作为封建等级制的坚定维护者,朱熹等人对此是明确肯定的。比如,在注释《孟子·梁惠王》的几章时,他便说,对王侯而言,"钟鼓、苑囿、游观之乐","皆天理之所有",无可非议(《四书章句集注·孟子集注》卷一)。可见,仅以是否属于必须满足的基本欲求来界定天理人欲亦即善恶,是有问题的。

其二,它与儒家所向往、描绘的理想社会、理想生活的蓝图,以及儒家对人生、生活的态度也不尽符合。按流行的界说,似乎朱熹等理学家主张人人都应过一种仅能勉强维持生命的生活,至少下层民众只能过这样的生活(即有的论者说的"半死不活"的生活)。这显然与儒家(也包括理学家)的一贯宗旨不符。儒家所向往的治世、盛世无疑是一个富足的社会。当孔子看到重建后的卫国人口增长后马上说,下一步首先应使民众富起来。朱熹也主张、向往由富民而富国。在孟子所描绘的农村生活理想蓝图中,并非是人人仅能勉强活命,而是"老者衣帛食肉"。对于过俭,孔子和儒家持否定态度。孔子曾说:"俭则固"。(《论语·述而》)对此,朱熹解释说:"礼贵得中,奢易则过于文,俭戚则不及而质,二者皆未合礼。"(《四书章句集注·论语集注》卷一)孔与孟都曾说,富与贵皆"人之所欲也"(《论语·里仁》等)。朱熹也认为:"富寿康宁,人之所欲;死亡贫苦,人之所恶。"(《朱子语类》卷四十二)"欲富贵而恶贫贱,人之常情,君子小人未尝不同。"(《四书或问·论语或问》卷四)儒家、理学家既不否定追求富贵,自然不会否定富贵生活与享受。众所周知,孔子自称"食不厌精,脍不厌细",对饮食是相当讲究的。从各种记载看,朱熹在日常生活中也并非不求美味,过苦行僧式的生活。孔子曾说:"邦有道,贫且贱焉,耻也。"(《论语·泰伯》)在他看来,在"邦有道"的清平之世,人们有可能经由正道,通过努力而取得富贵却未能取得,依然贫贱,这是可羞耻的。可见,他从不主张人们以仅能获得最基本的需求,勉强维持生命为满足。固然,他也曾说"饭疏食,饮水,曲肱而枕之,乐亦在其中矣"(《论语·述而》),并称赞颜回"一箪食,一瓢饮,在陋巷"而"不改其乐"的精神,但这只是在"邦无道"的乱世,君子们无法通过正道摆脱贫穷,而应采取的一种正确态度。在宋代,二程等理学家们曾对所谓"孔颜乐处",特别是对"孔颜所乐何事"作过一番探讨、分析。他们一致认为,孔颜并"非乐疏食饮水",并"非乐箪瓢陋巷"(《河南程氏经说》卷六),并不是"以贫为乐",而是以道德理性的满足为乐,是教人以由内心的道义之乐而引发的乐观情绪去战胜外部的恶劣环境。程颐就曾反问:"箪瓢陋巷何足乐?"(《河南程氏外书》卷八)明确否定了那种认为孔颜"以贫为乐"的误解。由上可见,以为理学家们将超过最基本限度的欲求看做是恶的人欲的理解显然不符合儒家的一贯宗旨,并非他们的原意。

其实,朱熹对天理人欲的说明,并不仅是前引的那几句话,在《朱子语类》中,对此尚有一些更为全面、概括,且更具定义性的说明。试举几例如下:

盖做合做底事,便纯是天理,才有一毫计较之心,便是人

欲。(《朱子语类》卷四十三)

凡一事便有两端,是底即天理之公,非底乃人欲之私。(《朱子语类》卷十三)

同是事,是者便是天理,非者便是人欲。(《朱子语类》卷四十)

须是就事物上辨哪个是天理,哪个是人欲,不可恁地空说……好底是天理,不好底是人欲。(《朱子语类》卷一一七)

可见,理学家们讲天理、人欲之辨,所要辨明、分清的乃是合做与不合做,当为与不当为,是与非,好与不好;所强调的乃是人们行为、动机的合理性、正确性。在中国古代社会,所谓正确、合理的标准自然是封建道德准则。因此,理学家们在人生论领域所提倡的天理,乃是泛指一切合于封建道德准则的行为、动机,而被谴责的人欲,则泛指一切违背封建道德准则的错误的行为、动机。正如朱熹所说:"非礼勿视听言动,便是天理;非礼而视听言动,便是人欲。"(《朱子语类》卷四十)举例言之,"'坐如尸,立如斋',此是天理当如此;若坐欲纵肆,立欲跛倚,此是人欲了"(《朱子语类》卷四十二)。此外,由于"天理人欲,其间甚微",因此人们尚须"于其发处仔细认取哪个是天理,哪个是人欲"(同上),即首先从思想动机上去作分辨、取舍。显然,在人生论领域理学家们所提倡的理欲之辨内容与要求相当宽泛,仅以基本欲求与非基本欲求来界定是不妥的。

如果单就生理需求、欲望而言,朱熹所强调的同样是是与非,应当与不应当,而并不是基本与非基本。他曾说:

一饮一食,都有是非,是底便是天理,非底便是人欲。

(《朱子语类》卷三十八)

而当他说明何为人心,何为道心时则更明确指出:"人心便是饥而思食,寒而思衣底心。饥而思食后,思量当食与不当食;寒而思衣后,思量当着与不当着,这便是道心。"(《朱子语类》卷七十八)而我们知道,在朱熹看来,道心体现了"天理之奥",因此,这里他对道心的说明,即是对天理的说明。需要强调的是,上述两段文字中的是与非,应当与不应当,其标准除了封建道德准则外尚有与之相联系的人的等级地位、身份。这是因为,在中国古代,人们生活待遇、享受存在等级不平等性乃是既存的基本事实,而封建道德准则正是要维护这种等级不平等,使之道义化。显然,在判别衣食诸领域的是与非,应当与不应当时,人们所处的等级地位、等级身份无疑是一重要标准。通观朱熹等理学家的论著我们可以得出这样的认识,即,他们所肯定的正当的欲即天理,系指符合封建道德准则和自己等级地位的欲求,而与天理对立的人欲,则是指违背封建道德准则,超过自己等级地位的非分欲求。在生理需求、物质欲望方面,是否符合自己的等级地位、身份仍是区分天理人欲的重要界限。这种区分的结果之一是,何为天理、何为人欲并没有统一尺度,而是因人们的等级地位而异的,对某些人讲属于堂堂正正的天理,而对另一些人讲则是万恶的人欲,它是相对的。正如朱熹所说:"天理人欲,无硬定底界。"(《朱子语类》卷十三)它因人而异,具有明显的等级不平等性。这种区分的结果之二是,它既不限制、谴责富贵者的富贵生活、豪华享受,同时也不保证广大下层民众仅能勉强活命、"必须满足"的最基本的物质需求。对富贵者而言,钟鸣鼎食、衣锦乘轩乃是他们所应得的待遇,是正当而合理的享受,而对下层劳苦民众而言,即使为勉强活命,所食所衣也不可"不以其道而得之"。

二程的名言是"饿死事极小,失节事极大"(《河南程氏遗书》卷二十二),这是人所共知的。朱熹也曾说:"衣食,至末微事,不得未必死,亦何必犯义犯分,役心役志,营营以求之耶!"(《朱子语类》卷十三)在他们看来,维护封建道德准则和封建等级秩序乃是至高无上的头等大事,而饿死与否乃是"极小"的"至末微事",不足挂齿。诚然,这种理欲观虽然没有提倡人人都只能过最低标准生活的禁欲主义,也期望民富、国富,但对广大底层民众而言,它实际上具有禁欲主义色彩。

自然,理学家们讲理欲之辨,也有指向上层统治者、富贵者的一面。因为对他们而言,同样存在行为、动机的合理性、正当性的问题,以及他们的享受是否"逾制",即超过自己等级地位的问题。这些问题的存在,同样是对封建道德准则的破坏,不利于封建统治秩序的稳定。他们的无限贪欲,他们穷奢极侈的生活,势必进一步加重广大民众的负担,激化社会矛盾,成为中国古代社会动乱的根源之一。因此,对于这些问题,理学家们同样是关注的。二程曾指出,一些"后王""峻宇雕墙"、"酒池肉林"、"淫酷残忍"、"穷兵黩武"即为人欲(《河南程氏粹言》卷一)。朱熹的弟子陈淳也曾指责后代君主横征暴敛,为逐利而弃义的人欲。理学家们一再强调,面对一事要考虑合做与不合做,当为与不当为,"思量"其是非,这显然也是为了告诫统治者。

论中国近代"道德革命"中的理性精神

论及中国近代的"道德革命",有人每每批评其过激、狂热,指责它对中国传统道德作了全盘否定。诚然,在中国近代道德革命的过程中,一些人的断语确实偏激。比如,有人不分青红皂白,将中国古代道德统称为"伪道德"便是显例。在破旧立新过程中,一些人对旧道德情绪化的"愤怒冲击"和对西方的盲目赞美,也都是存在的。但是,如果对中国近代道德革命作一番全面考察便可发现,这场运动的倡导者们对重大问题是作了清醒的理性思考与选择的,其主导精神是理性的。因此,他们既未对中国传统道德作全盘否定,也没有完全按西方模式来建立新道德。

一

在当代各种述及中国近代道德革命的论著中,通常都说道德革命的倡导者对"三纲五常"

展开了批判,这种说法是不确切的。诚然,由于长期以来人们将三纲与五常并列并称,因此,在近代多数人继续将纲常并称,并有"纲常革命"之说。但是,在中国近代道德革命的进程中,批判的矛头始终指向三纲,并未正面触及五常。20世纪初,革命派的一篇文章直称这场道德革命为"三纲革命",这是准确的表述①。只批三纲而不批五常,正表明了批判者们的理性精神。

在近代,最早对传统伦理道德提出质疑的是康有为。早在1886年,康有为便在一篇文章中指出,中国自古以来臣屈从于君、妇屈从于夫,并非"义理之至",所指责的正是三纲中的君臣、夫妻二纲。后来,在著名的《大同书》中,他对三纲作了全面批判。在戊戌时期,对旧礼教作最猛烈抨击的是谭嗣同,而谭所作的批判,正是集中于三纲,所揭露的乃是三纲所造成的种种"惨祸烈毒"。这一时期猛烈批判旧道德的尚有何启、胡礼垣,而他们所作的批判,同样直指三纲。他们不仅宣称"三纲者,不通之论也",而且认为,中国自古以来,"勇威怯、众暴寡、贵凌贱、富欺贫,莫不从三纲之说而推。是化中国为蛮貊者,三纲之说也"(《新政真诠·劝学篇书后》)。到20世纪初,革命派成员不仅提出"三纲革命"的口号,还有人作《罪纲篇》专批三纲。在这一时期,三纲受到更广泛的批判。近代道德革命的高潮是五四,而五四集中批判的正是三纲,以及由三纲直接派生的忠、孝、节三德。陈独秀的著名论断是:在中国,"率天下之男女,为臣、为子、为妻,而不见有一独立自主之人者,三纲之说为之也"。由三纲派生出的道德,"曰忠,曰孝,曰节,皆非推己及人之主人道德,而为以己属人之奴隶道德也"(《一九一六年》)。概言之,中国近代的道德革命,从始至终,矛头一直是指向三纲。

至于五常,在近代道德革命中绝大多数的批判者并未对它作冲击,相反倒是被不少人提倡,并使之成为新道德的组成部分。

在五常中,最受重视的是仁。众所周知,谭嗣同的代表作即名之

---

① 见《辛亥革命前十年间时论选集》第二卷下,第1015页。

为《仁学》。为弘扬仁,谭嗣同将仁置于"天地万物之源"的地位,宣称"天地间亦仁而已矣"。当然,谭所提倡的仁,含义与儒家传统之仁有别。按谭的说法,"仁以通为第一义",而"通之象为平等"(《仁学界说》)。以平等释仁,固然不尽合仁的原意,但他毕竟是以位列五常之首的仁来表述他所追求、向往的平等。至于五常中的义、礼、智、信,谭虽将它们或归之于仁,认为乃是仁的不同表现;或认为它们"出于固然",不必单列,降低了它们的地位,但对它们依然是肯定的。

康有为在批判三纲的同时大讲"人皆有不忍人之心",宣称这不忍人之心为"一切根"、"一切源"。被康视为世界本原的"不忍人之心"即是仁。所以康的大弟子梁启超对康的哲学作了这样的概括:"先生之论理,以仁字为唯一之宗旨,以为世界之所以立,众生之所以生,家国之所以存,礼义之所以起,无一不本于仁。……其哲学之大本,盖在于是。"(《南海康先生传》第七章)可见,仁在康有为思想体系中的地位何等重要。在《大同书》中,康有为又宣称,在未来的大同世界,仁乃是最高的道德,凡有功德者皆授以各级"仁人"称号。小功德者为"仁人",大功德者为"上仁人",特大功德者为"至仁人"。显然,在康有为的心目中,仁是一种具有永恒性的道德。

革命派的思想家蔡元培主张,自由、平等、亲爱(博爱)应当是正在建立中的"公民道德"的"要旨"。但是,他又认为,这三者与五常中的一些德目基本精神是相同的。具体来说,自由即是义,平等即是恕,亲爱(博爱)即是仁。虽然,蔡的这番解释未必完全符合自由、平等、博爱的原意,但他显然是欲说明中西道德具有相通之处,中国的某些传统道德(主要是五常)在新的时代仍有其价值,可以溶入新道德中。至于孙中山,他不仅提倡儒家的"三达德"智仁勇,更大力提倡"忠孝仁爱信义和平"八德。一望便知,这些德目基本上源于五常。再说陈独秀,他虽对以三纲为核心的旧道德、旧礼教作了猛烈抨击,但是,为了改造国民性,提高中国的民德,他又大力提倡"勤、俭、廉、洁、诚、信"等传统道德,认为普及上述美德乃是"救国之要道",是一种"持续的治本的真正爱国之行为"(《我之爱国主义》)。这更能说明,在中国近代的道德革命中,倡导者们虽对三纲作了猛烈批判、彻底否定,但对诸多传统道德规范不仅没有一概否定,而且在赋予新意后大加提倡。

自从三纲五常在汉代出现以后,人们一直将它们并列并称。无疑,在中国古代的伦理道德体系中,三纲与五常确为一体。其中,三纲是基本原则,五常是主要规范。总体而言,五常是从属于三纲的。不过,若细加辨析,五常与三纲又是有区别的。固然,三纲与五常所维护的都是封建等级制度、等级秩序。但是,三纲所直接维护的是君权、父权、夫权,并越来越强调这三权的神圣与绝对,具有至为鲜明的时代性、阶级性。随着古代社会的崩溃,它遭到否定、抛弃乃是历史的必然。至于五常,它不只是解决君臣、父子、夫妻三种人际关系的准则规范,更是协调一切人际关系的准则规范,它包含了不少"人之所以为人"、"社会之所以为社会"的"古今共由"之理。因此,它除了不可避免的时代性、阶级性外,又具有程度不同的超越性、普世性和永恒价值。比如,仁的最基本要求是爱人,它要求人们"泛爱众"、"爱人类"、"以爱己之心爱人"。由此又引出了"己所不欲,勿施于人","己欲立而立人,己欲达而达人"的忠恕之道。义的通行定义是"宜",它要求人们面对一事采取最恰当、合理的反应、行为。礼虽明显维护封建等级秩序,但作为五常之一的礼亦即狭义的礼,其基本要求是恭敬、谦让,文明礼貌。智的基本要求是明辨是非,正确地知人并自知。至于信,则是人际交往的最基本准则。显然,这些道德要求不仅在当代,而且在将来,均有其普世、永恒价值。

在中国近代,道德革命的发动者们只批三纲而不触及五常,且对五常作程度不同的肯定、提倡,这说明他们认识到了五常与三纲的区别。他们虽对旧礼教、旧道德作了言辞激烈的猛烈抨击,但并未否定一切,而是有所选择、取舍的。他们批所当批,存所当存,所遵循的乃是取其精华、弃其糟粕的原则。孙中山曾说,对于中华民族"固有的东西,如果是好的,当然要保存,不好的才可以放弃"(《三民主义·民族主义》第六讲)。应该说,在近代道德革命中,多数人遵循了这一原则,这无疑是一种理性精神。

二

在中国近代道德革命中,受到批判的还有儒家的公私观、义利观、理欲观。对于这些传统观念的批判,在时间上还早于对三纲的抨击。在道德革命的口号提出之前即已展开。而这方面的批判,同样体现了理性精神,并没有否定一切,作简单化的颠覆。

随着商品经济的发展,特别是新兴的资本主义经济的出现;随着富国强兵、追求现实功利日益成为紧迫的时代需要,后儒轻薄功利,"讳言利"、"耻言利"的义利观自然要受到人们的质疑、否定。早在鸦片战争时期,魏源即曾指责后儒讳言利,置富强于"王道"之外,不合"圣人之道",是错误的。到洋务运动时期,几位早期维新派思想家先后指出,"后儒兢兢以言利为戒",严重阻碍了中国经济、特别是工商业的发展,这种观念必须破除。19世纪末,随着资本主义社会变革的展开,这种轻功利的义利观遭到更尖锐的批判。何启、胡礼垣说:"求利乃人之本心。今有执途人而告之曰:我不求利,则人必谓之奸;有执途人而告之曰:我欲求利,则人必谓之忠。彼则言不由衷,此则言以明志也。"(《新政真诠·新政论议》)他们公开认为,求利是人类的自然本性,因而是正当、合理的。他们也认为,由于长期以来后儒以言利为戒,排斥、打击、迫害那些为国兴利之臣,结果造成中国积贫积弱的局面。在此之前,严复也曾批判了"分义利为二途"的义利观,肯定了求利的正当性。随着利己主义的出现,个人利益得到更充分的肯定。

值得我们重视的是,在中国近代,新学家们虽越来越鲜明地肯定求利的正当性,越来越尖锐地批判后儒义利观讳言利的偏颇,但是他们并没有离义而言利、舍义而求利,更没有鼓动人们不择手段去求利。他们一方面肯定求利的正当性,一方面又强调求利有道,所肯定的乃是符合于义的利。一些思想家还从理论上论证了义利的统一,先后指出:"惟有利而后能立义,亦惟有义而后可以获利"(陈炽:《续富国策·分建学堂说》);"义者利之因,利者义之果。必能和义,而后为无害之利;必能得利,而后非孑孑之义。义利者,一合而不可稍离者也"(蛤笑:《论中国儒学之误点》,《东方杂志》1907年6期)。他们深刻指出,由于社会成员的利益相互矛盾、冲突,因此必须"提出一义字"来规范、协调人们复杂的利益关系,"以剂天下之平"。只有人人皆按道义的要求,在道义允许的范围内求利,人人的正当利益才能得到合理满足。因此,他们对儒家"见利思义"、"义而后取"等一类古训都是赞同的。他们所否定的只是后儒讳言利、不谋利、不计功等一类偏说,而不是儒家义利观的全部。

随着冲决网罗、个性解放的呼声日益高涨,宋明理学"去人欲,存天理"的理欲观自然要遭到人们的抨击。早在1886年,康有为就指出:"凡有血气之伦必有欲","若无欲,则惟死耳。"(《内外篇·不忍篇》)在戊戌时期,谭嗣同对宋明理学的"去人欲,存天理"说作了更尖锐的批判。他说:"世俗小儒,以天理为善,以人欲为恶,不知无人欲尚安得有天理?"(《仁学》九)公开指责提倡"去人欲"的宋明理学家是"世俗小儒"。到五四,这一批判进一步深入。《新青年》的一些文章先后指出:"自我欲求所以资其生也,设无欲求则一切活动立时灭绝,岂复有生存之必要。"(《李亦民:《人生唯一之目的》,《青年》第一卷第二号》)因此,那种去欲说实在是"大谬不然"。但值得我们注意的是,道德革命的倡导者们虽对欲作了充分肯定,但他们从未主张无节制地纵欲。他们先后强调,人类满足欲望的活动绝非动物式的冲动,而是理性的。又指出,生活于社会群体的人,各自的欲望追求往往是相互冲突的。如果人人皆不顾他人、不顾群体而一味放纵自己的欲望,势必"争夺无餍"。只有人人皆按社会通行的道德准则合理节欲,才能"各得其分,各得其乐,而不相侵"(康有为:《礼运注》)。在他们看来,判别贤愚不肖的重要标准之一,便是看他是否能自觉、合理地节欲。在理欲关系上,近代道德革命倡导者们的态度同样是理性的。

三

中国近代道德革命的基本方向是学习西方,以自由、平等、博爱为原则来建立新道德。但是,几代改革者们并未全盘照搬西方,完全按西方模式来建立新道德。在这方面,更鲜明体现了他们的理性精神。

首先,一些人指出,在当时的道德建设中,固然要学习、借鉴西方,但同时也应珍视中国传统道德的遗产,重视对中国"固有道德"的继承、改造。对此,孙中山有较多论述。他认为,就精神文明而言,中国比之西方,"不如彼者"固然不少,但"能与彼颉颃者"也不少,"即胜彼者亦间有之"(《孙文学说》),因此断不可妄自菲薄,事事屈己从人。而单就道德文明来说,中国则高于西方。比如,"中国所讲的信义,比外国要进步得多",中国"和平的道德,更是驾乎外国人"(《三民主义·民族主义》第六讲),这些都应珍视,予以发扬。其他人的肯定性评价虽不如孙中山那么高,但也都认为,对于包括道德文明在内的中国文化遗产,既要"弃其糟粕",又要"拾其精英",不可采取虚无主义态度。

其次,近代不少新学家对那时西方的社会道德状况并不满意,清醒地看到它所存在的种种问题。康有为在《大同书》中对西方社会的丑恶多有揭露。蔡元培虽主张以西方的自由、平等、博爱为基本原则建立中国的"公民道德",但他又指出,西方虽提出了这三大原则,可是在那时的西方社会,实际上往往是"企自由而不遂,求与人平等而不能"。基于"俱分进化"的历史观,章太炎一方面承认西方近代道德较之古代确有进步,但又指出,西方近代社会的种种丑恶也更甚于古代。至于革命派中的无政府主义者,他们基于对资本主义制度的否定,因而对西方社会的道德状况指责尤多。总之,在近代多数新学家们的心目中,那时的西方并不尽是一个处处值得学习的文明世界。

此外,一些人又进而认为,西方的某些政治、道德观念也并非无弊。陈独秀在代表《新青年》全体成员所发表的宣言中曾说:"我们相信,世界各国政治上、道德上、经济上因袭的旧观念中,有许多阻碍进化而且不合情理的部分。"(《新青年宣言》)这里的各国,自然包括西方。而且,这篇宣言所表述的乃是《新青年》"全体社员的公共意见",这说明,这一断语并不是陈的个人看法,而是他和他的战友的共同认识。

基于上述原因,道德革命的倡导者们对西方的伦理学说、伦理道德观念是有选择、取舍的。而且,他们很敏锐地注意到并吸取了那时一些西方思想反思资本主义弊端、反思现代化负面影响的某些理论成果,并按中国的国情和需要作了发挥。这就使他们所欲建立的新道德具有一些新内容,更符合那时中国的社会变革、民族振兴的时代需要。

近代改革者们批判旧道德、提倡新道德的理论出发点是从西方传入的幸福论,即认为追求快乐、逃避痛苦是人类的天性。但是,对于求乐,他们始终没有只限于现时的感性之乐、个体之乐,而更重视长远根本之乐、精神之乐,并强调实现社会群体之乐。他们一再反对人们为满足自身之乐而损害社会群体之乐,主张"个人求自己之满足,同时不可不求社会全体之满足","追求个人自身之快乐,不可不兼顾社会公众之快乐"(《李亦民:《人生唯一之目的》,《青年》第一卷第二号》)。

近代改革者所欲建立的新道德,其核心自然是利己主义。因此,从戊戌到五四,几代新学家曾大力提倡利己,认为利己乃是人类共同的天性,人类的生活、行为、追求、选择都是以利己为轴心而展开的,故"利己主义为人类生活唯一之基础"。而且,"不谋一己之利益即无由致社会之发达"(高一涵:《共和国家与青年之自觉》,《青年》第一卷第一、二号),利己又是推动社会进步的原动力。但是,他们虽认为利己是人类的天性却未鼓吹那种极端的、纯粹的利己主义,而是选择、采纳了那时一些西方思想家所提倡的"合理利己"主义。因此,他们在鼓吹利己的同时又主张"自利利他"、"利己而不偏私",希望实现人我、群己、公私"两利"。有人还主张,为了个人长远的根本利益,必要时人们还应牺牲个人利益以维护公益,做到"绌身伸群"、"捐小我而卫大我"。他们曾一再告诫人们应深深懂得"群己相维"之理,认识到个人利益与群体利益的一致性。为此,他们又提倡爱他、爱国、利群,发扬同情心、互助心、"公共心"。这些都反映了他们试图更好地处理群己、公私、人我关系,建立一种更合理的社会秩序的愿望。

鼓吹利己自然要提倡个人主义。但是,他们在提倡个人主义时及时注意到了那时某些西方思想家反思个人主义负面影响的议论。胡适引用他的老师杜威的话,将那种只知自私自利的个人主义称之为"假个人主义",而主张建立一种"真正的个人主义"。这种"真正的个人主义",胡适称之为"健全的个人主义"。胡适既讲个人主义自然要强调个性。不过,他认为发展个性"须有两个条件",其一是自由意志,其二则"须使个人担干系、负责任"。就是说,健全的个性应以自觉的社会责任心为前提。胡适讲个人主义,自然要强调个人的地位、价值。但是,他主要是从个人对社会的影响(即"个人造成社会")来说明个人的重要的。因此,这种个人主义更重视个人的社会责任。基于这种重社会责任的健全的个人主义,胡适还曾批判了那时颇有影响的"独善的个人主义",认为它较之赤裸裸的自私自利危害更大。

概言之,从理性地对待苦乐,到提倡"合理利己"主义、"健全的个人主义",我们都可以看到中国近代道德革命的倡导者们对社会群体利益和社会责任的关注、重视,这是十分可贵的。

陈独秀曾说:"近几百年,西洋物质的科学进步很快,而道德的进步却跟他不上。……我们希望道德革新,正是因为中国和西洋的旧道德观念都不彻底,不但不彻底,而且有助长人类本能上不道德的黑暗方面的部分。……我们主张的新道德,正是要彻底发达人类本能上光明方面,彻底消灭本能上黑暗方面,来救济社会悲惨不安的状态。"(《调和论与旧道德》)这清楚表明,以陈独秀为代表的近代改革者之所以发动道德革命,不只是出于对以三纲为核心的中国旧道德、旧礼教的憎恶,也是出于对西方资本主义社会道德状况的不满。他们虽然学习西方,但对西方又有所反省、批判。他们所要建立的新道德并非完全照搬西方,而是试图实现对西方的超越。

论传统公私观在近代的变革

在中国近代社会转型和文化转型的过程中,传统的义利观、公私观、理欲观、俭奢观等均发生了程度不同的变革,这是中国近代"道德革命"、观念变革的重要内容。而相比之下,传统的公私观受到了更为猛烈而且持续的冲击。出于维护个人权益,发展资本主义经济,建立利己主义、个人本位主义的新道德,激发个体活力进而激发社会群体活力,协调公私群己关系等方面的需要,中国近代的一些新学家们对公私关系多有议论,并初步提出了一套具有近代色彩的新的公私观。本文拟对中国近代公私观的变革作一简要梳理、评介。

一

"尚公"是中国传统道德的基本精神之一。在中国古代,尚公既是基本道德原则,也是基本政治原则,它始终受到历代统治者和思想家的大力提倡。中国传统义利观、理欲观中的义与天理,其内容实际上是公。儒家认为,仁为五常之首、百善之源;而按宋儒的解说,"公而无私便是仁",这等于说尚公乃是百善之源、道德之首。至于"大公无私"、"公而忘私"、"以公灭私"等等,更是中国千古流传的道德训条。而私在中国的传统话语中则日益被视为恶和恶之源。可是,到了近代,这种传统的公私观却遭到几代人持续不断的质疑、非难甚至否定。

早在鸦片战争前,龚自珍便对传统公私观提出非议。他宣称,私乃是人的天性,无可指责。因此,他对私是充分肯定的。他写道:

> 天有闰月,以处赢缩之度,气盈朔虚,夏有凉风,冬有燠日,天有私也。地有畸零华离,为附庸闲田,地有私也。日月不照人床闼之内,日月有私也。圣帝哲后,明诏大号,劬劳于在原,咨嗟于在庙,史臣书之。究其所为之实,亦不过曰:庇我子孙、保我国家而已。何以不爱他人之国家,而爱其国家?何以不庇他人之子孙,而庇其子孙?……忠臣何以不忠他人之君,而忠其君?孝子何以不慈他人之亲,而慈其亲?寡妇贞妇何以不公此身于都市,乃私自贞、私自葆也?(《论私》)

龚自珍认为,凡人皆有私心,即使圣君、哲后、忠臣、孝子、贞妇也不例外。自私符合自然之理,它不仅不属于该排斥的恶,而且,传统的基本道德也都来源于私,是由私派生的。由此,他对"大公无私"作了彻底否定。他说,战国时的燕王子哙让国于子之,西汉哀帝欲让国于董贤,皆"天下之至公也","此二主者其视文、武、成、康、周公,岂不圣哉?"(同上)可是,自古以来人们均将此二人视之为误国昏君。他又说:"且夫狸交禽媾,不避人于白昼,无私也。若人,则必有闺闼之蔽,房帷之设。……今曰大公无私,则人耶,则禽耶?"(同上)他认为,私乃是人别于禽兽的天性,不仅不能排斥,也无法排斥。因此,彻底的大公无私是不可能的。

从上述议论看,龚自珍所论的公私,范围相当广泛,而所举例证有的似乎离题;但这些表述却反映了他对私的充分肯定。比如,他首论天地的"公私",看似荒诞,其实乃是为了反驳"天无私覆,地无私载,日月无私烛,四时无私行"的古说,否认大公无私乃"天之经,地之义"。他举人禽性交的差异来论公私,表明他心目中的私还包含了个人的隐私,对个人隐私的肯定,也是为了肯定私。

龚自珍的人皆有私说与晚明李贽的"夫私者,人之心也"在理论上是一脉相承的,所要反对的都是宋明理学家的公私观、理欲观。宋明理学家提倡"去人欲,存天理",就是教人以"天理之大公"去灭"人欲之私"。他们所说的"天理之公",从本质上说实际上是指封建制度、封建国家的根本利益;而所谓"人欲之私",反倒包含了许多民众的正当利益。他们所讲的"公",具有明显的虚幻性;他们大讲"大公无私",更具有虚伪性。正如黄宗羲在《明夷待访录》中所说,君主们实际上是"以我之大私为天下之大公"。因此,龚自珍对大公无私的否定虽属偏说,但在当时的历史环境下又具有进步意义。龚对私的肯定,与他推尊自我、肯定个性、呼吁解除对人的束缚的思想是一致的。但从龚对商品经济的保守态度看,他的公私观似与那时商品经济发展的趋势并没有明显的联系。

二

传统公私观遭到更多的冲击,是在中国出现资本主义经济,新兴的中国资产阶级登上中国的政治舞台之后。随着资本主义经济的产生,社会变革与"道德革命"的渐次展开,中国思想领域出现了一种对私予以充分肯定的新型公私观。从康有为、梁启超到陈独秀等人,几代新学家先后对私作充分肯定,甚至为自私、利己大唱赞歌,不少人还写了一些专门论私和公私关系的专论。

自从严复在《天演论》的按语中介绍、宣传来自西方的"趋乐背苦"说后,这种人性论、伦理观迅速为中国的新学家们普遍接受。直到五四,新文化运动的倡导者、参与者们依然大讲追求快乐、逃避痛苦是人的天性、本能。从某种意义说,这种人性论、伦理观乃是近代新学家们鼓吹自私、利己的理论基点。这是因为,苦乐乃是个体的人的主观感受,他人是替代不了的。既然认为求乐免苦是人的本性、本能,逻辑上势必得出人性自私的结论。20世纪初,许多新学家都认为,因为"身者我之身也",人人莫不"我私我身",因此,自私利己乃是人类的天性。他们先后说:

  人之性也,莫不自私……此自无始已来,受种已然。(康有为:《大同书》辛部)

  凡属人类,皆不免有自私之见存。(剑男:《私心说》,《民心》第一期)

  盖私之一念,由天赋而非人为者也,故凡可以入人类界中者,则无论为番、为蛮、为苗、为瑶,自其生时,已罔不有自私自利之心存。(《公私篇》,《浙江潮》第一期)

在20世纪初,即使是政治立场偏保守的《东方杂志》,也曾发表过一些对私充分肯定的文字。一篇文章说:"必以己为私,以人为公,则天下无此不情之公理。""欲其损己利人,非矫情即骜竖耳。是则欲天下之公而忘私者,是责天下以不近人情之理而强人以难能。"(吴兴让:《政治当利用天然说》,《东方杂志》1909年第一期)可见,在20世纪初,肯定私乃是一股受到许多人赞同、支持的思潮。

近代新学家们认为,自私是人类的天性,因此,人类的一切活动、作为无不以自私、利己为轴心而展开,离开私便无法说明人类生活、活动的一切。他们说:

  有人而后有世界,人人有利己之心而后有世界。宗教也,学术也,社会也,国家也,推其所由始,察其所由成,迹其所以变迁发达之故,无不基于人类利己之一心。(《教育泛论》,《游学译编》第九期)

  利己主义为人类生活唯一之基础……自爱自利为人类行为之唯一原因。(李亦民:《人生唯一之目的》,《青年》1915年第一、二期)

他们还认为,有私才有竞争,有竞争才有进化;因此,私又是社会进化的原动力。一篇文章说:"私也者,争之原动力也。顺原动力而飙举电掣以赴之者兴,逆原动力而隐忍姑息以偷旦夕安者亡。理固如斯,无可幸者。"(《公私篇》,《浙江潮》第一期)另一篇文章说:"惟利己故不得不竞争,竞争剧斯进化速矣。"(《教育泛论》,《游学译编》第九期)他们又认为,"社会为小己所群集",因此,"不谋一己之利益即无由致社会之发达"(高一涵:《共和国家与青年之自觉》,《青年》1915年第一、二期)。只有倡私,鼓动人们都去谋求"一己之利益",才能实现社会繁荣,推动社会进步。有人进而认为,爱生于私,只有倡私才能使人人由"私其国"而爱其国,将国家看做是我的国家,视一国之事如一己之事,从而真心爱自己的国家。一篇文章说:"人人不欲私其国,而国之血脉乃不贯注,而国之躯壳乃不完备,而国之病乃日益深。"它的结论是,中国之所以衰微,"惟公之故,惟无私之故","中国亡于不能私"。而西方之所以国权日伸,进而"制胜外人、外国、外族",则是"由于自私自利之一念,磅礴郁积于人人之脑灵、之心胸"的结果(《公私篇》,《浙江潮》第一期)。因此,要想使中国人由爱国而强国,就必须提倡私。所以,它发出了"可爱者私也"的赞叹。另一篇文章也认为:"欲人之爱国不必责以忘私也,当扩充其徇私之心而已。"(吴兴让:《政治当利用天然说》,《东方杂志》1909年第一期)可以说,这一认识乃是那时不少新学家的共识。

基于上述分析,他们对私作了充分肯定,认为它不仅不应谴责而且应予以提倡。一篇文章认为,中国"儒者立说"均以自私利己"为人道之大戒",这不仅是"不近人情之言",而且它"剥丧人权,阻碍进步,实为人道之蟊贼"(《教育泛论》,《游学译编》第九期),必须予以批判、否定。为了对私作充分肯定,有人还对中国古代统治者之所以尚公的原因,以及他们所倡之公的虚假性作了分析、揭露。一篇文章说:"人人有自私自利之心,于专制君主则不便甚。"于是君主便以尚公之名摧锄众人之私。君主之所以尚公,是因为众人之私,"不利吾君主一人之私而已"。其实,君主乃是"出其一人之至私,指之说之曰:是天下之至公也"(《公私篇》,《浙江潮》第一期)。这些揭露文字虽然是受了黄宗羲的影响,但显然比黄更为尖锐、深刻。

在19世纪末至20世纪初的20年间,一批政治立场不尽相同的新学家们一反古调,不约而同地为私字大唱赞歌,多方论证其正当性、合理性,这是那时中国一种值得重视的思想动向,其意义与影响是多方面的。他们对私充分肯定,首先是要证明,人人都有为自己的生存谋求利益的权利,都有追求、创造财富的自由与权利。他们所要求的乃是实现个体的权益,是对个体价值的确认。这反映了那时中国先进分子个体意识的觉醒。这种标榜"贵我"的个体意识,是同他们同时大力提倡的人皆有自主之权的自主意识、独立精神、意志自由、人权观念、权利与义务观念紧密联系的。所反对的乃是封建专制主义对人的种种压制、束缚。正如吴虞所说,"个人独立"乃是"为我之旨"(《辨孟子辟杨墨之非》)。这些又反映了他们要求在中国建立民主政治的愿望。而在道德领域,则是为建立利己主义、个人本位主义新道德作舆论准备。他们充分肯定私,也是为了论证资本主义私有制的合理性,是为了在中国自由发展资本主义经济。这反映了商品、市场经济正在中国日益发展的历史趋势和要求。显然,这股倡私、贵我思潮,并非是突如其来的狂飙,而是中国近代社会转型、社会变革的必然产物。

值得我们注意和重视的是,他们之所以倡私,又多含有这样的意图,即通过它来激发社会成员的个体活力,进而激发中国社会群体的活力,以求中华民族的振兴。有人更将倡私与激发爱国心相联系,将"杨朱之学"看作是可以救国的药方。虽然,他们对此所作的论证多缺乏说服力,但其主观愿望值得重视。它再次说明,中国近代的种种新思潮总是同救亡图存、谋求民族振兴的主题紧紧联系,围绕它而展开的。虽然,他们关于倡私、贵我的种种议论时有偏说,但总的说来符合当时的历史潮流,具有进步意义。

三

在中国近代,几代思想家虽先后为私字大唱赞歌,但是他们从未鼓吹人们损人利己、损公肥私,置国家、民族、群体的公利、公益于不顾。他们并未因倡私而废公,弃公于不顾。龚自珍虽然否定"大公无私",但他对"公私并举"、"先公后私"或"先私后公"则是赞同的。至于后来的诸多新学家,更是力图处理好公私关系,实现己与群的利益调和,既反对以公废私,也反对以私害公。之所以如此,首先是因为他们对人的社会性,即所谓"群己相维"之理有比较深刻的体认。他们曾先后说:

> 因人之不能孤立独行也,于是有家族、有社会、有国家以扶持之。……夫家族、社会、国家既为人人共有之物,而人之于家族、社会、国家,即有应尽之义务以维持其间。否则,家庭、国家不得一日存,而人亦将随其后而灭之也。(《权利篇》,《直说》第二期)

> 夫人者,群居之动物也。文明愈进,则群之相需也愈深。(常乃惠:《纪陈独秀君演讲辞》,《新青年》第三卷第三号)

基于对人的社会性的认识,一些人又看到并强调了个体利益与群体利益的一致性。这便是那时人常说的:"凶于尔国者即害于尔家,凶于尔家者即害于尔身。"(剑男:《私心说》,《民心》第一期)国家兴盛富强则我得其福,国家衰败贫弱则我受其祸。这种对公与私统一性的认识就使他们始终不曾废公、离公而倡私。

其次,同样重要的是,它是由中国近代特殊的国情、遭遇所决定的。近代的中国,始终面临国内封建统治与外来帝国主义的双重压迫,因此,近代中国人肩负着双重解放的任务。为摆脱封建专制压迫,实现个人权益,求得个人解放,几代新学家们势必要倡私、贵我;而为了摆脱外来帝国主义的民族压迫,他们又势必要提倡爱国主义、民族主义,呼吁利群。由于在中国近代,来自帝国主义的民族压迫是更大的压迫,民族独立和解放的任务始终居于首位,因此他们势必更重后者。所以,我们看到,在他们倡私的论著中,不仅从没有教人因个人之私而不顾国家民族利益的文字,相反,不少人主观上正是要通过激发个体活力以谋求中华振兴而倡私的。

在中国近代,几代新学家之所以一再冲击、清算中国古代尚公的公私观,其实主要是为了寻找如何更好地处理公私关系的途径,而不是要废公。那么,究竟怎样处理、协调公私关系才算正确、合理?在19世纪末至20世纪初的中国思想界,大致有三种主张。

其一是"两利"说。所谓两利,概言之即是:"不以己之私夺人之私,不为人之私屈己之私",最终使人人"各得其私"(何启、胡礼垣:《新政真诠·〈劝学篇〉书后》)。对此,严复最早作了较为完整的叙述。他引亚当·斯密的话说:

> 大利所存,必其两益。损人利己非也,损己利人亦非;损下益上非也,损上益下亦非。(《天演论》导言十四按语)

他认为,对于人己、上下、公私、损益任何一方都不恰当,只有彼此两利才最圆满。所以,他多次强调:"两利为真利","独利必不利"(《天演论》导言十八、论十六按语)。这种两利说在中国近代思想界影响颇大,20世纪初《东方杂志》的一篇文章也认为:"夫天下无独利之利,必两者俱利而后其利乃全",故"大利"必"两利而后形"(《论国人宜善用其利己心》,《东方杂志》1906年第十一期)。而到五四新文化运动时期,这种两利说得到更多人的拥护、提倡。《新青年》的主要撰稿人之一高一涵认为:

> 损社会以利一己者固非,损一己以利社会者亦谬,必二者交益交利,互相维持,各得其域,各衡其平者,乃为得之。
>
> 人己交际之间,必俱益俱利,乃不违乎社会公益之原则。……凡大利所存,必其两益。(《共和国家与青年之自觉》,《青年》1915年第一、二期)

他们都认为,彼此两利才是最公正、最圆满地处理、解决人我、公私利益关系的正确原则。显然,这一主张带有理想主义的色彩。在现实生活中,面对错综复杂、彼此冲突对立的利益关系,是难以一一做到两利的。

其二是"绌身伸群"说。这种主张的提倡者认为,公私利益往往很难兼顾,为了维护个人长远、根本的利益,必要时应牺牲某些一时的私利以维护公益。这种意见以梁启超为代表。他认为,"团体之公益与个人之私利",时时矛盾"而不可得兼",要想不损害任何一方是难以办到的。在两者矛盾、冲突时,正确的态度、做法是"不惜牺牲其私益的一部分以拥护公益;其甚者或乃牺牲其现在私益之全部分以拥护未来公益"。他解释说,之所以必须如此,"非拂性也,盖深知夫处此物竞天择界,欲以人治胜天行,舍此术无由也"(《新民说·论合群》),其目的是为了维护个人长远利益,更好地"收利己之效"。稍后,《东方杂志》的一篇文章也对本性利己的人之所以又必须"绌身而就群"作了说明。它说:

> 夫天下人亦孰不爱己乎、孰不思利己乎?爱己利己,原非圣人之所禁。然人非能独立于地球,于是乎有群。又非能以一群占有全地球,于是乎有此群与彼群。当此群与彼群之角立而竞争也,群之力大而强者必胜。……群力何以能大、何以能强?必其群之人常肯绌身而就群。若使人人知有身不知有群,则其群必涣而终被吞于他群,理势之所必至也。(《论救中国必先培养国民之公德》,《东方杂志》1906年第七期)

他们都认为,在民族间生存竞争空前剧烈的今天,欲使中华民族得以在世界民族之林立足,就必须使之由弱变强;为此,个体之私就必须服从群体之公,而不可使个体之私损害群体之公。但他们又指出,个体之所以有时要"绌身就群",乃是为了维护、保证自身长远、根本的利益。所以,梁启超在《新民说》等论著中一再说,"善能利己者"、"真能利己者","必先利其群";而且,"非利群则不能利己"。其归宿仍是利己主义。不过,在20世纪初的历史环境下,这种处理公私关系的主张无疑更为理智，更符合时代需要。

第三种意见可称之为"以私成公"说。此说见之于20世纪初的一些报刊文章，因作者未署名或署笔名，我们难以举出它的代表。这一派认为，中国自古以来视公私二者"至反对而至不相容"是错误的。其实，公与私即群体利益与个体利益并非势不两立，而是相互依存、渗透的。公所代表、体现的正是诸多个体的私，而人人谋求私利即可增进公益。所以，"积私即所以成公"。他们对顾炎武"合天下之大私以为天下之大公"一语十分赞赏。在他们看来，公乃是私的逐层扩大。这便是：由一身而扩大为家，由一家扩大为乡，由一乡而扩大为州、县、省，进而扩大为一国。人们通常以后者为公而以前者为私，其实，后者乃是前者逐层的扩大。"我身、我家、我国以至我民族，皆与我有绝大之关系，皆我私也"（剑男：《私心说》，《民心》第一期）。所以，有害于国即有害于家，有害于家即有害于自身，其间有无法割断的联系，彼此并非绝对对立。他们认为，中国自古将二者割裂并对立，造成了很大的消极影响。有人认为，中国之所以衰败，就在于国人以己身为私而视国家为公，因而"恒不以我之中国视中国，而以君主之中国视中国"。结果是，"人人不欲私其国，而君主乃得独私其国"（《公私篇》，《浙江潮》第一期）；因为人皆放弃其私，遂成就了君主之私。因此，他们呼吁国人以自私其身的精神去"私其国"；认为只要人人都私其国，国家便可强盛。他们的总结论是，人人都尽一己之力去谋私，便可成就其公。

这一派反对将个人利益与社会国家利益绝对对立，强调二者的统一性，这具有合理因素。但是，他们视二者的统一为同一，否认二者的差异与矛盾，认为"无私而非公，无公而非私，即私即公，即公即私"（剑男：《私心说》），"私之至焉，公之至也"（《公私篇》），显然是错误的。而且，他们的公私同一说是让二者同一于私，是要溶公于私。为此，有人甚至宣称公乃"害私之蟊贼"，竟主张"向字典中删去公之一字"（剑男：《私心说》），这更显荒唐。虽然，他们鼓吹这套理论的直接目的是要人人将私逐层"扩而充之"，从而使国人皆"私其国"，视国事为个人私事,激发国人的爱国心,用心是良好的,但他们所作的理论概括、表述无疑大有问题。

概言之,在中国近代,几代新学家们是力图按新的时代精神来协调和处理公私、群己关系的。这种新的公私观乃是中国近代社会转型过程中,经济、政治的新变化在观念形态上的反映,是同他们所要建立的"合理利己"主义、个人本位主义的新道德是一致的。他们关于如何处理公私、群己关系的种种议论和设想,具有程度不同的合理因素,这对今人正确处理公私关系仍有借鉴意义。但是,他们处理公私关系的共同原则、出发点都是利己主义,这就决定了他们不可能对公私关系作最终合理解决。此外,由于理论准备不足等等原因,他们不论是对公私还是对公私关系,均缺乏更明晰、深入的理论说明,因此,他们所提出的新公私观,在理论上也欠完备。

论传统义利观在近代的变革

中国近代道德观念的变革,不仅表现为三纲受到冲击,以及由三纲所引发的忠、孝、节等传统道德遭到批判,而且还表现在传统的义利观、公私观、理欲观先后受到质疑、批判,并进而发生变革。从时间上说,这些传统观念受到质疑、批判,有的尚早于对三纲的抨击。它对近代新学家们提倡合理利己主义、个人本位主义的新道德曾起了推波助澜和理论铺垫的作用,其社会影响不容轻视。了解这些观念的变革,可以使我们对中国近代的"道德革命",以至整个近代的观念革新,有更为全面、深入的认识。而在这些观念变革中,义利观的变革尤其值得我们重视。

一

儒家的义利观强调人们应以符合道义的正当手段、途径获取正当利益,原本具有合理因素,曾在历史上产生过积极影响。但是,儒家义利观在理论上的偏颇也是明显的。儒家这种道义至上的价值观,在肯定精神、道德价值高于物质价值时,却对前者建立于后者之上缺乏应有的重视。这种倾向经后儒片面发展,遂出现了"君子不言利"、"君子耻言利"的偏说。因为强调以义统利,儒家又提出了"以义为利"说,由此又得出了循义而行必然得利的结论。这种以为功利会随道义流行而自然实现的认识,表现在治国之道上则是董仲舒的"正其谊不谋其利,明其道不计其功",以及朱熹的治国当"以仁义为先,而不以功利为急"。这种轻功利的道德决定论在中国历史上的消极影响是明显的。儒家义利观所存在的这些问题,在近代曾先后遭到几代人的质疑、批判。

在中国近代,最早对传统义利观的偏颇提出质疑、修正的是鸦片战争前后的魏源。出于振兴经济,富国强兵的需要,魏源反对后世儒者讳言功利的迂腐态度。他指出,自古以来圣人们从未笼统地、不加区分地一概排斥利。他说:

圣人以名教治天下之君子,以美利利天下之庶人。……故《国风》刺淫者数十篇,而刺民好利者无一焉。(《默觚下·治篇三》)

他认为,对于广大庶民百姓,应"开之于利",以"美利"利之。这是因为,民无利则不能生,执政者不能满足民众正当的利益要求便难以"聚人"。所以,圣人历来把"势"、"利"、"名"视为"治天下之具",对利给予高度重视。针对董仲舒、朱熹等人轻功利的倾向,他又指出,古人们不仅不否定功利,而且将"立功"与立德、立言、立节并列,"谓之四不朽",予以崇敬。在古人看来,"无功、节、言之德"与"无德之功、节、言"一样,"君子皆弗取焉"(《默觚上·学篇九》),应予否定。这就是说,董、朱等人"不谋其利"、"不计其功"、"不以功利为急"的义利观是有背于古代圣王之道的。魏源着重指出,富强与"王道"不仅不相对立、排斥,而且它乃是王道应有之义,不可缺少的内容。他说:"自古有不王道之富强,无不富强之王道。"(《默觚下·治篇一》)无富强也就不成其为王道了。因此，古来圣王高度重视"田渔"、"衣桑"、"舟车"、"市易"、"弧矢"、"食货"等事，对兴利始终不曾掉以轻心。他指出，那些迂腐的儒者对义利之辨作片面、错误的理解，将兵食、富强之事归之于"霸道"，"讳而不言"，而空谈心性礼义，将其视为治国之本，乃是一派误国之言。他写道：

> 后儒特因孟子义利、王伯(霸)之辨，遂以兵食归之五伯，讳而不言，曾亦思足民、治赋皆圣门之事，农桑、树畜即孟子之言乎？……使其口心性，躬礼义，动言万物一体，而民瘼之不求，吏治之不习，国计边防之不问，一旦与人家国，上不足制国用，外不足靖疆圉，下不足苏民困，举平日胞与民物之空谈，至此无一事可效诸民物，天下亦安用此无用之王道哉？（同上）

在魏源看来，那种只知空谈礼义而不讲富强的"王道"乃是于国于民皆无用的"王道"，必须抛弃。鸦片战争前后，正是中国社会危机与民族危机日益明显并日趋严重的时代。当时的中国，经济衰退，国弱民贫，面对外来的西方侵略者已难以招架，因而急需恢复生产，发展经济，富国强兵，图强御侮。概言之，那时的中国急需讲求功利。魏源对传统义利观的修正，正反映了这一时代需要。此外，在这一时期中国的商品经济也呈发展趋势，魏源本人即曾从事过商业活动。这一历史背景也使魏源对利表示关注。但是，这一时代中国的社会大变动还刚刚开始，资本主义经济尚未产生，因此，魏源义利观的近代色彩尚不鲜明，他对董、朱轻功利的义利观的非议，尚只是富国强兵的需要。

二

第二次鸦片战争后，中国社会发生进一步的变化。首先是从清朝统治集团中分化出了主张学习西方科技，"稍变"中国"成法"的洋务派。他们所发动的洋务运动使中国开始走向近代化的道路。接着，从19世纪70年代起，中国出现了资本主义经济，诞生了中国的资产阶级，资本主义社会变革的任务逐渐提上历史日程。伴随着这一社会经济的新变化,特别是随之而来的社会转型,传统的义利观受到更大的冲击。洋务运动的两面旗帜是"求强"、"求富",这两项宗旨其实即是求功利。至于求富,更是明显地求利。而顽固派反对学习西方、办理"洋务",所弹的乃是"正其谊不谋其利,明其道不计其功"的老调。因此,洋务派与顽固派的斗争,内容之一实则是重利与重义之争,洋务派嘲笑顽固派"以忠信为甲胄,以礼义为干橹",实则是对重义不谋利、明道不计功的传统义利观的否定。随着洋务派兴办民用企业,一批民营工商业渐次兴起,经济变革的任务提上日程。为了发展商品经济,越来越多的新学家们批判重农轻商、崇本抑末的传统经济观,主张以工商立国,而商品经济所追求的自然是最大限度的利润。这一经济与经济观念的转型,势必促成、推动道德观念的变革。于是,在19世纪八九十年代,一些早期维新派思想家对传统义利观的偏颇作了更为直接而系统的批判。薛福成指出:

> 中国圣贤之训,以言利为戒……然此皆指聚敛之徒,专其利于一身一家者言之。《大学》平天下一章,半言财用;《易》言乾始能以美利利天下。可见,利之溥者圣人正不讳言利。……后世儒者不明此义,凡一言及利,不问其为公为私,概斥之为言利小人,于是利国利民之术废而不讲久矣。(《出使日记续刻》卷四)

他进而指出,由于受传统义利观的影响,长期以来人们皆以不言利为君子,而以言利为小人,于是,中国社会普遍以求利的商务为贱业。结果是,因"怵于言利之戒,在上者不肯保护商务,在下者不肯研索商情,一二饶才智、知大体者,相率缄口而不敢言","天下之人相率以商为畏途"(同上)。他认为,传统义利观的消极影响首先表现为它直接阻碍商品经济、现代工商业的发展,因此,要发展商品经济,变以农立国的中国为以工商立国的中国,就必须批判这种讳言利的义利观。和魏源笼统要求富国强兵不同,薛福成明确从发展近代工商业的时代需要来批判传统的义利观,这显然是一进步。诚然,薛福成所肯定的主要是"公利"，但他又认为："人人之私利既获，而通国之公利寓焉。"（同上）只有人人获利方能实现公利，离开私利便没有公利。在他看来，私利乃是公利的基础，这就导致了对个体利益以及对个人追求利益正当性的肯定。

继薛福成之后，从新的角度论述义利关系的尚有陈炽。陈炽也充分肯定了求利的正当性。他指出，义固然必不可少，但并非"既有义焉，而天下遂可以无利也"。（《续富国策》卷三，《攻金之工说》）这是因为，"夫财利之有无，实累斯人之生命，虽有神圣，不能徒手救饿夫"。（同上）利乃是人类的基本需求，关系到"斯民生死"，因此，要"益民生而裨国计"，不可不求利、重利。他指出，正因为利如此重要，所以古代的圣人不仅"不讳言利，且日亟亟焉谋所以利之者"。在他看来，"天下工于言利者，莫圣人若也"（《续富国策》卷四，《分建学章说》），所以"后儒兢兢以言利为戒"，以至对国计民生"付之不见不闻"，这完全背离圣人之道，是极其错误的。

在 19 世纪末，以康有为为首的维新派登上中国的政治舞台。他们在呼吁实现政治、经济制度变革的同时，又从西方引进一套近代的价值观念。于是，人人独立、人人自主、人人皆应享有应得的权利等思想开始在中国传播。这种新的政治观念势必要引发人们对个人利益作充分肯定。因此，在 19 世纪末，一些新学家对利的肯定更鲜明地表现为对个人之利的肯定。何启、胡礼垣在他们合著的《新政真诠》一书中写道：

> 不知求利乃人之本心。今有执途人而告之曰：我不求利，则人必谓之奸；有执途人而告之曰：我欲求利，则人必谓之忠。彼则言不由衷，此则言以明志也。（《新政真诠·新政论议》）

他们的结论是，人人之心"所趋虽各有不同"，但"其志则同归于利"。求利乃是人类出于自然的共同本性，因而是正当、合理的。这里他们所说的利，明显是个人之利。何、胡又进而认为，人间的一切事业，包括道德行为，均基于人们对利的追求，离开求利则无法说明人的一切行为。他们又说：

> 物有万号，事有万端，得利则兴，失利则废，虽孝悌忠信、礼义廉耻、博施济众、舍己救人，无非为利。从未闻有以不能为利之事而能令人劳其筋骨、苦其心志，日夜以求，十年不倦者也。（《新政真诠·新政变通》）

这实际上是认为，求利之心乃是社会发展的动力。基于这一认识，他们对传统义利观以言利为戒的偏说所造成的消极影响，作了更尖锐的揭露，认为它乃是中国长期贫弱的根源之一。他们说：

> 中国自古以来，凡为国而善言利者，莫不名为聚敛，斥之曰奸臣，其名秽，其害烈，卒至于身败名裂，家亡国随。卫鞅利秦而车裂，弘羊富汉而身烹。……寡欲之士，抱道之儒有鉴于此，反以理财为迂，以言利为耻，而中国财用自古至今遂无一而能正本清源者矣。（《新政真诠·新政始基》）

这实际上是认为，清算这种讳言利、耻言利的义利观，对于富国强兵，谋求中华振兴而言，具有正本清源的意义。这就把义利观的变革提到了更高的高度。

到20世纪初，随着西方近代的社会政治学说对中国青年知识分子的影响渐大，文化革新、观念变革逐渐深入，社会变革被越来越多的青年知识分子所认同，传统义利观遂遭到更多人的质疑、非议。连政治倾向偏保守的《东方杂志》也刊载了一些批评传统义利观的文字，认为那种"视功利如蛇蝎之不可手触"的义利观不仅不是由衷之言，而且它"生心害政"，在中国"流毒于社会者数千年"，造成很坏的消极影响。这表明，到20世纪初，重功利已成为越来越多的新型知识分子的共同观念。更值得注意的是，在这期间，个人利益受到更多人的关注。于是，从这时开始，新学家们大多不再单从义利关系来提倡个人利益，而是直接鼓吹自私、利己、为我，呼吁建立一种以利己主义为核心的"新道德"。对此，笔者将另文评介。

三

在中国近代,一些进步思想家虽然越来越旗帜鲜明地肯定求利的正当性,越来越尖锐地批判传统义利观讳言利的偏颇,把利置于越来越重要的位置,但是,他们并没有离义而言利,只讲利而不讲义,更没有鼓动人们不择手段去求利。他们一方面充分肯定求利的正当性,一方面又强调求利有道,所肯定的乃是符合于义的利。其中,一些思想家还从理论上论证了义利的统一,这是十分可贵的。

从魏源起,便明确反对离义而言利。魏源在肯定求利正当性的同时又指出,人们如果背义求利,所得到的只能是害,因此,他又强调"见利思义","见利思害"。他说:

无故之利,害之所伏也。君子恶无故之利,况为不善以求之乎?(《默觚下·治篇十六》)

论是非不论利害,有时或是与利俱;论利害不论是非,有时或非与害俱。(《默觚上·学篇二》)

他认为,在处理义利关系时,正确的做法应是使"是非与利害一"(《默觚上·学篇八》),将二者统一起来,即在道义允许的范围内谋利、建功。而且,就最终结果而言,只有合于道义的功利才是无害的真功利。所以他又说,"仁义之外无功利"(《默觚上·学篇八》),背离仁义的功利是不可取的。这同颜元"正其谊以谋其利,明其道而计其功"的主张,基本精神是一致的。

对于如何正确处理义利关系,陈炽作了更进一步的分析。他指出,求利固然是人们共同的欲望、追求,但是个人的利益又是相互矛盾、冲突的,如果不作合理调剂必将发生无穷的争斗;而"争则乱",最终势必使社会秩序瓦解,人人皆失其利。因此,如何协调人们相互矛盾、对立的利益关系至关重要,而义的作用正在于此。他说:"义也者,所以剂天下之平也"(《续富国策》,卷三《攻金之工说》),乃是协调、平衡众人复杂利益关系的准则。因此,人们应在义的指导下求利。陈炽认为,利与义是统一的,这便是:"惟有利而后能知义,亦惟有义而后可以获利。"(《续富国策》卷四,《分建学堂说》)他指出,一方面只有使人的正当利益得以满足,人们才能认同、接受道义;另一方面,只有遵循道义人们才能获得自己应得的利益。因此,义与利二者是不可或缺、密不可分的。关于如何循义求利,陈炽的基本主张是利不可"私于一人"而应"公之天下",其最高理想是不"使天下有一夫稍失其利"(《续富国策》卷三,《攻金之工说》)。他所强调的是利的普遍满足与公正性。

何启、胡礼垣虽更重利,但他们又强调求利应"须有其方",即必须以正确、正当的手段、途径求之。这个"方"自然是指义。和陈炽一样,他们也指出,"利非一人所独擅"(《新政真诠·新政论议》),我欲得利他人亦欲得利,因此,人人在求利之时又必须兼顾他人之利,做到既"利于己"又"利于人","利己以利人"(《新政真诠·新政变通》)。其基本要求是,既"不以己之私夺人之私",又"不为人之私屈己之私"(《新政真诠·劝学篇书后》)。他们处理人际间利益关系的准则乃是那时中国思想领域颇为流行的"两利"说。在两利说看来,一旦实现两利,则此利即符合于义。

对义利关系作了较为系统的理论说明的是近代启蒙大师严复。受近代西方伦理学说特别是英国功利主义的影响,严复认为"趋乐避苦"是人的天赋欲望和本能,"人道所为皆背苦而趋乐"(《天演论》导言十八《新反》按语)。由此,他自然要对人们求利的正当性作肯定。对于古代中国和西方某些思想家只强调道义而排斥功利,"分义利为二涂"的义利观,他是反对的。他说:

　　民之所以为仁若登,为不仁若崩,而治化之所以难进者,分义利为二者害之也。……泰东西之旧教,莫不分义利为二涂,此其意至美,然而于化于道皆浅,几率天下祸仁义矣。(《原富》部甲篇八按语)

他认为,利是人类生存的基本需求,一旦离开利来提倡道义,人们势必将履行道义看得比登山还难,放弃对道义的追求、向慕。因此,这种离利而言义、使利与义脱钩的义利观,不仅在理论上浅薄不周,而且也有害于"治化"和道德仁义的推行。在他看来,只有基于功利来提倡道义,使义与利挂钩,道义才能为人们普遍接受,得以流行。但他又强调,功利固然不可不讲,然而人们又必须在"正谊"的前提下谋利,在"明道"的前提下计功。他认为,这样便能正确处理好义和利的关系;而随着民智的增长,这是可以做到的。他写道:

> 自营一言,古今所讳,诚哉其足讳也。虽然,世变不同,自营亦异。大抵东西古人之说,皆以功利与道义相反,若薰(香草)莸(臭草)之必不可同器。而今人则谓生学之理,舍自营无以为存。但民智既开之后,则知非明道则无以计功,非正谊则无以谋利。功利何足病,问所以致之之道何如耳。故西人谓此为开明自营,开明自营于道义必不背也。(《天演论》论十六《群治》按语)

严复指出,中西古今之所以讳"自营",是认为功利与道义两者相反而不可调和,欲倡道义必讳功利。其实,功利本身"何足病",问题全在于获取它的手段、途径是否正当,人们只要在"正谊"、"明道"的前提下谋利计功,即可实现符合于义的利。西方近代的"合理利己"主义(即"开明自营")便指明了正确处理义利关系的途径。在中国近代,严复是最早提倡"合理利己"主义,并以此作为协调义利关系原则的思想家。

继严复之后,20世纪初《东方杂志》的一篇文章也批判了分义利"为二物"的义利观。它指出,因为视义利为对立之物,于是,"主儒家之说者必不利而后可谓之义",而"主物竞之说者必不义而后可以获利",这两种观点所造成的影响都是消极、有害的。实际上,义与利应是统一的,这便是:"义者利之因,利者义之果。必能和义,而后为无害之利;必能得利,而后非孑孑之义。义利者,一合而不可稍离者也。"这篇文章着重指出,谋利与利己虽是"天演之当然",但若"图利之术"不当,必将损害他人利益,危及群体利益。所以,必须"提出一义字"来规范、协调人们的利益关系,作为社会成员共同遵循的行为准则。它认为,利己固是人类天性,但"真正利己之道未有与道德相违反者",西方之所以文明富强,便因为"西儒""深明此义",对群己、人我、公私的利益关系作了正确的处理(均见蛤笑:《论中国儒学之误点》,《东方杂志》第四年第六期)。这里所说的"西儒"的主张,显然就是西方近代流行的"合理利己"主义。严复以及这篇文章的宗旨,都是想要按"合理利己"主义的精神来处理义利关系,这是那一时代多数新学家的共识。

四

总之,在中国近代,几代进步思想家都认定利是人类生存的基本需求,因而越来越鲜明地肯定求利的正当性。他们又特别强调,在中国极度贫弱,业已在全球范围内的生存竞争中难以立足的形势下,为了富国强兵,自强保种,更应重视功利。但是,他们又始终反对人们以不正当的方式,不择手段地谋求非义之利,而是强调以道义为指导,在道义许可的范围内去求正当之利。因此,他们大都提倡一种义利统一的义利观。对于儒家"见利思义"、"见得思义"、"义而后取"等一类训条,他们都是赞同的。所否定的乃是后世儒者讳言利、耻言利、"正谊不谋利"等一类偏说,而不是儒家义利观的全部。诚然,所谓"义"亦即社会道德准则是一历史范畴,具有鲜明的时代性。比如,魏源心目中的义仍是以三纲五常为核心的传统道德,而后来严复等人所讲的道义则是资产阶级的道义。这种历史印记是显而易见的。但是,作为一种原则,它无疑具有合理性和普遍意义。正因为近代的进步思想家大都提倡这种义利观,重利而不废义、轻义,因此,在处理人我、公私、群己关系时,他们一方面提倡利己,一方面又坚决反对那种只知一味利己的极端利己主义,而是拥护"开明自营"、"知有爱他之利己"的"合理利己"主义。这就保证了中国近代的"道德革命"能向比较积极健康的方向发展。

经过近代的这番反复质疑、冲击,传统义利观的偏颇所造成的影响明显受到扼制而缩小了。但是,由于在近代,中国的社会变革尚未充分展开,资本主义经济的发展远不充分;由于中国的资产阶级刚一登上历史舞台便匆促投入政治斗争,理论准备严重不足;由于西方的伦理学说刚刚传入,人们尚缺乏深入了解;因此,中国近代的新学家们对复杂的义利关系的理论探讨和阐释远未深入。他们不论是对义还是对利,以及两者的关系,均缺乏更为深入、明晰的理论分析、说明。而到20世纪初,新学家们直接宣传、提倡利己主义,于是,多数人不再把义利关系作为独立问题作专门关注,这也影响对义利关系作深入探讨。概言之,在中国近代,传统义利观的偏颇虽屡受质疑、批判,但批判者们并未能建构起一种理论完备且为多数社会成员所认同的新的义利观。

梁启超的伦理思想

在中国近代伦理思想史上,如果说谭嗣同的主要贡献在于"破旧",即批判封建主义的旧道德,那么,梁启超的主要功绩则在于"立新",即宣传一套资产阶级的新道德。和康有为、谭嗣同等人相比,梁启超更多地接受并介绍了西方近代的伦理学说。虽然他的介绍仍然是零星片断、皮毛肤浅的,但在20世纪初的中国思想界曾产生过重要影响。比之近代的其他思想家,梁启超的伦理思想是比较系统的。下面,分几个方面对梁启超的伦理思想作一简要的评介。

一、道德决定论、道德救国论——"新民"说

20世纪初,梁启超伦理思想的代表作是著名的《新民说》。他的一套伦理思想,多是从"新民"引发出来的。为此,我们有必要首先介绍他

的新民说。

梁启超的新民说,是从探讨中国贫弱的原因讲起的,而他所依据的理论则是刚刚由严复介绍到中国的"社会有机体说"。他说:"国也者,积民而成,国之有民,犹身之有四肢五脏、筋脉、血轮也。未有四肢已断、五脏已瘵、筋脉已伤、血轮已涸,而身犹能存者;则亦未有其民愚陋、怯弱、涣散、混浊,而国犹能立者。"(《新民说·叙论》)他认为,中国之所以贫弱不振,乃是因为中国人"愚陋、怯弱、涣散、混浊",素质太差。所谓素质差,包括民德、民力、民智这三方面。要使中国走向富强,中国人就必须从这三方面来一番自新、改造。他说:"苟有新民,何患无新制度、无新政府、无新国家?"因此,新民为"今日中国第一急务"(《新民说·论新民为今日中国第一急务》)。

所谓新民,主要是新民德。梁启超说,民德之高下,"乃国之存亡所由系也"(《新民说·论私德》),关系尤为重大。他认为,由于中国民德卑下,所以造成中国的削弱危亡,因此新民德是头等大事。基于这种认识,在《新民说》中他集中论述了民德问题。他一方面摆了中国民德薄的表现,同时又分析了民德薄的原因。他认为,中国国民私德堕落的主要原因是:一、"由于专制政体之陶铸";二、"由于近代霸者之摧锄";三、"由于屡次战败之挫沮";四、"由于生计憔悴之逼迫";五、"由于学术匡救之无力"(《新民说·论私德》)。梁启超的这番分析虽然不尽精当,但他把君主专制特别是清代封建统治者(即所谓"近代霸者")的长期"陶铸"、"摧锄"看做是中国民德薄的主要原因,把宋学、汉学的流行影响看做是"民德污下"的另一重要原因,这种分析在当时是深刻而大胆的。依据这一分析,要想提高民德,就理应革封建专制制度的命、革清朝的命,但是,梁启超站在改良主义的立场,并未得出这样的结论。他虽然找到了当时中国民德薄的病根,但却未能对症下药。在整个《新民说》中,他反复强调的是中国人民应该由"自责"而"自新",培养新的思想意识,树立新的道德观念,做一个"新民",依然是就道德论道德。《新民说》的中心思想是,通过国民的自新,国民道德的改造、完善和提高,来实现社会的改造,达到国家的富强。这种道德决定论、道德救国论在理论上是唯心史观,在政治上则是为他的改良主义路线服务的。

不过,我们也应看到,为了培育一代新人,梁启超在《新民说》以及其他一些论著中,一再提倡、呼吁国人应树立国家思想、群体意识,培养自尊、自信、自立、自治、冒险、进取、坚毅、尚武等观念品格,这对改变那时国人的精神面貌,推动观念变革,实现人的近代化,曾起了不容忽视的积极作用。梁对"新民"所提出的一套希望、要求,亦即一套新的理想人格,曾深深影响了那时的一代青年知识分子。

二、论道德起源、善恶标准、公德与私德

依据当时所接触到的西方近代的社会政治学说和伦理学说,梁启超论述了道德的起源和善恶标准。他说:

> 德之所由起,起于人与人之有交涉(原注:使如《鲁敏逊漂流记》所称,以子身独立于荒岛,则无所谓德,亦无所谓不德)。而对于少数之交涉与对于多数之交涉,对于私人之交涉与对于公人之交涉,其客体虽异,其主体则同。故无论泰东、泰西之所谓道德,皆谓其有赞于公安、公益者云尔。其所谓不德,皆谓其有戕于公安、公益者云尔。(《新民说·论私德》)

> 道德所由起乎?道德之立,所以利群也。故因其群文野之差等,而其所适宜之道德亦往往不同。而要之以能固其群、善其群、进其群者为归。……道德之精神,未有不自一群之利益而生者……有益于群者为善,无益于群者为恶。(《新民说·论公德》)

梁启超论道德,始终着眼于"群"。他认为,人是"善群之动物",因为群体生活、社会生活的需要才产生了道德,如果没有"人与人之有交涉",也就无所谓道德。道德的功能就在于"利群",是否有益于群

体乃是判断善恶的唯一标准。在这里,梁启超没有把道德的起源归之于"天理"、"良知",归之于"圣王"制作,也没有从神的意志引伸出道德,而是认为道德产生于一定的社会关系,这种认识比之古人是深刻的。他从利群来说明道德和善恶,这比公开维护等级制度的古代伦理学说是一大进步。

梁启超又进一步把道德区分为公德和私德两类。关于公德和私德的区别,他是这么说的:"人人独善其身者谓之私德,人人相善其群者谓之公德。"(《新民说·论公德》)他认为,人作为"善群之动物",如何合群乃是第一义。但所谓合群,"非徒空言高论"而能成功的,"必有一物焉贯注而联络之,然后群之实乃举"。这"一物"便是公德。"公德者何?人群之所以为群,国家之所以为国,赖此德焉以成立者。"(同上)然而,中国国民"所最缺者"为公德。中国古代圣贤所教,"公德不及其一焉",中国"旧伦理所重者"乃"一私人对于一私人之事也"。即使是君臣一伦,也"全属两个私人感恩效力之事耳",仍然是"一私人对于一私人之事也"。他认为,西方近代新伦理可分三类,即家族伦理、社会伦理与国家伦理,其所重者"则一私人对于一团体之事也"。以中国旧伦理与西方近代新伦理相比较,"惟于家族伦理稍为完整",至于社会伦理、国家伦理"不备滋多"(同上)。梁启超提倡公德,就是要在中国树立西方近代的社会伦理、国家伦理观念。

梁启超认为,"公德盛者其群必盛,公德衰者其群必衰"(《论中国国民之品格》),公德的高下直接关系到群体、国家的兴衰。但由于中国古来"皆知有私德,不知有公德","国民中无一人视国事如己事者",因而造成"政治之不进,国华之日替"(《新民说·论公德》)。因此,他大声疾呼提倡公德。梁启超大力提倡公德,反映了中国新兴的资产阶级要求改造封建的旧伦理关系、旧道德观念,建立资产阶级的新伦理关系、新道德观念的愿望,目的是要振兴中国,这在当时是有积极意义的。梁启超看出了中西伦理的差异,但他并不了解之所以产生这些差异的原因。他离开一定的生产方式、一定的经济关系来谈伦理关系和道德,是不能把问题说清的,而且也必然要夸大道德的作用。事实上,在清朝统治下的半殖民地半封建的中国,仅仅通过所谓"新民"、通过提倡公德,是振兴不了的。

梁启超指出,中国长期以来流行的束身寡过主义、独善其身主义乃是提倡公德的重大障碍,为此,他对这种处世哲学展开了猛烈批判:

> 吾中国数千年来束身寡过主义实为德育之中心点,范围既日缩日小,其间有言论行事出此范围外,欲为本群、本国之公利公益有所尽力者,彼曲士贱儒动辄援"不在其位不谋其政"等偏义以非笑之、挤排之,谬种流传,习非胜是,而国民益不复知公德为何物。今夫人之生息于一群也,安享其本群之权利,即有当尽于其本群之义务,苟不尔者,则直为群之蠹而已。彼持束身寡过主义者,以为吾虽无益于群,亦无害于群,庸讵知无益之即为害乎?……今吾中国所以日即衰落者,岂有他哉,束身寡过之"善士"太多,享权利而不尽义务。(同上)

> 群之于人也,国家之于国民也,其恩与父母同……故报群报国之义务,有血气者所同具也。苟放弃此责任者,无论其私德上为善人、为恶人,而皆为群与国之蟊贼。……凡独善其身以自足者,实与不孝同科,案公德以审判之,虽谓其对本群而犯大逆不道之罪,亦不为过。(同上)

在这里,梁启超突出强调了个人对群体、对国家的义务和责任,强调要做一个对群体、对国家有益的人,他认为这乃是公德的大义。他的呼吁,在当时对唤起人们对中华民族命运前途的关心,对唤起人们救亡图存、爱国保种的热情是有意义的。

梁启超又论述了公德与私德的关系。他认为,私德是公德的基础,要新民德,培养公德,应首先从培养私德做起。他说:"有私德淳美而公德尚多未完者,断无私德浊下而公德可以袭取者。……公德者,私德之推也。……故养成私德,而德育之事思过半焉矣。"(《新民说·论私德》)他的意见是,中国要新民德,"必以培养个人之私德为第一义"(同上)。

三、论爱群与爱国

梁启超认为,人不能离开群体孤立生存。而且,"以物竞天择之公理衡之,则其合群之力愈坚而大者,愈能占优胜权于世界上,此稍学哲理者所能知也"(《十种德性相反相成义》)。因此,他主张人们应该"绌身而就群","绌小群而就大群",热爱群体,维护群体,提倡"合群之德"。所谓"合群之德",重要内容即是爱国主义。

梁启超认为,中国之所以贫弱不振,重要原因之一,是由于国民缺乏自觉的爱国心。他曾形象地描绘了中国的士夫、商民、官吏、大臣等各式"朝野人士",只顾谋一己之私利,而对国家民族的前途命运漠不关心、麻木不仁的种种表现。但他没有简单地指责中国国民缺乏爱国心,而是进一步挖掘了中国国民之所以缺乏爱国心的根源。为此,他对中西的情形作了一番对比:

> 西人以国为斯民之公产,王侯将相者通国之公仆隶也。中国以国为一人之私产,辄曰:"王者富有四海,臣妾亿兆"。臣妾云者,犹曰奴虏云耳。故彼其民为公益公利自为斗也,而中国则奴为其主斗也。驱奴虏以斗贵人,则安所往而不败也。

《爱国论》)

梁启超在这段文字中,显然是美化了西方的资本主义制度,但他对中国情形的描写,却是实情。他作这番对比,目的是要说明,在封建君主专制下,人民处于奴隶的地位,不可能有自觉的爱国心。他又说:

> 当人群之初立,则民未有不以子弟自居者。民之自居奴隶乌乎起乎?则自后世暴君、民贼私天下为一己之产业,因奴隶其民,民畏其威,不敢不自屈于奴隶,积之既久,而遂忘其本来也。后世之治国者,其君及其君之一二私人,密勿而议之,专断而行之,民不得与闻也。有议论朝政者,则指为莠民;有

忧国者,则目为越职;否则笑其迂也。此无怪其然也,譬之奴隶而干预主人之家事,则主人必怒之,而旁观人必笑之也。然则虽欲爱之而有所不敢、有所不能焉。既不敢爱、不能爱,则惟有漠然视之,袖手而观之。(同上)

梁启超认为,备受压迫摧残、毫无权利可言的人民,想让他们自觉地爱国,实在是不可能的。他写道:

平昔之待其民也,鞭之、挞之、敲之、削之、戮之、辱之,积千数百年霸者之余威,以震荡摧锄天下之廉耻,既殄、既狁、既夷,一旦敌国之艨艟麇集于海疆,寇仇之貔貅迫临于城下,而后欲借人民之力以捍卫是纲维是,是何异不胎而求子、蒸沙而求饭也。(《新民说·论权利思想》)

类似这些议论,在戊戌时期严复、谭嗣同等人都曾发过,但梁启超讲得更透彻、更深刻,给人们留下了深刻的印象。基于上面的分析,他得出了"言爱国必自兴民权始"的结论。他说:

国者何?积民而成也。国政者何?民自治其事也。爱国者何?民自爱其身也。故民权兴则国权立,民权灭则国权亡。……言爱国必自兴民权始。(《爱国论》)

梁启超把兴民权作为培养人民爱国心的前提,这无疑是正确的。但是,他并没有按照这一逻辑继续深入论述下去。他笔锋一转,却大谈当今皇帝光绪如何"真能以子弟视其民",全然不同于古今中外的其他帝王,在这样一位"圣主"的统治下,人民就应真心地忠君爱国。他说,过去数千年,君主"皆以奴隶视其民","民之自居于奴隶",无爱国心,"固无足怪焉"。今日光绪视民如子弟,人民"若犹是自居于奴隶,而不自居于子弟,视国事如胡越,视君父之难如路人,则真所谓辜负高厚,全无人心者也"(同上)。说到最后,他又把爱国心薄弱的原因,归之于中国人"全无人心",顽固的改良主义立场使梁启超最终得出了荒唐的结论。

四、论权利与义务

梁启超认为,个人生活于群体之中,必然要有对群体的权利和义务。要合群爱国,就应树立正确的权利和义务思想,处理好两者间的关系。爱国主义即产生于正确的权利与义务思想,没有正确的权利与义务思想,就不会有自觉的爱国心。

关于权利,梁启超强调权利观念虽是"天赋之良知",但权利本身并非天赋,而是由斗争得来的,系由"薰浴于血风肉雨而来者"(《新民说·论权利思想》)。他认为,"权利之为物,必有甲焉先放弃之,然后有乙焉能侵入之"(同上),就是说,之所以有人能侵人之权利,是因为有人放弃自己的权利。因此,他主张人人应通过斗争自保其权利。在人民无权的封建专制时代,梁启超主张人们应通过斗争自保权利,是有积极意义的。应该说,这一思想同他的改良主义路线有一定矛盾。

在论述权利问题时,梁启超又强调了国权与个人权利的一致性。他说,"国权者,一私人之权利所团成也","欲使吾国之国权与他国之国权平等,必先使吾国中人人固有主权平等,必先使吾国民在我国所享之权利与他国民在彼国所享之权利相平等"(同上)。他认为,一个人民无权的国家是不可能真正有效地保持其独立主权的,是不可能强盛的。在20世纪初,梁启超论权利思想,落脚点是兴民权,这是很可贵的。

关于权利与义务的关系,他这样写道:

> 义务与权利,对待者也。人人生而有应得之权利,即人人生而有应尽之义务,二者其量适相均。……苟世界渐趋于文明,则断无无权利之义务,亦断无无义务之权利。……故夫权利义务两端平等而相应者,其本性也……乃或欲自求彼无义务之权利,且率一国人而胥求无义务之权利,是何异磨砖以求镜,炊沙以求饭也。(《新民说·论义务思想》)

他认为,权利与义务是相互依存的,无权利的义务与无义务的权利都是不完全的。比如,中国封建时代的孝、悌、忠、节等道德规范就是"不完全的义务",因为它们乃是"无权利之义务,犹无报偿之劳作也"(同上)。对这种无权利的义务,他是否定的。但他更强调的是,权利来源于义务,非尽义务自不能有权利,无义务的权利是不存在的。他说,"放弃其义务,自不能复有其权利",这乃是"天演之公例"(同上)。基于这种认识,他认为当时的中国首先当提倡的是义务思想,而不是权利思想,"今吾不急养义务思想,则虽日言权利思想,亦为不完全之权利思想而已,是犹顽童欲勿劳而又贪父母之养也,是犹惰佣不力作而欲受给于主人也"。中国人不应只知"歆羡他人之自由民权",而应先"考其所以得此之由"(同上)。他认为,只有人人按自己的地位、才力各尽其应尽的义务,国家才能强盛。

梁启超讲义务,主要是指人民对国家的义务。但是,他在谈这个问题时,回避了当时统治中国的清朝政府是一个与人民对立的反动政府这一根本事实。避开这个根本问题,人民对国家的义务问题是说不清的,最后就只能得出人民应向清政府尽当兵、纳税等义务的错误结论。在当时,革命派也大力提倡义务观念。但革命派讲义务,是要求人们发扬"为种流血、为民流血"的精神,以国家民族之事为己任,去同清朝政府、同帝国主义作斗争,其具体内容同梁启超是有明显差异的。

五、论利己与爱他

和大多数的资产阶级思想家一样,梁启超公开认为,利己是人的本性,"为我也,利己也,私也"都不是恶德,而是正当的、不应该谴责的。他分析说,人类要主宰世界,就必须划清人兽的界限,"对于禽兽而倡自贵知类之义",一族一国要独立富强,就必须对他族他国"而倡爱国保种之义",这些都是利己的表现。他又说,"生人之大患,莫甚于不自助而望人之助我,不自利而欲人之利我",要改正这种积习,不至于因我而累及他人,就必须利己、自立。而且,"芸芸万类平等竞存于天演界中",只有利己者方能"优而胜","其不能利己者必劣而败",

"此实有生之公例矣"。因此,利己不仅不是恶德,而且是美德,即所谓"利己之德"。他主张"发明杨朱之学以救中国","以自利者利天下"(均见《十种德性相反相成义》)。

但是,"凡人不能以一身而独立于世界也,于是乎有群;其处于一群之中,而与俦侣共营生存也,势不能独享利益,而不顾俦侣之有害与否"。(同上)那么,怎样处理个人利益与他人利益、群体利益的关系呢?为此,梁启超专门论述了"利己"与"爱他"的关系。

梁启超认为,利己与爱他,表面是对立的,而实质是"一而非二"、"异名同源"的。但是,两者的统一,不是统一于爱他,而是统一于利己。他引日本学者加藤弘之的话说:"人类只有爱己心耳,更无爱他心。"(《乐利主义泰斗边沁之学说》)爱己心可分两种,即"纯粹的爱己心"与"变相的爱己心",所谓变相的爱己心,就是爱他心。这个爱他心进一步分析,又可分为两种,即"感情的爱他心"与"智略的爱他心"。"何谓感情的?盖己所亲爱之人,其所受之苦乐,几与己身受者为同一之关系,故不觉以其自爱者爱之,盖如是然后己心乃安。其爱之也,为我之自乐也。"(同上)什么是智略的爱他心?他说,人生活于群体,而不能"独立于世界",这样,人们就不能"独享利益"而不顾他人。如果这样,"则己之利未见而害先睹矣"。"故善能利己者,必先利其群,而后己之利亦从而进焉。以一家论,则我之家兴我必蒙其福,我之家替我必受其祸。以一国论,则国之强也生长于其国者罔不强,国之亡也生长于其国者罔不亡。故真能爱己者,不得不推此心以爱家、爱国,不得不推此心以爱家人、爱国人。"(《十种德性相反相成义》)这便是智略的爱他心。简单地说就是:"因人人求自乐,则不得不生出感情的爱他心,因人人求自利,则不得不生出智略的爱他心。"(《乐利主义泰斗边沁之学说》)因为有这两种爱他心,便能把公利、私利两者联结在一起,解决了公与私、群与己、个人与他人的矛盾。他认为,随着人类社会的发展,这两种爱他心都能不断增长,因此公利与私利也就能日趋协调。他写道,由于"教育日进,则人之感情愈扩其范围,昔之以同室之苦乐为苦乐者,寖假而以同国、同类之苦乐为苦乐,其最高者乃至以一切有情众生之苦乐为苦乐"。由于"强权日行,则人之智略,愈扩其范围,苟不爱他,则我之利益遂不可得,而将终侪于劣败之数,故人不欲自求乐利则已,苟其欲之,则不得不祝全群之乐利,寖假且不得不祝他群之乐利"(《乐利主义泰斗边沁之学说》)。逐渐地,人人都能自觉地把公利与私利统一起来。

在近代西方,不少思想家在鼓吹"合理利己"主义。这一主义的提倡者在认定利己是人的本性的同时,又从人的社会性出发,主张个人利益在必要时要服从社会公利。不过,他们又指出,人们之所以应当如此,是为了更好地维护个人长远、根本的利益。所以,这种主义虽曾被誉为"善的、富有同情心的利己主义",但他的出发点和归宿仍是利己。在20世纪初,梁启超和其他一些思想家所提倡的正是这种"合理利己"主义。全面地看,梁启超等人所主张的,本质上虽属利己主义,但他们始终清醒、理智地看到群己利益存在一致性,强调当二者发生冲突时个人应"绌身而伸群",这在当时对激发国人利群、爱国的精神曾产生过积极影响。我们应当看到,"合理利己"主义本质上虽属利己主义,但它与极端的利己主义确也存在差别,对此我们应有全面的认识、评价。

六、论自由与服从

梁启超认为,"自由者,天下之公理,人生之要具",自由精神乃是欧美诸国"立国之本原",他对西方资产阶级争取平等自由的斗争是肯定的。那么,当时的中国情形如何呢?他说,在中国"交通之自由官吏不禁也","住居行动之自由官吏不禁也","书信秘密之自由官吏不禁也","集会言论之自由官吏不禁也","信教之自由官吏不禁也",总之,"凡各国宪法所定形式上之自由几皆有之"。但是,他又认为,这些只不过是中国封建统治者"政术拙劣,其事务废弛,无暇及此"的结果,并不是真自由。其所以如此,是因为中国"有自由之俗,而无自由之德"(《十种德性相反相成义》)。要建立真自由,就必须培养"自由之德",对自由有正确的理解,正确处理好个人自由和团体自由、自由和服从的关系,树立正确的自由观念。

梁启超接受严复所宣传的观点,认为"自由之界说曰:人人自由,而以不侵人之自由为界"。他说,按照这一界说,自由中实质上包含了不自由,那么又为什么叫自由呢?他解释说,这里的自由乃是团体的自由,而非个人的自由。只有团体的自由才是真自由、全自由、文明的自由,那种无节制、无约束的自由乃是伪自由、偏自由、野蛮之自由。他说,群体、国家间的竞争"无已时",在这一竞争中,团体、国家"内界之所以团"乃是竞争之具。如果在群体之中,人人不尊重他人,不维护团体利益,而"侵他人之自由,侵团体之自由",那么群体便不能自立,"而将为他群之奴隶"。"团体不保其自由……则个人自由更何有也?"因此,他的结论是,"自由云者,团体之自由,非个人之自由也",团体自由才是真自由(《新民说·论自由》)。

梁启超认为,只有确保团体之自由,"然后个人之自由始固"(《服从释义》),而要确保团体之自由,个人就必须服从团体之法纪。法纪具有双重性质,既"保护我之自由",又"箝束我之自由"。所谓"人人自由而以不侵人之自由为界"的"界",便是法纪。服从即是"服此界也"。他举例说:"譬之一身,任口之自由,不择物而食焉,大病浸起,而口所固有之自由亦失矣。任手之自由也,持梃而杀人焉,大罚浸至,而手所固有之自由亦失矣。"因此,一饮一食、一举一动皆须有节制,此"正百体所以各永保其自由之道也"(《新民说·论自由》)。他的结论是,只有能服从,才能得自由,因此,"服从者,实自由之母,真爱自由者,固未有不真能服从者也"(《服从释义》)。他说:"吾尝观万国之成例,凡最尊自由权之民族,恒即为最富于制裁力之民族。"(《十种德性相反相成义》)他主张人们应培养"制裁力"(即自制力),约束自己的行动,处理好自由与制裁的关系。

梁启超的上述议论,包含一些合理因素,他对个人自由和团体自由、自由和服从的关系,提出了一些有价值的见解。他的这些意见,在当时对人们正确理解自由观念是有帮助的。但是,他的这些议论也反映了他对自由的保留态度。他轻视个人自由,并把团体自由与个人自由对立起来,他回避法的阶级性来讲"法律下的自由",甚至认为恶法胜于无法也应服从等等都反映了这一点。在当时的中国,争取自由的口号还刚提出不久,当务之急乃是反对封建专制,提倡民主自由,而梁启超论自由,重点却是指摘自由说的"流弊"。他所说的自由说的"流弊",许多明显是影射革命派的革命宣传。他强调团体、国家的自由,强调服从团体之法律(甚至服从恶法),从政治上来说,也是为了给他的保清尊皇的改良主义路线作宣传。

七、论道德修养

从"新民"说出发,梁启超十分重视道德教育和道德修养。他认为,德育同智育相比,德育更为重要,居于首要地位。为此,他在20世纪初又专门编撰了《德育鉴》,试图作为道德教育和道德修养的指南针。

梁启超是陆王学派的信徒,对陆王特别是王守仁和王学极为崇拜。他曾说:"王学为今日学界独一无二之良药。"(《德育鉴·知本》)他的一套道德修养论主要是发挥了王守仁"致良知"和"知行合一"的学说。他的道德修养论不少是王学的老生常谈,但他又作了一些新解。

梁启超认为,王守仁的致良知说"为唯一之头脑,是千古学脉,超凡入圣不二法门"(同上)。因此,他把致良知看做是道德修养的根本途径。他反对王学末流的"现成良知"说,认为良知虽然"尽人所同",但必须下一番"致"的工夫才能显露出来。他说,致良知的根本精神是一个"诚"字。所谓诚,就是"不欺良知",诚心诚意、切切实实地按良知而行,"毋得有违"。他认为,如果真的以良知"为万事之标准","是非只依着它","不逾此矩",那么一切行为自能合于道德。因此他说:

"只要不欺良知一语,便终身受用不尽,何等简易直捷。"(同上)他曾把王学与朱学作比较,认为朱熹的一套学问和修养方法乃是"头痛灸头,脚痛灸脚,终日忙个不了,疲精敝神,治于此仍废于彼",终无收效之期,其"大误"、"大弊"在"支离",即抓不住根本。而王学专主致良知,乃是"专治病根",能收到"一了百了"的效果(同上)。他在道德修养上重视致良知,这反映了他重视对人们内心深处道德情感、信念的培养,重视自我道德评价的作用,这对推动人们自觉履行道德义务是有意义的。

在道德修养上,王守仁十分强调自觉、主动,这一点也被梁启超继承了。他曾对王守仁所讲的存养、克治、省察工夫,作了一番形象的比喻和发挥:

> 治国譬治心。良知其犹宪法也,奉之为万事之标准,毋得有违,大本立矣。存养工夫,则犹官吏人民各尽其义务以拥护宪法也。省察工夫,则警察也,居常无事,置警察以维持治安,稍遇有违宪举动者,则纠正之。……克治工夫,则刑事也,违宪举动为警察所发见者,则惩艾之,必不使其容留以为社会蠹,其有微过隐恶,搜之必尽,其犹繁难之案用侦探也。(《德育鉴·省克》)

梁启超强调,在道德修养上要发挥主观能动性,"居常无事"随时作"省察"、"克治"工夫,向恶念主动进攻,对"微过隐恶""搜之必尽",不使存留滋长。

梁启超讲道德修养,又特别推崇王守仁的"知行合一"说。我们知道,王守仁的知行合一说,既强调行(即所谓"真知必在于行,不行不足谓之知"等等),又强调动机,宣扬动机决定论(即所谓"一念而善,即为善人;一念而恶,即为恶人"等等),原本含有某种矛盾。但梁启超发挥王学,颇为完满地解释了这个问题。在《德育鉴·知本》中,他对王守仁关于知行合一的几段言论作了这样的按语:

> 彼文语意,谓善而不行不足为善也。此文语意,则恶而不

行已足为恶。……良知者,非徒知善知恶云尔,知善之当为、知恶之当去也。知善当为而不为,即是欺良知;知恶当去而不去,即是欺良知。故仅善念发,未足称为善,何以故? 以知行合一故。仅恶念发,已足称为恶,何以故? 以知行合一故。

梁启超的这段文字,总的精神是说,对善要强调行动,而对恶则要强调动机。这一解释对我们理解王守仁的知行合一说是有帮助的,它作为道德修养的要求,也具有积极意义。

梁启超讲道德修养,十分重视行的重要,他曾说,"道德者,行也,而非言也"(《新民说·论私德》),这一观点也是正确的。因此,他很赞成王守仁"事上磨炼"的主张。关于"事上磨炼",他又很强调不放松在小事上的磨炼。他把"谨小"作为修养的一条重要原则,主张重视"克治小过",反对人们"不拘小节"、"不矜细行"。他曾说:"以法律范围论之,则过恶有大小之可言;以道德范围论之,则过恶无大小之可言也。"(《德育鉴·省克》)这些意见对人们的道德修养也是有益的。

论"五四"新文化运动所提倡的新道德

"五四"新文化运动所发动的"道德革命",无疑是中国思想、文化史上的一件大事,所以多年来一直受到学界关注。但学者论及"五四"的道德革命,重点大多是它对旧道德的批判清算,及其所造成的震动、影响,而对它所提倡的新道德则涉及较少。本文拟对此稍作评介,以求对"五四"的道德革命有更全面的认识。概言之,"五四"新文化运动所提倡的新道德,其基本原则是"合理利己"主义和"个人本位"主义,而其理论基础则是"求乐免苦"的人性论、伦理观。现按其逻辑顺序分述如下。

一

"五四"道德革命是戊戌时期道德革命的继续。在戊戌时期,维新派思想家批判旧道德、提倡新道德的理论依据和出发点是从西方传入的"求乐免苦"人性论、伦理观,"五四"也是如此。

随着"西学东渐"逐步深入,到20世纪初,青年知识分子对西方伦理学说有更多的了解,这种人性论、伦理观在"五四"新文化运动时期被更多人所接受,并对它作了更为广泛的宣传和论证,因而影响更大。那时,许多人都把求乐免苦视为人类共同的天性,他们说:

> 人之生也,求幸福而避痛苦,乃当然之天则。(陈独秀:《新青年》)

> 避苦求乐是人性的自然。……求乐的人生观才是自然的人生观、真实的人生观。(李大钊:《现代青年活动的方向》)

基于上述认识,他们对古代的禁欲主义予以尖锐批判和坚决否定。他们先后指出:"自我欲求所以资其生也,设无欲求则一切活动立时灭绝,岂复有生存之必要?"古人一味"以人力禁制"各种欲望,最终只能使"虚矫诈伪之习日益加剧"(李亦民:《人生唯一之目的》)。"人类所以异于草木禽兽者,为其有欲望","欲望者人生活动之由始,生存意味之由萌也",因此,古代的禁欲主义实在是"大谬不然"(陈圣任:《青年与欲望》),违背人类天性。陈独秀认为,"执行意志,满足欲望(原注:自食色以至道德的名誉,都是欲望),是个人生存的根本理由,始终不变的"。他以诙谐的笔调写道,古代圣哲都坚持"天不变,道亦不变",其实一切皆变,而只有这一点才"可以说天不变道亦不变"(《人生真义》)。这一调侃乃是对禁欲主义的坚决否定。"五四"道德革命的倡导、拥护者们之所以接受并宣传求乐免苦的人性论,批判禁欲主义,目的是要鼓励人们"努力造成幸福,享受幸福",真正实现人的解放。他们所要建立的新道德,正是以此为出发点的。

在西方,快乐主义乃是一个统称,其中存在感性快乐主义、理性快乐主义、个人快乐主义与利他快乐主义等不同的派别、主张。从戊戌时期开始,中国思想家在接受西方快乐主义时并没有偏向一端,而是作了理性的综合。从严复、康有为、梁启超开始,他们便是既讲感性快乐又强调理性快乐,既肯定个人快乐又提倡利他之乐,自觉避免仅视快乐为感性满足、个人满足的偏向,力图对求乐免苦作更全面、合乎理性的说明。在"五四"时期,这一理论工作被进一步加强。其中,最有价值的是"意志满足"说。李亦民认为,"快乐云者,以吾人之自由意志为其根本,凡顺吾人之意志,从心所欲者快乐,逆吾人之意志不能如愿者痛苦也"。可是,由于"人类意志依程度之文野、教育、风习、宗教、法律之种种不同"(《人生唯一之目的》),人们对于苦乐的感受是各不相同的,因此,所谓苦乐并不单纯是感官、感性的,而是复杂多样的。正是基于这一认识,在"五四"时期,一些思想家对于如何在理性的指导下正确合理地求乐免苦,作了较之戊戌时期更进一步、更系统的说明。李亦民认为,人们在求乐的过程中必须考虑并处理好"目前快乐"与"将来快乐"、"感性快乐"与"智性快乐"、"自身快乐"与"社会公众快乐"等方面的关系,对苦与乐要有全面正确的认识,下一番"审择"工夫。他的观点是:

第一,有理想、追求,为美好未来而奋斗乃是人类的天性,因此"真能快乐者当使前途之希望发生愉快,而现实之享乐次之"。那种"今朝有酒今朝醉,只顾目前愉乐,不计来日痛苦,非吾人所谓快乐也"。人们应具远大目光,以追求将来的长远之乐。第二,"感性快乐,人类与动物所同",而"智性快乐则人类所独有也"。智性快乐更能反映人的本质和人独有的需求,因此它更重要。人类的情感是由低到高逐步提升的:"初由肉体感情进于美的感情,再进于智的感情,更进于道德感情。至是,不能以肉体之快感为满足。"故感性快乐乃低级快乐,智性快乐才是高级快乐。第三,"追求个人自身之快乐,不可不兼顾社会公众之快乐。"之所以必须如此,是因为"社会为一有机体,个人为其组成之细胞,细胞欲自求健全,不可不图有机体自身之健全。故个人欲增进生活,寻觅快乐,不可不增进社会全体之活动"。此外,由人的社会性所决定,人类只有分工合作才能生存,"若自立于孤立之状态,则死而已矣",因此,"个人求自己之满足,同时不可不求社会全体之满足"(同上)。

以上议论,大体反映、代表了"五四"道德革命的倡导、拥护者的共同认识。比如,陈独秀在《人生真义》、《新青年》两篇著名短文中,也曾要求青年"不以个人幸福损害国家社会","不以现在暂时之幸福易将来永久之痛苦",认为个人在享受幸福的同时,"当努力造成幸福",并将它"留在社会上",使"后来的个人也能够享受,递相授受,以至无穷"。对于个人幸福、利益与社会幸福、利益的关系,他在一些文章中曾作了反复说明,十分重视。

二

求乐免苦人性论、伦理观的宣传者们所讲的苦乐乃是自我的感受,是我自身的。由此,他们自然会得出"自爱、自利"是人的天性的结论,使他们成为利己主义的拥护者。不过,由于他们又强调快乐并非单纯是感官、生理的,对它要有全面理解,同时又主张在追求个人快乐的同时"不可不兼顾社会公众之乐",因此,他们又反对纯粹的、极端的利己主义,而是主张"自利利他"、人我公私"两利"。"自利利他"乃是他们所提倡的新道德在处理利益关系上的基本原则。这正是西方近代流行的"合理利己"主义。

《新青年》等刊物的一些文章曾大力宣传利己主义,认为利己乃是人类的天性。如:

> 利己主义为人类生活惟一之基础。……自爱、自利为人类行为之唯一原因。……怀抱为我主义而择快乐与痛苦,以抉进取之途,乃人类自然之大方针。(李亦民:《人生唯一之目的》)

> 现今道德学说之在欧西,最要者有二派:其一为个人主义之自利派,其二为社会主义之利他派。……就根据之确实论,自以自利主义为少胜。天下无论何人,未有不以爱己为目的者,其有昌言不爱己而爱他人者,欺人之谈耳。……故自利主义者,至坚确不易动摇之主义也。(常乃惪:《记陈独秀君演讲辞》)

他们认为,自利、利己不仅"天经地义,无可为讳",而且它乃是推动人类文明、社会进步的动力。因此,对它不仅不应扼制,且应提倡。视利己为人类天性,固属资产阶级偏见,但在新文化运动时期,陈独秀等人宣传、提倡利己,是同他们要求保障个人权益、实现人的解放的总的奋斗目标紧紧联系在一起的,旨在反对"以己属人"、"个人无权利"的封建旧道德、旧制度。同时,也反映了他们试图以此激发个体活力、进而激发中国社会群体活力的愿望。值得注意的是,他们中有人在宣传利己的同时又指出:"自利之心,虽为有生所同具,而自利之道却须视物智为转移。"(同上)就是说,自利虽是人的天性,但如何自利却因人们知识、智性、觉悟程度的高下而大不相同,存在正确与错误、当与不当的差异。常乃惪认为,道德的精神、任务乃在"求真利之途径",而中国自古以来所缺的正是正确合理的"自利之道",因此,"今天急务,不在遏其自利之心,而在教以自利之道"(同上)。

何为正确的"自利之道"？在新文化运动时期较有影响的是"自利利他"主义。所谓"自利利他"主义,"即欲使一己之利益着着落实,非特不害他人之利益,且以之赞助他人之利益之谓也"(高一涵:《共和国家与青年之自觉》)。这种自利利他主义是建立在以下两个理论前提之上的:其一,人本质上是利己的;其二,人又是社会动物,任何人都无法脱离社会群体而孤立生存,因此,人们在谋取个人利益时又必须顾及社会群体利益,尊重他人利益,摆好人我、群己、公私关系。他们指出,随着人类文明日进,社会分工日益细密,个人对社会的依赖愈大。"夫人者,群居之动物也,文明愈进,则群之相需也愈深。"(常乃惪:《纪陈独秀君演讲辞》)既然在文明社会,人与人"互相需待",故应"互相扶持"。一个富有理性精神的人应深明"群己相维"之理。即,人们只有在从事"公同事业"、谋社会利益的过程中,"遂其一己之生活";同时,各人皆以正当手段谋取自身利益,方能"致社会之发达"。既然个人与社会的关系、个人利益与群体利益的关系如此紧密,在他们看来,理智而正确的利己与利他是难以区分的。高一涵说:"考其所为,果为自利,抑为利他,举莫能辨。何也?以群己关系至密,自利即以利他,而利他亦即以自利故也。"(《共和国家与青年之自觉》)一旦人们理智地正确利己,那么个人利益与社会公益将"同归合辙",达到和谐一致。这种自利利他主义,其基本要求与目标是做到人我、群己、公私间的"两利"。对此,提倡最力者是高一涵,他曾一再说:

  人己交际之间,必俱益俱利,乃不违乎社会公益之原则。……凡大利所存,必其两益。(《共和国家与青年之自觉》)

  损社会以利一己者固非,损一己以利社会者亦谬,必二者交益交利,互相维持,各得其域,各衡其平者,乃为得之。(同上)

鲁迅在著名的《我之节烈观》一文中也曾说:"道德这事,必须普遍,人人应该,人人能行,又于自他两利,才有存在的价值。"

基于上述立场,他们明确反对纯粹、极端的利己主义。但是,他们在否定极端利己主义的同时又一再申明,他们所提倡的自利利他主义、两利主义是"以小己主义为始基"的。他们强调:"盖先有小己后有国家,非先有国家后有小己。""社会利益乃根基于小己利益之上,积合而成者,欲谋社会之公益,必先使一己私益著著落实,乃克有当。"(《共和国家与青年之自觉》)显然,他们所理解的个人利益与社会公众利益的紧密联系与一致,是以个人利益为基点的,个人利益是不容触犯的。因此,他们中有人明确反对"牺牲主义"与"慈惠主义"。高一涵在《近世三大政治思想之变迁》一文中说:"乐利云云,必以个人为单位。无论牺牲万姓以奉一人者为非,即牺牲一人以奉万姓者亦非。此方所增之幸福,绝不自他方痛苦中夺来,亦非自他方幸福中减出。设在吾国,痛苦一人以利三万九千九百九十九万九千九百九十九人,犹是阶级的乐利主义、多数的乐利主义,而非平等的乐利主义、全体的乐利主义。"其他人也有类似议论。比如,陈独秀也曾说:"吾人若是专门牺牲自己,利益他人,乃是为他人而生,不是为自己而生,决非个人生存的根本理由。"(《人生真义》)这些议论表明,他们虽也提倡利群、利他，但是以不牺牲个人利益为前提的。他们虽对"群己相维"之理多有说明，并力图处理好人我、群己关系，但他们既视利己为人的本性，以个人利益为基点，因此他们的伦理观在大范围内仍属利己主义。这同"五四"的道德革命性质上属于资产阶级道德革命是一致的。

三

在"五四"新文化运动中，陈独秀等人之所以发动道德革命，宣传求乐免苦的人性论，提倡自利利他主义，正是要推翻"以己属人之奴隶道德"，建立"推己及人之主人道德"，使丧失"独立自主之人格"的中国人恢复独立自主的人格。这种新的"主人道德"，其核心便是个人本位主义。个人本位主义乃是西方近代价值观的核心，也是"五四"新道德的核心。

早在新文化运动发动之初，陈独秀便明确提倡这种新的价值、道德观念。他在《敬告青年》一文中，向中国青年"谨陈六义"，其中第一义便是要求青年应是"自主的而非奴隶的"。为此，他要求青年树立"以自身为本位"的观念，"以完其自主自由的人格"，不"盲从隶属于他人"。他认为，只有充分体认自身的价值，才能去自觉奋斗，"力排陈腐朽败者以去"。这是陈独秀提倡个人本位主义的最初呼吁。3个月后，他明确提出了建立"个人本位主义"的口号。何为个人本位主义，它所追求和反对的是什么？陈独秀通过中西对比作了比较系统的论述：

> 西洋民族，自古讫今，彻头彻尾，个人主义之民族也。……举一切伦理，道德，政治，法律，社会之所向往，国家之所祈求，拥护个人之自由权利与幸福而已。思想言论之自由，谋个性之发展也。法律之前，个人平等也。个人之自由权利，载诸宪章，国法不得而剥夺之，所谓人权是也。……此纯粹个人主义之大精神也。……东洋民族，自游牧社会，进而为宗法社会……宗法社会，以家族为本位，而个人无权利，一家

之人,听命家长。……宗法制度之恶果,盖有四焉:一曰损坏个人独立自尊之人格;一曰窒碍个人意志之自由;一曰剥夺个人法律上平等之权利;……一曰养成依赖性,戕贼个人之生产力。东洋民族社会中种种卑劣不法残酷衰微之象,皆以此四者为之因。(《东西民族根本思想之差异》)

通过上述议论可以看出,陈独秀的个人本位主义,其根本宗旨是实现人格独立,意志自由,人人平等,个性的解放与伸张。所要求的是人的权利与尊严,所反对的是长期以来存在于国人中的奴隶性、依附性、依赖性、盲从性,其矛头直接指向三纲、孔教、家族本位主义与种种封建专制。其目标是"以个人本位主义易家族本位主义",改变"以家族为本位,而个人无权利"、"一方无理压制,一方盲目服从"的状况。其反封建性至为鲜明。

在新文化运动时期,个人主义得到许多青年知识分子的拥护,并将提倡个人主义视为当时中国的时代需要。《新青年》及其前身《青年》杂志的一些文章认为,西方之所以文明发达,生气蓬勃,正是因为奉行个人主义。一篇文章说:"撒克逊民族,以个人主义著闻于世,其为人也,富于独立自尊之心,用能发展民族精神,以臻今日之强盛。"(李亦民:《人生唯一之目的》)另一篇文章说,欧洲"其文明之所以日进不息者,即各尊重一己,发挥小己之才猷以图人生之归宿","吾国数千年文明停滞之大原因,即在此小己主义之不发达一点"(高一涵:《共和国家与青年之自觉》)。他们认为,只有提倡、树立个人主义,才能充分激发个体活力,唤起个体的责任心,进而激发国家民族的活力。因此,他们主张当时的中国应"堂堂正正"地宣传个人主义。

随着个人主义在西方盛行,它的偏颇与弊端也日益暴露,引起人们的关注。于是,西方的一些有识之士主张对个人主义作某些修正、补充,以建立一种完善的个人主义。比如,胡适的老师杜威便反对自私自利的"假个人主义",主张建立一种"真正的个人主义"。在新文化运动时期,道德革命的倡导、拥护者们也注意到这一问题,并作了相应的努力。这同他们力图全面正确地理解苦乐、提倡自利利他是一致的。这种主观上力图使之完善的个人主义,在"五四"时期具有代表性、影响甚大的便是胡适的"健全的个人主义"。这种"健全的个人主义"的重要特色是,在强调"充分发展自己的个性",提升个人地位、价值的同时,又多方强调个人对社会的责任。

作为个人主义,自然要重个性。胡适引杜威的话说,"真的个人主义","就是个性主义"。他认为,个性自由乃是社会生命力之所在。他引易卜生的话说:"社会最爱专制,往往用强力摧折个人的个性,压制个人自由独立的精神。等到个人的个性都消灭了,等到自由独立的精神都完了,社会自身也没有生气了,也不会进步了。"(《易卜生主义》)可见他对保持、维护个性是多么重视。但依据杜威的思想,他又指出:"发展个人的个性,须有两个条件:第一,须使个人有自由意志;第二,须使个人担干系、负责任。"(同上)健全的个性是以具有自觉的社会责任心为前提的。可见,健全的个人主义首先是一种重社会责任的个人主义。

作为个人主义,自然要强调"为我"。但胡适讲"为我",其含义主要是自己先解放自己,并努力使自己成为有益于社会改造的人才。他引易卜生的话说:"我所最期望于你的是一种真益纯粹的为我主义。要使你有时觉得天下只有关于我的事最要紧,其余的都算不得什么。……你要想有益于社会,最好的法子莫如把你自己这块材料铸造成器。……有的时候我真觉得全世界都像海上撞沉了船,最要紧的还是救出自己。"(同上)胡适解释发挥说,所谓"为我"、"先救出自己",首先是不随恶浊的社会"陆沉","跟着堕落",与众人随波逐流,而是先使自己得以超拔。更重要的则是把自己铸造成一个"有益于社会"的人,为社会"多留下一个再造新社会的分子"。他认为,这才是"救出自己"的真意。这里,实际上是鼓励人们率先自觉地从恶浊社会中自拔,成为新人。所以他说:"这种'为我主义'其实是最有价值的利人主义。"(同上)这正是所谓为了度人而先自度,这与自私自利、损人利己的为我是有明显区别的。

作为个人主义,自然要强调、提升个体的价值、地位。但胡适强调个人的重要,目的却是要人们懂得个人对社会的作用、影响,因而更自觉地承担起自己的社会责任。胡适说,他之所以"极力抬高个人的重要",是因为个人虽然渺小,但"他的一言一行却在社会上留下不朽的痕迹"。个人的言行何以"不朽"? 他是从个人与社会、与历史的关系予以说明的。对于个人与社会、与历史的关系,胡适作了辩证的理解与说明,这便是:"个人造成历史,历史造成个人";"个人造成社会,社会造成个人"。展开说便是:"没有我们的祖宗和那无数的古人",便没有今天的你和我;同理,"没有今日的我和你,又哪里有将来的后人?""没有那样、这样的社会,决不会有这样、那样的我和你;若没有无数的我和你,社会也决不是这个样子。"(《不朽》)这种个人与社会、种族的关系,乃是"小我"与"大我"的关系。"小我"是会消灭的,但"大我"是不灭的。在这种小我、大我说中,胡适着重强调的是:"'小我'虽然会死,但是每一个'小我'的一切行为,一切功德罪恶,一切语言行事,无论大小,无论是非,无论善恶,都永远留存那个'大我'之中。……这个'大我'是永远不朽的,故一切'小我'的事业、人格、一举一动、一言一笑、一个念头、一场功劳、一桩罪过,也都永远不朽。"(同上)因此,每个小我都应对"永远不朽的'大我'的无穷未来","负重大的责任"(同上)。

胡适的"社会不朽"论明显是受了佛家"业报"说的影响,其合理因素在于通过因果关系来说明人们应对自己的言行负责任。所不同的是,佛家着重强调个体受报,而胡适则强调社会群体受报。这种"社会不朽"论其实是一种社会责任论。基于"个人造社会"、"个人造历史"的认识,胡适一再强调的是个人应对社会的现在与将来负责。这种从个人社会责任的角度提升个人地位的观点,其合理因素与积极意义是显而易见的。

基于这种重社会责任的"健全个人主义",胡适批判了当时颇有影响的"独善的个人主义"。他认为,这种主义较之赤裸裸的自私自利危害更大,因而"格外危险"。他指出,持这种主义的人"不满意于现社会,却又无可奈何,只想跳出这个社会去寻一种超出现社会的理想生活"。它的根本错误在于"把改造个人与改造社会分作两截","把个人看做是一个可以提到社会外去改造的东西",而不懂得"个人是社会上无数势力造成的",只能在改造社会的过程中改造自己。(《非个人主义的新生活》)这些分析是正确的,说明胡适的"健全个人主义"包含了社会改造的内容,尽管他所主张的社会改造属于改良主义。

从求乐免苦的人性论、自利利他主义到健全的个人主义,我们都可以看到"五四"道德革命倡导、拥护者们对社会责任的重视。这一鲜明的倾向是引人注目的。之所以如此,首先是出于他们对人的社会性的深刻体悟。其次,则是对中国古代士大夫中优秀分子"以天下为己任"的传统的继承,以及对某些西方思想家反思利己主义、个人主义所获理论成果的吸取。此外,这也反映了救亡、变革、民族振兴始终是几代中国先进知识分子魂牵梦萦、念兹在兹的头等大事。

在李大钊、陈独秀等人接受马克思主义之前,新文化运动总的方向目标依然是学习西方。他们所要建立的新道德,也是以西方为蓝本的。但是,和他们的先辈一样,他们对于西方社会(包括道德)已呈现的弊端并非一无所知。因此,他们在学习西方的同时又试图有所前进,就是说,要进行道德革命,不仅要推翻中国的封建旧道德,也要对西方的资产阶级道德予以改造。这一改造,重要内容与目标之一,便是发扬"相爱,互助,同情心,利他心,公共心"(陈独秀:《调和论与旧道德》)。在"五四"道德革命中,他们对求乐免苦、利己利他、群己关系、个人社会责任的种种论述都证明,他们所要建立的新道德,主观上是力图超越西方的。这种理论上的努力和实践中的提倡,在当时曾产生了积极影响,值得珍视。

"天下兴亡,匹夫有责"小考

"天下兴亡,匹夫有责"一语,言简意赅地道出了人民对国家的义务和责任,在中国,它是一句家喻户晓的名言。长期以来,它对激发中国人民的爱国主义精神,唤起人们的国家主人翁感和社会责任感,曾产生了巨大的积极影响。在民族战争的年代,它成了动员民众共赴国难的庄严动员令;在今天建设时期,它对激发人们建设祖国、振兴中华的激情,依然继续起着持久的激励作用。可是,这句名言最初是由谁提出的?长期以来却有不同说法,并未弄清。在先前,人们以为它是顾炎武最先提出的。后来,有人认为,这一名言的最早提出者乃是梁启超。后一说法渐为大家所接受,以为是定论。至于梁启超在何文中提出,有人说是《痛定罪言》,时间为1915年。但笔者最近在读书时发现,在梁启超之前,他的好友、维新派的另一位思想家、宣传家麦孟华(1875—1915)在1900年便已提出这句名言,距今一个世纪。

之所以造成长时期的误会,起因是因为人们受了麦孟华、梁启超的"误导"。因为,麦与梁在文章中都明确说,他们是引顾炎武的话。其实,这是他们的误记。顾炎武的原话较长,但为把问题说清,我们还是多摘录一些。顾说:"有亡国,有亡天下。亡国与亡天下奚辨?曰:易姓改号,谓之亡国。仁义充塞而至于率兽食人,人将相食,谓之亡天下。……保国者,其君其臣肉食者谋之;保天下者,匹夫之贱与有责焉耳矣。"(《日知录》卷十三,《正始》)意思是说,"亡国"与"亡天下"存在明显差别。一个朝代被推翻,其皇统被消灭叫做"亡国",而礼法、教化遭到严重破坏,道德普遍沦丧,社会陷入"无父无君"的无序状态,以至人人自危则是"亡天下"。保一朝一姓之"国",是"其君其臣肉食者"们的事;而保卫礼法、道德,维护君臣父子的社会秩序,则不分贵贱,人人都有责任。显然,顾炎武的这番议论,旨在说明、强调人人都有责任来维护传统的礼法、道德、秩序(推而言之亦可指中国的文化传统),这与后来出现的"天下兴亡,匹夫有责",含义是不尽相同的。但是,在这段著名的议论中,顾炎武提出了一个颇有价值的观点,即强调"国"与"天下"是有区别的,也就是某一朝代及其皇统与国家(即中国)是有区别的。在家国不分、朝国相混的古代,这一观点无疑具有某些近代色彩。

几位维新派思想家之所以对顾炎武的这番话感兴趣并想起它,正因为此。通过接受西方近代的社会政治学说和观念,一些维新派思想家大胆否定了君主即国家、朝廷即国家的观念,明确指出了国家与朝廷、与皇统的区别。梁启超说:"朝也者,一家之私产也;国也者,人民之公产也。"(《少年中国说》,《饮冰室合集·文集》之五)由此产生了近代的爱国主义。为了宣传近代爱国主义,他们觉得,顾炎武的这番议论是可以作为宣传依据的。维新派认为,当时中国所面临的严重危机,远不是中国历史上屡屡发生的仅仅关系"一姓之兴亡"的改朝换代的那种惨痛,而是可能导致亡国灭种的巨大民族灾难。在这种形势下,就需要全民奋起以挽救国家民族的危亡。可是,由于中国人民长期处于无权的奴隶地位,结果奴隶性遍布于国人之中。这种可怕的奴隶性使广大民众既无权利观念,也无义务、责任观念,对国家命运、民族前途漠不关心,自居于旁观者的地位。"虽外敌之逼迫","颠覆危亡在于旦夕,亦皆视为他人之事,漠然无所动于衷"(麦孟华:《论中国民气之可用》,《清议报》,第57册)。为唤起国人奋起救亡图存,谋求中华民族振兴,在19世纪末20世纪初,一些维新派思想家发动了一场影响甚大的清算奴隶性的斗争。在这一过程中,他们既强烈呼吁国人树立国民权利观念,又大力提倡国人应养成国民义务和社会责任观念。正是出于这一时代需要,他们想起了顾炎武"保天下者,匹夫之贱与有责焉耳矣"的名言,并一再加以引用。

在清算奴隶性,呼吁国人树立权利和义务观念的宣传中,麦孟华论述甚多。正是他最先想起并引用了顾炎武的这一名言。1897年5月,他在《民义自叙》一文中这样写道:"顾炎武曰:天下兴亡,匹夫之贱与有责焉。"(《时务报》,第26册)既云"顾炎武曰",无疑是向读者说明此系引顾氏之言,但下文却并非顾的原话。这既可能是麦孟华误记,也可能是他改写。在此之后,为说明国民对国家的义务责任,他又在另外一些文章中再次引用此语。比如,1900年他在《论今日疆臣之责任》一文中便说:"顾炎武之言曰:天下兴亡,匹夫之贱与有责焉。今中国内忧鱼烂,外俱瓜分,此固天下兴亡之时,我四万万人皆当身任其事,固无一人能免其责者也。"(《清议报》,第51册)在这期间,他又对这句话作了这样的表述,即"天下兴亡,匹夫有责"(《论中国之存亡决定于今日》,《清议报》,第38册,出版时间为1900年3月11日)。因为这一表述更简括而有力,更明确地说明了国民与国家的关系,指出了国民对国家的责任,于是它被广泛引用。特别是经梁启超、孙中山等先后引用,它的影响越来越大。由于梁的影响、知名度远大于麦,而麦孟华的思想言论至今尚未被系统整理,尚未引起学界重视,且《清议报》又非学者所常见,于是人们便以为这句名言的最初提出者是梁启超了。

从这句名言演变的来龙去脉看,它确实发端于顾炎武。而且,麦与梁也说是引自顾。但是,笔者认为,将这句名言简单说成是"语本清顾炎武"(《汉语大辞典》,第2卷,第1406页)、"为清初顾炎武所提"(《中国儒学百科全书》,第792页),似不甚妥。这是因为,"天下兴亡,匹夫有责"一语与顾氏原文相比较,不仅在文字上更为简括、精当,更重要的是它在内涵上、根本精神上是一次升华。它所表述的内容、所提出的要求与顾文存在明显的差别。概言之,顾所提出的是古代的任务、要求,而麦所提出的则是近代的任务、要求。"天下兴亡,匹夫有责"一语所提出的乃是作为国家主人的国民对国家、民族应尽的神圣义务和道德责任。它出现在民族灾难深重的年代,反映了救亡图存、振兴中华的时代需要,是那个时代开始觉醒的中国人对自己正在经历难关的祖国母亲的庄严承诺,是那时中国先进分子自觉认识到自己对国家的义务与责任的表现。正因为如此,它一经提出便不胫而走,愈传愈广,以至家喻户晓。如果我们把这句富有鲜明时代气息、反映时代要求的名言的提出者简单归之于顾炎武,这不仅是对历史人物的拔高,也抹杀、埋没了麦孟华等人的历史贡献,同时也不利于对它的时代性作正确理解。我们如果一定要对这句名言的提出者作一说明、交待,不妨作这样的表述:是近代维新派思想家麦孟华对清初思想家顾炎武"保天下者,匹夫之贱与有责焉耳矣"一语所作的新的概括和提炼。

附记:

两年前,笔者看到,1899年10月《清议报》第30册刊有《杭州劝祀孔子圣诞公启》一文,文中有"天下存亡,匹夫有责"一语。"天下存亡"与"天下兴亡"仅一字之差,意思是相同的。足见在那民族危机空前严重的年代,进步思想家无不呼吁广大中国民众自觉投身于救亡图存的事业,尽到自己应尽的责任。这也进一步证明,这句名言乃是那个特定历史时代的必然产物,是那个时代爱国者们的共同愿望和呼声。"天下存亡,匹夫有责"一语虽略早于"天下兴亡,匹夫有责",但后来广泛流传的乃是后者。所以将此名言的最早提出者定为麦孟华还是合适的。

2010 年 4 月 10 日

《中国伦理道德变迁史稿》导言

马克思主义的唯物史观认为，一定的生产方式产生一定的伦理关系，并对道德生活产生客观的要求。作为社会意识形态之一的道德乃是历史范畴，它随着社会生产方式的变革而变迁，中国自不例外。

中国是世界的文明古国之一，中华民族是一个文化传统从未中断的伟大民族。但这从未中断的历史长河并非一成不变，亘古如斯，而是不断变易、不断革新的。正因为如此，她才拥有无比强大的生命力，历久而弥新。中国的伦理道德自然也是如此。在世界文明史上发源甚早的中国伦理道德，从其萌生直到今天，是不断变迁的。到了近代，则更显与时俱进。中国伦理道德的变迁，粗而言之大致经历了八个历史阶段。

先秦文化是中国文化的源头，自然也是中国伦理道德的源头。在中国伦理道德变迁史上,先秦乃是萌芽、奠基时期。

伴随着中国上古文明的发展,在西周即已出现明晰的"德"的观念,并在社会流行。春秋时代,先哲又将德与道并列使用。发展至战国,遂出现"道德"一语,并多次出现于当时的文献中。由宗法制的社会结构所决定,西周时出现并流行的是协调宗族成员内部关系的孝友道德。此外,此前用于"事神致福"的礼,所规范的内容这时也不断扩展,成为重要的行为规范。在春秋战国之际,随着中国古代社会由奴隶制向封建制的社会变革,人际关系进一步多样化。在这一社会发展进步过程中,作为规范人们行为的德目不断丰富,后世流行的各种主要道德规范,这时大都业已出现。而且,从春秋起,先哲又开始对这些德目作初步梳理,从中找出最基本的规范。先后流行的有孔子的智、仁、勇三达德说,孟子的仁、义、礼、智四德说,《管子》的礼、义、廉、耻四维说。与此同时,先哲还对日益复杂的人际关系作进一步梳理。在"五伦"说出现后,有人又认为,父子、君臣、夫妻这三对关系更为根本,乃"人之大伦"。进而,又有人认为,在这三对人际关系中,君、父、夫为尊,居于主导、支配地位。可以这样说,后世流行的"三纲五常",在战国时期雏形已具。

在先秦,先哲们又开始对德刑、公私、义利、苦乐、荣辱、天人、力命等关系,以及人性诸问题进行探讨,并取得丰富多彩的理论成果。此外,他们不仅对道德教育("教化")、道德修养("修身")高度重视,又提出了诸多至今仍有价值的理论、方法。这些都对后世产生了深远影响。可以这样说,中国传统的伦理文化之所以丰富、发达,重要原因是它有充沛的源头活水。

两汉既是中国大一统的封建大帝国建立和发展的时期,也是中国传统伦理道德体系基本确立、成形的时期。

我们说中国传统伦理道德在汉代基本确立,是因为汉代思想家为了维护刚建立的大一统的封建帝国的社会秩序,在此前的基础上正式提出了"三纲五常",而且对它的神圣永恒、天然合理作了初步论证。

经由汉代统治者及其思想家的宣传、论证,特别是经由东汉官书《白虎通》的确认,它逐步取得社会认同。在此之后,三纲与五常遂成为中国传统道德的基本原则和基本规范,对中国古代社会产生了长远而深刻的影响。此外,汉代思想家在总结秦朝迅速崩溃灭亡的历史教训过程中,又对此前一直被关注的德教与法刑的关系作了更深入的探讨、总结,提出了一套德法并重、并用的主张,对德法关系作了较好的处理,并为汉代统治者所采用。汉代建构的德法并重、并用的国策也为后世所承袭,产生了深远的影响。

随着三纲的出现,君权、父权、夫权自然进一步强化,忠、孝与贞节被社会视之为美德。不过,在汉代,三权尚未像宋以后那样绝对化。至于三纲,由于它在当时也是刚刚正式出现,其统摄、约束力也不如宋以后那样强大。

在中国伦理道德变迁史上,魏晋至隋唐五代是一个整合嬗变的时期。所谓整合,不仅是思想文化领域不同思潮、文化的整合,尚有胡汉、南北的整合。因此这一时期的伦理道德自然会出现一些嬗变。

魏晋至五代,长达740年。在这漫长的时间段,从政治格局说,大致经历了一个由统一而分裂,再统一又再分裂的曲折过程,其间自然时有战乱、动荡。而在文化思想领域,由于玄学、佛学先后兴起并盛行,儒学一统的地位自然动摇。此外,这一时期又是中国古代民族大融合的时代。从西晋灭亡起,少数民族贵族曾统治中国北方长达二百多年之久。继起的隋唐两代皇室、高官也多有"胡人"血统,具有"胡化"色彩。

在这一漫长的时间段,统治者(包括少数民族统治者)为了维护封建统治秩序,自然持续提倡三纲,表彰忠孝贞节。自汉代建立起的三纲五常仍然是维系社会秩序、规范人们行为的准则,其内容也在不断充实。可是,在思想文化领域,玄学公开呼吁"越名教而任自然";佛教教人摆脱一切世俗关系出家修行,实际上乃是"去君臣之礼,绝父子之亲,灭夫妇之义";这些主张势必给三纲带来冲击。而在王朝频频更迭、江山屡屡易主的年代,君为臣纲、"忠臣不事二主"自然无从谈起。至于残酷战争的年代,大家都"苟全性命于乱世",以至无以为生,孝与贞势必也要打折扣。三纲有所削弱固然不利于古代社会秩序的稳定,但在承平时(如唐代盛时)也有利于营造宽松、开放的社会环境。而这一时期思想文化的多元,"胡俗"的影响,也使那时的社会生活、习俗风尚因增添了新的文化因子而显得丰富多彩。

宋明既是中国封建制度进一步完备、定型的时代,也是中国传统伦理道德体系进一步完备,纲常礼教的权威完全确立的时代。这两者是相互促进的。

为收拾残唐五代的大乱局,宋初统治者进行了比较全面的拨乱反正。在政治上大力强化君主专制的中央集权,在思想领域则弘扬儒学,广兴教化。在此过程中,儒学为战胜释老,恢复自己的权威地位而实现了自身的超越,产生了新形态的儒学即理学(道学)。为建立协调有序的等级秩序而从理论上强化纲常礼教乃是理学的共同宗旨。为使三纲神圣化,理学家们将纲常上升为"天理",宣称它不仅是社会的最高准则,也是自然界的最高准则。自此,"三纲之重等于天地",拥有至高无上的绝对权威。随着三纲被进一步神圣化,君权、父权、夫权也更加绝对化。在此过程中,理学家们又对五常作进一步整理,比较系统地说明了它们之间的区别联系,明确了本末主次,进一步完善了以仁为核心的道德规范体系。由于自宋以来朝廷高度关注"导民向善"的教化,三纲五常遂进一步普及于社会。

随着理学的兴起,中国传统的伦理学说也达到完全成熟的程度。理学家们在完善三纲五常体系的同时,又对德法、公利、义利、理欲、知行等关系作了进一步的探讨阐释,更加突出了公、义、理的地位,使"去人欲存天理"成为那时社会流行的训条,"私"越来越被人们视为万恶之源。此外,他们又从各自的哲学立场出发,提出了一套更为系统完备的道德教育与道德修养方法。

三纲绝对化之日,也正是它的严酷性、负面影响充分暴露之时。

一旦三纲三权绝对神圣,忠、孝、节被社会普遍视为最高美德,臣、子、妻的地位势必更加卑微,完全成为君、父、夫的附属品。这时流行的观念是:既然身为人臣、人子、人妻,则"身非己有"。于是,臣、子、妻不仅完全丧失独立自主的人格,连自身的生命权也在丧失。随着三纲三权的神圣化,在宋明时期,各种愚孝、愚忠、愚贞、愚节行为可谓层出不穷,愈演愈烈。这说明,以三纲为核心的礼教一旦走向极端,势必要走到"杀人"、"吃人"的地步。而所谓物极必反,三纲既走到这一步,它遭到质疑、批判便成必然。

明清之际是三纲和某些传统观念受到初步挑战的时代。

随着中国古代社会商品经济的缓慢发展,明代中期在南方的某些地区、某些行业开始出现资本主义经济的萌芽。于是,古老的中国社会开始发生部分的质变。伴随社会经济的这种新变化,思想领域也出现了引人注目的新动向。从明代中期直到清代前期,一批被当时目为"异端"的早期启蒙思想家公然对传统的理欲观、公私观、义利观提出质疑、批判。他们充分肯定"欲"的正当合理,强调功利与道义不相悖。有人还提出人性自私说,论证利己的正当性。还有人竟得出"天下之大害者君而已矣"的结论,认为"天下为主,君为客"。又有人批判男尊女卑,主张男女平等。这些惊世骇俗的新议论无疑构成了对三纲和某些传统观念的挑战。更有甚者,有人竟触及"六经、《语》、《孟》",认为圣人所言并非"万世之至论",使传统观念的理论基石也受到触动。这些议论如同沉沉黑夜中的电闪雷鸣,给人以强烈震撼。不过,他们的这些新思想虽曾影响过少数知识精英,但对广大社会民众并未产生什么直接影响。

那时,对社会民众产生影响的乃是商品经济的发展。随着商品经济的发展,不少人不仅不再视工商为贱业,而且滋生了对利的追求,以及由此而来的拜金主义。商品经济的发展又刺激了人们的物质欲望,不只引发享乐奢华之风,也使理学"去人欲存天理"的训条的影响逐渐削弱。这些新变化自然值得重视,但通观全局,这时占主导、统治地位的依然是以三纲为核心的纲常礼教。

近代(1840—1919年)既是中国社会的转型期,自然也是中国伦理道德的转型期。

从1840年第一次鸦片战争起,中国开始进入半殖民地半封建社会,民族危机与社会危机都在不断深化。在这社会变革过程中,从19世纪70年代起,中国出现了新的资本主义经济。随着资产阶级的诞生,资本主义的社会变革开始在中国启动。在这一历史性的变革展开之后,变革者们发现,中国的传统文化、传统伦理道德,在一些基本方面同新的生产方式、生活方式,同世界历史潮流是不相适应的。于是,一批变革者、新学家们又发动了一场与社会变革相应的文化革新、"道德革命"。这场道德革命发端于戊戌,而到五四新文化运动达到高潮。在这一进程中,一批变革者、新学家先后对三纲发动了猛烈抨击,对传统的忠、孝与贞节观念作了尖锐批判。在此前后,又对传统的公私观、义利观、理欲观,以及与旧礼教相适应的旧习俗展开批判。与此同时,近代西方的自由、平等、博爱观念,以及快乐论、功利主义、合理利己主义、个人本位主义等伦理学说也开始在中国传播、流行。

经由近代的道德革命,以三纲为核心的封建旧道德遭到沉重打击,它的权威业已严重动摇。与此同时,自由、平等、独立自主等观念,利己主义、个人主义等伦理道德准则开始在中国流行。从此,中国的伦理道德变革遂成不可逆转之势。在20世纪初,中国人的思想观念、社会习俗、精神风貌均发生了明显变化。所以,在中国伦理道德变迁史上,近代乃是一个历史转折点。不过,直到五四,新道德并未完全取代旧道德为大多数中国民众普遍认同。而且,由于新旧势力的严重对立以及中国社会发展、变革的不平衡性,近代中国伦理道德变革的程度,不论在地域上,还是阶级、阶层上,都存在明显的不平衡性。概言之,近代的变革者、新学家们虽发动了声势颇为浩大的道德革命,但他们并未完成这场革命。

现代(1919—1949年)就其主流而言无疑是马克思主义伦理学

说、共产主义道德开始在中国传播、流行的时期,同时又是一个中国历史上罕见的伦理道德多元的时期。

随着马克思主义唯物史观的传入,马克思主义的伦理学说也开始传入中国。经由中国共产党人的提倡,它被越来越多的先进分子所接受,影响越来越大。但从19世纪末开始传入中国的西方近代伦理学说、道德观念,这时仍为一批自由主义者继续提倡,并在知识分子中有相当影响。此外,一些以振兴儒学为己任的现代新儒家则开始对传统的儒家伦理学说(主要是宋明理学)作新的诠释发挥,提出了自己的一套伦理学说。

这一历史时期伦理道德的多元,更明显地表现为地域的差异。在中国共产党人所建立的红色政权地区(先后称红色根据地、抗日根据地、解放区),所倡导的乃是以集体主义为原则、以为人民服务为宗旨的新道德。它在本质上属于共产主义道德体系,但又体现了新民主主义革命时期的时代需要、时代特征。在红色政权区域,中国共产党人又发动群众,继续完成旧民主主义革命时期尚未完成的推翻封建旧礼教、改革旧习俗的斗争。在这片越来越大的地域,建立了一种新型的人际关系,形成了一套新的道德观念和新的社会风尚,广大军民面貌为之一新。在国民党政权统治地区,长期提倡的是"八德"(忠孝仁爱、信义和平)和"四维"(礼义廉耻)。这些虽系中国古代的传统德目,但国民党最高当局又按他们的政治需要对它们作了不少"新解"。它既不同于近代以来所倡导的新道德,也与中国传统道德有异。在20世纪三四十年代,国民党政府还曾发动过一场"新生活运动"。这场运动虽带有明显的政治意图和色彩,但对革除陋俗、改良社会风气也曾起过一些积极作用。20世纪三四十年代,在日本侵略军占领地区,侵略者及其傀儡强制施行奴化教育,所推行的乃是露骨的亡国奴道德。它虽始终遭到广大民众的抵制,但也产生过一些消极影响。概言之,这一时期的道德状况因多元而更显复杂。

当代(1949年至今)乃是社会主义道德在中国建立的时期。

1949年中华人民共和国成立，从此中国历史进入了一个崭新的时代。随着中国共产党人在全国范围内建立了政权，就使以集体主义为原则、以为人民服务为宗旨的社会主义道德在全国范围内推行有了制度保证。建国之初，中国共产党领导全国人民彻底肃清旧社会的残余，"荡涤旧社会的一切污泥浊水"。一时间，长期以来无法根治的"黄赌毒"在中国绝迹，社会面貌焕然一新。经过广泛而深入的宣传教育，以"五爱"为基本要求的新道德在全国普及。新型人际关系的建立、新道德的普及，使广大人民的生活态度、劳动态度、思想观念、社会风尚习俗发生了前所未有的新变化。但是，在社会主义建设事业的发展进程中，"左"的思潮、情绪不断升温，最终酿成了"文化大革命"的十年动乱。在"文化大革命"之前，刚刚建立起的新道德就已受"左"的影响，在一些方面开始被扭曲，而"文化大革命"则使人际关系准则遭到全面破坏。

　　在十年浩劫结束后，中国共产党的第二代领导人进行了全面的拨乱反正。在这一过程中，他们对社会主义精神文明、道德文明的建设给予高度关注，先后提出了提倡五种革命精神、培育"四有"新人的号召。于是，一度遭到严重破坏的社会主义道德建设历程又回到正途。从20世纪90年代起，继往开来的党的第三代领导人，又针对市场经济体制下所出现的人际关系的一些新变化，社会道德领域所出现的新问题，先后制定了《公民道德建设实施纲要》，提出了"八荣八耻"的社会主义荣辱观，采取更切实的措施推进社会主义道德建设。在科学发展观的指引下，随着经济的发展，国家的强盛，中华民族的道德进步必将出现新的局面。

后　记

　　由于所选论文时间跨度近三十年，因此，先后发表于各种刊物的文章的引文出处注释很不统一，有随文夹注、页下注和文后注。而且，前期的注简略，后来则越来越详细。但作为一本文集，又必须统一。考虑到所选论文大多数系随文注，为了省力，便大部分保持原样，传统文献随文，当代文献为页下注。这么一改，可能会给读者带来不便，谨致歉意。

　　在编选这本文集的过程中，我的同事、副教授张继军博士帮我做了大量繁杂的工作，谨向他表示感谢。文集的责任编辑李小娟、张爱华为文集的编辑出版做了大量工作，一并表示谢意。

2010 年 5 月 4 日于双知双淑斋

篇目索引

☆ 《论陆王心学中可能诱发"异端"思想的因素》原载《哲学研究》2001年第五期。

☆ 《颜元思想简论》原载《求是学刊》1981年第一期。

☆ 《中国近代哲学变革论纲》原载《东吴哲学》2002年卷。

☆ 《中国近代哲学变革的背景和特色》原载《中国哲学史》1993年第二期。

☆ 《严复对中国近代哲学变革的影响》原载《孔子研究》1994年第一期。

☆ 《对近代"心力"说的再评析》原载《哲学研究》2000年第三期。

☆ 《略论中国近代的进化史观》原载《中国哲学史研究》1986年第一期。

☆ 《也论"俱分进化"论》原载《求是学刊》1993年第一期。

☆ 《严复历史观散论》原载《求是学刊》2001年第一期。

☆ 《中国近代"文化革命"论纲》原载《北方论丛》1995年第一期。

☆ 《论儒学在近代的命运》原载《哲学研究》2005年第五期。

☆ 《论戊戌时期的"孔教复原"》原载《中国文化研究》1999年夏之卷。

☆ 《论康有为对儒学的改造》原载《哲学研究》2004年第五期。

- 《论戊戌时期的宗教热》原载《哲学研究》1998年第六期。
- 《论中国近代新学家对基督教的态度》原载《哲学研究》2006年第三期。
- 《中国近代资产阶级思想家对"奴隶性"的批判》原载《学习与探索》1988年第六期。
- 《论中国近代的"国民性"改造》原载《哲学研究》2007年第六期。
- 《梁启超〈新民说〉论纲》原载《求是学刊》1996年第五期。
- 《中国近代新学家论人的重塑》原载《学习与探索》1994年第二期。
- 《20世纪初"国民"问题讨论述评》原载《求是学刊》1994年第一期。
- 《论中国近代的自强精神》原载《学习与探索》2001年第一期。
- 《戊戌思潮论纲》原载《学习与探索》1998年第五期。
- 《论五四新文化运动对戊戌思潮的继承与超越》原载《哲学研究》1999年第五期。
- 《批判与创新：五四与戊戌的共同精神》原载《学习与探索》1999年第三期。
- 《〈中国近代思想文化史稿〉绪论》原载《中国近代思想文化史稿》，黑龙江教育出版社2004年版。
- 《尚公·重礼·贵和：中国传统伦理道德的基本精神》原载《道德与文明》1998年第四期。
- 《中国传统的贵和精神与和谐社会构建》原载《学习与探索》2006年第一期。
- 《儒家义利观再评析》原载第十二届国际中国哲学大会论文集之二《中国传统哲学的现代诠译》，商务印书馆，2003年版。
- 《试论儒家的"教化"思想》原载《齐鲁学刊》1998年第二期。
- 《"三纲"漫议》原载《道德与文明》2007年第四期。
- 《论宋元明清时代的愚忠、愚孝、愚贞、愚节》原载《道德与文明》2006年第二期。

☆ 《"天理"、"人欲"小议》原载《道德与文明》2005年第一期。

☆ 《论中国近代"道德革命"中的理性精神》原载《道德与文明》2010年第一期。

☆ 《论传统公私观在近代的变革》原载《求是学刊》2005年第三期。

☆ 《论传统义利观在近代的变革》原载《中国哲学史》2005年第二期。

☆ 《梁启超的伦理思想》原载《中国哲学》第十二辑。

☆ 《论"五四"新文化运动所提倡的新道德》原载《哲学研究》2008年第八期。

☆ 《"天下兴亡,匹夫有责"小考》原载《道德与文明》2000年第六期。

☆ 《〈中国伦理道德变迁史稿〉导言》原载《中国伦理道德变迁史稿》,人民出版社2008年版。